宁向东 / 著

宁向东讲公司治理

共生的智慧

中信出版集团 | 北京

图书在版编目（CIP）数据

宁向东讲公司治理 : 共生的智慧 / 宁向东著. -- 北京 : 中信出版社, 2021.4
ISBN 978-7-5217-2740-1

Ⅰ. ①宁… Ⅱ. ①宁… Ⅲ. ①公司—企业管理 Ⅳ. ①F276.6

中国版本图书馆CIP数据核字（2021）第020558号

宁向东讲公司治理——共生的智慧

著　　者：宁向东
出版发行：中信出版集团股份有限公司
（北京市朝阳区惠新东街甲4号富盛大厦2座　邮编　100029）
承 印 者：天津丰富彩艺印刷有限公司

开　　本：787mm × 1092mm　1/16　　印　　张：20.5　　字　　数：180千字
版　　次：2021年4月第1版　　印　　次：2021年4月第1次印刷
书　　号：ISBN 978-7-5217-2740-1
定　　价：69.00元

目 录

第 3 讲

博弈思维

如何建立治理
机制的预见性?

第 4 讲

主导者的使命

谁是治理体系的
第一推动者?

第 5 讲

企业家精神

怎样判断主导者
是不是有潜质?

第 6 讲

主导者与参与者

怎样从制度上
保护企业家精神？

第 7 讲

股权与表决权

为什么股东的持股
结构极其重要？

第 8 讲

双重股权制度

创始人怎样可以
拥有更多投票权？

第 9 讲

自利行为

我们应该如何理解
人性中的善变?

第 10 讲

利益结构

到底什么是治理结构?

第 11 讲

剩余控制权

如何用博弈思维考虑
权利分配?

第 12 讲

公司的权力结构

为什么公司章程
格外需要重视？

第 13 讲

走向上市

股份公司的治理结构
有什么不同？

第 14 讲

败德行为

为什么资本市场对
经理人有约束力？

第 15 讲

利益一致化

为什么要首先解决经理人的激励问题?

第 16 讲

塑造激励

淡马锡的效率从何而来?

第 17 讲

监督力量

董事会一定能发挥约束作用吗?

前言

公司治理是什么？公司治理并不仅仅是一门课，更是一种追求共生的智慧。学习公司治理，是为了理解公司成长的基本逻辑，保证公司长治久安。共生的目的，是追求共赢和共荣。

好的公司治理，作用只有两个：第一，是让想干事的人能干事，能够有机会干出一番事业；第二，让不认同和不能干的人，在恰当的时候离开。好的公司治理，应该体现为一种有效的利益结构。这本书，就是要帮助大家找到这样的利益结构。

共生，很容易让人想到一团和气。和气固然可以生财，但不讲个体利益的一团和气，是无法持久的。忍，可以忍一时，但无法忍一世。共生，不是让人忍让，不是文化教化，而是追求利益的契合。

真正的共生，可以让强者更强，让弱者也有对应的尊严。共生，一定要首先承认个体利益，承认人性的自利性，在这个前提下，建立利益合作的架构。这就是公司治理的目标。所以说，真正的公司治理，是一种智慧。

好的公司治理，追求股东之间、股东与经理人之间，甚至在组织的每一个角落，都能够建立起有效的利益平衡。平衡，不意味着静态的平等，而是动态的演化和持久的合作。这种智慧的力量，可以让组织不断地自我进化。

本书讲的很多观念，已被优秀企业的发展经验所证实，只是我们从来没有系统地总结、整理、讲授过。多年来，公司治理的教学一直存在几个误区，让这门实用的学问死气沉沉。

第一，是严重忽视众多企业的实际需要。比如，绝大多数的中国企业，是中小企业和早期创业企业，这些企业因为规模小、发展阶段偏早，人合性质浓重。它们遇到的问题差异极大，而且问题有非常大的特殊性。解决它们面对的问题，没有现成的方法，更多地需要认知的引导和智慧的提高。而现有的公司治理课程几乎帮不到这类企业，现有的课程内容，离这一类企业的实际需求距离太远。

第二，公司治理表现为一套行为准则，但这套准则背后有更深层次的因果关系。认识到这些因果关系，人在看问题时就会透彻、豁达。所以，公司治理的教学，不应该只是法条注解，更应该结合企业的场景，引导大家看到表象背后的道理。了解这些道理，可以举一反三，可以少踩雷、少掉坑。但现有课程在这方面强调得不够。

第三，公司治理是讨论利益结构的学问。但是，讲利益平衡，首先要有利益增量。没有利益的增长，只是局限于分配存量，分得再公平，也没有意义。要创造利益增量，核心是要光大企业家精神。在很多人心目中，企业家精神是个很虚的“概念”。本书围绕企业家精神讨论公司治理，就是要把这个概念做实，并由此帮助大家提升利益增量的意识。

本书是一个尝试。我希望能从一个新的视角，去解剖公司治理的道理，帮助企业走向共生的状态。本书不回避人性的弱点，也不回避人趋利避害的本能，公司治理就应该在承认人性本能的基础上，追求不同利益的共生。

多年以来，我深信：企业的成功，本质上是企业家精神的成功，所以，公司治理必须首先保护企业家精神。在本书中，我建立了一个新的体系：从企业家精神、商业模式、资源价值的角度，去看待公司的利益结构和治理结构。我希望，这个体系能对中国企业有帮助，有引导性。

这本书讲的内容，基于两个案例。我希望由此引入的具体场景，更容易启发大家学到共生的智慧。这两个案例分别是小说《遥远的救世主》和小说《门口的野蛮人》，它们都描写了现实的商业故事。前一本小说的场景，是中小企业和创业企业；后一本小说，背景是上市公司。这两本小说，特别值得多读几遍。《遥远的救世主》出版十余年，我每年至少读一遍，常读常新。这是一本引人“觉”“悟”的书。

本书也是我在清华大学开设的网络课程《公司治理》的讲义。欢迎大家去相关平台上观看学习，真心希望这些内容可以帮到你。

第1讲

不入僵局，不立危墙之下

为什么要学习公司治理？

公司治理是一门关于在企业中平衡权利、获得共生的学问。大家肯定在头脑中立刻跳出一个问题：学习公司治理，我能有什么收获？我可以明确地告诉大家：学习公司治理，可以帮助你理清公司利益的底层架构，帮助你不入僵局、不立危墙之下。

我们的内容可以帮助到中小型企业和创业型企业的股东和管理者，以及在大型企业和上市公司里面从事公司治理相关工作的人士。甚至，我也希望能够帮到那些在资本市场上进行投资、购买股票的人。古语道，君子不立于危墙之下。买了错的股票，很难进行价值投资，很难长期持有，这就好比立于危墙之下而不自知。

这是第1讲，也是导论，我们先通过几个例子，让大家对公司治理的基本问题建立一些概念。

创始人骑虎难下

第一个例子，来自一家早期创业的企业。

甲、乙、丙是毕业于同一个专业的前后届同学，他们共同创立了一家公司。创立公司的主意是甲出的，所以，他占的股份略多一些，40%，没有过半数；而乙和丙各持有30%。最初的两年，大家分工合作，公司很快就实现了赢利。但随着经营活动的深入和公司规模的扩大，他们在业务的发展方向上逐渐出现了认识上的分歧；因为性格不同，在管理方式上的差异也日渐明显。

甲和我的关系近一些，按照他的描述，他对于公司的贡献远远超过一半，但权益却只有40%。他对我说，为了公司的长远发展，他情愿在利益上退让一些，可以不计较贡献和收入的不匹配，但他希望自己的想法能够在公司不打折扣地落实下去，因为毕竟公司是他最开始张罗起来的。

但后来，乙和丙关系突然闹得比较僵，这是最让甲难受的事情。而且，虽然甲可以在中间做些调和性的工作，但无法从根本上解决问题。甲说，他们三个人各有分工，乙和丙的矛盾导致合作效率太低，甚至会耽误事。

乙的问题是能力有限，但自我认知不足。丙说，乙不仅脑子不够用，好多事都没有做到位，而且，经常仗着自己是股东之一，在不和大家商量的情况下做出荒唐的决策。比如，他会先斩后奏，不经商量就答应某些客户的要求，或者对个别下属许诺工资待遇，答应给比其他人高很多的年薪。甲说，乙每隔一段时间就搞出一桩这样的事情，丙每次都要找他发一顿牢骚。乙这样做的结果，是大家在客户之间、在公司内部都很难平衡。

甲对我说，丙的能力很强，他负责的那一摊业务潜力很大。丙渐渐无法忍受乙这个“猪队友”。丙曾经向甲提议能不能再注册一个子公司，把他负责的那部分业务进行单独核算。甲认为，这是丙想培养自己地盘的动作，很可能是丙对自己的贡献和收益有所不满的表现。

这家公司现在已经发展到有近百名员工，每年能够签到大约几千万元的销售订单。公司注册时，章程是照抄别人的。股东就他们三个人，于是，大家都是董事会成员。他们三个人每个月或者每遇到大事就坐在一起协商。甲说，大家是同学，有些话可以直接说，但有些话就连他这个董事长也不好说得太透，因为其中会涉及权力和利益的问题。

借着新冠疫情期间的空隙，甲静下心来对公司的业务、组织和流程进行了梳理，也做了一些调整，完善了一些制度。但随着业务的逐渐恢复，乙和丙及其手下人发现公司的管理制度有了变化，他们似乎觉得这些动作是针对自己的。甲说，尤其是丙，这时反倒不怎么攻击乙了，两个人的关系似乎也好了许多。

甲觉得，公司现在的状态开始有点古怪。从下面看，员工的积极性都比较高；可是从上面看，公司的指挥系统始终处于低效状态。甲对我说：一方面，他的股权比例没有绝对的话语权；另一方面，大家都是同学，说话办事都不能太过。所以，他想干的事情，总是不能做得很彻底，他顶多就是否定一些不想干的事情。

这家企业，就存在很典型的公司治理问题。这种情况，在企业早期发展过程中经常会遇到的。这是因为，很多创业者都没有经验，他们在设立公司时，不仅不知道股权结构该怎样分配更合理，也不知道怎样做更能面对未来的挑战，适应企业长远发展的需要。

本来，公司初始股权的分配，要对企业发展过程中的资源变化有较多预见，有较多分析。但同学之间、朋友之间、熟人之间合作创办企业，“一人一半”“三一三十一”这样的股权结构非常普遍，根本没有太多思考。这种结构的最大问题，就是容易导致股东僵局。前面举例的这家公司，事实上已经陷入了股东僵局。

股东僵局的麻烦，并不仅仅存在于股权层面，它会非常深刻、非常持久地影响企业的经营活动，甚至导致企业走向破产倒闭。帮助创业者和企业家设计有效的股权结构，搭建一个有助于长期发展的顶层结构，是公司治理的重要任务。

这里可以举一个成功的案例。有一家企业，也是由三位创始人联合做大的，也经历过每人一摊、分分合合的过程。但这家企业的主导创始人始终守住了 51% 的持股底线，所以，他才能经过种种内部斗争，把这家企业带大，带到上市，带到成为一家知名企业。我以为，如果没有这位主导创始人在股权结构上的坚持，他就无法在股东内斗的过程中始终控制住局面，也就不会有今天的成绩。

当然，这并不意味着只有 51% 这样一种解决方案。我想说的是，股权结构和治理机制的设计，在企业创建之初，是头等大事。某种意义上，它比商业模式、初始客户的获得更加重要。有了公司治理方面的知识，会有助于创业者们通盘考虑商业模式、资源投入、利益结构和治理机制的关系，尽可能减少后面的麻烦。这就是我讲的“不入僵局”。

难以控制的利益输送

第二个例子，来自一家上市公司。

某上市公司在 2008 年计划以现金收购一家公司。管理层在向董事会报告的时候，提出了三点收购的必要性：第一，是公司产业布局的需要，公司需要收购的目标公司的业务能力；第二，公司需要通过这次并购提高赢利能力，管理层提出“拟通过收购目标公司，抓住产业的主要利润环节，快速提高公司赢利能力”，目标公司在 2007 年盈利达到 1 亿元人民币，管理层认为完成这次收购可以对公司的未来盈利带来直接帮助。

第三个理由似乎更让董事会无法拒绝。该上市公司本身的赢利能力后继乏力，而在下一个财务年度如果无法实现赢利，则会被监管机构做特别处理。公司当时的现状是受制于居高不下的财务费用等非经营性因素，仅靠自身的经营实现赢利，压力巨大。

因此，管理层在向董事会报告的时候，不仅希望董事会同意，而且还想特事特办，提出了明确的董事会批准该议案的时间节点。

当时已经到了 8 月份，管理层在董事会上报告说，如果能在 9 月底前完成收购，将有望用这个目标公司的利润为上市公司增加当期利润。总经理在讲话中用的是“如果”这个词，但董事们听上去感觉要把“如果”换成“只有”。也就是说，“只有”在管理层指定的时间前完成收购，公司才有可能完成利润目标，否则，就有可能被监管部门做特别处理。

这颇有“逼宫”之嫌。总经理的言外之意是，如果董事会不批准，下一年公司如果因为利润负增长而保壳失败，责任“归董事会”。董事会其实也怕出现特别处理的情况，因为一旦上市公司被做了特别处理，公司的融资环境和经营环境都会恶化。这会进一步加大公司的经营难度。董事们坐在会议室里面，感觉选项只有一个，就是同意。

那么，这个并购项目的交易结构又是怎样的呢？议案中是这样写的：

> 拟收购目标公司35%的股权，成交价格按照目标公司在基准日的净资产与未来三年平均盈利预测数的3.2倍数之和计算，预计收购价格约为1.55亿元。收购后，上市公司成为目标公司的第一大股东，并通过半数以上董事会成员的安排实现相对控股。目标公司承诺当年第四季度实现不低于0.6亿元的税后净利润，下一年实现1.2亿元税后净利润，第三年实现1.3亿元税后净利润。支付款项与经营业绩直接挂钩，分期付款，交易当期如果业绩有差额，目标公司以现金补足。
>
> 为确保当年可确认投资收益，公司将在交易日后十日内支付约50.1%的收购款，其余收购款要根据目标公司未来盈利实现情况，分别在第三年和第四年支付。若当年四季度税后净利润低于0.6亿元，其差额部分由股权转让方以现金赠予方式于当年补足；若收购后目标公司未来三年的盈利未达到预测水平，剩余的收购款可以少付或不再支付，也可要求转让方回购。

仅看交易结构，表面上说得过去，但后面的潜在问题不少。

首先，这件事发生在2008年，当时已经发生了美国的次贷危机，而且危机正在向全世界蔓延。在这种情况下，现金是非常宝贵的资源，公司这个时候拿现金去收购“利润”，维护公司的上市资格，值得认真评估。

其次，这里面是不是存在内外勾结的问题，也该打一个问号。管理层嘴上说得好，要和被收购公司有效融合、共同发展，但在仓促之间收购，管理层是不是想好了“控制”目标公司的方法，这都是需要董事会审视的。

这里用了“控制”两个字，为什么呢？请大家看下面这张业务关系图。

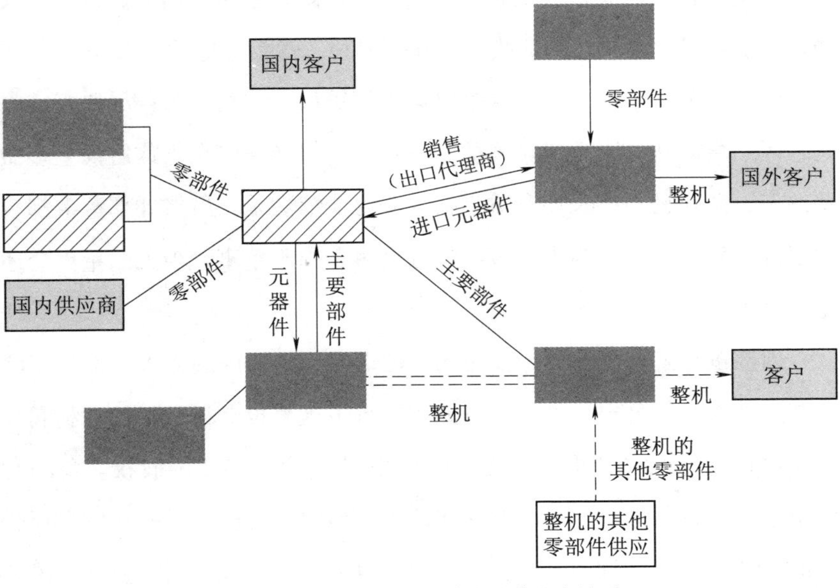

图 1-1　某上市公司拟收购企业的业务关系图

图 1-1 显示了目标公司的业务关系，每个阴影和灰色方块都代表一家企业。上市公司收购的，只是其中被标为阴影方块的两家企业，而且只有这两家公司 35% 的股权。

这意味着什么呢？如果大家有公司治理方面的知识，就会知道，在这张图里有很多利益输送的渠道没有被管控住，意味着上市公司很可能在保壳、获得账面利润的过程中，失去更多东西。说得更直白一点，目标公司获得了现金，又没有失去控制权，它做手脚的空间会很大，而且有这个动机。

从图 1–1 中，大家可以看到，这两家拟收购的目标公司与不少公司发生了上下游的关联交易。大家看不到的是，这些交易活动的对手企业，其老板都是目标公司的那几个股东。所以，这种关联交易会留下一个巨大的空间，让他们有机会把企业的好处尽可能多地转移出去。最后，只要留下能满足前面所述的那些约定好的利润，就能交差了。

因此，董事中有人提出这个议案应该缓议。他们认为：尽快完成收购，固然可以解决眼下最紧迫的利润问题，但必须要在收购协议上多做些约定，防止公司的长期利益受损。非常遗憾的是，虽然外部董事都表达了反对意见，但因为内部董事的数量多于外部董事，当天的董事会还是通过了这项收购议案。

内部董事解释说，目标公司的几位老板都是业内的熟人，他们相信这些人的人品。公司后来确实也如约获得了这几位老板承诺的“利润”。十年之后，这几位老板又以更高的价格回购了这 35% 的股权。我们对整个十年的过程进行复盘，发现在这个交易中，目标公司的几位老板获得的好处，比上市公司的综合收益要大得多。有人说，上市公司“买利润”的策略是饮鸩止渴，我觉得并不过分。

我们后面，会讲到人性。接受过公司治理训练的人，都应该知道人品这种东西是不能拿来作为决策依据的。股东是人，董事是人，经理也是人。是人，就会有人性的弱点，就会自利，就会有机会主义行为的动机。这家上市公司的案例，就提供了一个实实在在的证据。经理人用股东的现金买盈利，是自利行为；而目标公司的那几位老板，更是自利者。自利是人性，不是错误，但不受约束的自利，无法形成有效的共生关系，更不会带来长久的合作。

以上两个案例，都是公司治理中的典型问题。前者是小公司常常遇到的股权冲突和利益僵局问题；而后者则是大公司常常遇到的利益输送及其控制问题。解决这些问题，需要资源能力分析与价值评估，以及经理人激励等多方面的知识和方法，更需要有对治理机制基本逻辑的理解与智慧。

股市投资，也要懂公司治理

对于 MBA（工商管理硕士）同学，公司治理是一门必须要掌握的学问。这样说的理由很简单。第一，近些年来，越来越多的同学毕业后开始创立自己的企业，有些同学入学前就已经是企业的创始人了。他们需要处理涉及如何摆平利益关系的知识，以避免类似前面案例中所讲的股东僵局。第二，绝大多数同学都会从事管理工作，有些人甚至会成为公司的 CEO（首席执行官）。这需要了解董事会和管理层的权能，在工作中做到不缺位、不越位。第三，有些人会进入到公司的董事会，成为董事、董事会秘书，或是公司的证券事务代表，这时，参与治理是常规的工作内容。

其实，即使不做管理工作，掌握公司治理的智慧对于理解一家公司也非常重要。我曾经有一位学生，掌管着家里的财务大权，需要安排家里的投资事务。她和我聊过一家公司，希望在二级市场上长期持有这家公司的股票，想听听我的建议，我看过资料，劝她慎重。

为什么呢？因为我有一个习惯，判断一家上市公司，在看行业、基本面，看各种报告和报表之前，我首先会看这家公司的实际控制人是谁，董事长是谁，高级管理团队怎样，以及董事会的成员和结构。某种意义上，我看人重于看事。我把这个原则叫作“人头第一”。如果人对头，事情也不错，可以考虑长期持有；如果人和事情，只有一个是对的，就需要采用完全不同的策略。有些公司只能拿有趋势行情的那一段时间，有些公司倒是可以拿很多年。事后证明，我给她的建议帮她避免了一些损失。

据说，巴菲特有两个投资原则：第一，绝对不要亏钱；第二，参考第一条。我不知道大家有没有投资股票的经验，如果亏的是利润，心情还好；如果亏到了本金，心情一定大坏。而心情大坏之时，做决策就很难冷静。不冷静，就难保客观，很容易犯错误。公司的治理机制如果不对，出问题的概率会增大，很容易会心情大坏，也就很容易亏钱。

那么，怎么看一家公司人头对不对，治理机制是不是有问题呢？下面，我举一个例子略做说明。

有一家公司，它在 A 股市场上市，其创始人后来又收购了一家海外上市公司，而这家海外上市公司的主体业务依然是在中国境内。这两家上市企业的实际控制人和董事会主席是同一位自然人，这就构成了事实上的关联关系。这种关联关系是靠控制人连接的，就更可怕，因为很难通过其他股权董事和独立董事来制衡。

更有意思的是，这两家公司的独立董事竟是同一班人马。所以，当董事长以个人名义减持或是进行资产交易的时候，按照我国现阶段的治理环境，董事会很难具有独立性，也很难形成制衡。也许在董事会讨论的时候，独立董事会发表一些不同意见，但往往很难从决议中体现出来。

比如，前一段时间两家公司之间就发生了一次资产交易，一家公司把孙公司绝大多数的股权卖给了另外一家，交易的基本架构参见图 1–2。按照公司治理原则，两家公司的董事会对这个交易都应该进行细致的讨论，而且还应该是背对背的，因为这毕竟是两个独立法人之间的交易。

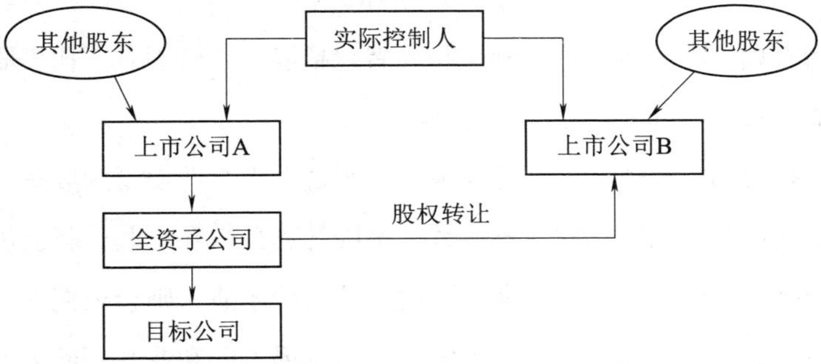

图 1–2　两家上市公司的关联交易

我们后面会讨论什么是公司法人，什么是控制人，两者是完全不同的。两方的董事会应该独立讨论：一方应该考虑这个资产该不该卖，而另一方则要考虑它该不该买。如果发生交易，公允价格多少合理；而且买入一方的董事会，还需要考虑自己有没有能力经营好这个全新的业务。

独立董事还需要判断这个交易是仅仅对实际控制人有利，还是对公司的所有股东都有利；要判断这个交易在本质上是不是大股东个人在进行资产安排。然而，由于两个公司的董事会主席和所有独立董事都是重叠的，所以，他们作为关联董事都回避了表决，而参与表决的董事会只剩下少数成员，他们都是控制人兼董事长的下属，不可能否决这笔交易。

这就是打了公司治理的擦边球，换句话说，其治理机制是有瑕疵的。

董事长把个人意志凌驾于公司意志之上，这就很难让投资者安心地做一个长期的持股者。

至此，通过三个案例，大家应该对学习公司治理的意义有一些初步认识了。下面，我们给出关于公司治理的一个较为正式的定义。公司治理是一个包含多种制衡机制的体系，其目的是平衡公司内部各种复杂的利益关系。

公司是一个以盈利为目的的经济组织，是一个不同合约的集合体，涉及诸多利益相关者。这些利益相关者包括股东、管理者、代表股东利益行事的董事、员工、客户、供应商和债权人等。

所有的利益相关者，都有其独立的利益诉求。即使同为股东，控制性股东和小股东们的利益也不一致。不同的利益放在一起，就会出现矛盾和冲突。有些冲突，是短期的；而另外一些矛盾，则会长期存在。有些利益冲突，是根本性的，会决定企业的发展方向和业绩；而另外一些利益冲突，则没有那么尖锐，可以通过协商解决。

治理的目标，就是要设计出好的机制。治理机制的目标，在于防止利益矛盾把公司的前途毁掉，要努力保留各个利益方共生与共荣的机会。好的公司治理，可以让能干的人把企业带得更远，也为不能干的人保留一些退出通道。

比如，前面第一个例子涉及股东之间的利益冲突。熟悉公司治理的创业者，在注册公司的时候，就应该规避掉这些问题。但在现实生活中，很多人屡屡掉入这个坑中。他们在创立公司的时候，凭借的只是美好的愿望。他们对人性的弱点缺少洞察，也缺少理解，结果等问题出现之后，才发现很多应该在公司章程等文件中约定的东西，自己从来没有认真考虑过。而前面的架构搭歪了，后边要修改，就困难得多。

总结一下，公司治理是一门平衡不同利益关系、保护公司顶层架构稳定健康的学问。这门学问涉及法律、经济学、管理学、公司金融、资本市场等多方面的知识。它很宏大，也非常聚焦。它是规则和方法，更是一种智慧、一套方法论。

本书结构安排

最后，我简单介绍一下这本书的结构。这本书共 20 讲。第 2 讲到第 12 讲，主要讨论有限责任公司的治理逻辑，讲解一些基本的概念。这部分内容，主要适用于早期的创业企业和中小型企业。后面 7 讲，主要讨论股份有限公司和上市公司的治理机制，内容偏重于大型企业。最后一讲是总结。这 20 讲的内容放在一起，基本涵盖了一家企业从小到大在公司治理方面会遇到的常见问题。内容的定位，是入门级水平，材料取舍以知识性和实用性为标准。

除了本书，还有两本非常重要的读物，一本叫《遥远的救世主》，一本叫《门口的野蛮人》，都是小说，请大家最好要结合本书，认真阅读这两本小说。这两本小说，我自己都读过很多遍，并且都写过读书笔记。

《门口的野蛮人》是基于美国历史上最大的收购事件写作的，内容翔实，是国外商学院常年使用的参考资料。认真阅读这本书，大家还会学到很多公司并购和资本市场方面的知识，会有意外收获。这本书非常经典，所以被改编成了一部同名电影，建议大家也抽时间看看。

《遥远的救世主》也是一本小说，作者叫豆豆。这部小说还被改编为一部电视剧，叫《天道》。我曾经多次向学生推荐过这本小说和这部电视剧，并和他们分享我的阅读经验，建议大家有取舍地去看一看。很多学生都向我反馈，他们很喜欢这本小说，也很受启发。所以，我特别选择了这本小说作为书中的案例。

说来很有趣，《遥远的救世主》中的主人公叫丁元英，作者把他的身份安排成了我们清华大学 1978 级的学长。我入学的时候，78 级的人还在，虽然人物可能是虚构的，但我看的时候总能联想到某些特定的人，所以，讲这个案例，我会有一种亲切感。这是题外话。

《遥远的救世主》是一本小说，内容很丰富，有多条叙事线索。比如，有一条爱情线索，也是故事的主线。小说塑造了一对超脱尘俗的男女，一种天上有、地上无的爱情，一段传奇而深刻的生活。两位主人公丁元英和芮小丹看待事情的视角独特、深刻，深刻到几乎就是一种上帝视角。这也是这本书引人入胜的原因之一。但我建议大家忽略掉这条爱情主线以及芮小丹作为警察的职业线索，而只关注有关格律诗公司的那条线索，把注意力集中在商业活动上。

建议大家先通读一遍小说，熟悉一下大的故事背景。然后，集中精力读第二遍，把重心放在王庙村的扶贫、格律诗公司的建立和运营、国际博览会上的降价、乐圣公司的诉讼，以及股东的退股和公司的新生这样一些事件上。

我建议大家在阅读这些章节的时候，不仅要关注每一个人物，关注作者怎样介绍他们、描写他们的心理变化，也要结合自己的生活经验，去体会人性。我们身边应该不乏类似的人物，他们其实和书中的人物一样，都会站在各自的角度提出利益诉求，用自己的方法来处理问题。

我甚至建议大家要超出我讲的内容，去思考书里书外的这些人。把阅读这些书当作一个自我修炼的过程。我有一个观念，不知道对不对，和大家分享：所谓学习，其实就是在某个特定领域的一次次修炼。修炼，重在自主思考、自我启发、自我提升。所以，无论看小说还是看电视剧，最初都是通读和通看。老师教课，本质上也是在这个层次。而真正的修炼、提高，则是大家自己围绕某一个细节“精读”和“精看”。

精读和精看，不仅要围绕某一点集中和专注地阅读与思考，还要善于前后跳跃、相互关联地去想前因后果，想场景与环境。甚至，还要善于把自己和身边的人也带入情境之中去反思。这样才有助于不断磨砺自己的思考力，悟出一些有独特性、有价值的感受，达到获取智慧的目的。教师的任务，是传授一些知识，这个过程顶多是让学生“觉”，而对于人生更重要的是“悟”，这只有通过自我修炼，才能达到。

一句话，课堂学习是有范围的，修炼则是无止境的。

第2讲

布局思维

为什么从商业模式开始来思考治理问题？

这一讲，我们要讨论的核心问题是：在现实世界，我们应该如何去思考治理问题，我们该从哪里下手。

万事都有逻辑

在讲这个话题之前，我们先看一段关于丁元英的小说情节。这是丁元英出场的一个重头戏，事关他的好友韩楚风在总裁争夺战中应该选择怎样的态度。小说中，对于这一段是如下描写的：

> 正天集团的总裁病逝，在遗嘱里向董事局提名韩楚风为总裁候选人。前总裁是正天集团最有威望的人物，遗嘱提名的分量可想而知。但提名并不等于决议，两名副总裁是当然的候选人，这使正天集团高层掀起了一场不小的风波。

韩楚风这时并非集团副总裁，只是正天商业大厦的总经理，在他的前面还排着两位集团副总裁。于是，争与不争，就成了一个问题。这也就是为什么在集团内要掀起一场风波的原因。以下是丁元英和韩楚风围绕这件事的一个对话，丁元英委婉地建议韩楚风主动退让。

> 丁元英说："这事退后一步让条道儿请两个副总裁先过去，可能胜算要多一些，但不是没有失算的可能。只是事关重大，我担不起这个闪失。"
>
> 韩楚风淡然一笑说："我尚没拿起，谈何放下？"
>
> 丁元英自己端起酒喝了一杯，说："你办事老总裁放心，但董事局不一定放心。董事局关心的不是老总裁的遗嘱，而是利润。同时，这里还有一个资历问题，对你也是一个潜在的障碍。退一步，让两个副总裁之间的矛盾上升为主要矛盾，让他们去内耗，等他们斗得两败俱伤的时候，企业必然会蒙受损失，此消彼长，有个比较。当董事局看清楚谁是争权的、谁是干事的，自然就众望所归了，你才有可能树立真正的权威。否则，你一登上拳台就会促使他们先结成联盟，你很可能是第一个牺牲品。"
>
> 韩楚风问："他们要是不内耗呢？"
>
> 丁元英说："这是文化属性，不以他们的意志为转移。"

这是一个智者的出场。

记得我初读此书时，就是因为这个细节，一口气将该书读完，很是过瘾。说丁元英是一位智者，判断的依据就是丁元英这个人，活得有逻辑。智者与平常人的最大区别，就是智者能够超越表象，能够看到事物背后的逻辑，并且依据逻辑来看待事物、处理问题。

多讲几句。哲学家冯友兰先生曾把人生的境界分成四个层次。他说，第一层是“自然境界”，活在这个境界里面的人，做事完全由天性驱动，行为完全凭借本能。我们绝大多数人其实都活在这个层次里。第二层叫“功利境界”，按照冯友兰先生的定义，处于这一境界的人，遇事往往被“以自我为中心”的盘算所局限，这类人把自我利益看成整个世界的核心，也是他们思考世界的主要视角。

不能否认，我们绝大多数人是处在这两个境界之中的。公司治理体系要处理相互关系的各种人、各种利益主体，往往也都活在这两个境界之中。本能和利益是驱使他们选择行动的基本动力，作为平常人，这并没有错。但是，既然我们要学习公司治理的智慧，就要力争把自己的境界提高一点，争取能看到事物表象背后的逻辑和规律。

冯友兰先生把人生的第三层和第四层境界称为“道德境界”和“天地境界”。他认为，处于这两个境界中的人，能够认识到个人与整体的关系、局部与整体的联系、自我因素和外部因素的分别，他们能够顺应天地运行的逻辑。

我自己的体会是，处于这两个境界的人，就是古人讲的“圣贤”。前者为“贤”，后者为“圣”。丁元英算不算圣贤，我不好断言，但从他不愿意帮助洋人劫掠中国股市的另外一段出场故事看，他是有道德感的。当然，这不是我们讨论的重点。

仅从丁元英为韩楚风出的主意看，他不是简单地被自利动机牵着鼻子走，至少不属于前两个境界。他在这件事上思考问题的境界，显然超越了自然境界和功利境界。他能够用动态的、发展的眼光来看待事情的本相，不囿于眼前的利益。这很了不起，这种境界和器识，超越了我们绝大多数人。

简单地说，丁元英的话是可以画出逻辑图的。多年来，我都喜欢用画图的方法来评判他人的想法和言论，来理解他人的思想和文章。有些人的文章是可以转化成逻辑图的，一步接着一步，一句话接着一句话，都是连贯的、演绎的，极少出现连接不上的思维跳跃。而另外一些人，言语宏大，貌似锦绣，却经不起画图。一旦试着去图解，就会发现其逻辑混乱，思想空泛。

《遥远的救世主》虽然是本小说，但其中丁元英的很多观念和言论都可以画出图来，这是我喜欢它的一个重要原因。有图，就可以让你顺着作者说了的以及没有说的话，去深入思考，获得更多的启发。

我试着把前面那段丁元英建议韩楚风不争的话，画了一张图，请参见图 2–1。

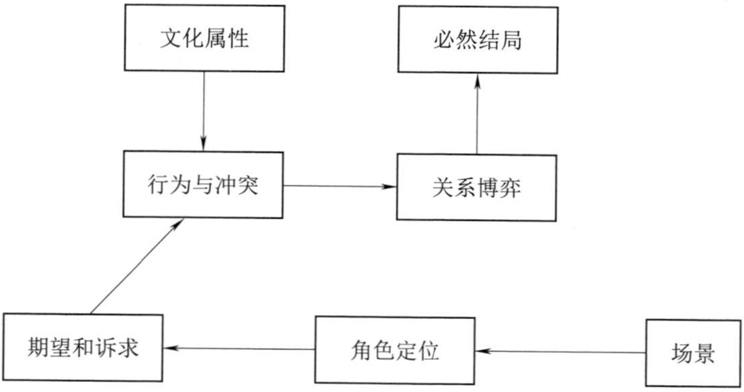

图 2–1　丁元英的不争逻辑

这张图中至少包含了两个不同的场景：一个是韩楚风去争，最后成为两位资历更高的副总裁联手打击的目标；一个是韩楚风不争，让两个副总裁去争，反而可以后发制人。

一切因果皆起始于这两个不同的场景设计。按照图 2–1 中的线索，各个因素在逻辑上是环环相扣的。场景决定角色的定位和行为，每个角色对自己定位的不同，会引发完全不同的利益诉求。以两位副总裁为例，在不同的场景下，他们争斗的对象是不同的，诉求和行动也会完全不同。这一点，不用多说。

利益诉求的集合，构成了特定场景下的利益结构。在不同的利益结构下，当事方发起冲突的方向和力量会有所不同。而韩楚风作为当局者，需要的就是找到一个对自己最有利的策略结构，然后在冲突过程中最大限度地保全自己和成就自己。一句话，韩楚风需要一个“治理机制”（governance mechanism）。

对于韩楚风来说，争与不争，构成了两个不同的场景。在不同的场景中，这两位副总裁及其各自的队伍，在角色定位和利益诉求上都是不同的，他们的行为也相应地会不一样。而韩楚风和两位副总裁，以及两位副总裁之间的关系，因场景不同，也是完全不同的，所以，他的策略也不同。而这一系列不同的背后，底层逻辑一清二楚：争是不争，不争却是争。

可以想见，如果韩楚风直接就采用“争”的策略，并且能够坐上总经理的位置，那时，他将遭遇两大副总裁、两班人马的全面抵制，将处于权力战场的风暴眼，很难以少胜多、以弱胜强。所以，他的不争，选择的不是结果，而是一个场景。通过选择场景，改变其他人的目标和诉求，以退为进。这也就是丁元英建议的实质。

我们从图 2–1 中可以清楚地看出这个逻辑。把图画出来，复杂决策立刻简化了许多。如何决策已经不用再多啰唆了，用丁元英的话说，关键看哪一个胜算更大一些。但在很多时候，我们并不会意识到有这样的分析工具，也不善于从细节上去解构一个决策。于是，我们常常看到很多人在苦思冥想，但始终不得要领。

治理结构，是布局

前面花了这么一大段来讲丁元英的故事，有些人可能早已耐不住性子要问：这些内容和公司治理有什么关系吗？

大有关系。我喜欢用“布局”来解释治理机制的形成过程。前面说的故事，本质上就是丁元英在帮助韩楚风布局。而设计出好的公司治理机制，也是布局，布一个整合企业内各种主要资源的局。在同属于布局的意义上，两者异曲同工。

也许在很多人看来，“局”不是一个好词。布局，似乎是在做圈套。其实，“局”的本义是局面、情势，并不是一般人理解的“圈套”的意思，它并不是一个贬义词。我们通常讲的“顾全大局”和“格局”这些词中的“局”字，都没有圈套的意思。圈套对应的，只是一种特殊的局，叫骗局。

从管理学的角度，“局”意味着一种资源局面，说的是各种资源以及这些资源相互之间的关系。所谓“布局”，并不是说要居高临下地把别人玩弄于股掌之间，而是把自己也变成局中人，站在合适的位置上去审视身边各种资源及其相互关系，然后把自己放在最有利的位置上，以便选择合适的时机，顺势而为。

布局不是做圈套，也不是强者的专利，而是一种处事的方法和能力。比如，韩楚风作为二级部门的一把手，很想在更高的位置上成就一番事业，可惜因为处于弱势地位，无能为力。他的选择本质上是决定要不要强求。丁元英旁观者清，能够从各种资源力量彼此消长的客观规律上，帮助韩楚风结合时间和空间布出一个有利于他的“局”。这就是境界，也是格局。

说回我们的主题。治理机制的设计，本质上就是类似的布局，即要根据企业的各方面资源及其相互关系，找到平衡各方利益诉求的恰当安排。在本讲的开头，我提了一个问题：我们应该如何去思考公司治理问题，该从哪里入手。现在，我和大家分享一下我自己的认识。我以为，就是要从看清全局开始，从思考商业模式开始。请大家参见图 2–2，这是我理解的设计治理机制的思考之道。这张图和前面那张图异曲同工。

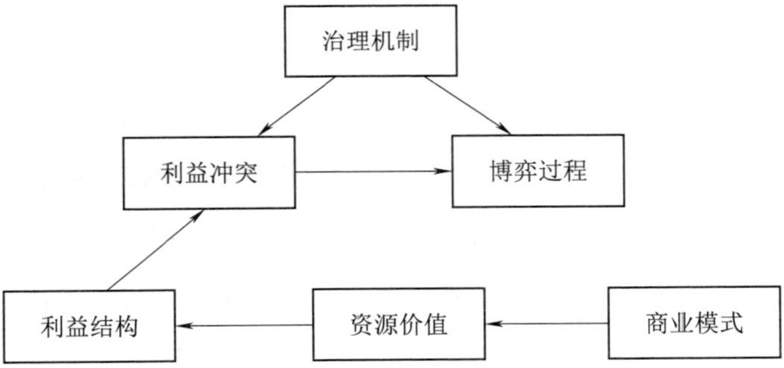

图 2–2　公司治理的基本逻辑关系

任何一家公司都是通过某种方式把不同的资源整合在一起，进而创造出有价值的产品和服务，然后持续地满足客户需要。公司是营利性的经济组织。所有参与到公司行为中来的人，都贡献了某种特定的资源，其目的是分享今后的盈利。比如，股东提供资金，管理者提供专业能力，等等。

然而，在这个过程中，存在一个非常大的问题，就是大家对于投入资源的价值，在认识上高度不一致。不仅是对不同类型的资源哪一种更重要，大家莫衷一是；就算是相同的资源，比如资金，来自不同的股东，可能在价值评估上也大相径庭。关于自己所出资金的价值，大股东、小股东和同时兼任管理者的股东，他们的认识肯定不一样。劳动也是如此。虽然劳动是企业发展过程中不可或缺的资源，但劳动也分简单劳动和复杂劳动，定价机制完全不同。

有些简单劳动很容易定价，很容易按照市场行情来支付劳动报酬。但另外一些劳动，像管理性工作、技术性工作，就很难定价，也很难支付报酬。有人也许会说，不是存在一个经理市场吗？但实际上，经理市场很难为优秀的经理人定价。股东都希望自己的企业有位卓尔不群的管理者，但他越是与众不同，他的贡献就越难通过经理市场来定价。于是，这时候就会出现一些不匹配和不平衡，包括资源提供者的预期收益和实际收益的不匹配，不同资源提供者预期收益和实际收益之间的不平衡。

这些不匹配和不平衡，会体现为利益诉求上的矛盾和冲突。这种矛盾和冲突，表现为一种不均衡的利益结构，并引发利益冲突，引发资源拥有者之间的博弈。当然，有些矛盾和冲突可以通过“再协商”（re-negotiation）来解决，但另外一些矛盾则只有通过颠覆性地改变利益结构，才有可能取得再平衡。

这里之所以用了一个“有可能”，是因为有些冲突在本质上是无法解决的。引发这些冲突的诉求，在根本上是对立的，是个零和博弈。一方的所得，是另外一方的所失，所以，没有谈判空间。即使对于那些有谈判空间的利益冲突，开启谈判和完成谈判，也需要成本。降低这些成本，需要事先安排，核心是明确开启再谈判和再平衡的前提与规则。这种事先的设计，就是治理机制。

有效的治理机制，应该内嵌在公司的利益结构之中。利益结构合理，企业就会有合力，各种资源之间的协调效应就会得到显著的发挥。这是静态的观念。而包含治理机制的利益结构，从静态来看，可能会有所失衡，似乎对于资源的某一方更有利，但它在长期有助于维系资源的合力。

那么，如何去思考并且试图找到这种有效的治理结构呢？我的看法是从商业模式开始思考。这是因为，各种资源虽然对企业都很重要，但在不同的商业模式下，它们的重要性和资源价值是不一样的。也就是说，不同的商业模式会使相同的资源形成不同的利益结构。这就好比前面的故事，还是那两位副总裁，在不同的场景中，他们的敌人是不一样的。场景不同，利益结构就会不同。如果韩楚风做了新总裁，他们会联手对付韩楚风；如果他们中的一位做了新总裁，那另一位就不会是同盟，而是对手。这种关系结构，就是一种利益结构。

利益结构决定了冲突的性质和大小，客观上也决定了潜在的解决办法。所以，设计出有效的治理机制，必须首先看清决定利益结构的资源结构，以及资源处于其间的商业模式。正如前面所言，商业模式不同，资源的重要性就会不同。所以，最初在利益结构上的争夺，都是起始于商业模式的，聪明的资源拥有者会选择更有利于自己的商业模式。所以，我们思考治理机制问题，必须要对利益居于其间的商业模式，有深刻的洞察。这不仅包括某一个时点，比如说创办公司这个时点的商业模式，还应该对商业模式的后续变化有个预判。这个内容，我们后面还会讲。

利益主体的诉求不同，会导致冲突。就像两位副总裁会开战，也会在一定条件下达成暂时的联盟一样，这都是由诉求决定的。绝大多数人活在冯友兰先生所谓的第一层境界和第二层境界之中，这些人的行为或起始于冲动，或起始于利益，通常容易预测，这就给智者留下了布局的可能性，给治理机制的有效设计提供了一个理由。

不过，这里说的有效设计，并不是一成不变的意思，而是指要在动态的过程中维系利益结构的效率，让公司的利益结构以及其中包含的治理机制，始终能够随着商业模式的变化而调整。没有什么制度是绝对好的制度。从本质上说，好的制度就是领先半步的制度，前面所谓的智者，就是在动态过程中提前预见、提前布局、提前调整的人。

以上就是我对治理机制底层逻辑的理解，也是对图 2–2 的初步解释。这张图中包含的不少知识点，我们会随着内容的深入，再进一步解析。现在，我只想请大家记住：思考公司治理的基础，首先是商业模式，其次是投入资源的价值，以及随之而来的利益结构。

一个实例

给大家举个例子。

我从事公司治理的年头比较长了，所以，经常会有人请我帮他们看看公司的股权架构。在这些待诊断的公司之中，有一些公司的治理机制、利益结构和商业模式是脱节的。

比如，前几年有一家公司做转型，它原来是做 To B（对企业）业务的，后来有了“互联网 +”之后，又从线下往线上发展，想做 To C（对客户）业务，就从 BAT（百度、阿里巴巴和腾讯）挖了几位干将。这几位干将来了之后，和老板谈股权，似乎给了股权就可以把企业做成 BAT。而老板又不懂互联网，想屈从于这几位干将，想把一定大比例的股权给他们，但又不是特别情愿，于是跑来找我商量。

我参加过他们的几次讨论会，发现最大的问题就是公司业务模式不清晰，新人和老人存在着深层次的沟通障碍。比如，几位干将熟悉互联网公司的流量逻辑，老人熟悉在线下做传统业务的方法，可是，双方的知识架构差异太大，很难在一个话语体系里讨论。在我看来，几位干将想要做以及能够做的事情，并不是老板想要的。老板想要的是线下业务的线上化，但新人因为不熟悉业务，不能真正理解线下业务的逻辑，所以，就很难完成线上升级的任务。毕竟，做线下的 B 端（企业端）业务是一回事，做线上的 To B 业务是另外一回事，而干将们对这两套东西都不熟悉，他们拥有的，只是过去做 To C 业务的经验。

这实际上就是两种完全不同的做事思路。这两种思路是格格不入的，将来打通也不容易。单从干将们这一面看，他们不熟悉业务，对于如何做线上 To B 业务，他们没想清楚。而最大的问题，是老板和干将们完全没有办法沟通，于是，就形成了一个僵持的局面。如果老板不给股份，干将们不会倾心投入。干将们更关心老板能投多少钱，自己在新设立的公司中能占多少股份，将来上市或以其他方式套现，能赚多少钱。而老板这边，一方面觉得人才难得；另一方面，他也非常担心投入的资源会打了水漂。

老板在评价这几位干将对业务的理解时，私下里和我说，如果是招聘线下业务人员，他可能连面试机会都不会给这几位干将，因为他们完全没有从业经验。但是，现在要做的是“互联网 +”，自己完全不懂，对方又是从 BAT 里出来的人，身份上有背书。而且，这几位谈起互联网业务时，那些专业词汇让老板很自卑，觉得高深莫测。所以，他有点举棋不定，动作上很矛盾。他一方面准备注册新公司，准备拿出较大比例的股权给这几位干将，但另一方面，又对这些事没有把握。

我给他的建议是，先把商业模式确定下来，再去讨论设立公司的问题，进而讨论股权分配问题。我和这位老板说，因为他要做的是 To B 业务的线上强化，而不是另外做一摊 To C 业务，所以，我觉得最适合的团队可能不是这几位从 BAT 出来的产品经理和工程师，而是传统软件公司里面做过项目的工程师。反正这位老板是下决心要做这件事了，所以，我建议他把股权问题先放一放，不妨暂时先花高薪把团队建立起来，什么时候商业模式想得比较清楚了，再衡量各种资源的价值，去考虑股权激励问题。在我的观念里，问题但凡能用现金解决，就不要轻易动股权。

其实，类似的情况，每天都以多种形式在我们身边反复发生着。很多人已经办理工商登记手续，股权都已经确定了，但商业模式还不清晰。商业模式不是一笔买卖，也不是前几笔生意中的套路，而是一种基于客户需求和市场竞争状况综合考量之后的盘算。没有清晰的商业模式，或者通向这种模式的思路，就没有办法衡量投入资源的重要性以及算计未来还需要投入什么资源。不做这种系统性的思考就把股权分完了，这就是在给自己埋雷。更可怕的是，很多人就是在网上下载一个公司章程范本，然后随意填写，觉得自己只是在做一件程序性的工作。

那么，该如何解决这个问题呢？我给出的建议是：把能不能画出一个相对清晰的逻辑图，作为商业模式是不是已经想清楚了的标准，然后，再去注册公司和设计治理机制。而且，最好有一位主导者，公司的股权能不稀释，就尽量不稀释。最好是能够约定一个任务上的标志点，在完成这个任务之后，再去讨论股权问题。也许这个标准有点高，但很多成功案例和经验使我坚信，这是一个有效的方法。

亚马逊的创业

举个知名公司做例子，就是贝佐斯的亚马逊。亚马逊现在已经是一家非常杰出的企业了，但把时光向前推 30 年，他和现在的很多创业者一样，也在黑暗中摸索。

不同的是，贝佐斯是一位智者，很有主见，也善于思考。他和主要成员画出了“亚马逊飞轮”，把一切事情都放在良好的起点上。他最先明确的，就是公司的商业模式，这一模式的基本原则，几乎 30 多年都没有变过。贝佐斯按照商业模式来思考资源的重要性，也由此确定了公司最基本的治理原则。

贝佐斯下决心进入互联网领域是在 1994 年。他发现，互联网领域在之前一年的发展速度达到了 2 300%。他认为，一项技术或者说一个行业，如果是以这种速度发展，就一定具有极大的商业价值。他说，我们碰巧赶上了一个机会窗口，大商家在投入资源追求线上的机会，客户也开始在线上购买。这一定会促成一种可以被大家接受的新的商业关系。所以，这是一个千载难逢的创业时机。

可是，该如何切入电子商务这个领域呢？贝佐斯选择了图书这种标准化程度最高、最便于储藏、最便于物流运输的产品，并且出于成本的考虑，把公司设在了华盛顿州，而不是大家普遍看好的加利福尼亚州。之后，贝佐斯确立了亚马逊商业模式的三个基本原则：客户至上、创造性员工和坚守长期主义。

1997 年，贝佐斯给股东写了第一封信，那封信可以被认为是一个宣言。贝佐斯写道：

> 我们要对客户痴迷。从公司开张之日起，我们就全力盯准客户，为客户创造价值，并且让他们感到这种价值是无可拒绝的。我们意识到，互联网过去是，现在仍然处于“全网等待”状态。

我们要向客户提供他们从其他渠道无法获得的东西。

1998 年，他又写道：

我们要建立这个世界上最以客户为中心的公司。我们要把“消费者有敏感的察觉能力和聪明的辨别能力”当作公理来坚持；我们要把品牌信号建立在实际行动之上，而不是去耍什么花招。我们的客户告诉我们，他们之所以选择亚马逊，并且把这个选择告诉给他们的朋友，就是因为这里的选择多、界面操作简便、价格低，同时服务好。

这个逻辑后来被具象地画成了“亚马逊飞轮”，请参见图 2–3。这个飞轮的逻辑持续驱动亚马逊的发展，一直到现在。

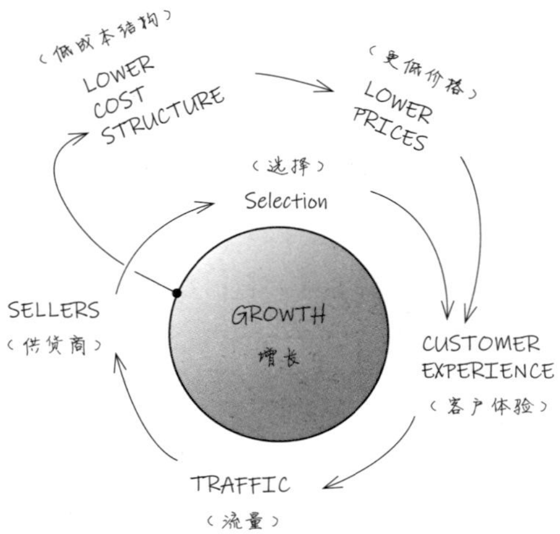

图 2–3 亚马逊飞轮

贝佐斯知道，驱动“亚马逊飞轮”高速运转的最重要资源，是员工（包括第三方供应商），而不是钱。所以他说，设定高门槛，找到优秀的人，是我们未来成功的不二法门。我们要雇用和留住有才能的员工，要多发期权，而不是现金，员工是不是能够像主人一样去思考，是不是因此实际上也成了主人，是我们能不能成功的关键。

亚马逊从创立之初就不靠烧钱获取流量，所以，它的外部融资非常有限，股权稀释的速度非常非常慢，这样，贝佐斯就保持了对于公司极强的控制权。而且，贝佐斯对于外部投资者的态度是以我为主，相当强硬。贝佐斯曾经写道：真正的所有权，要求长远地思考问题；反过来说，带着长期主义的眼光看问题，也是真正所有权的必然结果。

他说，房主和租客想问题的角度是不同的。贝佐斯认识一对夫妻，他们把自己的房子出租给别人，租客竟然把圣诞树钉在房子的木地板上，而不是用一个固定圣诞树的架子。贝佐斯说，这是坏租客的套路，房主绝不会这么短视地做决策。投资者的情况与此类似。有些投资者就是短期的租客，他们非常快地变换投资组合。他们暂时“拥有”股权，实际上就是在“租”这只股票。所以，那些在市场上频繁买入、卖出公司股票的人，都是租客，而租客对于公司的价值是有限的，是不需要在意的。

2000 年，互联网泡沫破灭，亚马逊的股价在一年之内跌掉了 80%。贝佐斯在这一年给股东的信中，再次强调了三个基本原则。他写道：如果公司的竞争地位比一年前要好，为什么股价与一年前相比，却要低呢？投资家格莱欣说过：“在短期，股票市场是投票机；而在长期，股票市场则是一只称重机。”很显然，1999 年，因为互联网的繁荣，股票市场上涌进了太多投票的人。这些人中只有很少数的人是来给公司称重的。而亚马逊却是一家希望通过股票市场来称重的公司。

通过贝佐斯和亚马逊这个例子，我想和大家再次明确的是：商业模式和利益结构是思考治理问题的基础。这一点，后面我们还有进一步论述。太多的中小型公司在注册和分配股权的时候，是完全忽视商业模式的。这是一个误区。

以上关于商业模式、资源价值和利益结构之间相互关系的说明，是我研究公司治理问题的一个体会。图 2–2 是关于商业模式、资源价值和利益冲突之间关系的分析框架，希望对大家有启发。

下一讲，我们将讨论思考治理问题的博弈思维。

第3讲

博弈思维

如何建立治理机制的预见性?

上一讲，我们讲了要从商业模式、资源投入、利益结构的角度，去思考治理机制的问题。核心观点可以概括为一句话：思考公司治理问题要有预见性，要有布局思维。

布局与博弈

局，就是局面。布局的前一步，是审局。审局要透过现象看到本质。简单地说，就是要想清楚做一件事到底需要什么资源、这些资源之间的相互关系如何，以及这些资源关系会发生怎样的变化。只有以很好的审局做前提，才能布局，才能将自己安放在合适的位置上，让各种资源帮助自己达成目标。

审局和布局，需要知识，需要阅历，需要修炼。有些同学进入社会不久，所以，我更建议大家先建立起修炼的意识，然后，带着修炼的意识，去学习知识，增长阅历。

与布局思维既紧密联系又有一定差别的思维方式，就是博弈思维。这一讲，我们就结合小说《遥远的救世主》，来讲解什么是博弈思维。可能一些人还没来得及认真读这本小说，所以，我们这一讲，就多介绍一些小说中的内容，和大家分享博弈思维这个概念。

在《遥远的救世主》中，恋爱中的芮小丹向丁元英提出要一个礼物，这个礼物就是她想让丁元英利用自己的智慧，帮助王庙村脱贫。王庙村是一个贫困村，什么都没有，唯一有的就是最朴素的吃苦精神、最强烈的致富动机。

丁元英有一套在二十几年前就价值 40 万元的音响。这套音响系统的独特效果，来自他自己设计的独特推法，一个用双组分功率放大器去推动一对音箱的技术设计。一套音响系统包括音源、功率放大器系统和音箱三个部分。音源系统完全可以外购，功率放大器也可以外购，丁元英的设计思路是用两套放大器系统，推一对音箱，所以，音箱就必须自己来做。

王庙村的村民冯世杰和音响店的老板叶晓明，按照丁元英的独特设计为芮小丹手工仿制了一对音箱。音箱中用的是乐圣公司的旗舰套件，把两组套件装在一对音箱中。这套音响的效果不错，因为音箱中木制的部分都是手工制作，质量比流水线上生产的音箱要好，但价格并不高。

显然，这可以满足一部分发烧友的需求。因为真正的发烧友，往往都是根据自己的喜好和预算来自己组合设计音响系统，而不会像普通人那样买一个固定品牌的成品。于是，丁元英的整个扶贫计划，就围绕着在王庙村建立一个手工制作音响系统这个思路展开了。

丁元英主持成立了北京格律诗音响有限责任公司，然后，将他的设计方案无偿地捐献了出来，后来用格律诗公司的名义申请了专利。格律诗公司不需要操心音源和功率放大器，这些都可以由发烧友根据他们自己的喜好去外购。格律诗只需要考虑如何把机箱打磨到极致就行了。当然，除此之外，格律诗公司还委托王庙村生产机柜和音响中的金属连接件。

这个计划的核心部分是解决音箱中的套件外购问题。芮小丹的那套音响，只需要两组套件，采购量不大，属于正常情况。但如果格律诗公司正常运营起来，乐圣作为中国音响界的知名品牌，它还会不会让格律诗公司用自己生产的套件，在市场上生生分走一块份额呢？乐圣会不会也找一个什么贫困村，抄袭格律诗的技术，做类似的事情呢？

这个计划的另外一个问题，是格律诗公司该如何确立股东、搭建稳定的架构。格律诗公司和王庙村的生产农户之间，又该建立怎样的关系呢？如果说前一个问题涉及市场竞争和商业模式，后一个问题就是一般意义上的公司治理问题。其实，这两大类问题是有密切联系的。商业模式和竞争战略，是思考公司治理问题的基础；而公司治理机制如果不健全，竞争策略也不可能得到施展。

解决这两大类问题，都需要布局思维和博弈思维，这一讲，我们主要通过分析丁元英和乐圣的斗智斗勇，来学习博弈思维的方法论。

博弈架构

首先，我给大家介绍一点博弈论的基础知识，帮助大家建立博弈思维的基本框架。请大家看图 3–1。

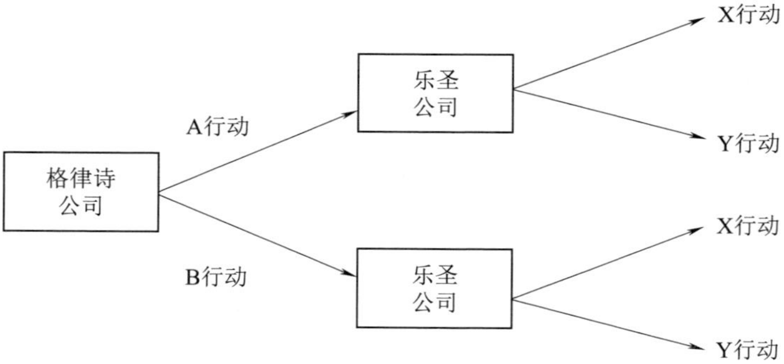

图 3–1 博弈的逻辑过程

在这个图示中，有两个博弈主体：格律诗和乐圣两家公司。假如格律诗公司先行动，乐圣公司后行动，这种博弈有先有后，有时间顺序，叫作“序贯博弈”。我们熟悉的“囚徒困境”，是两个囚徒同时出招，属于“静态博弈”。静态博弈可以有多阶段，描述的是另外的场景。懂得把你遇到的事情，刻画成一个可以用博弈思维去探讨的问题，是一种能力。这一点，我们在书中不展开讲，请大家自己慢慢去体会。

图 3–1 表明，乐圣公司有两个行动：X 行动和 Y 行动。而格律诗公司希望乐圣公司采用 X 行动，那么，格律诗该怎么办呢？请一定记住：布局思维的一个要点是把对手作为一种资源，一种可以转化的负资源。而博弈思维的要点，则是要学会“站在对手的角度，从后往前想”，英文叫 backward induction，学术上的翻译叫“逆向归纳”。

为什么要站在对手的角度呢？正如图 3–1 中显示的那样，无论你选择了 A 行动还是 B 行动，你出完招，就该轮到别人行动了。而别人行动，是基于别人自身的利益去做选择的，要看哪一种行动对他自己更有利。所以，如果用博弈思维，就要把自己放在次要的位置，优先站在别人的角度去思考问题。这就是在图示中要从最后一步开始解博弈。问题的核心，是“从后往前想”，或者叫“根据别人的可能反应，去思考自己该怎样做”。

从后往前想，可以把博弈的第一步完全去掉，于是图 3–1 就变成了图 3–2。

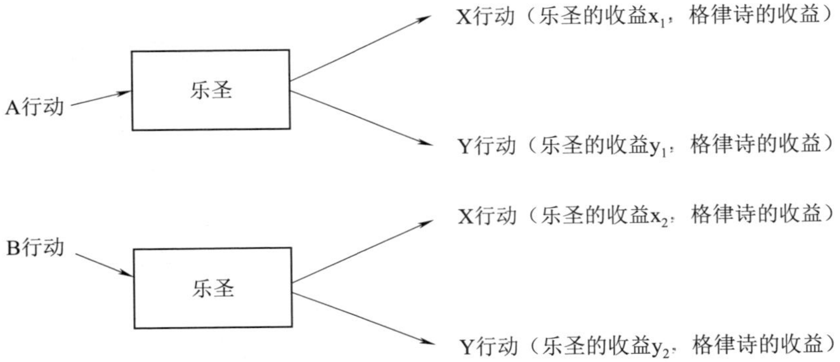

图 3–2　博弈的最后一步

从图 3–2 中，我们可以看到：乐圣究竟选择 X 行动还是 Y 行动，是由它在双方不同行动组合下的收益决定的。也就是说，乐圣公司要选择 x_1、x_2、y_1 和 y_2 这四个收益中最高的一个，然后再确定究竟是采取行动 X 还是行动 Y。如果 y_2 是最高收益，它一定会选择 Y 行动，这是由它的利益最大化动机决定的。

当然，y_2 是乐圣根据它做选择的那个时点所能拥有的信息计算出来的。我们从小说和改编电视剧中都可以看到，最后的选择完全是基于误判，而误判来自信息的不完全。小说中是这样描写的，林雨峰是乐圣公司的创始人和董事长，赵青是总经理：

赵青把手里的材料放到林雨峰面前，说：“北京这家公司想订购旗舰套件，只要喇叭和分频器，不要接线柱、接线盒和阻尼板，每月要100套，合同期一年。一家公司一年吃进1 200套，这个量说大不大，说小不小，志伟拿不定主意，就把资料托人带过来了。我看了看也吃不准，还是来找你拿个意见。”

林雨峰翻阅了一下《格律诗音箱使用说明书》和《时代音响》发表的《柏林五国专家十款音箱大测评纪实》的文章，笑笑说：“这么老套的招法居然还在有人用，不可思议。这公司还挺能闹腾，什么背景？”

赵青说：“格律诗公司是今年3月份开业的，当时店里只经营音响机架一种产品，总经理叶晓明以前是乐圣的古城代理商。……格律诗公司是由三个发烧友参加和一个女投资人控股的有限公司，四个股东都是古城人，生产基地在古城。

林雨峰问：“格律诗公司已经买走了多少套件？”

赵青答道：“志伟查了一下，叶晓明清理货底时用两对乐圣旗舰调换了6套套件，今年一月又买了30套，一共36套，能做18对格律诗音箱。他们往欧洲发了10对，现在手里还应该有8对。四月份这款音箱在他们店里摆出来了，售价是11 600元。喊价够黑的，欧洲价都喊到3万了。这种1加1的设计够野的，也不怕行家笑话。”

赵青说：“这单生意从我个人考虑，我觉得这个量并不是很大，每月100套只能做出50对格律诗音箱，不应该对咱们有影响。他们毕竟是用咱们的单元，这本身就是对乐圣旗舰的评价和宣传，况且供货权掌握在咱们手里，根据情况随时都可以给他们断货。”

> 林雨峰沉思了许久，说：“给他们，但不是每月 100 套，而是一年一次的 1 000 套。价格上多做点让步，得让他们算下来比每月进 100 套划算，往 1 000 套里赶他们。如果是 100 套的零打碎敲，这单生意就不谈了，他们真想要就到柜台拿零售价去。”
>
> 赵青一怔，停了片刻说：“你是说，他们的音箱根本就卖不出去。”
>
> 林雨峰点点头说：“中国音箱没有过硬的牌子很难打进欧洲市场，万元级音箱在国内也不可能有规模市场，他们很快就会发现市场不是他们想象的那么回事。如果按每月 100 套的思路去谈，不管纸上写多少，实际能执行的只有第一个月的 100 套。100 套摊到 12 个月里每月才划 8 套，还谈什么价格和特殊要求？给他们 1 000 套，然后等着他们退货。这是一锤子买卖，但是让咱们给他擦屁股就不是原来的价了。”
>
> 林雨峰说：“通知营销部认真策划一下，买进 6 对格律诗音箱，价格定高点，多要几本说明书，多搞几本这一期的《时代音响》杂志，根据格律诗音箱在欧洲的事实结合咱们的需要撰写推销词，给 6 个重点城市的直销店每店放上一套，把格律诗音箱当成托儿，把格律诗公司当成乐圣公司的品牌秀。”

看到这里，你就该知道林雨峰做判断、做选择的逻辑了吧。他是依据自己的经验、逻辑和丁元英设计出来的格律诗公司的表象来做判断。很多人在读小说的时候，都很自然地产生了疑问：丁元英为什么不把他的整套计划告诉叶晓明、冯世杰，甚至欧阳雪？我以为，就是为了这个博弈，为了让乐圣做出这个致命的误判，他要保密。

有些人在读小说的过程中，感觉丁元英的话不多，而且都不说透。就算是对格律诗的股东，也不交底。不仅对小股东不交底，连被他拉进来的大股东欧阳雪，也常常不明就里。我个人的看法，这就是做生意的艺术，也算是企业家精神的内在部分。在什么场合，话该讲到什么程度；在什么时间，该交待什么事情，企业的主导者对此必须要有拿捏的能力。

博弈中的行动

丁元英整个计划的要点，是要在 1998 年 5 月份举办的北京国际音响展览会上通过有震撼力的降价来为格律诗公司造势。请注意，我这里用的是“有震撼力”这几个字。

什么是“有震撼力”？两层含义：第一，东西足够好；第二，降价的幅度足够大。所以，他之前的所有工作都在为这个“有震撼力”的举动默默地做铺垫。

首先，是东西足够好。双组分设计下的音质是有竞争力的，这从丁元英自己的机器、芮小丹那台仿制的机器，以及欧洲实验室的评价报告中，都得到了验证。王庙村的农户是给力的，纯手工制造，不要命地打磨、喷漆，这也是乐圣等公司机械化生产线根本做不到的。这是满足一部分发烧友基本需求的本钱。

当然，好东西也是真贵。因为贵，格律诗在北京开的店面里，根本就没卖出去几台。但这些都不重要，这是教育消费者的过程，也是树立“高质高价”这种品牌形象的过程。

格律诗公司的铺面开在了音响店比较集中的地段，旁边还有几家著名的音像制品商店。所以，在将近一年半的时间里，潜在的购买者一定会对“格律诗”这个品牌有一个初步的认识，起码不陌生。他们看到的，是品质好但价格昂贵的音箱。一对箱子的零售价要 11 600 元。至于公司实际上卖出几台，消费者既不关心，也无法知道。

格律诗一号怕仿制吗？怕！所以，样机摆在店里之前，格律诗已经申请了 7 项专利，这就把大公司模仿这种“双组分推法”的路给彻底断掉了。接下来，格律诗又在欧洲得到了认证，并且不管真的假的，人家在欧洲的一线城市有了 4 家总代理商，售价是 7 万多元。由于用了乐圣公司的套件，乐圣也买了 6 台放在它自己的店面里，这无形中又是一种加持和推广。一句话，到了第二年国际音响展开幕的时候，格律诗的消费者教育已经做得非常透了。

这构成了“有震撼力”的第二个要点。于是，大幅降价给消费者带来了冲击。

这个大幅降价降了多少呢？

批发价从 7 600 元降到了 3 400 元，零售价从 11 600 元降到了 3 900 元，降幅超过 50%。关键用的是乐圣旗舰产品的套件，而乐圣公司的展厅就在旁边，东西是一样的，乐圣的产品价格却高得多。这就形成了震撼力，形成了冲击力。格律诗公司不仅 500 对音箱一销而空，而且形成了更重要的口碑效应。

然而，这个计划丁元英事先和谁都没有交底。直到展会开幕前的头一天，他才把降价的计划向欧阳雪、叶晓明他们明确提出来。后面，我们会看到叶晓明明确反对而且和丁元英对峙的段落，正是凭借欧阳雪绝对多数的股权，丁元英的计划才得以实施。

这里多说一句题外话。我读这部分的时候，一直有个担心：按照丁元英的筹划，展会的第一天是预热，什么动作也不做；展会第二天才开始降价行动。而叶晓明一方面不同意降价，嫌赚得太少；另一方面，他不愿意，也特别害怕和乐圣公司正面交锋。所以，我总担心他会在展会的第一天和乐圣的朋友发几句牢骚。此外，刘冰和他那两个帮忙的朋友也不是省油的灯。这也是一个博弈。建议大家自己也试着用博弈模型分析一番。

其实，这本书让我捏一把汗的地方，还不止这一处。正如大家在前面所看到的，丁元英的最初采购计划，是每个月进 100 套，一共订一年的合同，共计 1 200 套。这个合同向乐圣公司传达的信息是，我就是小打小闹，不会和你形成正面冲突。但 1 200 套确实不是个小数字，所以，才有赵青下不了决心，去请示林雨峰，最后一次性供货 1 000 套的致命错误。

我担心的是，当格律诗拿走这 1 000 件乐圣的旗舰套件之后，叶晓明他们在店里整整安装了几个月。林雨峰满心盘算的是格律诗会在一两个月之后退货，但实际上国际音响展览会在 9 个月之后才开始。林雨峰这时稍加调查，就会发现格律诗公司的情况不对，但林雨峰什么都没做，这是我担心的地方。唯一的解释也许是乐圣公司的企业文化提倡“只有矛，没有盾”。

这个话题我们到此打住，不去深入讨论了，毕竟是一本小说。俗话说，无巧不成书。不过，如果是商场的实战，我倒建议大家一点细节都不要放过。不要怕别人说你是杠精，魔鬼都在细节里面。

回到博弈思维的决策树上。我们看图 3–2，如果要让乐圣选择 Y 行动，那就一定要把乐圣公司可以感知到的 y_1 或者 y_2 搞得大大的，要让这两个数值远远大于 x_1 和 x_2。这包括两个层面的工作，一个是故意释放一些信息，让乐圣看到的信息可以支持 y_1 和 y_2 这两个数额比较大的结果。另外就是根据在 y_1 或者 y_2 的选择下，格律诗的收益哪一个大来决定前一步选择 A 行动还是 B 行动。然后，确定 A 行动或者 B 行动的细节，并且一步一步地实现它。

这就是用博弈思维来设局的基本逻辑：先把博弈主体和博弈关系想清楚，再去想这些博弈主体的欲求和可能为之而采取的行动，行动的顺序是怎样的，在不同的行动组合下大家又各自能够得到什么。以上这些内容想得有点眉目了，就可以画出像图 3–1 那样的决策树，然后再去考虑如何获得自己想得到的结果。

一句话，我们在学习博弈理论相关知识的时候，是别人给定决策树，我们解题。而在现实世界中的博弈思维，使用的顺序刚好相反，是在决策树的大框架下去分析背景条件，从而让博弈活动走向你期望的结果。

博弈理性

不管是商业模式的设计、企业战略的选择、各种资源关系的建立，还是安排利益结构或治理结构等，都需要使用博弈思维。我之所以选择《遥远的救世主》这部小说作为案例，第一是看重了它的综合性，它提供了一个商业活动的全场景。在丁元英的局里，既包括市场竞争战略，也包括财务与融资，还包括公司组织和治理。第二，就是这本书里各种博弈环环相扣，非常耐人寻味，特别适合静下心来做思维训练。

比如说，在格律诗降价促销、一炮打响之后，乐圣公司的整个行动，我们都可以用博弈思维来复盘。而复盘之后，你会发现林雨峰虽然很认真地参加了由 18 位中高层组成的讨论会，但他忽略掉了很多有价值的发言和观点，他一直被“老虎屁股摸不得”，以及“只有矛、没有盾，最好的防御就是进攻”这种观念所裹挟，从一开始就缺少必要的博弈理性，进而偏离了最优路线。

坦率地说，虽然乐圣公司和林雨峰这个人物都是小说作者豆豆虚构出来的，但现实中这样的人不少。以我有限的从业经历，二三十年中也见过不少这样的老板，很有杀气，非常敬业，非常努力，但没有清晰的思路，缺少格局和器量。格局，是认知能力。“格”是动词，“局”是资源关系，放在一起就是把复杂问题条理化的能力。而器量，则是控制情绪的能力。善于控制情绪，行动起来就会慢半拍，从别人的角度看，就是有包容力。

那么，怎么能使自己有格局和器量呢？我修养不够，没有答案。但作为读书人，我有一个方法，可能对大家有参考价值。这个方法就是画图。

首先，要像贝佐斯那样思考，想着怎样把驱动商业活动的逻辑图画出来。而要画出这张图，就必须要说清楚“因为…，所以…”，必须要多问几个为什么，否则逻辑关系难以理顺。不仅图可能画不出来，就算画出来，和别人也讲不清楚。

其次，画图需要时间，会让人的头脑反应变快，动作反应变慢，这就有助于制怒。其实，我一直觉得念书的作用不在于学知识，而在于让人做事靠谱。所谓做事靠谱，骨子里就是动手之前，先想想后果。这就是一种博弈思维。

如果我是林雨峰，在那个重要的讨论会上，就不会先发言，定下调子“要起诉”。董事长定了调子，底下人的所有讨论都会不知不觉地有倾向性。我也不欣赏林雨峰最后做出那样一个总结性发言，决定高调出击。公司里有大大小小各种会，很多会其实都不需要高调。一般来说，越是高层的会，越不需要大喊大叫。

面对类似的情况，我也许会在纸上画出下面这个逻辑图，请参看图 3–3。

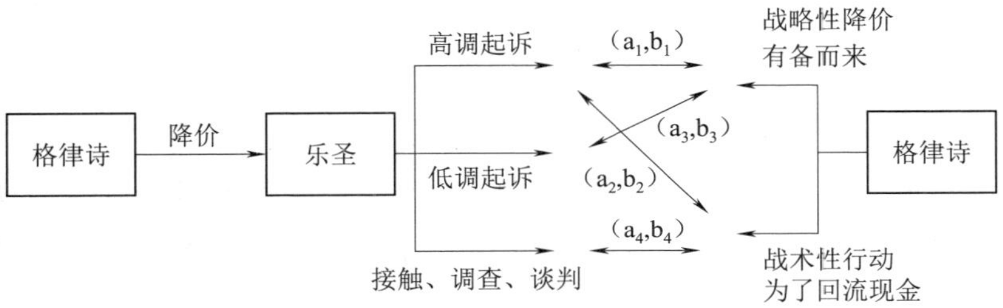

图 3–3　乐圣的诉讼博弈

我会结合这个图，去尝试着思考格律诗的降价，到底是蓄谋已久、有备而来，是一次战略性的行动，还是利用国际音响博览会的机会趁机降价促销、回笼资金。人事部经理在会议上提到了这个问题，但没有引发深入的讨论。同样，财务部经理也提到了另外一个重要的切入点，也被一笔带过了。

也许我是书呆子，总觉得如果林雨峰手边有一张图，他的图可以比我画得更全面、更细致，很多问题都会被有逻辑地追问下去。这种追问的意义在于以下两点。第一，这次会议会让乐圣进一步采集证据，做进一步的调查，以获得更多、更准确的信息，而不至于被律师牵着鼻子走。第二，如果 a 代表乐圣的收益，乐圣的不同行动针对格律诗的不同情况，a_1、a_2、a_3、a_4 都是不同的。乐圣可以在不同行动的收益对比中，重新判断采取何种行动可以让自己收益更大，进一步理清行动的细节。

我的图示里面有一点没有考虑，就是格律诗公司今后使用其他公司的套件继续生产的可能性。如果这次倾销完全是财务性质驱动的，这就意味着它的商业模式已经走到了尽头。一个公司几乎“亏本”式地清仓，

"失败"过一次了，它还会再来一次吗？对于这样一家只剩下技术专利的公司，除了和它打官司之外，还有其他方式可以获得格律诗音箱的专利吗？如果想向外界传递信息，维护乐圣的品牌和声誉，把格律诗彻底消灭，是唯一的办法吗？我觉得，追问这些问题，都是非常有意义的。它会让思考非常接近现实。

可惜的是，林雨峰完全没有这样做。相反，他被自己的偏执逼上了绝路。用他自己的话说：人，原来是可以被憋死的。林雨峰死了，但乐圣并没有死。乐圣如丁元英预计的那样和格律诗、王庙村走到了一起。丁元英也没有成为英雄，他的做法引发了广泛的关注和讨论。只是，这一切林雨峰都没有看到。

商业竞争、股东合作，本质上都是博弈。博弈思维和博弈理性，都是在博弈中有效保全自己的基本功。博弈思维，我们前面讲得比较多了。下面，我们说说博弈理性。

"博弈理性"这个词是我根据实践经验和观察总结的，我的能力还不足以给它下一个定义，但在实践中我感觉到它确实存在。它表现出来的，就是眼界、格局和器量。这些东西也许和本性、认知与阅历有关，也许还有其他的影响因素。

林雨峰缺少这种博弈理性，书中的另一个人物叶晓明也没有。叶晓明绝对是个聪明人，特别适合做执行类的工作。做职业经理人，他应该非常称职。但这个人的格局和器量都不够，很难成大事。这种人必须要见得足够多，踩过足够多的雷，才会成长。

相比林雨峰和叶晓明，格律诗后来的接盘者肖亚文是个有大智慧的人，可以说是巾帼不让须眉。小说中有这样一段描写，很能代表她这个人的眼界。

肖亚文说："……不管是谁控股，都得预留出一块股份准备吸收一个人，这个人就是冯世杰，他是连接公司与王庙村的纽带。除非公司改变宗旨和经营方向，否则，没有冯世杰的格律诗是与王庙村走不了多远的格律诗，而吸收冯世杰入股的先决条件是，等公司胜诉没风险了，等格律诗与乐圣的合作成定局了。"

欧阳雪说："我这儿你不用考虑，只要不让我管公司，股不股份的没关系。我就认一个傻理儿，守住餐馆就能活命。别的事再好，我去做可能会饿死。"

肖亚文说："没股份不行，这公司少了谁也不能少你欧阳雪。"

欧阳雪说："这话就是假客套了。"

肖亚文微微一笑，说："问题是，假客套不能当饭吃。格律诗扶起王庙村之时，就是格律诗受制于王庙村之日，而格律诗的价值也就在于此。万一将来公司不行了，我就把音响店改成餐馆，有你这么多年的经验垫底，我也饿不死了。"

肖亚文在格律诗官司缠身的时候，就可以看到胜诉的希望，而且还看到了格律诗将来可能会受制于王庙村，不能不说她的眼界超于常人。

这一讲，我们从博弈的架构、博弈者的行动，以及博弈理性的角度讲了博弈思维。这种思维对于处理资源关系，对于布局，非常有帮助，也是设计治理机制的一个基本功。有关博弈思维的内容，我们在第10讲还会接着讨论，到时会结合一个真实的案例来说明：股东之间的关系，本质上也是一种博弈关系，我们需要用同样的思维观念去布局。

第4讲

主导者的使命

谁是治理体系的第一推动者？

第2讲和第3讲，我们讲到了布局思维和博弈思维，大家也许马上就会问：这是谁的思维，公司的思维，还是某个人的思维？我的答案很简单：是人的思维，是公司主导者的思维。

2003年，美国有两位学者发表了一个非常重要的研究结果，他们以世界500强企业为样本，发现由创始人主导的公司或者由创始家族控股的公司，其业绩无论从销售额方面看，还是从利润上看，都比其他公司要好很多。就我个人来说，看到这篇文章是非常兴奋的。原因在于，多年来我研究过不少企业，直觉告诉我：一个企业能够走多远，领导者的作用是关键性的、决定性的。特别是对于创业型企业和中小型企业，主导者对于企业的持续成长，至关重要。

然而，很多公司治理研究，对于主导者个人的作用是忽视的。这也许和“公司治理”主要发端于欧美大型公司这个历史背景有关。但是，欧美社会和中国社会在组织与控制的文化背景、方式方法上有着极其显著的区别。比起欧美企业，不仅仅是中国企业，包括中国其他类型的社会经济组织，主导者都对结果有着更大的影响力。很多组织，其实就是主导者个人生命和意志的一种延伸。

我们的讨论就建立在这样一个认知基础上。也许这只是我个人的偏见，但坦率地和大家讲，这种“偏见”来自我对于历史的学习，也有对现实生活和企业实践的观察，其认知过程经历了怀疑和反复，但近些年来越发明确。这种“偏见”不仅是我思考公司治理问题的底色，也是我思考整个管理问题的基本支撑。这就是为什么我会以这样的方式来设计体系，编排内容。这一点，我需要和大家讲清楚，并欢迎大家批评指正。

我们可以假定多数公司都需要一个主导者，公司治理机制的设计和不断完善，就是主导者的重要任务。于是，主导者就需要围绕着公司的利益结构做文章，把利益结构作为思考治理机制的支点，以保证公司的长治久安。而要做到这一点，我认为主导者的思考应该按照如下的逻辑展开。

第一，主导者要做足够且充分的调查研究，对每一种重要资源拥有者的能力、诉求、期望有明确的认识。第二，要能够把分散的利益诉求整合到一起，要有从高处向下俯视的认知视角，有把局部联系在一起，进而看到全局的意识。只有这样，才有可能看到我们讲的利益结构，而不是只看到零散的利益诉求。第三，要有预见性，要肯思考，应该对不同商业模式下、不同时间点上，企业的利益结构会发生什么变化有所预见。

建立公司，虽然不敢说是百年大计，但起码会让我们投入几年、十几年甚至几十年的时间，所以，非常值得我们在开始之前，把事情想得尽可能清楚。有一句话，叫作：天下武功，唯快不破。这句话，也许在商业行动上有道理，但在创办公司、设计治理机制的问题上，我认为不尽然。特别是在最初阶段，治理机制设计的“快”，很可能会因为埋雷太多导致后来的“慢”；而前面速度“慢”一些、慎重一些，可能意味着后面的“快”。

所以，这一讲是围绕着主导者讲的，核心就是四句话：先把事情看透，再由事看到人，再看清利益结构，最后设计治理机制。下面，我依次加以说明。

先把事情想清楚

把事情想清楚，这是第一步。好的主导者，必须要明确自己想做什么事，通过怎样的资源整合，可以达成目标。在这个过程中，要不断了解、比较和权衡各种资源拥有者的能力及其诉求。这个工作在专业上也叫“尽职调查”（due diligence）。

尽职调查，是设计商业模式，讨论股权安排、并购方案的基础，也是最关键的一步。还记得丁元英第一次到王庙村走走看看吗？丁元英说是走走看看，简单吃顿饭，了解了解情况，但实际上他就是在做初步的调查研究，为思考商业模式，以及后续创办公司、搭建合理的利益结构寻求基础。

小说对此做了这样的描写：

丁元英跟着冯世杰出了冯家院子。王庙村有 100 多户人家，村里也只有两条十字相交的主街道。他们沿街漫步，冯世杰在向丁元英介绍村里情况的同时，也不时地回应一些跟他打招呼的乡亲。两个人没用多长时间就把村子转了一遍。

转完了街道，冯世杰特意把丁元英带到几乎闲置的村民委员会、废弃的小学校、基督教堂和那间不久前曾经给芮小丹做过音箱的木工工作坊。

返回冯家的路上丁元英问："这村子里有没有在哪方面有技术专长的人？"

冯世杰答道："不多，能说得上话的就更少了。周国正、吴志明和李铁军几个人会点木匠活儿，志明的技术好一点。国正以前在县里的翻砂厂干过，后来厂子倒闭就回来了，就是你刚才在院子里见到的那个小伙子，听说技术不错，当时在厂里是生产骨干。再有就是村东头的刘大爷以前在古城机械修造厂干车工，早就退休了，现在也是在家里种地。"

丁元英问："这几个人跟你都是什么关系？"

冯世杰回答："远近都沾点亲，农村差不多都这样。丁哥的意思我明白，我说的这几个人都是我很了解也比较说得来的人，都是实实在在的庄稼人。"

这天晚上酒桌上的气氛很热烈，大家围绕着农村的现状、各自的家庭、各人的苦恼以及思变的愿望等话题谈了很多，丁元英从大家无拘无束的牢骚、议论和无可奈何的叹息里了解到了许多情况。

我觉得，以丁元英的见识和聪明，经过这次走访，他对于格律诗公司的方向已经有了基本的判断。王庙村是一个贫困、落后的村庄。在这样的村庄里，不可能创办出一流的音响公司。

王庙村当然也有最重要的资源——王庙村“穷”。穷，会带来两样东西：第一，是吃苦精神。绝大多数穷人都肯吃苦，而且，是一般人不可承受的苦。第二，穷则思变。一旦穷人能看到脱贫的方向，那将爆发出无穷的力量。所以，格律诗公司赖以生存的基础，就是王庙村因为“穷”而产生的“忍”和“能”。这就是丁元英后来说的，可以“在夹缝里面求生存”，要“忍人所不忍，能人所不能”。

叶晓明和冯世杰虽然为芮小丹仿制了一套音响，并且制作了质量上乘的机柜，但这只说明木工活不错，还不足以由此让一家音响公司生存并且发展。虽然小说中没有写，但我个人以为，丁元英并没有打算让格律诗公司慢慢地成为一家真正的音响公司。他无非就是想给王庙村找一个机会，让吃苦精神转化成脱贫的希望。

然而，全中国这么大，肯吃苦的人多得是，后来者也多的是，怎样才能让王庙村吃苦的努力可以持续获得回报，而不会被后来者超越呢？这就需要一个护城河。所以，必须要修建一个护城河，有了这个护城河，实现王庙村脱贫这个目标，就有希望了。至于之后还会发展成什么样，那就事在人为，看当事人的努力和造化了。

在小说的叙事语境里，其商业模式的核心就在这里。丁元英的计谋也很简单，就是抓住乐圣这个头部企业，然后通过自己的精心计划，把格律诗公司打进这家头部企业的供应链，让王庙村农民的生产努力可以持续变现。一句话，丁元英的目标并不是按照常规创业的思路去打造一家音响公司，而是要建一个满足细分市场需要、依靠手工作业的生产基地。

丁元英没有把这个计划向其他几个参与者全盘交底。作为事情的主导者，他能有的只是较大的胜算，而不是必然的结果。在这个意义上，他没有必要把自己的设想一五一十地和参与者说得那么清楚。由此，我们作为旁观者，就能感受到丁元英的打算和叶晓明的初衷实际上差异巨大。我以为，叶晓明的胃口不会这样小。也许正是因为给芮小丹仿制过一套音响，让他产生了一种幻觉：自己可以成就一家好的音响公司。

这一小节的描述，是对图 2-2 中“商业模式”这个概念的一个解释。商业模式，是一个高大上的词，其实最简单来说，就是你要干什么，怎么干最容易成事。

主导者与参与者

一个公司要想成功，必须要有主导者。我这里讲的主导者，并不是指一般意义上的召集人或是牵头者，而是具有企业家精神，能够深入思考、主持大局的人。企业家精神，是企业发展中最核心、最宝贵的资源。关于企业家精神，目前大家比较强调它是一种创新精神，一种勇于冒险的精神。其实，企业家精神中非常重要的部分，是筹划与控制局面的能力。这一点，后面我们还会具体讲。

几乎所有成功的公司，都存在一个优秀的主导者，比如华为的任正非、阿里的马云、腾讯的马化腾。主导者不仅仅是事务上的组织者和企业的精神领袖，还是精准的判断者、业务的筹划者，是果断的决策人。以阿里巴巴为例，曾有知情人评论说，马云要做的，他自己都不会做；而底下人虽然不知道为什么这样做，却可以做得很出色。这就是对主导者和参与者的特征最清晰的描述。

一家企业要想成功，往往做事的人，或者叫参与者，相对好找，而主导者却很难找到。所以，那些风险投资公司或私募公司在决定是否投资一家初创公司的时候，首先看的是人，也就是主导者。如果主导者可以，做的事靠谱，投资者往往有信心投资，并愿意帮忙把团队凑齐。比如，在前段时间关于互联网轰轰烈烈的投资活动中，第一轮投资，往往主要看创始人和想法；第二轮及以后的投资，则逐渐看产品和团队。这体现了我们说的主导者和参与者的逻辑。

对于格律诗公司而言，主导者就是丁元英，叶晓明、冯世杰和刘冰就是参与者。主导者和参与者之间最大的区别，就是主导者可以审时度势地去做大判断，拿大主意。他不仅有这个意识，而且有这个能力。哈佛商学院的诺里亚等人研究了 20 世纪 2 000 多位美国商业史上的主导者，发现他们都有一个共同的特质，叫“情境智能”，就是在复杂环境中辨识方向、利用资源、果断创新的能力。

其实，对于一家公司而言，最重要的问题就是：要往哪里去？现在做什么？下一步做什么？无数案例告诉我们，如果这些问题想不清楚，公司的方向就是模糊的，行动的节奏也必然混乱。公司总有把初始投资花完的一天，钱花完了，自己还没有在市场上真正站住脚，那又该怎么办？难道永远都是走一步看一步？主导者最重要之处，就是在行动之前，能够做深入思考，把这些事想得比较清楚，谋定而后动。

大家从小说中可以读到叶晓明、冯世杰和刘冰的种种行动。他们每天也在忙碌，但他们的行动，都是在执行层面的，缺乏高度，所以，他们只能是参与者。叶晓明和冯世杰满心希望的，就是丁元英这个救世主能够给他们画出一条成功之路，而他们按照丁哥交待的去做，就能够到达成功的彼岸。这就是丁元英所谓的“弱势文化”，是一种“得救文化”。

在我们身边，像叶晓明这样的人并不少见。他们渴望成功，但缺少高度和眼界，缺少见识和深入的思考，他们没有明确的方向和计划，更没有差异化的打法，他们凭借的只是热情和愿望。很多人在“想干什么”和“能干什么”这些基本问题都没有想清楚的时候，就已经出发了。虽然他们非常辛苦，吃苦精神也非常令人尊敬，却很难达到预想目标。一家公司能够成功，有一位头脑比较清楚的主导者太重要了。我们常说：三分努力，七分运气。我体会这个努力，并不仅仅是体力，更大的成分是脑力。

有了主导者和参与者的概念之后，我们就可以接着讨论前面提到的第二步：结合事情来看人。为什么要看人？这是因为，有限公司最初投入的资源主要是人力资源，特别是核心人员。而后边产生利益冲突，也往往是这些最初的参与者。所以，把人看好、用好，把他们的心理期望控制好，是主导者必须要做的功课。

借事看人，包含以下两个层面的东西。第一是，公司需要什么样的人，他们应该具备怎样的能力；第二是，公司现有的参与者怎么样。这些人的期望和他们的能力，他们可能对公司做出的贡献与他们对自己的评价，以及随之而来的利益诉求之间，是不是有很大的差距。

这些年，因为顶着公司治理专家的虚名，经常会有人来找我出主意。坦率地说，因为对人头不了解，很多时候我都委婉地回绝了这些要求。不是我不帮忙，实在是无法提出我自己都有信心的建议。理由只有一个：我对业务模式不甚了解，对团队里的人员更不了解。

现在，关于公司治理有一个很大的误区，就是过于强调制度，而忽视具体的人。我一直秉持一个观念：放之四海而皆准的治理模式，是不存在的。有效的治理结构，一定是针对具体的业务场景、商业模式，针对具体的人员和团队，针对具体的利益结构，都有着很强的人头色彩。越是早期的公司，治理结构与人的能力、秉性，关系应该越密切。

其中的逻辑是这样的。我们明确了要做的事情之后，就要把相应的人放在各个关键的位置上，分兵把守。这就是“摆人头”。一个组织，无论哪一个层级，都存在着摆人头的问题。而治理结构，就是在公司的顶层摆人头，然后解决人头之间的利益平衡关系。所以，主导者应该先在心中明确：按照事情的逻辑，需要几个核心的人。这些人应该具备何种能力，以满足他们的任务要求。然后，再对应工作要求来判断，现在的参与者在能力上是不是胜任，以及今天胜任，明天是否胜任。

我们可以试着思考一下，格律诗公司通过建设一个有品牌的生产基地让王庙村脱贫。这样一件事，需要几个核心人员？

冯世杰肯定是需要的。他熟悉王庙村的情况，能够有效地组织生产；而且，他对王庙村有情感，扶贫的事情也是因他而起。叶晓明应该也还好，但不是不可或缺。为什么呢？因为格律诗公司的前端要把店开到北京，需要一个可以跑跑颠颠，负责和各方联络的人。叶晓明开过音响店，做过其他音响公司的代理，熟悉这个行业，他和冯世杰也是朋友。这个人从总体上说，也是合适的。

不过，相比于冯世杰，叶晓明的情况很微妙。格律诗的目标是给王庙村的农民找一条致富的道路。在这个商业模式中，冯世杰是不可替代的，而叶晓明不是。我认为，如果没有后来的退股风波，叶晓明能不能长期胜任股东兼总经理的职务，可能还真不好说。叶晓明对格律诗公司的期望更高，头脑也更灵活，因此，我甚至怀疑如果没有退股风波，他会不会和冯世杰在未来公司发展方向上也产生争执。这些都是很值得深思的。

至于刘冰，我觉得是个多余的人，做股东肯定不合适。而且公司越往后发展，他越没有价值。成事不足，败事有余。刘冰在整部小说里都是一个非常值得细品的人，他代表了一类人。我们身边有不少人，学历比刘冰高，身世比刘冰好，但他们的思维方式和行为方式，和刘冰没有本质区别。创业团队中有这么一个人，还持有那么多白来的股份，早晚都是麻烦。

从商业上来理解一个人，无非从两个方面来看：第一，看他的能力水平和资源价值；第二，看这个人的人品和心胸。看清这两点，都要经历事情。看前者，相对容易，但看后者比较难。往往只有在出现利益分歧的时候，才能看到一个真实的人。但麻烦的是，等看清一个人的时候，我们可能有一部分命运已经被握在了这个人手里了。正是因为这个，我一向对在做什么还不清楚时就优先谈论股份分配的人敬而远之。

小说中，关于散伙的那一部分，描写得比较细致，我特别建议大家反复看看。人在绝大多数的时间里，都处于顺境或是过着平常日子。这个时候我们看到的所谓人品和心胸，其实都是表象。只有到了逆境，一个人的本性才会显露无遗。

叶晓明入股格律诗的时候，是欧阳雪为他垫的资。换句话说，如果公司赚了钱，他相当于是用欧阳雪的杠杆为自己赚来了加倍的回报。但风险来了，他却第一个提出退股，要保证自己那点投入完璧归赵。这个人的人品是有问题的。刘冰就更不用说了，可以说是做小人一步到位，连叶晓明都看不起他。只有冯世杰在退股的过程中还心怀愧疚，一方面觉得对不起欧阳雪，另一方面还不忘保护王庙村的那个生产基地。

叶晓明们还有一个更大的问题，就是心理学上讲的达克效应，容易固执于自己的判断，容易看到自己辛苦的价值，会把成功归因于自己的努力，而忽视业绩背后更为根本的决定因素。事实上，如果没有丁元英的图纸和那套价值 40 万的样机，格律诗是无法生产出像样产品的，它和叶晓明已经破产的旧音响店没有区别。而没有丁元英的面子和关系，叶晓明和刘冰也不可能在北京开店，不可能使用正天大厦设施良好的仓库，以及和先前的甲方同行们高谈阔论的机会。但当公司运作起来、初见成效之后，他们似乎都忘了这些。

这就是冯友兰先生所说的，活在第一或第二个境界中的人，凡事从自己的视角出发思考，盘算的是自己能看到的那点蝇头小利。由这种人主导公司，顶多只能维持温饱，无法成就大事，所以，公司的控制权落在他们手里，一定会带来后患。

丁元英显然看透了这一点。所以，要完成芮小丹出的扶贫题目，就必须要控制整个过程。这也就是为什么当叶晓明和冯世杰送丁元英回家的时候，丁元英明确提出投资方至少应该持有 51% 的股权，以保证投资方在决策权上最大限度规避风险，并在这个基础上给其他人的股份垫资。

总之，一个公司要能在竞争中取得成功，必须要有丁元英这种活在第三个或第四个境界中的人当主导者。这种人有深入思考的愿望，更重要的是，他们还有深入思考的能力。而所谓深入的思考，不仅包括对于业务方式的设计，还包含了对于人性的洞察。这种能力，就包含在我们常讲的“企业家精神”之中。

预见冲突，防范冲突

前面，借助小说《遥远的救世主》中的场景，我讲了对主导者角色的认识。下面，我把它的一般逻辑画成图 4-1，希望能把零散的讲述体系化。

按照图 4–1 中的逻辑，一个公司组建好之后，不同资源就被投入到某一个商业模式之中。比如，在格律诗公司中，欧阳雪和其他股东都是公司出资人，欧阳雪是单纯的出资人，她投入的资源是资金；而叶晓明等人还是公司的管理者和雇员，除了投入资金，还投入了劳动。资金和劳动，都是资源。

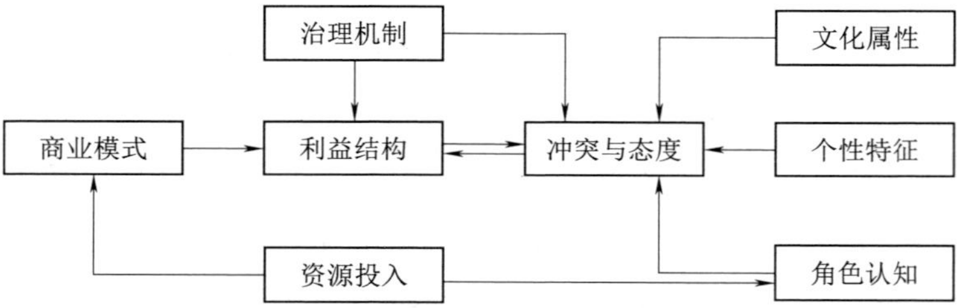

图 4–1　理解利益冲突的一个视角

资源进入公司，就围绕着特定的商业模式形成了利益关系。商业模式不同，资源的价值就会不同，企业形成的利益结构也不同，所以会出现利益诉求上的种种冲突。这一点，我们在前面讲过了。

股东之间的利益冲突可以分为三大类：第一类是商业模式的原因，导致所有者自我认知的资源价值和其得到的回报不一致，因而产生了矛盾和冲突；第二类则是随着时间的变化，资源价值发生变化（这在一定程度上也和商业模式的演变有关），因而产生利益诉求和利益满足上的矛盾和冲突；第三类是由分配方式的“不公平”而导致的冲突。这里，“不公平”又是一个主观的概念。

公司治理中讲的冲突，绝大多数都来自理解资源价值的角度和方式。这是因为，利益分享的硬标准只有一个，就是大家提供资源的能力和价值。比如在一个公司中，有多少业绩是由资金因素带来的，有多少是由劳动因素带来的。资金因素和劳动因素都是贡献，怎么衡量一块钱的资金和一小时劳动的价值。比如欧阳雪的资金和刘冰的跑腿，资源价值上到底怎样衡量？刘冰不是说，累的累死，闲的闲死。当然，欧阳雪也会说，没有我的资金投入，哪里会有格律诗公司。另外，同样是劳动，叶晓明在北京的对外联络和冯世杰在王庙村紧盯生产，哪一个又更重要呢？

这类问题是普遍存在的。特别是在小公司里面，每个人每天都做了什么，大家都看得清清楚楚，每个人都在无时无刻、下意识地进行比较。而对某种资源的价值衡量、高低判断，在多数情况下，当事人和其他人的评价是不一致的。通常，当事人会认为自己的劳动是不可或缺的，是至关重要的；而其他人从另外的角度来看，这个劳动甚至是不合格的，或者是可有可无的。这种认识上的差异通常会藏在心里，往往只有在矛盾爆发的时候，才会表现出来。

在发生矛盾冲突的时候，有人会说，总有说理的地方。其实，如果让独立的第三方去复盘并判断各种资源的应有价值和实际价值，得出的结论很可能是不同的理。这个理甚至会和争执的双方都不一样。这在学术上叫“不可验证性”。认知活动本身具有极强的主观性，这决定了争议的事后评判和事后解决非常困难。这也就是为什么事前的治理机制设计极为重要。

我们再来看利益冲突的解决，通常需要如下几个方面的变化。第一，改变资源所有者的认知方式；第二，改变资源所有者的个性特征；第三，改变冲突产生的人文环境，也可以称之为“文化属性”（这和小说《遥远的救世主》中的文化属性有所不同）。这三个因素，我都画进图 4-1 里了。

在利益冲突出现之后，只有改变这些因素，才会有助于解决冲突。但现实的情况是，这些因素很难改变，所以，促成认知改变非常困难。

大家可以参看图 4–2，其中描述了促成利益诉求者认知变化的基本逻辑。

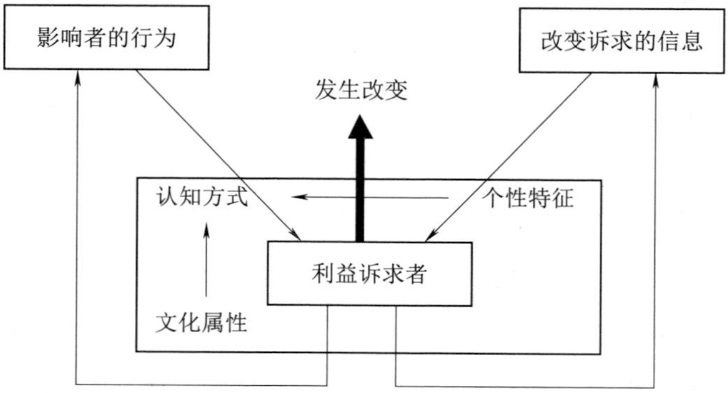

图 4–2 利益诉求者的认知变化逻辑

第一，要有足够的让利益诉求者改变其原有认知方式的信息。这些信息首先要有可接受性，也就是可以让利益诉求的相关者冷静下来，重新思考自己原有的观念；信息要有足够的强度与合理性，可以促成利益诉求者反思原有结论，甚至反思自己的思维模式和认知模式。

第二，影响者的行为，也会对诉求者认知的改变起到关键作用。比如，让利益诉求者感受到影响者的动机和沟通方式都是正向的，沟通内容也要有说服力。当利益诉求者对影响者的个人品性和劝说动机有所质疑的情况下，预期的影响作用将不会发生。只有在满足前面这个条件的情况下，影响者才有可能通过适当的方式，改变诉求者的认知逻辑，进而得出新的结论。

第三，个性特征和文化属性，它们既决定了一个人的认知方式，也会影响这个人认知方式的改变。个性特征比较强，自我考虑比较多甚至难以自拔的利益诉求者，往往不会轻易改变认知方式。另外，文化属性等诉求者长期浸染的社会环境，也会不断对其施加影响，这些因素都会弱化诉求者认知方式的转变。

第四，在图 4–2 中，我们只画出了对某一个利益诉求者的影响过程。很多股东之间发生争执的案例告诉我们，每位当事人都处于一个博弈链条之中。每位当事人往往具有双重角色，他既是诉求者，也同时是影响者。而双重角色之间又可能会相互牵制，所以很难让人跳出特定的困局。一句话，通过沟通和改变认知方式，形成利益的新均衡态，不是一件容易的事情。

第五，理论上讲，沟通会使每个利益诉求者都有改变、妥协和继续抗争等的可能。而不同的人、不同的选择会组合出很多复杂的博弈结果。一些结果表面上看似带来了一个新的均衡态，但这个均衡可能只是表象，其背后也许隐藏着更大的危机。

大型公司基本上靠资金来构建关系，所以，维系均衡态相对简单。而中小型企业、早期的创业公司除了资金关系之外，还有极其复杂的人与人之间的关系，后者对于组织效率的影响更大。而一个企业的主导者和主要参与者之间如果关系存在隐患，特别是那种暗地里的角力，是非常具有破坏性的。

总之，公司利益冲突问题，一旦形成，解决起来非常不易。即使设计出治理机制，实施起来也是需要付出成本的。所以，必须要在公司创办的最早期，从利益关系的最基本层面，也就是在股权结构上做到尽可能的清晰简单，这样有助于后面快速解决机制设计和再协商的启动问题。

这一讲，我们主要强调了公司主导者的作用，以及他应该怎样做，才有助于布好治理机制这个局。这里，我先抛出一个观点，后面再详细讨论。我认为对于有限公司来说，好的治理结构应该具备两个特征：一是主导者应该有尝试的空间；二是参与者有退出的通道。

第5讲 企业家精神

怎样判断主导者是不是有潜质？

上一讲，我提到了主导者和参与者这样两个概念。有人可能会有疑问：同样是公司的创建者，为什么还要定义一个主导者的概念？要把这件事讲清楚，我们必须引入一个更重要的概念：企业家精神。这是我们这一讲的主题。

历时不变的核心资源

前面说过，企业是一个资源的集合体。有人投入资金，成为股东；有人投入劳动，成为管理者、技术骨干或者员工。而且，我们也讲到，各种资源的重要性会因时变化。但如果要找一种资源，它的重要性是经久不变、永远重要的，那就是企业家精神。大经济学家熊彼特曾经说，企业家是让一切事务能够运转起来的轴心。

那么，到底什么是企业家精神呢？为什么企业家精神的重要性又是经久不变的呢?

企业家精神，可以通过下面一些行为来定义。第一，具有企业家精神的人，善于利用别人所不具有的知识，并从中获取利益。这表现为他们善于观察市场状况和资源状况，并且从中发现新的商业机会。第二，他们通常充满精力，不会因失败而气馁，他们冲动但不武断，善于在企业发展的过程中整合各种可以利用的资源。第三，在整合各种资源的过程中，真正具有企业家精神的人善于对他人做出判断，善于制定一种使自己处于最有利状态的利益结构。

很多人强调企业家注重创新、敢于冒险这一特质。在这一方面，我更同意德鲁克的观点：冒险行为，只是我们看到的表象，真正的企业家并不是冒险家。他们最清楚自己在做什么，怎样做胜算更大，他们善于尝试，并且在尝试中学习，从而将风险控制在一个安全的范围内。

需要和大家说明的是，关于企业家精神，目前学术界还没有一个统一的大家都能接受的定义。不过，绝大多数人都同意，企业家精神不同于普通管理工作中的那些通用智慧，它是一种非常独特的能力。按照前辈学者富兰克・奈特的观察，企业的经营过程充满了不确定性，企业家正是因为承担了这种不确定性，才使企业获得了回报。这种回报，表现出来，就是企业的利润。

奈特的观点非常鲜明。他说，机会存在的时候，一旦后续结果可以被预测，那就不会存在利润。为什么呢？因为大家都可以看到机会，而一旦大家都能看到，市场就会处于一种完全竞争的状态。这时，每一种资源都能够获得市场平均水平的利润，是没有额外利润的。而真正的企业家则是在不确定性中看到机会，也就是大家都看不到机会的时候，他“看到”了机会，所以，他才能赢得超额利润。

那么，企业家又是通过怎样的认知过程发现机会的呢？企业家精神在这个过程中扮演了怎样的角色？为什么说企业家精神和一般的管理技能甚至管理智慧不一样呢？这些问题目前还是学术研究前沿，有很多探索，但没有标准答案。下面，我给大家介绍一个非常有意思的研究。

哈佛商学院有一位顶级学者，名叫克里斯坦森，去年过世了，大家可能读过他的《创新者的窘境》等一系列学术著作。其实，他还有一篇论文非常重要，但目前关注这篇文章的人并不多。这个研究是他和另外两位学者一起做的，是一个大样本的访谈性调查和统计研究。研究的目的，就是试图发现创新型企业家和一般管理者在认知方式和行为方式上有什么差别。

他们的研究结果被概括为图 5–1。

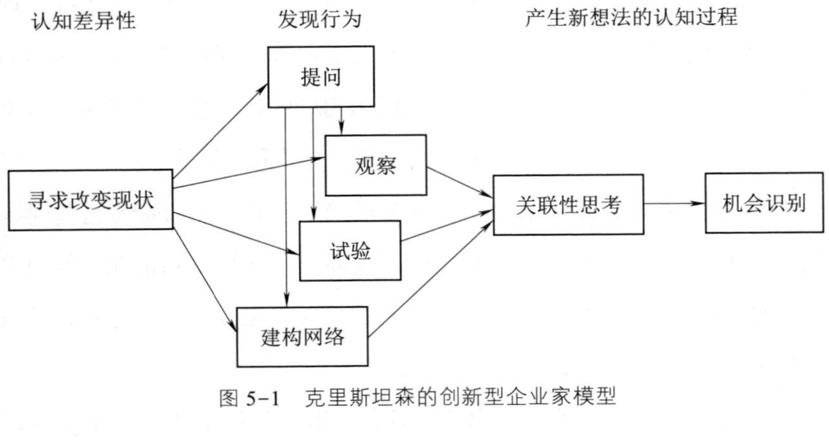

图 5–1　克里斯坦森的创新型企业家模型

克里斯坦森等三位研究者通过电话和问卷访谈了几百位创新型企业家和管理者。他们对创新型企业家的定义非常接近于我们讲的主导者，都是独立开创出一个新业务，并且把企业带向成功的企业家。这个群体的成员包括：亚马逊创始人贝佐斯、西南航空公司创始人凯赫勒，还有星巴克、戴尔、eBay 等公司的创始人。这个群体的访谈人数接近 100 位。

作为对照组，他们在美国东部和西部以及欧洲各选了一所商学院，访谈了在读的 EMBA（高级管理人员工商管理硕士）有 200 多人。对比组的成员几乎都是职业经理人，这些受访者虽然也位居企业的最高管理层，但并不是独立创业并成功打出一片天下的人。图 5–1 就是根据这两类人群在认知方式和行为方式上的差异对比，经过综合分析画出来的。

正如图 5–1 所显示的，克里斯坦森等人发现，创新型企业家，也就是我称为主导者的那些企业家，在行为方式上有如下 4 个显著特征。

第一，他们更愿意对一些如何能够改变现状的问题提问。典型的管理者也会不断提问，但他们的问题更多的是关于在现状的框架内如何更好地达到既定目标，怎样使现有流程运行得更有效率，而不是去改变现状。但饱含企业家精神的主导者更愿意对如何改变现状这一更为基本的问题提问。这类问题常常可以套用这样的句型：如果我们这样做，这个世界会发生什么变化，会不会出现完全不同的局面，等等。

第二，在提问之后，企业家通常会满脑子问题，然后带着这些问题广泛地观察。他们观察的对象往往是那些新出现的现象和情况，他们更愿意观察消费者，特别是终端用户，通过观察深化自己对已有问题的思考和理解，然后再逐渐纳入行动。

比如，今天的星巴克之所以会有意营造出一个温馨的社区约会场景，往叫作“咖啡”的东西里加入大量的牛奶，这些调调都是舒尔茨在意大利旅行期间，通过在咖啡馆里的观察感悟出来的。管理者也会观察，他们的考察活动并不少。然而，由于他们头脑中的问题不是根本性的，所以，他们并非是根据兴趣来观察，而是根据任务来观察。观察中看到的好东西，都被他们先入为主的框架给过滤掉了。

第三，观察之后，是试验。成功的企业家非常善于在观察之后，打破常规地进行尝试，然后一步一步地迭代完善。当然，管理者也会去做一些试验或者叫尝试，但研究发现，在管理者的意识中，试验对他们的正常工作来说是成本项，多多少少会被认为会干扰已经制定好的“正常的”工作进程。

然而，企业家们不是这样想问题。他们并非鲁莽、蛮干，好的主导者谋定而后动。当一个念头在头脑中成形之后，他们会认真思考，但一旦想清楚了，就会大胆尝试。像贝佐斯这样的企业家，深深知道试验对于保持企业创新活力的价值。所以，在亚马逊，他通过组织性的安排，推动大家去做更多的尝试。他说，尝试越多，产生真正意义的创新的机会就越多。

第四，企业家更愿意和不同领域、不同背景的人交谈，以便获取广泛的信息。当然，这并不意味着管理者就不去建构人际网络。但是，管理者的交往对象常和自己的职业领域相关，无论是为了自己的职业发展，还是为了业务领域的资源拓展，他们都更偏重与职业相关者建立友谊，发展交情。而企业家们很少为了自己的职业发展，或者为了建立人脉关系，去和他人交往。

企业家们交往的目的性似乎并不强，但他们善于在交往中获取更多新的想法。他们更愿意结识那些有深入见解的人，和那些人开放地聊天和探讨问题。他们的很多新点子和新的念头，都是在这种交往中闪现出来的。

在做了大样本的定性访谈后，克里斯坦森等人还对访谈的结果做了定量分析，他们发现，在以上 4 个企业家的行为特质中，提问和建构网络这两种行为特质，固然是引导企业成功的重要影响因素，但善于观察和果断试验，才是让企业家真正获得成功的显著影响因素。

正如图 5-1 中所勾勒的，那些成功创业家的思考方式也是独特的。他们在观察的时候没有任何拘束，天马行空，在试验的时候也经常离经叛道、不管不顾，但这绝不意味着他们没有指导思想，是盲目行事，相反，很多时候他们在进行一种关联性的缜密思考。这种思考方式像是直觉，不容易被其他人甚至多数人理解。但恰恰是这种旁征博引式的思考方式，让他们创造出了独特的商业力量，并获得成功。

有人说，企业家的思考方式是一种特殊的模式识别过程。这种思考方式究竟是基于特质的，还是基于经验的，是先天的禀赋，还是后天历练出来的，我们目前还没有清晰的答案。但毫无疑问，正是基于这种非常特殊的能力，企业家才能比资深的管理者更快地搜索到问题的有效解决方法。

主导者的实例

企业家精神，到底是一种怎样的能力？可以说，到目前为止，没有人能够给出答案。这方面的学术研究论文很多，学者们从不同的角度对此进行探索，但莫衷一是。比如，有人通过统计研究发现，在人格特质和心理特征上，创新企业家和一般管理者是不存在显著差异的；但也有人发现，在小型企业中，就风险承受力、对于个人成就的追求欲望方面，企业家和一般管理者还是有些差别的。

克里斯坦森的研究主要集中在企业家精神的认知方面。此外还有一派学者认为，成功的企业家或企业主导者似乎有一种超能力，他们可以在看上去毫无联系的事件、趋势和变化中找到关联线索，能够立刻发现机会，并围绕这个点不断深入，进而设定出一个计划。而且，有企业家精神的人不僵化，就像是有老天在帮助他们一样，他们知道什么时候需要调整，什么时候需要坚守。

克里斯坦森做的是严肃的学术研究，他勾勒出的企业家特质架构，理解起来比较抽象。而小说《遥远的救世主》中的丁元英，虽然只是一个虚构人物，但仔细琢磨这个人的一举一动，却有助于我们体会企业家的独特能力、加深我们对主导者形象的认识和理解，并且有助于我们理解到底什么是企业家精神。

王庙村扶贫这个命题，丁元英的破题，从观察开始，然后一步一步深入调查，不断提问，不断思考，最后精心设计出格律诗公司的定位。这种定位既包括公司做什么、农户做什么，也包括格律诗和乐圣公司之间的关系；既包括音响博览会之前的布局，也包括官司之后如何收尾。

丁元英不是神人，他的计划基于对细节的观察和把握。小说中对此有这样的描述。

> 此时周国正和刘大爷正和丁元英谈着什么，其他人都站在周围听着。
>
> 周国正一边用手比画着一边说："把这棵树伐掉，鸡窝拆了，在这儿搭个棚子。炉子放到这边，焦炭、铁锭堆到东墙。刘家屯有个半吨的旧炉子闲着没用，人家愿意九百块钱处理给咱，我去看过了，拿过来做点隔热处理就能用，保住机柜脚钉、定位片、音箱架子和接线柱的生产肯定没问题。炉子吊架咱自己做一个，不费啥事。"

刘大爷说："有了咱自己的翻砂厂和车床加工，那成本一下子就降下来一大截。车床咱不一定要买新的，根据咱产品的质量要求能用就行，能省不少钱。"

丁元英问："翻砂和车床这两块需要几个人？"

周国正回答："平时有我和我媳妇两个人就行了，我爹也能过来帮帮忙，就是开炉的时候人手少了不行，到时候找他们几个来帮忙，干完了请他们吃顿饭，农村的家庭翻砂厂都是这个做法。翻砂这一块儿用工不能和喷漆比，他们手工打磨这一块用人多。"

刘大爷说："车床这一块儿除了我之外最少还需要三个人，一是这活儿工序多，切削、打眼什么的得同时做。二是我年纪大了，尽量多带出来几个徒弟。"

基于对一线情况的了解，丁元英做了非常细致的核实。然后，他对每一种需要投入到商业模式中的资源都进行了核实、评估，设计了一个市场竞争的奇招。

这里，我想强调的是，很多人喜欢说"运筹帷幄之中，决胜千里之外"，喜欢神化成功者，但很多人并没有意识到，与成功者人前风光的那一面相比，他们在人后付出巨大努力的那一面被大大地淡化了。我希望小说中的如下描写可以给大家一些启示。

芮小丹摁动门铃，门开后见丁元英左手夹着一支抽了一半的香烟，脸色憔悴，头发乱蓬蓬的，眼睛里面布满了血丝……原本一直清理得干净整洁的茶具上面残留着斑斑茶渍，卧室里面床上的被子堆成一团，书房的茶几和沙发上面堆满了各种音响行业的资料，两台笔记本电脑都开着，那台激光打印机正在打印从网上下载的资料。

芮小丹问道："有可能干点事吗？"

丁元英说："有可能，王庙村做出来过音箱、机柜，但这事需要你和欧阳雪帮忙，需要你帮忙还有段距离，现在是需要用欧阳雪的一个空头名字做控股股东。"

有了对外的竞争计划，丁元英又根据商业模式的要求，设计了格律诗公司的利益结构。这个利益结构，既包括公司与农户的关系，也包括几位股东之间的关系。

在公司和农户的关系方面，丁元英并没有让农户进入公司，而是让农户以个体工商户的形式出现，公司和农户形成的完全是市场关系。小说中是这样描述的。

丁元英收起烟放进烟盒，接着说："咱们是在务农的基础上不出家门搞生产，生活、生产和务农一体化了，最大限度地开发利用农户的房屋、场地和闲置劳动力，没有基建和土地投资的包袱。生产体系旺销时可以快速启动，淡季时可以停产、限产，没有一般企业停产消耗的包袱。咱们不但得让产品在品质和价格上有竞争优势，而且得让整个生产体系具有很强的承受市场波动的抗击打能力，这样咱们就有可能比别人多一口气。"

接着，丁元英进一步解释说：

公司与农户不是隶属关系，不是雇佣劳动关系，不存在谁照顾谁、谁施舍谁的问题，纯粹是债权债务关系，是公司与农户之间平等法律地位的、平等互惠互利的商业合作关系。从法律关系上说，农户不一定必须把产品卖给公司，公司也不一定必须经营王庙村的产品，这取决于双方的利益需要和良好的人文背景。公司的风险系数肯定会大于农户，这就要求公司必须不断开拓市场和完善服务来抵御市场风险。

也就是说，公司和农户是两条平行线索，在法律意义上没有连带关系。但是，两条线索之间有着密切的关联，这种关联通过合同、固定的时间节点来体现。这就形成了一种既松散又密切的协调关系。

丁元英说："从现在起，格律诗预备公司就存在了。我向公司谈两个硬指标，一是明年3月注册公司、申请音箱专利，二是明年6月要发到欧洲十套顶尖级工艺的音箱和配套的机柜、音箱脚架。这两个硬指标不存在争取、尽量这些弹性词，而是必须。围绕着这两个硬指标你们该准备专利资料的准备资料，该向农户下订单的下订单。农户这边有三个硬指标，明年3月必须注册个体工商户，明年4月必须完成发往欧洲的产品，明年6月必须得有批量的产品进入北京市场。为此，农户添置设备、培训技术该干什么干什么。马上要入冬了，这个冬天是不要命的冬天。

无疑，丁元英这时已经预见到了未来的那次诉讼。甚至可以说，就是丁元英把乐圣拖进了官司，这个官司是整个计划的一部分。公司以扶贫为名义，与农户形成了法律意义上的分割，就是丁元英为打赢诉讼官司而有意安排的伏笔。扶贫的性质，就是让格律诗在那场即将到来的诉讼中，有了法律和道义上的优势地位。

小说中关于这一环节，是这样写的：

> 丁元英说，基于生成公司的背景和条件，公司将不以盈利为唯一宗旨，公司致力于王庙村的脱贫致富，将把自身的发展与拉动王庙村的经济联系起来。但这一条不允许写进公司章程，将以第一个公司决议的形式确定下来。

这里，我向大家解释一下，公司章程和股东协议（也叫“合同”）、公司决议这些文件，是不同的东西。在公司设立的时候，哪些约定要写进公司章程，哪些条款要体现在股东协议里面，哪些内容要通过公司决议来表达，这是需要斟酌的。

以公开程度而言，公司章程制定出来，是要放在工商部门备案、可以被其他人查阅的，具有公开性。而股东协议和公司决议则不同，公司中很多重要约定不适合公开，可以通过股东协议和公司决议的方式体现。这些文件都涉及公司的利益结构，是治理机制的重要载体，但不少人对此并不重视。

我经手的很多案例，公司后来出现问题。追问原因，其实很简单，就是大家在刚开始时不重视。包括主导者在内，没人做过精细筹划的工作。在公司注册的时候，包括主导者在内的所有人，都没把公司章程当回事，非常简单地就处理掉了。很多时候，就是把它交给一个跑腿的人去办，或者请代办公司。公司章程的内容，要么使用工商局提供的范本，要么就是在网上下载，或者从朋友那里抄一个来，把股东名字和公司名字改一改，就交到工商部门备案了。

丁元英显然不是这样。在阅读小说的过程中，大家能够感受他对细节的重视，对全局的思考和筹划，这是对企业家精神的一个很好的注解，也为我们提供了一个有效主导者的样板。

强势文化与思想属性

从《遥远的救世主》的故事中，我们可以看到有效主导者对于公司的必要性。而主导者的核心特质提供了公司发展最稀缺的资源——企业家精神。这种稀缺资源，是参与者们很难具备的。

为什么前面我对克里斯坦森的研究介绍得那么细致呢？因为我一直把它作为区分一个人究竟是具有主导者潜质，还是只适合做一个跟随者的评判标准。我在生活中遇到不少成功的主导者，在行为方式上，常常也具有这些特质。在少数特别成功的公司里，具有这些特质的高层，还不止一位。而在成功的中小公司里，则至少有一位这样的主导者。

主导者行为特质的最重要结果，就是思想总是处于领先位置，他们会比跟随者想得更深远。跟随者往往不会想那么多、想那么远，也缺少深入思考的动力。

比如，在格律诗的筹备会议上，关于公司的扶贫性质，丁元英说，这一条将以决议的形式明确出来，不允许把扶贫用作商业目的，因为社会对公司的好感也是商业好处的一部分。刘冰对此嘟囔道，难道做好事，还不能落个名吗？对此，丁元英回应说，“这不是一个道德境界问题，是市场生存的法则问题。这种好感不仅仅是我们强行摊派价值观，也不仅仅是腐蚀我们自身的竞争力，更说明我们不是靠产品征服市场而是靠作秀混迹市场，这种违背商业属性的人文评价最终将葬送这个公司”。

我猜上面这段话，很多人没有看懂。这是小说中的原文，我只是照抄了一遍，一个字都没有动。这段话确实不太容易懂。请大家试着逐字读一遍，看看是不是一下就能理解其中的意思？坦率地说，我读了几遍，结合上下文，才明白了丁元英的意思。丁元英平时讲话特别绕，看文字都费劲，更不要说光靠听了。一般人很难理解他到底想说什么。

然而，也许这正是作者的匠心所在。在小说的场景中，对于这样一段重要但却似是而非的表述，除了刘冰嘟囔了一句，叶晓明和冯世杰等股东都没有任何反应，这个话题很快被其他人的问题给岔开了。这段叙事足以说明大家在思想能力上的巨大落差。我想，如果这几位跟随者头脑足够清晰，属于强势文化，就应该追问这段话究竟是什么意思。既然扶贫这个目的没有多少益处，为什么公司为此专门做出一个决议呢？

凡事都应该问个为什么，这是我每次读到此处时，最深的感受。我以为，如果那三位小股东在这些细节上多问几个为什么，他们很可能会猜出丁元英的盘算，而不至于沦落到后面出局的命运。也许，这就是丁元英所说的“弱势文化”使然吧。

丁元英曾向芮小丹解释过：强势文化就是遵循事务规律的文化，弱势文化就是依赖强者的道德期望破格获取的文化，也是期望救主的文化。我们在生活中见到很多成功者，他们说着我们不容易听懂的话，但我们没有想去问个究竟，问个明白，而是简单地选择相信。如果你认真看了小说或电视剧，会觉得欧阳雪虽然笑到了最后，但她对于很多事情真的很明了吗？她的“成功”是建立在她和芮小丹的私人关系上，她选择无条件地相信丁元英这个“大哥”，不知在大家的心目中，这是不是也该算弱势文化呢？

多啰嗦一句。我非常喜欢电视剧的结尾，因为从画面上可以深刻地感受到强势文化和弱势文化的分别。两辆黑色的高档轿车，韩楚风和众多马仔矗立在楼下静候，丁元英虽然在夜色中行色匆匆，依旧不显山露水，但他的霸气已在对比中彰显到极致。而欧阳雪则在远处凭着车窗向外张望，心中充满不舍。这个结尾非常令人回味。

总之，主导者身上可能具备非常宝贵的企业家精神，企业家精神又是各种资源中最核心的资源。所以，公司治理机制应该把保护企业家精神放在第一位。对于中小型企业、创业型企业，尤其如此。无数案例表明，当企业家精神得到彰显的时候，企业就会快速发展；而当企业家精神凋谢的时候，往往就是企业发展迟缓甚至衰退之时。

那么，该如何在治理机制上保护主导者的企业家精神呢？首先，在设计治理机制上，应该尊重主导者的这种资源价值。常常有人在创办企业时，会咨询我该如何与团队分享股权，觉得如果给得太少，似乎缺少诚意。我个人的看法是，如果主导者在公司中的地位是决定性的、无可替代的，在这方面就应该有当仁不让的勇气。其次，参与者也应该对此有清醒的认识，不该产生非分之想。

丁元英在这方面就是特别明白的，他请欧阳雪出资当大股东，自己则隐身其后面。小说中有这样一段对话意味深长，耐人寻味。

> 丁元英摇摇头，放下手里的茶杯说：“用你一个空头名字做控股股东，通过你取得合法程序的控制权，条件是盈利归你、亏损归我。我承诺不因公司的行为而给你带来任何经济损失，你承

诺不假戏真做和协议保密。”

欧阳雪问：“这样的好事，这人为什么是我？直接用你的名字不行吗？”

丁元英解释说：“不行，那就变味儿了，不但吃大户的心态会使这事很快垮掉，而且我这碗水也不好端了，端得再平也是不平。所以，我和小丹不能有任何经济利益在里面。找你帮忙，是因为你同时具备人文背景、出资能力和平等身份三个条件。”

欧阳雪……沉思了片刻说：“这不是坏事，往大里说还是个积德的事。这事与其说大哥让我帮忙，不如说大哥给我个机会。我相信大哥，但是这种偷偷摸摸的钱我挣不来，要让我干就来真的。我不知道需要出多少钱，要是输不起我就不往前凑了。”

丁元英说：“……无论真假，你名下的出资都是 100 万，这个必须要有根据。……你都得先用股票和饭店抵押从北京融资，资金很快就到账，我给你做担保方。重要的是法律手续的真实，证明你是真实的投资人。”

欧阳雪说：“……我能不能问问，冯世杰他们出多少钱？”

丁元英回答：“他们可能会出一些，但可以忽略，本质上还是需要资本方给他们的股份垫资，如果他们不缺资金就不需要请你们吃枣了。公司运作到高峰期可能需要 300 万的资金，那时候是以公司的名义融资，风险底线是公司破产，绝对风险是你名下的 100 万和他们可能拿出来的投资，其中你给他们垫资的部分表示他们个人对你的负债。”

正是由于这种当仁不让的考虑，格律诗公司后来的股权结构是欧阳雪持股 51%，其他人持有 49%，进而形成了丁元英通过股权分配，防止失控，保护主导者权利的利益结构。

很多人在与他人联合创办公司的时候，往往很在意公司股权怎么分配，自己占多少，别人占多少，比自己多还是比自己少。如果多了，会质疑，为什么要多，有时还不是多一点点。他们不能从保护企业家精神的角度，从更高的视角去看待这些问题。作为参与者，这样想问题，是可以理解的，因为他们毕竟囿于认识的深度。但对于主导者，在这方面一定要有清醒的认识，绝对不能瞎客气。

多说一句。我们每个人都是带着自己特有的禀赋和独特资源进入社会的，你加入了不同的公司、不同的组织，其实就意味着你把你特有的禀赋和资源应用到了某种商业模式里面。你怎样看自己的资源禀赋？你是不是认识到了自身资源的真实价值？你加入的那个商业模式的主导者是怎样看待你的资源价值的？你们之间有没有一致性？思考清楚这些问题，可以避免很多利益冲突和资源浪费。

最后想说的一点是，人和人之间，客观存在着认知上的差异。这种认知能力的不对称，是造成治理机制失效的一个重要原因。某些东西，事前只有少数人可以认识到或者预知到，这是客观存在的事实。

这一讲就到这里。

第6讲

主导者与参与者

怎样从制度上保护企业家精神?

这一讲，我们讨论如何从制度上保护企业家精神。这一讲中的有些观念可能会引起争议，但这些观念是我在多年研究中逐渐形成的，并且至今仍坚信。我的核心观点是：好的公司治理机制应该有效地保护主导者的优先权，同时也应该给参与者留下合理退出的机会。需要强调，这两句话必须要放在一起来讨论，偏重任何一句话都会导致观点的不完整。

优先性与退出通道

关于优先性的理由，我们在前两讲中曾多次提及。我第一次产生这种“优先性”的意识是在 2015 年。我们有一位校友是专门做早期创业投资的，他有一天竟然见了几十位创业者。我很疑惑地问他，你一天走马灯似的见那么多人，如何做判断呢？他回答我就 6 个字：凭感觉，看老大。

我对“感觉”这两个字很有兴趣，因为这个东西看不见、摸不着。

我很好奇地请他解释一下：感觉是什么，什么样的感觉值得投资，什么样的感觉不值得投资。他给我举了一个关于感觉的例子。

他说，很多创业者找他都想尽快得到钱，而且想要更多的钱，好像没有投资进来，就不是创业了。其实，在他看来，很多企业是不需要太多资金的，尤其是让渡那么多股权去获得区区几百万元的投资，说明老大根本没看清自己业务的价值，这种企业是不会有大发展的。

他进一步解释说，烧钱创业只是众多创业活动中的一种。网络平台的崛起，获取流量的主要方式是烧钱补贴，所以，融资烧钱是 To C（面向普通用户）业务中的一个常见元素。但如果一个业务是 To B（面向企业用户）的，这种创业其实并不需要那么多现金。往往只需要很少的启动费用，后边基本上就可以靠从客户那里收取项目款来维持现金流了。这时候，老大如果还用大量股权去换现金，这就说明老大的思考力不够，事业成功的把握也不会大。

我进一步问他，那如果创业者是一个团队，不是一个人，你这样判断老大还有道理吗？他说，企业发展，拼的是团队，但这个团队绝大多数情况下是围绕在一个核心人物周围的团队。如果这个核心人物行，企业未来成功的概率就大；如果核心人物不突出，后面的事情就很容易出麻烦，可能会有内耗，前途就会暗淡很多。

这个说法和我的观念非常相似，于是，我就又多问了一句，如果你这么强调老大的作用，那么，创业团队其他成员的未来呢？他的回答也很直接：臣服，或者退出。这个说法又极其符合我的想法。也正是从那时起，我开始整理自己的观念，形成了本讲开篇时的两句话：好的公司治理机制应该有效地保护主导者的优先权，同时也应该给参与者留下合理退出的机会。

那么，这个优先权和退出通道怎样在利益架构中体现呢？这就涉及我国的《公司法》。《公司法》规定的企业形式主要有两种：有限责任公司和股份有限公司。最常见的公司形式，是有限责任公司。绝大多数公司，包括创业型企业、中小型企业，都是以有限责任公司的方式注册的。

有限责任公司的主要特征是股东数量比较少。我国《公司法》中列明的上限是 50 人，但实际上，绝大多数企业的股东人数都是个位数。就像第一讲中第一个案例那样，股东只有三个人。

在股东人数特别少的情况下，特别容易出现变局，这也就是为什么小企业的生命周期特别短。具体来说，因为股东人数少，股东之间的个性、看法、态度，甚至生活方面的矛盾都会影响企业的稳定性。我遇到的最极端的一个案例，是因为合伙人开对方儿子的玩笑，最后分道扬镳。当然，开玩笑只是导火索，前面还有矛盾累积的过程。总之，这一类企业的发展，和股东之间的人情关系有极大的联系。学术上把这个特征称为“人合性”。就是说，股东之间除了在资本上有合作外，还有人的情感上的连接与合作。

企业的不稳定就是由这种人合性决定的，而且，人合性很难靠制度来约束。所以，在早期公司里面，特别需要一位强势领导者存在。甚至从某种意义上说，主导者的存在还是企业走向成功的先决条件之一。相反，当企业里面有两位或者更多的主导者，或者创业团队成员之间彼此不服气，最后走向分裂的可能性就非常大。中国企业“一山不容二虎”的例子太多了，即使亲兄弟也不能免俗。这里，我就不赘述了。

这就要求有限责任公司的治理结构一定要正视这种人合性，在治理结构里面有防范人合性引发意外的设计。事实上，《公司法》在有限责任公司这个层面上，立法时就充分地考虑了人合性问题，这体现为有很多公司自治的条款。

先介绍一下《公司法》规定的整体架构。《公司法》规定，在有限责任公司里，股东会是最高权力机构，股东会负责一切最重要的事情。《公司法》也规定，董事会是公司最高的决策机关，对于一般性的经营决策，由董事会说了算。由于很多有限责任公司的股东一共也没有几个人，所以，《公司法》还规定有限责任公司可以不设董事会。在不设董事会的有限责任公司里，需要设立一名执行董事，由这位执行董事把董事会的功能承担起来。

此外，中国的《公司法》还有一个重要的规定，就是公司要确定一位法定代表人，法定代表人由董事长、执行董事或经理担任。法定代表人的权力体现在哪里呢？最简单地说，就是公章和执照都拿在他的手里。显然，如果在一家公司里，董事长（或者执行董事）、总经理和法定代表人这三个身份，一个人一肩挑了，这个人无疑就拥有了绝对的主导权。在绝对的主导权下面，退出通道在很大程度上，就是关闭的。

公司的权力架构，实际上是通过两个层面来实现的。第一是股权的分配，第二就是董事会席位的分配。这两个层面的权力分配，有多种组合，但最后要达到一个效果，就是主导者有多少主导权。像前面所说的三个岗位一肩挑，就是一种极端的主导权状况。而在第一讲中提到的三个朋友合伙开办公司的案例，则是一种平权结构。

在那个案例中，三个朋友共同创办公司，各自的股权比例是 40%、30% 和 30%。显然，如果按照股权比例来表决一件事，没有人可以过半数。他们也设置了董事会，三位股东都是董事会成员，董事会的表决机制是数人头，要通过一个决议必须两个人同意才行。这种结构就意味着那位持股 40% 的公司主导者，也是最善于经营、最敢于创新的人，他的想法在三个人商量的时候，很多时候会被另外两个人否定掉。

他们三个人开会的时候，我们可以认为是在开股东会，也可以认为是在开董事会。无论开什么会，主导者的意见都会合乎法律程序地被否决掉。这也就是为什么那位主导者说，他现在只能做到把不想干的事情给否掉，但无法施展自己的才能、做成那些他想干的事情。他现在很希望自己持有 51% 的股份，而且在公司注册的时候就不设董事会，由他自己担任执行董事，这样就可以放开手脚做事情了。

但这又会引发另外的问题，就是如果他一意孤行，走在错误的路上，另外两位小股东是完全无法使他停下来的，参与者的利益又无法得到保障。我们在很多时候需要根据企业的实际情况来做设计，努力找到一种平衡。所以，我在帮助公司审看章程的时候，往往会根据具体情况给出建议。

比如，像前面所说的三个人股权差不多的情况，根据我对主导者的了解，我是不建议他们设立董事会的，我会建议主导者担任执行董事，因为这样做，可以强化企业家精神。不过，在另外一些情况下，我会建议公司设立董事会。

比如，我曾在若干年前帮助过一家小公司设计治理架构。公司的两个股东所出资源旗鼓相当，所以，各持 50%。我曾建议股东邀请一位双方都信得过，也比较公正，而且关键时候愿意出头、主持公道的人来当独立董事。后来，双方各拿出 0.5% 的股份，请这个人做了股权董事，他的使命就是在关键时候，担任独立的第三方，保留弱势股东的资产权利和退出通道。当然对这个第三方，我们在投资协议里做了很多特殊的安排。

为什么做这个安排呢？因为根据我对这两位股东的了解，我觉得他们将来很有可能会分家。这种安排只是为了出现分裂的时候，能为弱势者保留一个退出通道。事实证明，这个设计后来促成了公司的和平演变。

我自己曾经亲身经历过好几个案例，都是弱势股东的意见没有被采纳，他们从原来的公司出来之后再去创业，而在后来的企业里，亲手打出了一片天。这说明，参与者和主导者的关系是可以转化的。总之，在有限责任公司的治理架构上，我强调要尊重主导者的控制权，同时强调要注意保护弱势股东的退出权。发挥企业家精神和保护弱势股东这两件事，应该统一起来看，而不是对立地看。

取舍的顺序

不过，权利分配毕竟很难不偏不倚。这就涉及取舍：究竟是应该偏向主导者，还是应该侧重于保护参与者。站在不同的角度，答案就会不同，因为毕竟是在谈利益。强者和弱者，强势资源的拥有者和弱势资源的拥有者，他们的想法会大相径庭。

我有一种执念：企业是企业家的企业，是企业家生命的延展，是企业家实现自我价值的工具。至少在企业成为彻底的公众公司之前，主导者的作用是无法替代的。从这个执念推导出去，涉及主导权分配的时候，我更多地会倾向于主导者，即使这位主导者尚未表现出那么强的企业家精神。

为什么呢？因为公司治理既然是关于利益安排和利益协调的学问，那首先就要能创造利益。好的治理结构，应该有利于利益创造、企业成长，否则，在思考问题的逻辑上就出了问题。没有利益创造，谈何公平分配。好的机制固然应该兼顾创造价值和公平分配两个方面，但价值创造必须是优先项。

这就好比我们常引用的“分饼问题”。好的分饼机制应该首先鼓励人把饼做大，饼做大了，即使刀切得不是那么准，有人吃一些小亏，得到的也会比分一块小饼要多。有限责任公司能不能创造出一个大饼，在很大程度上取决于那位主导者，如果不能把主导权给够，饼很难做大。

我们还是回到小说《遥远的救世主》中，来看看主导权和格律诗公司命运的关系。请大家参见图 6–1，这是我基于小说情节画的一张战局示意图，希望能够更快地帮大家理解丁元英的商战逻辑。我们读小说，很容易被文学夸张的成分所诱导，把丁元英神化。其实，借助于这个图示，我们会觉得丁元英也没有小说中描写的那么神，他无非是顺应了商业逻辑而已。

图 6–1 的核心线索是格律诗公司从事音响生产的价值链。这个架构来源于管理学上经典的价值链模型。大家以后遇到竞争对手，都可以使用类似的分析工具来分析问题，可以画出类似的图。

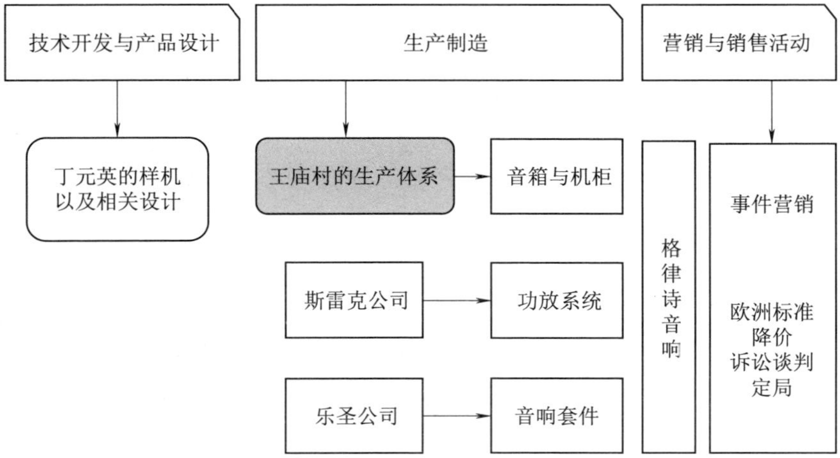

图 6–1　格律诗公司的价值链

这张图的右边，是“客户购买了格律诗音响”这个结果，而从左边开始一路向右，则是格律诗音响从采购、生产、组装到营销的整条供应链。这条供应链的最后一列依次罗列的，则是丁元英精心设计的种种招法。

我们说过，丁元英的目标并不是要在音响市场上称王称霸，因为那是不现实的，他只是想在国内音响市场的大局中扒开一个口子。用他的话说，不能和人家现代化工厂硬碰，得扬长避短，学会在夹缝中求生存。这个夹缝虽然很窄，但养活一个王庙村和几个发烧友是足够了。所以，丁元英绕了一个大弯子，最后的目标其实不大，就是在王庙村建立一个生产体系，然后让这个生产体系活下来。他的目标很有限，非常聚焦，不贪婪。正因为这样，他才有更多的胜算，静如处子、动如脱兔。

丁元英是布局者，也是主导者，而其他人都是参与者。以叶晓明为例，他够聪明，也很努力，但缺少智慧。如果我们把叶晓明身上的那种素质也称为企业家精神的话，那么毫无疑问，他的企业家精神和丁元英的，就要分档次。

小说中，有这样一段描写，足见叶晓明的聪明。在国际博览会开幕的前一天，丁元英给叶晓明打电话，希望所有人驱车几百里，返回古城开会。叶晓明和冯世杰有这样一段对话。

> 叶晓明沉思了片刻，说：“肯定是他认为打个电话咱不一定会照办的事，那就肯定是有根本冲突的大事。两辆车都回去，是不是要返回的时候拉人呢？如果是为了拉人，啥事需要增加人手呢？只有一件事，就是在展会期间音箱销售一空，人手忙不过来。”
>
> 冯世杰脱口而出：“大幅降价！”

叶晓明思索着说：“是啊，是降价，可降到什么程度他能断定咱们会反对呢？咱的音箱成本是 3 290 元，赔本销售他肯定不干，那是什么意思呢……我的天……明白了，我突然明白了……原来他兜了那么大的圈子，就是为了这个！”

冯世杰问：“为了啥？”

叶晓明说：“市场都知道格律诗音箱用的是两副乐圣旗舰套件，如果他把价格降到跟乐圣旗舰一样或者比乐圣旗舰还低，那会怎么样？”冯世杰说：“那还用说，那就把乐圣旗舰顶死了。噢……我明白了！可是……乐圣是咱能惹得起的主儿吗？要是把乐圣惹急了，那咱还在圈里混不混了？”

显然，叶晓明够聪明，他猜出了丁元英事到临头把他们叫回去“开会”的用意，他完全都猜对了。但仅仅是猜出了丁元英的心思，只能说他不笨，却不能说明他有能力理解丁元英为什么这样做。我在阅读小说的过程中，感觉到叶晓明和冯世杰被写得十分鲜活。我见到过太多这样的人，他们够聪明，也非常努力，但就是不够通透。我认为，他们缺少真正的企业家精神。

在丁元英的头脑中，是有前面那张战局图的；而在叶晓明和冯世杰的心目中，则没有。所以，后者无法理解丁元英的降价究竟是要干什么。这也就是为什么我说他们缺少真正的企业家精神。于是，在格律诗公司，主导者和参与者在降价这个关键步骤上，就起了争执。这时，主导权在谁手上，就非常重要了。

后面我们会详细讲到，如果丁元英不是在筹办格律诗公司的第一天就把话讲在了前面，要保证出资人的控制权，那么，此时的丁元英一定会被叶晓明他们赶出局。而按照叶晓明的套路走下去，格律诗公司大概率会不死不活地维持着，并且在残酷的市场竞争中成为第二个雅风音响店。

不过，小说中有一处细节，交待得非常含糊。这就是，格律诗公司到底是否设立了董事会？为什么这个细节很重要呢？因为如果没设立董事会，欧阳雪就应该是执行董事，产品的降价策略属于经营上的事情，她说了就算，也不需要去开什么股东会讨论。但如果设立了董事会，欧阳雪是董事长，那就至少还有两位董事，才能满足要求。因为按照我国的《公司法》，有限责任公司的董事会最少要有三个人。叶晓明作为总经理，董事会应该给他一个席位，另外一个席位应该给冯世杰。

如果董事会真由这三个人组成，只要叶晓明和冯世杰反对，他们两个人在董事会上就是多数。这也就意味着他们完全有能力投票否决掉丁元英的这个提议。按照他们在会议上直接质疑丁元英的劲头，以及他们后来退股时的表现，我猜他们大概率会这样做。

当然，《遥远的救世主》只是一本小说。如果做文学赏析，我做这种分析，就是抬杠。但我们把它当作商业案例，就不能不深入思考这个问题。

现实中，有很多公司就是这样：在设立时，会选择成立一个董事会。成立董事会，并不是真的需要这样一个议事机构，而是觉得有董事会才有董事长，董事长这个头衔比执行董事响亮。再加上很多主导者的持股比例是超过 50% 的，所以，他们觉得董事会、监事会只是个形式，无所谓。所以，这些公司在组建时，往往先有董事长，然后再写两个小股东的名字，让他们当董事，就凑出了一个董事会。

这样的公司治理架构，如果不出大事，就一切平安。一旦出现像格律诗公司这种争议场面，就比较麻烦。我常常想，如果叶晓明和冯世杰是董事会成员，他们可以联手在董事会上否掉丁元英的方案。在法律意义上，他们有权力这样做。而一旦如此，丁元英这一年多的准备就可能泡汤了。

这是因为，按照《公司法》的规定：董事会的权力之一，是决定公司的经营计划和投资方案。这个降价与否的事情，属于公司的经营决策，应该在董事会的层面讨论和表决。那么，格律诗的董事会很有可能会否决这个议案。如果董事会否定了这个议案，这件事就会上升到股东会的层次。

股东会解决这个问题的方法无非以下三种：第一，通过股东会决定公司的经营方针；第二，更换董事会成员；第三，改变公司的治理结构，不设董事会，改设执行董事。这三种解决问题的方式，无论哪一种，都需要时间。《公司法》规定，召开股东会，要提前 15 天通知全体股东。而变更公司治理结构，需要修改公司章程，还要到工商部门去备案。这都不是一个晚上可以解决的事情。所以，我抬杠地说，小说把复杂问题处理得过于简单了。

当然，叶晓明不是专家，这件事含含糊糊地就过去了。但如果当时真设立了董事会，大家较起真儿来，即使格律诗和乐圣的官司尘埃落定了，叶晓明也还有翻旧账的权利。这件事肯定没有小说中这么简单，所以，在设计治理机制的时候，必须要把细节想清楚，以免出现关键性的疏漏。一句话，保护企业家精神，必须要落在治理结构的细节上。

再说企业家精神

大家肯定从我的话语中，看到了我对主导者权力的某种倾向。这一点，我必须承认。这种倾向背后的依据是：设立一家公司，往往会有一个主导者，事情常常是由这个人发起的。这个主导者是不是具备企业家精神，我们并不知道，所以，单从发起这件事来看，还不足以构成他应该得到较多主导权的理由。

但如果我们复盘那些成功的企业，就会发现，成功因素之中最重要的一点，就是主导者都具有较为强烈的企业家精神。在发起成立企业的时候，我们并不知道某位主导者是不是具有企业家精神，可是，如果没有一个能够支持他放开手脚去尝试的机会，就算是具有企业家精神的人，也会被环境困死。

正是在这个意义上，我在帮助企业创业发展的过程中，一般采用三步走的策略。第一步，就是帮助创业者判断自己是否具备企业家精神，或者看看自己是否像成功企业家那样去想问题，做事情。第二步，就是请主导者和参与者客观地评价自己所投入资源的价值，这些资源在当下的价值以及在未来的潜在价值。这是前两讲介绍的内容。第三步，则是引导他们自己协商出一个大家都能接受的治理架构。在这个治理结构中，我首先强调要给主导者更大的空间，之后，再考虑在不破坏企业发展的前提下，适当保留参与者的退出通道。

没有人知道企业成功的秘密，也不知道企业家精神究竟是什么，以及如何判断一个人是否真正有企业家精神。所以，以上“三步走”过程并非要给企业赋予一个“最优架构”，而是提示大家冷静地思考，带着大家走完这个过程。在这个过程中，我会不断地强调企业家精神对于企业成功的意义。

“企业家精神”这个概念，英文叫“entrepreneurship”，由大经济学家熊彼特在其名著《经济发展理论》中首先提出。在他的另一本书《资本主义、社会主义与民主》中，他又将企业家的活动概括为“创造性毁灭”。

熊彼特说，创新意味着发明了新的产品、找到了新的市场、创造了新的生产方式等，这些活动可以为企业带来收益，带来成长。仔细观察创新活动，我们可以看到一个人和一个过程。这个人，就是所谓的企业家；这个过程，就是企业家利用自己的洞察力，以有利于自己的方式使用他们拥有的知识，进而重新配置资源。他们打破现有的资源状态，重新组合资源，在这个资源重新配置的过程中，获得利益。这就是创造性毁灭。

我的体会是：用新的资源关系，替代旧的资源关系，用新的利益结构，代替旧的利益结构，是企业家的任务。善于发现创造性毁灭的机会，善于通过恰当的行动去获取这些机会中的价值，来自企业家独特的气质和能力。这种气质和能力，就是企业家精神。这种东西，和一个人的阅历和境界有关。

曾经有一位学者说，精明和狡猾是企业家的重要特质，我非常赞同这样的看法。精明，有助于企业家判断方向、选择目标、设计模式，以及使用具体策略；而狡猾，虽然听上去用词比较负面，但它是更难得的特质。真正的企业家常常可以依赖这一点不动声色地达到自己的目标，而不会虚张声势。这就好比马基雅维利在《君主论》里讲的：凶猛如狮，狡猾如狐。

丁元英毫无疑问具有这种特质。这是我选择小说《遥远的救世主》作为案例的理由。小说和电视剧很具象，便于大家观察、学习、体会，甚至模仿。

丁元英始终坚守着一种“过程理性”。从一开始，他就没打算在王庙村和几个发烧友的基础上打造出一家音响制造商。尽管他没有说破，也没有明明白白地把他的看法表述出来，但他骨子里十分清楚自己要什么。

丁元英布了一个很大的局，甚至“算计”了中国的音响业巨头，但他非常清楚自己目标其实很小，就是要在王庙村建一个生产体系，把这个生产体系做实，让它能够持久地活下去。

图 6–1 已经清楚地表明了这一点，谋全局，只是为了谋得一域。王庙村人的吃苦精神，在中国大地上既不独特，又不稀缺。所以，要想让格律诗公司能够持续生存下去，丁元英必须要把这种吃苦精神绑定在更有价值的资源上。所以，他选中了乐圣，并通过一场官司建立了两者之间的紧密合作关系。这种大局观是高维打低维、居高临下的。

显然，叶晓明不具备这种大局观，冯世杰和欧阳雪也没有这种大局观。没有大局观，就没有驾驭力。所以，当叶晓明看到了丁元英的计划之后，他的判断是“太狠了，也太阴了，但惹错了人”。在他眼里，乐圣公司是惹不起的。

格律诗的接盘人肖亚文，是有大局观的聪明人。她虽然不一定能够做出这个局，但把这个局讲给她听，她立刻就能理解。肖亚文不仅是丁元英的助理，更是他的知音。在她的身上，你也可以看到一种“一点就透”的大局观，这体现着极强的企业家精神。

讲到这里，我们需要讨论一种关于企业家精神的流行说法。现在，很多人都认为，企业家精神是一种勇于冒险的精神。但实际情况也许并非如此。其实，企业家是最懂得如何处理风险的，企业家并不是简单地凭借勇气去冒险，而是知道这种风险对自己意味着什么。

如果你觉得前面的话很抽象，可以看看当肖亚文向欧阳雪提出入股的时候，她们是怎么说的。小说中是这样描写的：

> 肖亚文说：“欧阳，我有个趁火打劫的非分之想，如果冒犯

了你，我先道歉了。”

肖亚文说：“下午看过材料我就有想法了，只是觉得有趁火打劫之嫌，不好开口。但是如果等胜诉了以后再提，我还不如现在趁火打劫心里干净点儿。”

欧阳雪说：“你必须得等打完官司再入股，万一败诉了不能把你拖累进去。”

肖亚文说：“我的机会就在于败诉的风险，等打完官司，我就不该有机会了。如果可以胜诉以后再入股，以叶晓明他们的资历，他们理当比我有优先权。胜诉以后公司升值，如果按升值后的股价入股，我就得承担更多的负债；如果按现在的股价入股，我得到的就是叶晓明他们理当优先得到而没有得到的东西，我还不如人家来得光明磊落。所以，我的机会就在于败诉的风险，在于应诉之前。”

欧阳雪沉思了许久，说：“如果乐圣公司对诉讼没信心，这官司他们还打吗？如果叶晓明他们能跟你一样想，他们还退股吗？为什么你们的看法那么不一样？”

肖亚文说：“这个很难说清楚，每个人的立场、观念、心态和思维模式都不一样，获取的信息量和解读信息的方式也不一样。”

这段对话，很值得大家去仔细玩味。

以上连续三讲，我们都讨论了一个主题：主导者与参与者，企业家精神的内涵和意义。当然，我也毫不掩饰地和大家分享了我的观念：治理结构必须首先有助于激发主导者的企业家精神，同时兼顾参与者的退出问题。这一讲就到这里。

第7讲 股权与表决权

为什么股东的持股结构极其重要?

前面，我们花了三讲来讨论主导者的角色，我希望由此来强调企业家精神对于企业发展的重要意义。我们已经知道，企业家精神是只有真正企业家才具备的关键特质，这种特质可以帮助企业发现机会、整合资源、创造价值。企业家精神是企业中最珍贵的资源，所以，任何企业制度，特别是公司治理方面的制度与机制，必须要有助于保护企业家精神。

接下来的两讲，我们主要从股权结构的层面，深化已有的认识。这是因为，公司的各种制度，无论属于哪个层次，最后能否发挥作用都基于股权性质和股权结构。我们在讨论公司治理问题的时候，必须要首先学会从股权结构来看问题。按照《公司法》，所有重大事项都要经过股东表决通过才能执行，所以，股权结构是企业最基本的结构，是讨论其他一切问题的基础。这个观念，请大家一定要记住。

我们还是基于小说《遥远的救世主》来讨论这个观点。在小说中，与股权结构有关的场景主要有两处：一处是创办格律诗公司时，讨论到如何安排股权；还有一次是叶晓明等人退股后，由肖亚文来接管公司，公司的股权要相应地发生变化，这又一次涉及股权的安排问题。这两次股权安排的幕后主导者都是丁元英，而丁元英也无一例外地坚持了持股51%的原则。不过，虽然丁元英两次都是强调大股东持股要过半数，但在两次讨论中提到的51%，背后的含义是不一样的。

股权过半数

第一次确定主导者必须持有多数股权的原则，出现在创立格律诗公司之前。那是丁元英到王庙村做尽职调查，和村民喝酒聊天之后。来吃这顿饭的人，都是后来王庙村生产体系中的关键人物，丁元英静静地听大家对王庙村的现状、各自家庭的看法，也听了各人的苦恼以及思变的愿望，他了解到很多第一手的情况。应该就是通过这顿饭，丁元英得出了扶贫这件事可以做的结论，他也开始着手思考格律诗公司的打法，并进行布局。

吃完这顿饭，已经是深夜了。叶晓明和冯世杰把丁元英送到楼下，此时的丁元英大概已经形成了格律诗公司能干什么的初步想法，也应该预料到了叶晓明他们想大干一场的热切期望。创业的时候经常这样，大家都会陷入一种热情高涨的状态。而好的主导者这时应该是清醒的，不应该被大家的热情所裹挟。小说记述了他们道别时的对话。

丁元英在楼下临分手时说："想干什么和能干什么是两码事，得根据条件判断，但有一点现在就可以肯定，无论从哪儿拉资金都会有个投资方的风险控制和资本权利问题，如果与你们的期望距离太大，现在的工作可能就没有意义。”

叶晓明问：“丁哥的意思是不是说投资方需要控股？”

丁元英说：“投资方至少应该持有 51% 的股权，以保证投资方在决策权上最大限度规避投资风险，在这个基础上才有可能给你们的股份垫资，或者叫借给你们资金入股，这就意味着无论给你们垫资多少，你们的股份总和不会超过 49%，我不知道这会与你们的期望值有多大距离。”

这是丁元英第一次提到 51% 这个数字。他的表达非常坚定，从事后的发展变化看，51% 多数持股结构有效地保护了丁元英的整个布局，保护了企业家精神，也保护了格律诗公司。如果没有这个 51%，后来的变化无法设想。

前面已经讲过，丁元英的整个布局核心，是要用国际音响博览会这个平台，打造格律诗音箱高质量的形象，却以比对手半价还要低的价格去销售。这样一个超乎寻常的降价行动，帮助格律诗公司打响了品牌，形成了对于市场的巨大冲击。格律诗公司在王庙村手工打造的机箱中，装上行业老大乐圣公司的套件，然后，把价格降到离谱的水平——一对格律诗音箱只卖一只乐圣旗舰音箱的价钱。这个降价幅度，不仅让格律诗的 500 对音箱在博览会上一售而空，王庙村的农民们快速获得了收入，还造成了在市场上的轰动效应。

轰动效应的核心之处，是让消费者开始怀疑乐圣音箱到底赚了用户多少钱。格律诗的音箱，质量无可挑剔，真材实料、手工打造，还有欧洲高水准的行业专家认证来加持。而它里面用的就是乐圣的套件。消费者很难不去想，为什么使用同样的套件，乐圣的东西就卖得那么贵？

很自然地，乐圣公司也不能容忍这个局面，于是，它起诉格律诗公司低价倾销、恶性竞争。这就在降价的第一轮冲击之后，引发了舆论的第二波关注。无疑，格律诗公司只要能够经过这个风浪，就可以一夜之间“鲤鱼跃龙门”。然而，鲤鱼能不能跃过龙门，事先是没有绝对把握的，至少叶晓明他们看不到胜算的可能。

这就像《三国演义》中，刘备只有五千老弱军马，竟敢在博望坡设下埋伏，要火烧夏侯惇的十万大军。张飞虽然有万夫不当之勇，但他无论如何也不能预见到这一战会大获全胜。于是，我们见识了国际音响博览会开幕前一夜，围绕着降价与否，丁元英和叶晓明发生争执的那个场面。

之前，叶晓明曾在要不要花那么多钱在音响博览会上布展有过不同意见，也怀疑过丁元英去欧洲搞质量认定有没有必要。在他的心目中，格律诗音箱店就应该“开在东城边上，充分发挥车辆的优势，基本放弃零售市场，以批发为主，立足北京，兼顾天津市场”。总之，在这一次降价会议之前，叶晓明已经认定丁元英是在摆花架子。

在降价问题上，叶晓明无法说服丁元英。在这种情况下，叶晓明“拔刀相见”，开始质问丁元英。我第一次读到这一段的时候，对叶晓明的态度颇有些意外。后来仔细想想，基本上也能理解叶晓明敢于对丁哥那么放肆，胆子来自何处。

当时，叶晓明做总经理已经有大半年时间了，在王庙村和北京，他忙前忙后做了很多具体工作。他虽然只是一个占股不到 20% 的小股东，但总经理的工作也许让他以为自己就是格律诗公司的主人，甚至自以为具有了可以独立操盘的能力。这种心态上的变化，大约就是他敢于和丁元英对峙的本钱。

关于他们的对峙，小说中是这样描写的。

叶晓明问：“为什么要这样做？要达到什么目的？”

丁元英回答：“不这样做音箱卖不出去，不足以昭示格律诗音箱的低成本、高质量。”

叶晓明说：“我同意降价，但是不同意降到挑起争端的程度。”

丁元英说：“不降到这个程度就不足以销售一空，不销售一空就不足以成势。”

叶晓明无法说服丁元英，于是，就直接发难。

叶晓明说：“我就向丁哥提一个问题，出了事谁负责？”

丁元英说：“这是公司行为，由公司负责。”

叶晓明说：“这是少数人的行为，更露骨点说是你的个人行为，不是我们大多数人的意见，不能代表公司。”

丁元英平静而耐心地解释道：“这是股权行为，是超过半数表决权的决定，有公司法和公司章程为依据。加入公司，就意味着承认和遵守这些规则。”

叶晓明说：“我想问问丁哥，我们是不是可以请你帮忙，也可以不请你帮忙？”

丁元英说：“可以。如果你们不需要我了，我就不代表你们了。如果欧阳雪允许修改当时约定的出资条件，我这就可以退席了。”

欧阳雪当即表态：“我不允许。”

叶晓明无奈了，说：“好吧，我执行董事会的决定，但还是保留意见。”

这段描写，充分展示了股权过半数的力量。因为这个会议本质上是一个股东会议，欧阳雪是持股51%的股东，所以，欧阳雪说了算，她的一句“我不允许”，丁元英就不会出局。丁元英的企业家精神、他的整个设计，也会毫发无损。这个51%的股权比例，此时发挥了定海神针的作用。

当然，这段话里还有两点值得深入讨论。第一点，是丁元英讲的“这是公司行为”。究竟什么是公司行为，为什么丁元英经常会把格律诗公司挂在嘴边，而不是讲他自己以及大股东欧阳雪，后面，我们在讲解公司法人的时候，会就此专门解释。第二点，也是后面要着力讨论的，就是争论以欧阳雪表态而结束。但叶晓明却说，他执行董事会的决定。

这是小说中写得最含糊的地方。整部小说从来没有提到过格律诗公司的董事会是什么样的，而且从上下文来看，欧阳雪的意见只是大股东的意见，并非董事会的决定。这就留下了很多疑点。这些疑点，小说没有讨论，但我们需要深究。这也留待下文详解。

几个关键数字

回到股权比例这个主线。其实，丁元英从一开始就强调51%的股权比例，这并没有什么不好理解的地方，因为51%意味着过半数。

任何公司都是由不同股东共同投资来组建的，每一个股东对于公司有多少影响力，主要看他持有公司股份的数量或比例。具体来说，公司的决议是通过股东投票做出的，所以，拥有超过50%的股权，比如说持股 51%，就意味着持股者在一股一票的法则下，拥有过半数的投票权。按照《公司法》的基本规定，这就意味着多数股权在制定经营策略和人员任免等关键问题上，有说了算的权力。

超过半数是思考公司股权的一个重要界限。51%，是几个关键数字中的第一个，也是常识性的数字，我们就不赘述了。

第二个请大家记住的数字，是 2/3，或者叫 67%。我国的《公司法》（2018 年修正）在第四十二条里明确规定，股东按照出资比例来行使表决权；第一百零三条又规定对于修改公司章程、增加或者减少注册资本的决议，以及公司合并、分立、解散或者变更公司形式的决议，必须经出席会议的股东所持表决权的三分之二以上通过。所以，拥有 2/3 以上的公司股权，就意味着对于公司的绝对控制。

说得极端一点儿，一个持有 2/3 以上股权的股东，他随时可以决定企业的生与死，他可以在不用考虑其他股东意愿的情况下，完全按照自己的意志来处置公司，包括破产清算。

当然，我国的《公司法》第四十二条，对股东的表决机制做了另外的约定。《公司法》的原文是这样的：股东会会议由股东按照出资比例行使表决权；但是，公司章程另有规定的除外。这一条是什么意思呢？

这一条意味着最小的股东，也可以因此拥有决定权。比如，如果股东在成立公司的时候，就约定退股、破产、清算等问题的决策，股东决议的表决必须经全体股东通过，那么，这意味着什么呢？如果真有这样的约定，并且写进了公司章程，就意味着最小的股东刘冰也可以通过投反对票，使公司的决议无法通过。也就是说，刘冰不能决定公司做什么，但他通过投反对票，可以决定不让公司做什么。

我曾经遇到过一个案例。在一家职工持股的企业中，有一位股东持股不到 1%，但其公司章程约定，一些事项的表决必须经全体股东同意。而这位股东对公司的大股东、管理层都极不满意，他抱着破罐子破摔的心态来对待股权事务。不到 1% 的股权，也没有多少钱，但这些股权就成了他与公司对立的本钱。大股东开了高价，要回购他的股份，他坚决不卖，就是一副捣乱的架势，公司拿他一点儿办法都没有。

显然，这里面就有一个隐含的数字：100%。100%，是超过 2/3 的。公司章程做这样的规定，并不违反《公司法》。小股东至少可以利用这一条，来保护自己的退出通道。这一点，请大家一定要记住。100%，是第三个重要的股权数字。

我们再回到 2/3 这个数字的线索。丁元英第二次关心股权问题，是在肖亚文决定接手格律诗公司的时候。丁元英首先还是强调操盘者的过半数标准，再一次强调了 51% 这个股权比例。小说中是这样描写的。

> 丁元英说："亚文入股，低于或持平控股线意义都不大。"
>
> 欧阳雪说："亚文出资 30 万，其余部分按垫资处理，亚文持 51% 的股份，这样大哥就解放了，我也解放了。我持 29% 的股份，剩下的 20% 预留。亚文的意思，等将来乐圣跟格律诗合作了，那时候就没风险了，再争取把冯世杰吸收进来。"

在欧阳雪解释了让肖亚文持股 51%，也解释了其他人的持股计划后，小说中又有这样一段对话。这段对话写得比较隐晦，不容易引起注意，但意味深长。这段话在文字上也没有提到任何股权比例数字，但却让前面的那些股权数字鲜活起来。这段话里隐含了那个绝对控制的 2/3，因为只有主导者持有 2/3 以上的股权，才能适应公司实现下一步的目标。

这段对话是这样写的。

丁元英又问：“吸收冯世杰，你是出于不得已还是想给他一个机会？”

肖亚文说：“是不得已。格律诗的生存基础在王庙村，而王庙村的命脉在格律诗，除了这种本质的依存关系之外，冯世杰是连接两者人际关系的一条重要纽带。”

丁元英说：“比起托管、转让，亚文接管公司我认为是比较好的一种结果，我想小丹也会赞成。但是，胜诉机率高不等于胜诉，败诉的可能性一直存在，亚文对这一点必须得有清醒认识，必须对败诉的后果有充分的心理准备。”

肖亚文说：“败诉了，我还去打工，从哪儿来到哪儿去。等老得打工都没人要了，我就摆个小摊、开个小店。这不是我愿不愿意的事情，是我必须得这样。如果我这辈子都没把债务还清，那欧阳也只能认倒霉了。”

这很像是一场简单的考试，肖亚文的判断都在事物的本质上。丁元英当初在私募基金招聘助理的时候也是这么简单问了几句话，今天的情形几乎是当年的重现。所不同的是，当年是招聘雇员，而今天是为格律诗公司选择掌门人。

丁元英说：“行，就是你了。”

为什么说这段话里隐含地提到了那个 2/3 呢？为什么这个 2/3 变得比较重要呢？为什么丁元英在听到了这一切之后，说了句“就是你了”呢？

这是因为，控制企业的一般经营决策，比如实施降价策略，甚至是更换总经理，有持股总数 51% 的股东支持就可以了。所以，丁元英从最开始就非常重视对于 51% 股权的控制。最早，他通过欧阳雪把这个权力牢牢地控制在自己手里，因为他的第一个目标很简单，就是利用格律诗公司在王庙村建立起音响箱体和机柜的生产体系，然后通过国际博览会造出声势，并顺便从乐圣公司身上“化点缘”。实现这些目的，51% 的股权是必要的，也是足够的。

这一点，丁元英从一开始就和叶晓明他们几个发烧友说了，要保证出资方在决策权上最大限度地规避风险。正如我们在前面看到的，因为有了 51% 股权这个硬杠杠，叶晓明没有办法让丁元英离场，丁元英可以稳步地推进自己的计划，完成他给芮小丹的这个礼物。

无论从小说中的文字看，还是从电视剧中的表演看，丁元英一直像个局外人，一个帮忙的人，一个被动的人。但实际上，他是整件事的操盘手，是不折不扣的主导者。

而当叶晓明他们退股之后，欧阳雪开始请肖亚文帮忙打官司，甚至和肖亚文商量着转让股份，由后者来操盘，这时，公司的任务和目标，甚至商业关系、商业模式都发生了变化，后面也许还会发生更大的变化。这时，给丁元英的计划带来扰动的，不再是叶晓明这些人了，而是王庙村，乃至乐圣。所以，丁元英又开始关心股权调整的细节了。

这种关心体现在两个方面。第一，他一如既往地希望公司的经营决策权掌握在有企业家精神的人手里。肖亚文是个明白人，也是具有企业家精神的人，更是能够在第一时间理解他想法的人。所以，把 51% 的股权交在这样一个人手里，丁元英放心。而第二个方面，在格律诗打赢官司之后，王庙村这块资源在整个商业链条中的地位就越来越重要了。那么，在这种情况下，为了防止资产层面上出现闪失，公司 2/3 以上的股权控制在什么人手里，就成了关键。

丁元英虽然没有直接谈起过这个比例，但我觉得，通过询问肖亚文对冯世杰和王庙村的看法，他间接地关心了这个比例。他依然是根据商业模式、资源的重要性，以及利益结构这个逻辑去思考的。丁元英没有把话说透，但肖亚文和欧阳雪共同持有格律诗 80% 的股权，这对于将来制约冯世杰和王庙村，应该够了。也许有人读了我这段话，会说，宁老师，你怎么像个阴谋家。其实，设计股权问题，就是要把事情想到最坏。常言道：凡事预则立，不预则废。

我希望大家再仔细揣摩一下前面这段对话。这些文字很有意味，也很有嚼头，可以激发我们的想象，促使我们思考，并让我们在思考中提高。

小说不是教科书，更不是分析报告，它只是描述了一个故事，一些场景。小说不会直白地把所有可能性都罗列出来，明确地帮助我们分析。然而，正是这种含蓄给了我们想象空间。这也是小说更有魅力的地方。我们阅读一些故事、琢磨一段对话，其实都是在进行一场思想训练。我们可以因此联想出很多不同的场景，思考与每一个场景相关的问题，设想在某一个问题出现后最好的应对策略是什么，怎样才能找到保护自己利益的制度安排。

我们可以假想一些场景。格律诗公司、乐圣公司和王庙村的生产体系（也就是那些作为个体工商户集合的农户）之间，形成了合作关系。合作的三方，利益关系毕竟既有共生的一面，也有博弈的一面。肖亚文接盘之后，单独拥有了 51% 的股权，欧阳雪彻底成了甩手掌柜。肖亚文在经营上当然就不会被掣肘。

但是，假如有一天王庙村的生产体系做大了、做强了，翅膀硬了，冯世杰还会不会甘心情愿地做格律诗的小股东呢？再假如，乐圣公司在这一轮风波过去之后，会不会产生对格律诗公司进行结构调整的想法呢？而这种调整又会不会影响格律诗这家只有一款产品的“扶贫”公司呢？还有，欧阳雪热衷于经营饭馆，如果因为饭馆发展机会好，需要资金，她会不会把格律诗的股权变现呢？如果她要变现，谁又是合适的接盘者呢？肖亚文如果想接盘，她能够拿出足够多的现金吗？如果乐圣愿意出很好的收购价格，在芮小丹已经牺牲、丁元英也远走海外的情况下，她会不会把股权转让给乐圣呢？

无疑，后面的很多事情都会超越经营层面，进入到资本运作的层面。这时，按照《公司法》，需要 2/3 的股权表决，才能十拿九稳。这些都是值得思考的未知场景。

当然，在当下这个阶段，包括冯世杰在内的新股权安排应该没有问题。肖亚文和欧阳雪拥有 80% 的股权，超过了 2/3。基于丁元英和芮小丹的影响力，在可以预见的时间里，她们的利益高度一致，她们是一致行动人，可以联手决定涉及资本运营层面的大事。这对打赢和乐圣的官司，以及谈出一个良好的三方合作方案，是足够的。但这个股权结构虽然没有近忧，但还是有必要远虑，至少需要一些章程条款和投资协议做保障。

总之，这些问题都不会影响当下的故事，不会影响格律诗打赢官司，不会影响帮助王庙村脱贫的基本目标。但它们都是格律诗公司在将来有可能会遇到的问题，需要提前考虑。这些年，我经历过现实世界的一些商业案例，深深感到那句老话的深刻：人无远虑，必有近忧。远虑，其实也是一种企业家精神。

除了前面讲过的 51%（过半数）、67%（超过三分之二）和 100%

（全票）这三个关键数字之外，还有几个股权比例也是大家需要知道的。

一个是 34%。持有 34% 的股权，就意味着持有的股权超过了 1/3，这就防止了其他股东的股权超过 2/3。34%，是一个阻击的数字。另外还有两个数字，来自《公司法》的条文，也需要关注。

我国《公司法》（2018 修正）第三十九条和第四十条规定，代表十分之一以上表决权的股东有权提议召开临时会议；而当董事会、监事会不履行召集、主持股东会议的，代表十分之一以上表决权的股东可以自行召集和主持会议。所以，10% 也应该是大家需要知道的一个持股界限。

《公司法》第一百零二条规定，对于股份有限公司（请注意，不是有限责任公司），单独或合计持有公司百分之三以上股份的股东，可以在股东大会召开十日前提出临时提案。这是一个大家需要知道的，关于股份有限公司中提案门槛的股比数字。

可约定的表决权

本讲的最后一个要点，想和大家深入讨论一下表决权的概念。股东权利包括很多内容。我国《公司法》第四条这样规定：公司股东依法享有资产收益、参与重大决策和选择管理者等权利。这些权利包括分红权、知情权（查阅公司的有关文件和财务会计报告）、表决权、优先认购权（或者叫优先购买权）等。

在所有这些权利中，表决权是最基本的、最有决定性的权利。在某种程度上，我们甚至可以说，表决权是股东各种基本权利得到保障的基础。一个股东，如果没有表决权，或者表决权过少，其他权利就很容易丧失。这一点，请大家一定要注意。

举个例子，小股东一般都喜欢把公司的可分配利润分掉。有句话形象地描述了小股东的这种倾向，叫作“十鸟在林，不如一鸟在手”。大股东却不愿意把红利分掉，理由很简单，就是两条。

第一，如果公司不分红，资源就会留在公司，实质上就是留在大股东手里，大股东可以按照自己的意愿去投资，或用于其他目标。所以，分红本质上是减少了大股东可以支配的资源数量，不符合大股东利益。第二，大股东如果需要现金，他随时可以分红。所以，哪怕钱放在公司不用，对于大股东来说，不分红都比分掉要好，因为分红的本质是减少了大股东的选择空间。

这也就是为什么我国的上市公司，在最初的 20 年时间里，很少给小股东分红，直到中国证监会明确提出了上市公司的分红要求，这种情况才被改变。

但是，对于众多非上市公司，是没有监管机构有合法权利要求大股东分红的。所以，一家有限责任公司是不是分红、分红比例是多少，这些完全由股东会议来决定。股东会议的决策机制是投票表决，按照《公司法》的规定，股东按照出资比例行使表决权，所以，最后结果还是由大股东说了算。那么，在分红问题上，小股东是否可以争取全票的设置呢？

总之，表决权决定了分红权、收益权，以及其他需要股东大会决议才能维护的权利，表决权是最基本的权利。持股比例之所以非常重要，就在于它决定了投票权的数量。这也就是丁元英从一开始就坚持投资人要持有 51% 股份的原因。

明确这一点，我们就有必要进一步讨论股权和表决权能不能分离的问题，以及在哪些事情上做多大程度分离的问题。正如我们前面已经讲到的，我国《公司法》已经在第四十三条和第四十四条中做出了规定。在有限责任公司中，股东可以就表决权，以及议事方式和表决程序，做出另行约定。这种约定，一般写在公司章程中。《公司法》对这方面的特殊约定，是尊重的。

我们身边的绝大部分公司，都是有限责任公司。这种公司由于股东数量少，所以，股东之间除了资本合作关系，还有很强的人与人之间进行合作的性质。正是因为这种人合性，《公司法》赋予有限责任公司的股东以较多的协商权力。比如，某些股东可以放弃一部分甚至全部的投票权，只要写入了公司章程，这在有限责任公司中，都是允许的。

按照一般原则，公司的决策机制就是靠股东投票，投票的原则是一股一票。所以，持有超过 50% 股份的股东可以完全控制公司的经营活动，超过 2/3 的股东可以控制资本层面的全部决策。就像在格律诗公司，肖亚文和欧阳雪加起来 80% 的股权，可以决定一切；而冯世杰完全没有任何控制能力，就像一只吊线木偶。

这种情况是可以改变的。如果我是冯世杰的顾问，在订立新公司章程和投资协议的时候，我会建议他把某些事项的表决约定在 100%。也就是说，进行这一类表决的时候，需要全体股东同意。这种约定写入章程和投资协议，它就有与《公司法》同样的法律效力，实际上也就剥夺了在这些决策上大股东的“垄断权”。

另外，假如有特定需要，我也可能会建议冯世杰依据《公司法》第三十四条中“全体股东约定不按照出资比例分取红利”的相关内容去保障自己的分红权，从而让自己的现金以更快的速度实现积累。这就是在保障企业家精神的前提下，为参与者保留退出通道的制度安排。

本讲的核心内容有三点，请大家记住。第一，股权结构要有利于保护和激发企业家精神。第二，股权结构中有一些重要股比数字。半数和2/3，大家说得比较多，其他一些数字，也很重要。第三，股权和表决权可以不一致，在有限责任公司中，有些股权经过约定是可以不完整的，是可以放弃掉表决权的。

第8讲

双重股权制度

创始人怎样可以拥有更多投票权？

上一讲，我们讲到，表决权（也可以叫“投票权”）是股东权利中核心的、基础性的权利，但在一定条件下（比如，在有限责任公司的法律规定下），股东是可以放弃一部分投票权的。

股权和表决权并不是一回事，股权可以是完整的，其中天然地包含着投票权，也可以通过谈判和约定让一部分股东放弃投票权。这意味着，可以存在没有投票权的股权，一种不完整的股权。在通过人为方式重新约定投票权的情况下，股权结构和投票权结构就会出现不一致。最终决定表决结果的，不是股权，而是投票权。

当一部分股东放弃掉一定比例的投票权之后，这个公司就成了具有两种类型股权的公司。一种股权拥有完整的权利，包括收益权、投票权等；而另外一种则是放弃投票权的股权。这类公司被称为具有双重股权（dual ownership）的公司。

最近一些年，我国已经有不少在海外上市的公司，都采用了双重股权结构的形式，比如我们后面要讲到的京东。2020 年，我国的 A 股市场也出现了一家双重股权结构制度试点的上市公司——优刻得。当然，还有数量更多的非上市公司是通过投资协议的形式，成为双重股权公司的。这一讲，我们就接着股权结构这个话题，和大家分享一下双重股权结构制度方面的知识。

双重股权结构制度

从世界范围看，虽然不普遍，但也有将近 200 年的历史。最早具有双重股权结构的公司，出现在 18 世纪后期的英国。那时，由于很多商人开始创办一些提供基础设施服务的公司，比如他们拥有运河、保险、汽灯等行业中的企业。为了防止这些人唯利是图、过度涨价，政府在这些企业中开始尝试使用限制投票权的措施。

经济史学家发现，即使在同时期的英国，在纯粹由投资者拥有的企业中，限制投票权的情况都极其少见。也就是说，一股一票、同股同权是公司股权制度中的主流。双重股权结构之所以在最近二十年变得非常流行，与谷歌公司的上市有关。

2004 年谷歌上市是轰动性的事件。这有两个方面的原因。

第一个方面的原因是谷歌选择了荷兰式拍卖作为公司 IPO（首次公开募股）定价的基本方式。荷兰式拍卖的报价，是从高到低。谷歌首先确定了一个募资总额，然后用这个募资总额除以发行的股数，获得了每股发行价的起始报价。谷歌选择了一个有趣的募资总额，就是“自然对数 e”，2.718 281 828 个十亿美元。这种定价方式在华尔街是没有先例的，所以，它极具震撼力，因此也极具传播效应。

谷歌上市造成轰动的另一个方面的原因，就是公司选择了双重股权结构制度。这种股权设计方式以前在一些家族企业、媒体行业的公司里倒是有一些，但在科技公司里并不常见。而且，这种股权制度当时在美国，正处于极大的争议之中，但谷歌却以现象级的姿态选择了这种制度，对大众舆论形成了巨大的刺激。谷歌的两位创始人布林和佩奇似乎用这样的方式向投资人传递出了一种信号：你可以买我们的股票，但不要想干预公司的事务。

那么，双重股权结构究竟是怎样一种制度呢？

双重股权结构的一般情况是：公司发行 A 类和 B 类两种普通股。一般投资者只能购买 A 类普通股，每一股拥有一份投票权；而公司的控制人拥有 B 类普通股，B 类股份的每一股拥有 10 份甚至更多份的投票权。当然，公司股东之间虽然在表决权上存在差异，但他们通常享有相同的收益权，或者说，他们在除了表决权之外的权利上通常是相同的。

下面，我举一个身边的例子来说明双重股权结构的应用。

京东是一家由刘强东亲手创立的电商公司。坊间关于刘强东的强势有着众多的传闻。他在公开接受访问的时候明确表示了他对于公司控制权的极度重视。他毫不含糊地说："对于一个创业型企业来说，如果你丧失了控制权，不如把它卖掉。这是我的底线。如果有一天我失去了对于京东的控制权，我就直接把它卖掉，退出，拿钱走人。我绝对不会在没有控制权的情况下，还要占有公司的股份、和投资人在这里拐弯，我没有这个时间和精力。"

基于这样的观念，在京东上市的时候，刘强东选择了双重股权结构作为公司股权的基本架构。在京东，发行了 A 类和 B 类普通股，与前面所讲的情况不同，京东 B 类股份的投票权增加到 20 倍，比美国高科技公司通常采用的 10 倍投票权多了一倍。从京东的年报中，我们可以大致算出：由于每一份 B 股都有 20 倍的投票权，所以，创始人刘强东只用了大约 15% 的 B 类股权，就拥有了京东接近 80% 的投票权。这符合他控制公司的初衷，而且还有进一步稀释股权、获得新融资的空间。

京东的招股书中，对 A 类股和 B 类股的权利和义务描述得非常清楚，可以说是“愿者上钩”。一方面，刘强东坚定地看好自己的企业家精神，他觉得自己拥有对公司的绝对控制是可以给公司带来好处的，无论是利润的增长，还是股票在二级市场上的价格反映。他也认为这同样会给投资人带来回报。当然，从投资人的角度看，这也存在着一个权衡。这个权衡的本质是把公司的经营决策权和重大事项的决策权都交给了刘强东，自己到底会不会吃亏。最后，那些相信自己不会吃亏的投资人认购了京东的股份，成了 A 类股的持有人。

京东选择让 B 类股拥有 20 倍的投票权，和刘强东的股权稀释程度有关，因为伴随着京东的发展，不断进行外部融资，让刘强东这个创始人的股份被大量稀释，所以，到京东上市的时候，刘强东的股权比例已经降低很多了。如果没有 20 倍的表决权，他没有办法坚守他的控制底线。

也许有些人会关心为什么是 20 倍，这个倍数是如何确定的。

其实，B 类股权的投票权倍数如何确定，与公司的股东结构、股权稀释的程度有关，本质上是一个预期和算账的问题。如果在刘强东个人持股被高度稀释的情况下，只给 B 类股份 10 倍的投票权，他的控制权比例刚刚过半，这就会对后续融资造成新的限制。进一步融资会加剧稀释他的控制权，所以，他不妨一步走到 20 倍。总之，过于纠结这个倍数，没有太多意义。正如前面所讲的，A 类股权的持有者最关心的是要不要接受创始人对公司进行单独控制这种情况。表决权倍数，只是实现控制的一个环节。

从京东的年报看，B 类股权的特殊性主要体现在投票权和转换权这两种权力上，当然，公司的相关法律文件也规定了刘强东持有 B 类股权的前提条件。由于 B 类股主要是为刘强东保持对京东公司的控制权而发行的，所以，一旦刘强东不再担任公司董事和 CEO 职务（当然还有其他一些特定条件），所有 B 类股就自动而且立即转换为同等数量的 A 类股。

请注意，其他投资者与刘强东约定的条件是同时担任董事和 CEO，在相应的文件中用的是 a Director and CEO（董事和 CEO）这样的表述，而不是 a Director or CEO（董事或 CEO）。这就意味着，刘强东不存在只担任董事会成员这样一种半退出状态。

转换权，是双重股权结构制度中必须要明确的重要内容。它是指要事先约定好不同种类的股份之间的转换关系和转换条件。比如，京东公司的相关法律文件就有如下条款：只要持股者愿意，每一股 B 类股都可以在任意时间中转换为 A 类股，而 A 类股则在任何情况下都不能转换为 B 类股。这是最基本的转换规则。

当然，B 类股权是可以转让的，但一旦转让，B 类股就会自动并立刻转化为 A 类股。也就是说，B 类股是和刘强东这个自然人紧密联系在一起的，显示了其他投资人对刘强东个人能力的认同。相关的法律文件用极其严格的语言限制了 B 类股的转让，也防范了任何利用转让来谋取利益的可能性。

另外，京东的相关法律文件规定，无论 A 类股权还是 B 类股权的收益权，都是相同的。京东公司并没有用给予非控制性股东更多的收益权，来换取其额外的投票权。总之，除了在投票权的票数计算上，B 类股是 A 类股的 20 倍以外，京东的全体股东在投票程序、收益权等方面没有差别，B 类股权没有额外的特殊之处。

动因和历史

出现双重股权结构制度的根本原因，在于控制人担心因融资而对公司失控。

具体来说，当一家公司开始股权融资的时候，它就开始有外部股东，股权随之分散。当股权分散到一定程度的时候，一方面，控制人的话语权就随之减少；另外一方面，公司也会进入一种两难的境地。如果公司不上市，外部股东就没有退出通道，公司进一步获取融资会极为困难。如果公司选择上市，因为股票是在公开市场上发行的，股东可以在二级市场上随意买卖，这就可能会使创始人失去对于公司的控制。

特别是当公司创始人持有股份比较低的时候，外部投资者可以很容易通过资本市场收购到足够多的股权。在一股一票的表决权机制下，外部收购者甚至可以借助它们手中的投票权，把公司的创始人赶出董事会，剥夺他对公司进行控制的权力。正是这个原因，双重股权结构制度才开始流行，被很多公司采用。有学者十年前的统计研究表明，在纽约证券交易所上市的公司中，大约有 6% 的公司采用双重股权结构，大约占整个市场市值的 8%。

最初的双重股权结构，是完全剥夺外部投资者表决权的。也就是说，这些公司在吸引外部投资者的时候，事先就会说明这家公司对外部投资者发行的股份没有表决权，外部投资者只能获取公司的收益，但没有通过参与股东会议、通过投票对公司施加影响的权利。毫无疑问，这意味着剥夺了这些投资者发声的权利。

在现代民主社会的理念中，保护每一个人的发声权，是核心信条。少数人虽然在数量上不占优，投票也不会改变大局，但是否保护这些人的发声权，事关重大。有没有能力改变局面，是一回事；让不让他们投票、是不是剥夺了他们表达意见的权力，却是另外一回事。所以，哪怕他们的票数再少，也要让他们拥有投票权。

这就导致了一种妥协，也因此演化出今天这种双重股权结构。公司发行两类不同的股份：A 类普通股一股一票，B 类股一股十票。所有的股东都有投票权，但 A 股和 B 股的投票权数量不同。前者保护了参与者的发声权和退出权，后者则注重激发创始人的企业家精神。

美国拥有领先的现代市场经济体制，也是双重股权结构制度的一个主流样本国家。据考证，美国是从 1898 年开始出现一部分股东（包括普通股股东和优先股股东）主动或被动放弃投票权的。与此同时，绝大多数公司坚守着同股同权、一股一票的原则，也很少有采用双重股权结构的公司上市交易。这一传统直到 20 世纪 20 年代的中期才被打破，从那时开始出现了一批实行双重股权结构的公司，并有一些公司上市交易。截至 1926 年，大约有 184 家双重持股公司在美国的几个证券交易所上市。

这种情况引发了知识界的忧虑。1925 年 10 月，哈佛大学教授里普利（Ripley，W. Z.）率先对这个趋势发难，他痛斥这种违背同股同权原则的制度设计，并大声疾呼：只有所谓的管理股（management share）在股东会议上行使表决权，就是明目张胆的偷盗。里普利教授的呐喊引发了公众和学界对这一现象的广泛关注，当时的美国总统柯立芝为此专门约见了里普利教授，听取了他的意见。那么，接下来的问题就是交易所和监管机构要不要对此进行干预。

1926 年，纽约证券交易所否决了一桩双重股权结构公司发行普通股的申请，这拉开了该交易所此后长达 50 年政策限制的大幕。在这 50 年之间，纽约证券交易所只有不超过十家上市公司具有双重股权结构设计，这些都是先前上市，因历史原因遗留下来的公司。对于新的上市申请，只要涉及双重股权的安排，纽约证券交易所一概不予受理。

有趣的是，在一些采用双重股权结构的公司里，有人曾提出取消双重股权的议案，但多数股东反对这样的议案。福特公司就是一个例子。它是 1926 年之前在纽约证券交易所上市，是具有双重股权结构的几家公司之一。福特家族只占公司全部股权的 4%，却拥有 40% 的投票权。但是，对于这样的双重股权结构，不仅董事会支持，多数股东也没有意见。

尽管如此，纽约证券交易所还是对双重股权结构进行了严格限制。在长达半个世纪的时间里，有双重股权结构安排的公司只好选择在美国证券交易所（AMEX）和纳斯达克（NASDAQ）上市并交易。这两家交易机构也位于纽约，但它们对双重股权结构的限制并不像纽约证券交易所那么激进和严格。不过，美国证券交易所和纳斯达克的口子，也没有放得非常开，有双重股权结构的公司，上市数量仍然相当有限。

1972 年，因为多方面的原因，美国证券交易所开始禁止采用双重股权结构设计的公司在该所上市。但这一限制没推行几年，就被当时的高科技公司——王安公司的上市计划所打破。1976 年，采用双重股权结构的王安公司在美国证券交易所成功上市。这一事件再次引发了一场讨论，交易所、学术界和公众开始认真思考一个问题：既然同股同权是股份公司的基本原则，为什么会有股东去购买那些没有投票权的股票呢？交易所到底应不应该允许这类公司上市交易？

王安公司的上市，促使美国证券交易所提出了一个被称为“王氏标准”（Wang Formula）的评判原则。美国证券交易所开始用这个标准来判断双重股权结构的合理性和上市标准。依据这个标准，美国证券交易所在此之后逐渐恢复了双重股权结构公司的上市。于是，这类公司在美国证券交易所的上市数量从 1976 年的 37 家，逐渐增加到了 1985 年的 60 家。

纳斯达克从来没有禁止过双重股权结构公司的上市交易。到 1985 年为止，在纳斯达克上市的 4 101 家公司中，有 110 家是有双重股权结构安排的。一些科技类公司和家族控制的公司，都愿意采用这种股权结构来保有公司控制权。

20 世纪 80 年代，是企业并购大行其道的时代。一些投资基金开始通过资本市场收购上市公司，这种收购并非通过协议收购（friendly takeover）的方式来进行，因而常被称为“敌意收购”（hostile takeover）。在这个背景下，一些上市公司为了防止自己被意想不到的投资者接管和控制，客观上产生了重新安排股权结构的需要。

重新安排股权结构的一个常见方式，叫“再资本化”（recapitalization）。其形式之一就是设计双重股权结构，把一部分股权变成投票权较多的 B 类股权。这样，就可以保证控制人在不改变股权比例的情况下，拥有更多的投票权，以达到防止公司被外部投资者突然控制的情况发生。可以说，80 年代的大收购，是引发双重股权结构再次活跃的重要诱因。

与企业防止被收购的需求平行发展的另外一条线索是，美国的三大证券交易所也在为吸引更多好公司来自己这里上市展开激烈竞争。由于纳斯达克和美国证券交易所不限制双重股权结构的公司到它们那里上市，纽约证券交易所客观上就处于不利的竞争地位。于是，纽约证券交易所的一个下属委员会在1985年提出了一个建议，建议的内容是：如果公司流通股股东多数同意，董事会也是多数同意，就可以允许公司建立双重股权结构。

这个委员会的建议一旦获得采纳，就意味着三件事：第一，允许已经上市的公司通过再资本化的方式转变成双重股权结构；第二，已经采用双重股权结构的公司，可以在先前对双重股权最为排斥的纽约证券交易所上市；第三，三个主要的交易所可以在双重股权方面达成一致，这也可以解决国会和监管机构长期以来关注的上市标准一致化问题。

于是，公众舆论和学术界从20世纪80年代中期开始再起波澜，就上市公司该不该违背一股一票或同股同权的原则再次展开大讨论。与20世纪30年代大家只是说理不同，在这一次争论中，持不同意见的各方都使用了大量的学术证据。有人基于统计研究发现，双重股权结构的公司在股价和财务业绩上都好于单一股权类型的公司；有人发现，再资本化可以给相应的公司带来长期的超额收益，进而得出推论“向双重股权结构的过渡，是一种增强股东价值的行为”。

当然，反对的声音也不绝于耳，反对者同样使用了大量的理论研究和经验证据。20世纪80年代后期，出现了几篇重磅的学术论文。这些论文的作者都是在学术界有影响的大牌学者。他们坚持认为，同股同权和一股一票的原则非常重要，这些原则可以保证公司控制人在独享控制权的私人收益时，外部收购者还有机会对这种控制权形成约束和威慑，这种威慑是公司保持价值创造能力的关键。这些论文的影响延续至今。

虽然不停地出现反对声音，虽然这些反对的声音来自四面八方，从学术界和机构投资者，一直到执法者，但双重股权结构在最近二十年里未有停步，在数量上一直呈现逐渐增加的态势，甚至在高科技公司领域成了一种流行品种。前面我们提到的谷歌上市，就是刺激科技类公司纷纷采用双重股权结构的里程碑事件。在谷歌上市之后，很多高科技公司都纷纷采用了双重股权结构。比如我们前面提及的京东，还有 Facebook（脸书）等诸多知名公司。

中国的探索

中国证券市场从 1990 年开始起步，到现在已有 30 余年的历史。但我们多年来一直没有双重股权结构的公司在沪深交易所上市。不仅沪深股市不允许，在香港资本市场上，双重股权也没有先例。这也是一些内地公司跑到美国上市的原因之一。

前面我们反复提及，一家公司在初创时期，注册形式常常是有限责任公司。由于股东数量比较少，有限责任公司有着很强的人合性。按照我国的《公司法》，有限责任公司的股东决议形式，包括投票方式、投票权的多少，都可以由股东自己来约定。之后，如果公司做大了，它就要经过改制，改造成股份有限公司。

《公司法》中规定，有限责任公司的股东是少于 50 人的，但如果公司经过多轮融资，或者采用骨干持股、员工持股制度，它的股东数量很容易超过 50 人。在这种情况下，公司就需要改制为股份有限公司，而股份有限公司不关注企业的人合性，也不存在“公司章程另有约定除外”之类的规定，在股权上强调同股同权以及自由转让。在这种情况下，如果证监会和交易所不接受双重股权结构，那公司的创建人为了防止股权的稀释，也许就不愿意接受更多融资，成为股份有限公司甚至上市公司。

另外，如果没有上市退出的通道，投资者也会缺少对这类公司的投资意愿。在这样的大背景下，2020 年，经中国证监会批准，上海证券交易所在科创板开始了双重股权的尝试；香港市场几乎同时进行了类似的尝试。

我们把多表决权股份称为“特别表决权股份”。《科创板上市公司持续监管办法（试行）》第七条是这样规定的：“存在特别表决权股份的科创公司，应当在公司章程中规定特别表决权股份的持有人资格、特别表决权股份拥有的表决权数量与普通股份拥有的表决权数量的比例安排、持有人所持特别表决权股份能够参与表决的股东大会事项范围、特别表决权股份锁定安排及转让限制、特别表决权股份与普通股份的转换情形等事项。公司章程有关上述事项的规定，应当符合交易所的有关规定。”

第一家公开上市的双重股权结构公司，叫优刻得。它在 2012 年 3 月成立，自主研发并提供计算、网络、存储等 IaaS（基础设施即服务）产品、基础 PaaS（平台即服务）产品，以及大数据、人工智能等产品，通过公有云、私有云、混合云三种模式为用户提供服务。优刻得发行 A 类和 B 类股，其中的 A 类股就是有特别表决权的股份。这一点，与美国的命名方法不同，美国的特别表决权股份通常被称为 B 类股。

2019 年 3 月 17 日，优刻得公司召开股东大会，表决通过《关于〈优刻得科技股份有限公司关于设置特别表决权股份的方案〉的议案》，并修改公司章程，设置特别表决权。根据特别表决权设置安排，公司的共同实际控制人季昕华、莫显峰及华琨持有的 A 类股，每股拥有的表决权数量为其他股东（包括 IPO 公开发行对象）所持有的 B 类股每股拥有表决权的 5 倍。这样，季昕华、莫显峰及华琨因为合计直接持有公司 26.834 7% 的股份，就持有了公司 64.712 6% 的表决权。

公司上市发行之后，他们三人的股权略有稀释，但仍合计持有 19.396 4% 的公司股份，进而拥有 54.611 3% 的表决权，表决权过半数。由此，这三位公司创始人对公司的经营管理以及对需要股东大会决议的事项具有了过半数的投票权。

在优刻得的公司章程中，对特别表决权做了如下四项限制规定。

第一，是在表决事项上做出了限制。公司在修改公司章程、改变 A 类股份享有的表决权数量、聘请或者解聘公司的独立董事、聘请或者解聘为公司定期报告出具审计意见的会计师事务所，公司合并、分立、解散或者变更公司形式这五个方面的表决事项上，每一股 A 类股份享有的表决权数量与每一股 B 类股份的表决权数量相同。

第二，是对 A 类股权的转换进行了限制。优刻得的公司章程规定，当如下四种情形出现时，具有特别投票权的 A 类股份应当按照 1∶1 的比例转换为 B 类股份。

第一种情况，当三位创始人出现不再符合《上海证券交易所科创板股票上市规则》以及《优刻得科技股份有限公司关于设置特别表决权股份的方案》所规定的持股资格和最低持股要求，或者丧失相应履职能力、离任等情况时，A 类股份自相关情形发生时立刻转换为 B 类股份，相关股东应立即通知上市公司，公司应及时披露具体情形、发生时间、转换为 B 类股份的 A 类股份数量、剩余 A 类股份的数量等情况。

第二种情况，当实际持有 A 类股份的股东失去对相关持股主体的实际控制时，A 类股份也就没有了存在的实际意义，所以，应立即转换为 B 类股份。

第三种情况，是持有 A 类股份的股东向他人转让所持有的 A 类股份，或者将 A 类股份的表决权委托他人行使时，这种情况就违背了发行特别投票权股份、保护企业家精神的初衷，不能够被允许。

第四种情况，是公司的控制权发生变更。在这种情况下，公司已发行的全部 A 类股份均应当立即转换为 B 类股份。

第三个限制，是设置了一个上线条款。具体规定是：公司股票在交易所上市后，除了按照同比例配股、转增股本的情形外，公司不得在境内外发行 A 类股份，不得提高特别表决权比例。如果公司因股份回购等原因，可能导致特别表决权比例提高的，应当同时采取将相应数量的 A 类股份转换成 B 类股份的措施，以保证特别表决权比例不高于初始水平。

第四个限制，是交易限制。公司规定，A 类股份不得在二级市场上进行交易，但可以按照证券交易所的有关规定进行转让。

显然，中国证券市场的监管机构对于双重股权结构的规定，比世界上其他国家或地区的一般情况要严格，这体现了很强的尝试性质。所以，很多情况还有待于我们进一步观察。

第9讲

自利行为

我们应该如何理解人性中的善变?

这一讲，我们讨论一个非常基础性的内容，就是人性中的善变，这也是公司治理的重要思想基础。正是因为人们会破坏自己的承诺，会此一时、彼一时，所以，我们才需要设计治理机制来对他人的行为进行约束，对自己的利益进行保护。

治理机制的设计，是相互的，每一个当事的利益主体都应该根据自己的需要，设计出对自己有利的治理机制，这些治理机制镶嵌在特定的利益结构之中，合成为一种治理结构。对于人性的理解，是理解治理机制和治理结构的基础。

本讲涉及如下三个方面的内容：第一，在思考公司治理时，我们究竟应该怎样看待人性？第二，人性会怎样影响到合同的履行，怎样影响到公司的运行？第三，治理机制可以怎样对人性中的善变形成制约？

如何看待人性?

公司治理，是平衡利益关系的学问。利益诉求的主体是人。一方面，即使在相同的情境下，不同的人也会产生完全不同的利益诉求；另一方面，人是善变的，常常会违背合约，改变自己的利益诉求，违背自己先前已经做出的承诺。前者会影响资源配置的效率，后者更容易让公司治理机制失灵。这都涉及人性的问题。所以，我们需要对人性有更多的理解，一切的制度建设也必须基于人性。

一谈起人性，很多人第一时间在头脑中反映出来的，往往是人本性上的善良和丑恶。我们有时候会说这个人好，是好的合作伙伴；说那个人坏，和他在一起一定会吃亏上当。做这种主观的判断，是非常正常的，属于人之常情。这种认知，大多基于我们的成长经历，基于一种认知上的本能。比如我在前文曾对叶晓明和刘冰表达过偏见，甚至有所嘲讽。这都基于我自己的主观感受，是很朴素的。

然而，用这种朴素的意识去思考治理机制这类理性问题，就不够了。用个人的主观判断做思考的基础，虽出于人的本能，无可厚非，但不科学。我们就以丁元英在王庙村见过的那些村民为例，比如刘大爷和周国正。他们是非常淳朴的，他们的吃苦耐劳非常令人尊敬。但就是这些淳朴的人，在利益面前，会不会短视，会不会有见利忘义的行为？稍稍有社会经验的人，都会给出肯定的回答。

这就是人性的复杂。人是所有正面行为和负面行为的结合体。他们会趋利避害，在不同的场景下，选择最符合其利益的行为。这出于人的本能，不是简单的是非善恶就可以评价的。中国有一句古话，叫“路遥知马力，日久见人心”。这句话告诉我们，一个人的品性只有经过长时间的观察，只有在经历一些得失选择之后，才能被看得更清楚。

而且，所谓的善良，无非就是多背负一些本来不属于自己的艰难。一个人在与他人发生利益冲突的时候，能做到适可而止，就已经不错了。我们很难定义，究竟要为交易对手背负多少艰难，才算是“善良”；背负多少艰难的人，才是所谓的“好人”。大家可以扪心自问：遇到利益选择的时候，在何种情况下，我们才会做到“温良恭俭让”？既然我们绝大多数人都无法恪守圣贤之道，又凭什么要求别人一定品性高尚呢？

也就是说，我们对人性的认识必须要超越简单的善恶观，只有这样，我们才有机会更加冷静地去理解制度的意义。我们才会在设计机制时，把对手假定为“坏人”，把制度建立在“人性本恶”的基础上。其实，我们之所以要建立制度，就是要约束那些“坏行为”。这些坏行为包括：不诚信，不守约，损人利己，甚至损人不利己等。

我这样说，并不是故意要推崇一种斤斤计较、尔虞我诈的社会观念，而是希望大家都能把商业活动建立在更为坚实的制度基础上。如果一个制度可以把“坏行为”全部限制住，那么，我们还担心善良之花不会开花结果吗？相反，如果我们在思考制度问题时，把所有的人都假定为“好人”，一旦遇到利益冲突问题，大家都先人后己，那么，这个制度就会漏洞百出，毫无约束力。

中国人讲：先小人，后君子。什么时候做小人？又什么时候做君子？我理解的，做小人是在交易之前，要把各种可能的后果都想到，尽可能事先把它们说清楚，订好合约；做君子，是在订约之后。订了约，就要守约；而且，遇到问题的时候，可以替他人着想，能让一步就尽量让一步。我以为，中国人的这句古训已经把商业智慧和做人之道都讲清了。然而，我们常常会忽视这条古训，往往是“先君子，后小人”。

孔子曾说："富与贵，人之所欲也……贫与贱，人之所恶也""饮食男女，人之大欲存焉，死亡贫苦，人之大恶存焉"。我以为他讲的就是人性。这里说的人性，不是仁义、守信这些孔夫子提倡的良好行为，而是隐藏在人类本能背后的行为动机。

古语又言："任内也""礼自外作""以刑止刑"。这些话翻译成今天的语言，就是价值观建设必须要重视，仁义礼智信也还是要讲，企业文化建设必须认真做，但是，这些东西都是给人正面的引导，使人向善。但这个东西绝对不能替代制度、流程、规矩和控制，后面这些东西绝对不能缺位。

制度、流程、规矩和控制，这些不仅不能缺位，还要不断完善、与时俱进。如果在制度框架已经有明确界定的情况下，还有人胆敢犯规，那就该去法院去法院，该送检察院也绝对不能含糊。在公司的最高权力层面，制度、流程、规矩和控制就体现为治理结构。

总之，如果我们的制度针对的是"最坏的人"和"最坏的行为"，那么这个制度一定是好制度。好人自然会遵守制度，并且很有安全感；坏人想钻制度的空子，却没有机会，他们成不了"坏人"。最后，我们看到的结果就是，他们都是好人。有句话说得好：好制度会把坏人变成好人，坏制度会诱导好人变成坏人，其中的辩证逻辑就在这里。

与中国古代先贤相比，经济学家对于人性的解析，线索虽然比较简单，却有较大的一致性。其中，最主要的人性假定就是利己，这也是现代经济学体系的建构基础。学者们围绕着利己这样一个最基本的行为动机来刻画人性及其行为后果。这套逻辑中整合了一系列重要的经济学概念，比如有限理性、专用性投资、套牢资产和机会主义行为等。

利己与机会主义行为

我们先看一个真实的案例。甲乙两位同学共同组建了一家公司。之所以组建这家公司，是因为乙同学有机会搞定一个客户，为客户开发一个信息化改造项目；甲同学有软件开发方面的背景。于是，甲乙说好了对半分账，就组建了这家公司。公司的股权，双方一人一半。

这个改造项目对于一穷二白的甲和乙，是很划算的。所以，他们合作得很好，如期收回了项目款，大家都很满意。但这个项目完成后，出现了新情况，两个人因此面临考验。

首先是甲同学开发项目的事情，被客户的同行知道了。同行派人直接找到他，请他也帮助自己做类似的项目。新项目的第一期，是和公司签协议。但由于做这个项目需要熟悉企业的业务场景，所以，甲花了不少精力，俨然成了一个行业专家。

新客户比第一个客户的规模大，需求也相对长期，很希望拉甲同学入伙。新客户给了甲同学几个选择：一个是直接把他们的公司买下来；另一个是劝甲同学直接加入他们的公司，成立一个部门也可以，成立一家分公司也可以。新客户对甲说：专业性的工作都是你做的，为什么每次都分给乙同学一半的钱呢？

新客户的胃口显然不同于第一个客户。他们的目标是希望通过自己的信息化改造项目，为行业提供一个可以不断复制的模板，因为整个行业都存在类似的需要，这个市场太吸引人了。新客户想把这块业务作为今后的发展方向来做。他们特别需要像甲这样既有技术背景又熟悉行业的人才。正是基于这样的原因，新客户许诺以甲同学为主，成立一家新公司。而乙同学对于新客户，基本没有什么价值，从纯粹的经济核算角度，他们不愿意让乙也拥有新公司的股权。

甲是技术人员出身，原来在利益方面想得不多，但有了新客户的怂恿，每当干活很辛苦的时候，他就会想到利益分配的问题。他越想越觉得，是这么一回事。他原来是非常感激乙同学的，乙通过第一单业务，为甲的职业之路打开了一扇新的大门。但经过客户的挑拨，甲的心活了，毕竟一个行业的市场摆在那里，对他构成了非常大的吸引力。在巨大的利益面前，他开始动摇。

其实，乙也面临类似的问题。因为他非常擅长和客户搞关系，在开发第一个项目的同时，他也以公司的名义接了其他几个小项目。乙按照甲的建议，找了几位工程师分头做这些项目，乙逐渐发现干这种事其实没那么复杂，他甚至有点儿后悔让甲拥有 50% 的公司股份了。

甲和乙终于因发展思路和利益诉求的不同，矛盾开始明显化。乙的思路是主要围绕着他熟悉的客户不断跑马圈地，做一些短平快、回款好的项目，因为这可以最大限度地发挥他的销售优势，巩固他在公司的影响力。而甲的思路完全不同。他希望抓住一个行业向纵深发展，与第二个客户合作时间越久，他越觉得这是一条正路。

我认识甲的时候，他们还没有完全分开。但实际上，业务已经分成了两摊，两个人各负责一摊，共用一个品牌和办公机构。两个人在业务上偶尔会有交集，但未来会怎样，谁也不愿意明说。甲私下里对我说，他大概率会离开公司，但他不知道自己的那部分股权，如果由乙买回去，乙愿意出多少钱。

泛泛而言，甲和乙两位同学都是很不错的人。但就是这两个不错的人，合作成立公司之后产生了利益之争。他们产生争议的根源，在于两个人拥有的资源不同，而这两种资源的连接并不是不可替代的。请大家记住，所有的合作，都是资源的合作，源于资源的互补性。当这种互补性消失或者被替代了之后，合作的基础就不复存在了。

我们可以通过图 9–1 来描述一下甲和乙之间的合作关系。

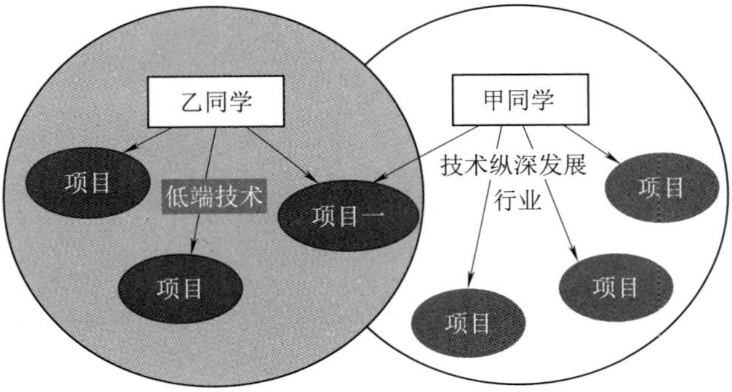

图 9–1 甲乙同学合作关系示意图

从图 9–1 中，我们可以看到：甲和乙共同组建公司，是一种合作行为。双方除了少许资金投入外，各自都投入了营销资源和技术研发资源。这体现了公司的人合性。而在不同的商业模式下，这些资源的价值完全不同。乙的思路是趁着应用性技术可以相对简单地获取项目，快速把公司的业务做大。所以，无论是什么行业的项目，拿一单，是一单。而且，在这种发展思路下，他的营销资源可以得到最大限度的利用，他对公司的驾驭力也是强的。

而甲同学因为熟悉技术，在做第一家企业的项目时，发现了向行业纵深发展是一个难得的机会。加上他在做第一个项目时，对这个行业的业务场景做了非常多的研究，项目结果也让客户非常满意。所以，客户才给他描绘了一个有吸引力的行业发展情境。在新的场景中，他不再需要更多的营销能力，只要专心带领技术团队把业务做好就可以了。从他的视角看，与其在各个行业做一些简单的项目，还不如做能在一个行业内产生影响力的项目，后者的投入产出回报显然要高得多。

这又回到了我们在图 2–2 中所画的逻辑关系：商业模式决定资源价值，资源价值进一步决定利益结构。在不同的发展思路下，甲和乙的贡献是不同的，这决定了他们原来约定的“各占 50%”的利益结构不再适用于新的情况，不再符合他们的分配预期。

这显然是他们在合作之初没有预料到的。经济学家将这种情况称为“有限理性”，即在最开始的时候，当事人对于未来会发生什么严重缺乏信息，他们对于未来的预测能力和判断能力都不充足。有限理性是一个常态，主导者和参与者都是有限理性的。所不同的是，一些主导者理性程度会更高一点，他们见识更多，信息储备更丰富，或者他们更愿意和更擅长进行克里斯坦森所谓的“提问、观察、尝试，利用网络关系”，以及“进行关联性思考”。

这个案例有趣的一点是，故事出现了反转。甲虽然最开始的时候，是一个参与者，但一旦进入角色，他的主导者能力被激发了出来。

事实上，很多企业的发展过程都和这家公司一样。在没有深入思考的情况下，就先动手干了起来。可是干着干着，当事人发现，很多事情和他们预想的不一样。在新的情况下，利益结构不再合适，这时，就需要当事人坐下来协商。成功的协商，需要我们前面讲的博弈理性，也需要一点人性中的适可而止。但核心的决定因素，是每个人的利己动机。

诺贝尔经济学奖得主威廉姆森认为，只要有租金存在，人的自利动机就会导致机会主义行为。什么是租金？什么又是机会主义行为呢？

我们还是通过一个例子来说明。比如，写字楼里总需要一些咖啡店、书店之类的服务商。为了能够引入较好的服务商，业主方最开始可能会给出一些优惠条件。但当这些服务商装修完，做了其他投入之后，这些投入就变成了一种只对这个写字楼有用，无法变更用途，甚至无法经过处置收回原值的“专用性投资”。专用性投资，就成了一种“套牢资产”。

套牢资产的存在，是诱导各种机会主义行为的充分条件。假如服务商装修等先期投入摊销下来每天的固定成本是 1 000 元，每天的经营费用是 1 000 元，而经营收入是 3 000 元，那么服务商的盈利是 1 000 元。这时，写字楼有可能会打破事先的约定，再引入一家服务商。这样做的理由，一方面可以通过竞争保证服务品质，另一方面也可以增加租金收入。

即使写字楼业主事先说好了服务商是排他性经营，它都可能为实现自身利益的最大化违反约定。它可以找到各种说辞为自己的行为辩解，比如可以引入一家在服务品种上略有差异的服务商，以证明自己并没有违约。由于最先进入的服务商是有限理性的，它不可能在事先约定出一份毫无空子可钻的合同，这就为业主违约提供了空间。

这个时候，业主有多少可以剥夺的“租金”呢？最高可以达到 2 000 元。也就是说，只要第一家服务商每天的经营收入在 1 000 元以上，在合同期里面它都不会搬走。假如服务商每天的经营收入只有 1 500 元，从理论上说，它不会关店走人。这是因为，一旦关门，它的先期投入，全部就都打水漂了。而坚持干到合同期结束，即使无法收回全部先期投入，起码还可以收回一部分。如果每天的经营收入是 1 500 元，费用是 1 000 元，多出来的 500 元，就是在回收先期装修等投入。

写字楼会不会这样狠呢？正常情况下，也许不一定会达到这样的程度，因为它会影响业主的声誉。但如果业主处于亏损状态呢？完全有可能。威廉姆森的理论，意义就在于它揭示了事物的可能性，以及隐藏在背后的内在逻辑。这就是我们说的在商言商，学术上就叫机会主义行为。

在利己的人性面前，只要存在专用性投资和套牢资产，就有出现机会主义行为的可能性。而治理机制的目的，就是要减少出现这种情况的风险。比如，我们往往会要求写字楼签订一份有保护性条款的协议，或者干脆把先期装修的费用降到不能再低的程度。在某些情况下，最优的制度安排，是和写字楼谈合作经营、共同分担装修费用等条件。我们很多地区招商引资时，为企业提供先期投入等种种方式，本质上就是通过提升机会主义行为的成本，向这些企业发出明确的诚意信号。

总之，无论是在市场交易中，还是在企业组织内部的资源合作中，机会主义行为都是普遍存在的。回到甲和乙进行股权合作、创建公司的例子，其中也存在着人力资源的专用型投资和套牢资产。比如，公司的品牌、在客户中的影响力、未分配利润，以及双方的人力资源投入，很多都是专用性的，都是套牢资产。它们都为产生机会主义行为留下了空间，给人性中的利己动机留下了出口。

甲和乙很幸运，在外部力量的协调和帮助下，他们成功地完成了再协商的环节，进行了公司的分拆，形成了新的利益结构。不过，在这个过程中，自利动机依然发挥着非常重要的作用。由于公司积累了很多未分配利润，至少一方让我感受到了很强烈的想把对方赶出局的冲动，但出于个人声誉上的顾虑，最终，大家还是通过协商完成了分家的过程。对自身声誉的顾虑，也是一种利己的动机。

简单的理论解说

企业是一系列资源的聚合，是不同的资源所有者因为一个共同的赢利目标聚合到一起而形成的商业组织。当股东把资金投入到企业之中，由企业的经营者来调动的时候，意味着股东和企业签订了一个投资合同，股东承担有限责任，企业有了盈利，就要对股东的投资做出回报。其他的资源投入者与企业的关系，在性质上也一样。于是，借助于企业，不同的资源拥有者之间形成了一种合作关系。所以，我们可以把企业看成一个资源的集合体，同时，它也是一个合同的集合体。

人的理性是有限的，所以，所有的合同都先天不足。有限理性的含义，我们可以这样来理解。当决策的复杂性足够高的时候，我们无法非常清晰地罗列出所有可能出现的情况，无法考虑在出现某一种情形的时候，自己怎样行动才是最优的。

下棋就是一个非常好的例子。下棋的过程，表现为一个非常复杂的决策树。这个过程从一开始就有无穷的走法和无穷的应对之策，所以，即使最好的人类棋手都无法在行棋的第一步就想出后面所有可能发生的情况，无法根据各自的走法建立起完整的决策树。他并不是根据全部信息、基于精确计算来下棋，而是尽量结合自己的经验来思考最重要的变化及其后果，根据经验来行棋。

今天，人类可以在围棋这种变化复杂、计算量非常大的棋类运动中，使用 Alpha Go Zero 战胜人类的顶尖棋手。但计算机的逻辑依然不是基于完整的决策树的，而是通过有效减少计算量来保有推理时的计算优势。这正如威廉姆森所说，只要不确定性和复杂性达到了一定的程度，有限理性的问题就会出现。

于是，企业必然成了一个不完全合同的集合体。特别是复杂劳动，比如技术性劳动和管理性劳动，很难通过完全的合同和完美的合同对工作细节做出明确约定。合同的主要目的是构建一种关系，通过描述关系框架和设定目标来做原则性的约定。

比如，经理人对于企业的发展是至关重要的，但股东没有办法针对经理人该怎么去经营企业在细节上做出约定。相反，这种合同只是明确他的身份，由此借用普适的准则来大致明确他的权责边界和行动边界。当这种合同确定了经理人的身份之后，他就可以按照《公司法》和公司章程中规定的程序和基本原则去行动。

然而，这种关系合同本身的不完全性是无法消除的，因此无法遏制人性中的自利动机，以及由此而来的机会主义行为。比如，经理人会向股东隐瞒企业的真实信息，以便把经营目标引导到更适合自己完成的程度，或者更有利于巩固自身地位的方面。经理如此，其他人也一样。

下面，我仅举一个例子来说明。很多企业对于主要管理者都要进行考核。绝大多数情况下，考核指标中都包括销售额和利润指标两项。但只考核两个指标够不够呢？这两个指标在所有的考核指标中又应该占有多大的比重呢？坦率地说，很多企业的股东都没有认真算细账。

经理人都是按照考核指标来安排工作的。这一点，是由他们的身份决定的。指标不同、构成不同、比例不同，管理者在完成工作时的目标、想法、行为，甚至心态就都不一样。由此，对企业的发展路径会形成极大的影响。

考核销售收入，是没有问题的。销售收入的增加，意味着市场份额的扩大，特别是处于成长期的企业，市场份额的扩大关乎抢占市场、追求行业地位、增加企业影响力等方面。这些方面直接决定了市场的格局，对企业的未来盈利也有决定性影响。这就是为什么我们看到，在证券市场上，有些明明没有赢利的企业，它的股价却在不断飞涨。这些飞涨，一方面是由于它的市场地位给大家以信心；另一方面，也在于这些企业具有内在的成长性。

那么，为什么在考核销售收入的同时，还要考核利润指标呢？这是因为，销售收入的增加势必带来各种费用的增加，考核利润，主要是希望企业在追求销售收入的同时，费用也要得到控制。但这里面又存在一个问题：费用支出又可以分成两类。一类是与当前利润相关的，一类与企业的未来收益有关。比如，研发费用主要是为了塑造企业产品力。产品力主要来自企业创新。企业不仅要有研发投入的数量，就是面要铺得够广，还要考虑研发活动的质量，也就是点要扎得深。如果考核中当期利润要求的多，占比较高，管理者就会通过减少研发投入的方式，去追求当期利润。这也就是我们说的短期行为。

从大的线条上说，当销售收入增加时，很多费用都会随之上升。如果考核指标中，销售收入的占比很大，当期利润占比有限，就可能会导致管理者拼命追求销售收入，费用得不到必要的控制，也会增加很多。这样做的结果，就是利润往往只能处于达标的水平。而如果股东对利润要求高，经理人就有可能只增加与销售收入有关的支出，压缩其他支出，包括塑造产品力所必要的费用支出。这必然会带来另外一种结果，就是企业的昙花一现。企业在当下确实占领了较大的市场份额，可失去了产品力，意味着无法在长期稳定住已经争取来的市场，牺牲了未来的利润。

我把这个逻辑画成了图 9-2。从这个图示中，我们可以看到前面所讲的此消彼长的影响链条。但是，这个图也只是告诉了我们一个大逻辑，做详细测算，并形成非常准确的考核体系却不容易，因为这需要太多的信息。

那么，谁拥有这些必要的信息呢？令人遗憾的是，往往被考核的对象，也就是经理人，才有这些必要的信息。然而，由于经理人本身就是被考核的人，他们出于自利的考虑，在激励合同签订之前和之后，都充满了机会主义行为。

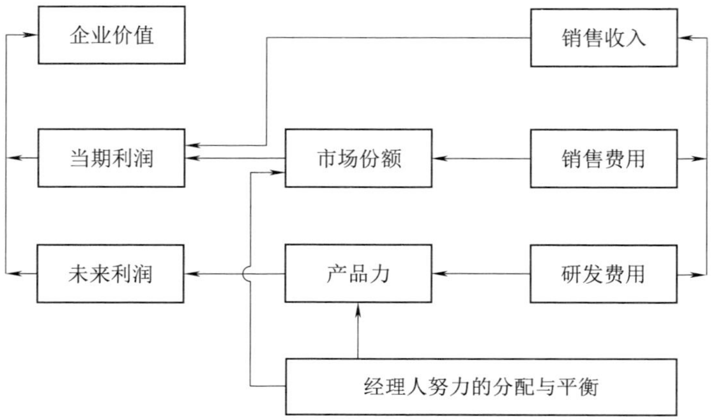

图 9-2 经理人的努力分配与考核设计

比如，在制定业绩合同前，他们有充分的动机向考核者施加影响，传递含有水分的信息，以影响考核者制定出对他们比较有利的考核指标，包括考核内容、指标之间的权重等。而在业绩合同签订之后，他们又会采取其他行动，一方面让自己的成绩单尽可能的靓丽，另一方面，也会为下一年更好地完成业绩任务留出余地。

无疑，这两类机会主义行为都会加剧合同的不完全性，进而损害企业的效率。这就是为什么我们需要设计出有效的治理机制，防止上述情况不断出现。这也是我们要让经理人持股，而且要给最核心的少数经理人相当比例的股权激励的道理。股权激励，就是一种最常见的治理机制。

总之，治理机制，就是要提供一种有效的激励，以减少各个利益方产生机会主义行为，因利己动机而给交易的当事人带来效率损害。企业是一系列交易的结点，每一个交易都意味着一个不完全合同关系，因此就应该有对应的治理机制。而从总体上说，企业是一系列不完全合同的综合体，所以，各种治理机制组合在一起，就形成了一套治理结构。

好的治理结构，本质上是一种有效的利益结构，其中充满了有针对性的治理机制。这些治理机制，可以让各相关利益主体、各种资源和各种诉求形成一种合理的平衡。这里的“合理”，我认为有三个标准：第一，要有助于企业家精神的发挥；第二，要有助于弱势资源提供者的保护；第三，要有助于企业的持续发展。

所以，在设计治理结构之前，我们必须要对企业的利益结构有明确的认识。利益结构包括基础层次的利益结构和衍生层次的利益结构。基础层次的利益结构主要是指股权层面的利益安排，而包括董事会制度在内的利益结构，我认为它们都是由股权关系派生出来的，应该属于衍生性的利益结构。我们前面花很大篇幅介绍股权安排、比例关系，包括双重股权结构这些内容，都是希望大家对企业中最基础的利益结构，有更丰富、更清晰的认识。

关于利益结构的内容，我们将在下一讲，结合小说《遥远的救世主》中的情节，更详细地介绍。这一讲，我希望大家牢记：人的利己动机是机会主义行为的根源，而这又是由人趋利避害的本能决定的。我们改变不了人的本能，只能在接受人性的基础上，设计出有效的治理机制，来防范机会主义行为对我们造成较大的伤害。当然，公司内部的各种治理机制要通盘考虑，才能形成有效的治理结构。

第10讲

利益结构

到底什么是治理结构？

前面，我们讲了很多概念：商业模式、资源价值、利益结构、治理机制以及治理结构等。图 2–2 是这些概念的逻辑关系图，这张图是我学习和研究公司治理问题的一个心得。这一讲，我们来深入讨论这张图中的一个关键概念：利益结构。

基本定义

所有合作与交易，都伴随着利益结构。利益结构，是对资源提供方的投入、产出，以及收益分配的架构性描述。利益结构的细节，包括资源的投入量、产出量，风险状况，以及期限安排。在不同的利益结构中，同一资源投入方面对着不同的投入产出关系，它们承担的风险与获得收益的速度也不同，由此，对它们形成的激励也是不同的。

比如，一个饭店老板需要聘请一个好的大厨，才能制作出好的菜品，从而让饭店更吸引食客。最简单的利益结构，就是老板按天来聘请大厨。老板付出工资，大厨投入劳动，但饭店的利润与大厨无关。风险也与大厨无关，完全由饭馆的老板来承担，无论经营利润是多少，大厨都只能拿到固定工资。

那么，在这种情况下，唯一与大厨有关的，就是菜品如果没有足够的吸引力，老板第二天就不会再聘用他。这就是期限安排的意义。大厨的就业环境，与他的就业经历有关，比如说，他在美食一条街工作过，他的就业经历就会影响后续的工作机会。这是声誉机制的作用。所以，他会为了声誉把工作质量保持在一个相对不错的水平上。但这一水平是否是他的最高水平，不一定。

与大厨相关的另外一个问题是，因为他的合同是每天一签，完全处于一种不安定的就业状态，于是，就缺乏激励机制让他去关心来这家店的消费者的偏好，以便投入专业技能，因为关注这家店的消费者，会浪费他的精力，一旦他离开这家店，这些专业投入在另外一个工作场景中就不一定有价值了。

这就是我们讲人性的时候说到的自利动机，因为担心老板会有骑马找马的机会主义行为，大厨会努力减少他的专用性投入。于是，关注客户，特别是高忠诚度客户的需要，这件事的责任就落在了饭店老板的头上。尽管缺乏厨艺上的专业知识，老板还是需要花时间来观察客户的需要，然后再把这些观察转述给大厨，还要花时间关注大厨是否做出了相应的改善。后者是监督性工作，当激励诱导不够的时候，监督就要加强。

以上描述的是一种利益结构。下面，我们再看另外一种利益结构。老板决定给大厨两成干股，这个干股可以只限定在分红权上，而且只在大厨在饭店工作的前提下才有效。同时，老板把工作合同签订时长延长到一个月。那么，这种利益结构又会诱导出什么变化呢？

首先，收入的分配结构变了。以前，大厨只拿固定的劳动报酬，所有收益在扣除了他的劳动报酬之后，全部归老板所有。不仅收入总量与他无关，盈亏的风险也与他无关。获得了两成的分红权之后，他除了获得保障性的工资，还可以获得一部分利润。这时，他无疑愿意投入更多的精力和劳动去追求更多的剩余收益。

其次，因为就业和分配期限变长了，大厨可以从更长期的角度去思考劳动投入的分配问题。他有很大的可能会增加对于客户需求的关注，提升菜品的质量，以增加对新客户的吸引力，甚至致力于满足忠实客户的差异化需要。也就是说，他不仅会考虑今天要干什么，还会想怎样努力，可以在更长的时间里，追求到净利润的增长。

再有，大厨可能需要不再那么监督了，他不再需要关于客户用餐的间接知识。他也许会走出厨房，直接观察客户的用餐情况。他会用自己的专业知识去判断，为什么有些菜会剩得多些，有些菜会剩得少些，然后，再判断自己应该进行哪些方面的改进，以更好地满足客户的需要。当激励替代了监督之后，老板也有可能对资源和精力做新的分配，可以去关心饭店经营的其他方面。双方这种在投入结构上的变化，将更有利于把饭店的总收益做大。

总之，我们会发现利益结构变了，老板和大厨的关系会发生变化，他们在资源投入上会寻求建立更有利的分工状态。这是为什么呢？因为后面的利益结构加入了更合理的治理机制，我们也可以将它称为“治理结构”，也就是嵌入了治理机制的利益结构。

那么，后者的利益结构是最优的治理结构吗？很大程度上并不是。这里不去展开说明为什么它不是最优的，进一步讨论需要更专业的内容。

大家只要考虑如下几个问题，就能明白其中的道理：为什么干股的比例不能是三成或四成？干股的比例有可能超过一半吗？大厨自己积累了足量的资金后，会不会在旁边另开一家店面呢？他会不会把老板的铺面租下来，自己做老板呢？

思考这些问题，大家可以悟出一个道理。没有放之四海而皆准的最优治理结构，治理结构需要当事各方根据实际情况来调整，所以，也就没有一个通用的标准版本。治理结构没有最好，只有更好；没有最优，只有最适合。

利益结构的设计

接下来，我们还是回到小说《遥远的救世主》这条线索中，来进一步理解利益结构这个概念。我们知道，格律诗公司的核心产品是手工制作音箱箱体，从下料、制作、打磨，一直到喷漆。产品的竞争力在于廉价的劳动力，不计工本的投入，追求手工制造的精益求精，不放过任何瑕疵。这是机器化大生产的流水线无法做到的，而且因为批量小，机械化生产也不划算。这就是格律诗的生存空间。

请大家试想一下，如果是由我们自己来创办格律诗，我们会怎么做？我猜很多人也许会走这样一条路：选一个生产场地，然后聘用那些合适的村民，让这些人来公司上班，要求他们每天完成既定的生产作业。这个完成，不仅是生产数量上要及时完成，而且质量上也要保证上乘。

按照这个思路，我们想象一下在生产场地里会发生什么呢？一定会产生非常高的监督成本。管理者们会不停地要求，不停地督促，但残次品难以杜绝，残次率居高不下，人工成本的优势会被消耗殆尽。

比这更麻烦的是，由于村里人都是亲戚连着亲戚，冯世杰想严格管理都很难做到。犯错的人是二大爷，你能把二大爷怎么办？开除他吗？

为什么二大爷会不断地出残次品？道理很简单，人的自利动机作怪，而且激励机制不对。对于二大爷来说，他就是格律诗的工人，他认为自己就是打工者。干一天活，挣一天钱。这就是人性。无论入职前如何表态，入职后，在收入固定的情况下，对自己最有利的办法就是节省劳动投入成本。差不多、过得去，就是减少投入的办法。

当格律诗买了机器设备，把公司建立起来之后，公司就有了专用性投入，形成了套牢资产。虽然二大爷并不知道这个词，但他的潜意识告诉他，他是全村使用机器的人中干得最好的，只要他做的东西差得不是太离谱，就不能开除他。如果你采用的是计时工资，他就按时出工，但并不一定尽最大努力，不见得会精益求精。如果你采用计件工资，他就会追求产品的数量，质量上不会精益求精。

在这样的情况下，格律诗只有不停地加强教育和监督这一条路。公司会花大量的精力去检察每一个环节的质量。当然，公司也可以采用下一道工序监督上一道工序的办法。但大家都是亲戚，检察员和下一道工序的负责人会认真对待二大爷吗？大概率不会。且不说那个检察员有可能是三大爷，三大爷没有激励去得罪二大爷。反正花的都是股东的钱，用丁元英的话说，吃大户的心态，会把公司拖死。

再强调一次：这是人情，也是人性。机会主义行为之所以无处不在，就是因为它对大家而言都是“合理”的，符合大家的自利动机。

丁元英的高明之处，在于他充分洞察了人性，并设计出了最有利于格律诗公司可持续发展的利益结构。这种利益结构充满了治理机制，让二大爷和三大爷们的自利动机和机会主义行为无处藏身，所以，我们可以称之为有效的治理结构。

丁元英的利益结构，包括股东之间的利益结构和公司运行上的利益结构。关于股东之间的利益结构，我们前面围绕股权结构已经讲了很多。这一讲，我们主要聚焦在公司的运行层面上，把利益结构这个概念讲透。

丁元英并没有让格律诗公司和农民之间形成雇佣关系。相反，他按照作业流程帮助农户形成了各自为战的生产单元，他帮助农户建立标准、规范作业流程。用今天流行的话，这叫“赋能”。当每一个农户都形成了作业能力之后，他再帮助农户之间建立起合同关系。

按照小说中的描述，丁元英为王庙村的农户准备了“各种生产经营的文件，都是按农户的要求，根据各个农户提供的口头记录内容而分别起草的文件，有合伙企业章程、家庭产业股东权协定、家庭安全生产条例、农户之间的各种订购合同、各种工序价格表等等”。通过这些约定，市场法则开始约束这些沾亲带故的乡亲。他们不仅对上下游的农户严格要求，自利的动机也让他们开足马力、约束自身，完全没有了发生机会主义行为的空间。

吴志明是负责喷漆环节的农户，小说是这样描述他们一家人行为的。

> 吴志明家的院子是王庙村几个专业户里面积最大的院子，用土坯圈起的围墙，跟别人家一样，坐北朝南的是正屋，西边是一间厨房和新盖的几间喷漆房。……他们家整个就成了一个小型喷漆厂，除了住人的屋子以外，能利用的地方都利用上了，墙上挂着的、地上摆在长凳子上的全是打上腻子的板子，走路都得处处留神。院子里一片繁忙景象，几个姑娘、媳妇聚在一起一边打磨着上好腻子的板子一边说着家常。

吴志明的媳妇坐在院子当中的小树墩上用砂纸打磨上过腻子的音箱外壳，这是个非常细致的活儿，对质量的要求很高。她非常耐心地一点一点用砂纸打磨着，不时还用手感觉一下光滑度。她的双手已经被这样的劳动风蚀得粗糙不堪，手指上的冻疮裂着血口子，手上、脸上和头发上蒙了一层干腻子粉尘。

说话间，吴志明听见声音已经从喷漆房里出来了……

欧阳雪说："你这儿用的怎么全都是女工啊？"

吴志明憨厚地笑着，搓着双手不好意思地说："打磨这活儿适合女的干，她们也能给家里多挣点钱。女的便宜，干活细，又比男的好管，就是速度慢一些。"

欧阳雪又问："她们天天都来你家上班吗？"

吴志明答道："这几个天天来，还有几个是把板子带回家去打磨，那样她们就能自己掌握时间了，反正我这里是计件算工钱的，干的活儿多就多挣钱，干的少就少挣。"

欧阳雪说："嫂子这么冷的天干这活儿，你也不给嫂子戴双手套？"

吴志明的媳妇笑呵呵地说："会上不是说要吃别人吃不了的苦嘛，戴手套根本干不了这细发活儿，人家喷漆的不收，俺这活儿就白干了。"

吴志明笑笑说："俺家也实行计件工资，她只要不耽误做饭看孩子，挣的钱都是她的私房钱。质量要求都一样，老婆不合格也不中。"

当农户变成了个体工商户之后，它们之间形成了市场交易的关系。

市场交易本身就是一种治理机制，可以让后一个环节监督前一个环节。前面说的三大爷不能监督二大爷的情况，就可以避免了。为什么呢？因为三大爷和二大爷的利益独立，他们不是为格律诗打工，而是为自己劳作。如果二大爷生产出来的产品不合格，三大爷就不会购买，否则，半成品就会砸在三大爷自己的手里。

这种依靠质量的合同，叫“状态依存性的合同”，可以把市场原则贯彻到极致。状态只有两个：合格或者不合格，就像 1 和 0。如果产品质量合格，劳动者能获得报酬，就是 1。如果产品的质量不合格，劳动是无效劳动，报酬水平就是 0。

有了这种状态依存性的合同，王庙村的农户不敢有任何机会主义行为的幻想，其所有的行动都会极其谨慎。因为他们的每一个动作，都是自己在负担完全的成本。就以选木料和下料的精细化来说，这涉及质量和成本的双重管控，是一种极其微妙的选择和取舍过程。

一块木头什么地方有节，怎么下料才能最节省，是做面板还是做侧板；木料到底有多干燥，放多久才能保证木料不变形，达到质量要求。类似的问题，林林总总。解决这些问题，全靠人的细心和尽心。只有农户对结果承担百分之百的责任，他们才会算这个细账，才能凸显手工制造的优势。

大家不要小看这种精打细算的力量。我曾经研究过一家企业，它和王庙村不同，是规模化、机械化生产的。作为后来者，它能够战胜竞争对手的一个重要原因，就是用一套自我研发的柔性作业系统，把材料的利用率提高了 10 个百分点。千万别小看这 10 个百分点，钱省下来，它就是纯利润。几年下来，这个企业因此积累了巨额的发展资金。

总之，有了市场机制的约束，格律诗不需要付出巨大的监督成本，可以集中精力把门店、品牌、专利这些事情办好。在生产环节，它只需要把住最后一关就可以了。当然，格律诗需要在农户身上提要求，并进行必要的赋能。关于赋能，小说是这样描写的：

> 刘大爷家住临街，那台 CA6150 车床和一台小型车床就安置在临街的三间房里。车床这一块是格律诗公司在王庙村扶持农户的最大一块资金，除了车床还添置了台钻、切割机、电气焊等辅助设备，刘大爷收了两个学徒工，主要加工翻砂专业户的半成品，有机柜脚钉、机柜定位片、音箱脚架底盘、托盘等等，也承接一些市面上的零活儿。
>
> 只见门口摆了一片切割机、电气焊的小设备，一个徒弟蹲在地上焊铁门，刘大爷在操作车床给音箱脚架的钢管套丝，另一个徒弟操作台钻往机柜定位片上钻孔。
>
> 丁元英一下车，随便碰上什么人都会和他打招呼，他俨然已经成了王庙村的一员。
>
> 丁元英像唠家常似的跟老人聊了几句，临走时说："大爷，接线柱套丝别忘了把镀金的量算进去，如果现在正好，镀上金就拧不动了。"
>
> 刘大爷说："干一辈子了，咱知道这个。"

显然，这是一种完全不同的利益结构，和我们前面假想的，把农民变成工人，由格律诗公司聘用、统一组织生产的方式所对应的利益结构，完全不同。在前面的利益结构中，天生就留下了机会主义行为的空间，缺少针对机会主义行为的治理机制。而丁元英采用的利益结构，则是包含内在激励和自我约束内容的。这种利益结构，就是一种有效的治理结构。

让农户成为个体工商户，让他们在指定的时间之前完成法律注册手续，是丁元英布局中的一个重要部分。这个工作一箭双雕。除了形成有效的治理结构之外，他还由此在格律诗公司和个体工商户之间建立了一道防火墙。后来，公司应对乐圣公司的起诉，关于生产条件不达标等指控，都不成立了，因为那是个体工商户自发自愿的行为。

我们之所以提到这一点，是因为格律诗的利益结构与其商业计划是相容的。丁元英认为王庙村中唯一有竞争力的资源，是可以忍人所不忍、能人所不能的廉价劳动力，他也正是根据这个资源能力来设计他的商业模式。而对应地，格律诗公司的利益结构也一定要符合他的商业模式和资源特征，才能达成目标。这也正好应和了图 2-2 的逻辑，我们需要把治理结构的设计放在商业模式和资源投入的基础上，通盘考虑。

到这里，我们应该把利益结构这个概念讲清楚了。清楚了这一点之后，我们就可以把图 2-2 改进为图 10-1。这张新的图示，对于如何设计一个有效治理结构的逻辑，有更清晰的展现。

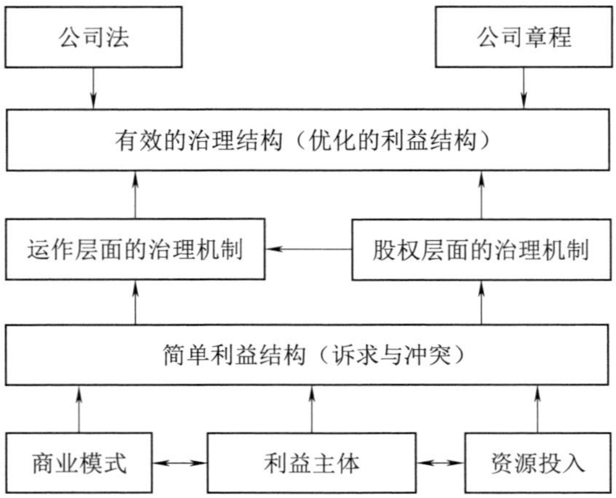

图 10-1　有效治理结构的形成逻辑

当各种资源的所有者把资源投入到某一个企业之后，他们就成了与这家企业相关的利益主体，也因此把资源放到了某个商业模式之中。他们拥有的资源，其重要性与商业模式高度相关，并且会因时而变。利益主体对资源的投入都有回报期待，有利益诉求和心理契约。

当因资源投入形成的利益结构处于简单、粗放状态时，整个利益结构不仅会存在激励错位和不足的情况，还会不断产生某些利益主体的基本诉求得不到满足的情况，并可能会出现严重的利益冲突。我们应该尽可能理性地分析在股权层面和运行层面会出现的问题，设计治理机制，并将这些机制嵌入到利益结构之中，这样，就会得到一个优化的利益结构。

优化的利益结构，就是一种治理结构。而治理结构的原则，由《公司法》和公司章程决定。一句话，治理结构，就是嵌入治理机制的改进型的利益结构；治理结构的目的，是平衡各方利益，最大限度地保护企业家精神，减少矛盾，获得企业效率。

无数案例表明，同样的人、同样的作业流程，在不同的治理机制下面，绩效会完全不同。当然，所有的治理机制都是有成本的，因此，治理结构的设计要善于利用人性本能，降低制度运行的成本。

利益结构的优化

讲到这里，必须提及阿米巴模式。丁元英设计的利益结构，非常像阿米巴模式。阿米巴模式由日本企业家稻盛和夫最先提出并采用，后来在全世界的很多企业里推广使用。稻盛和夫曾经带出两家世界 500 强企业——京瓷公司和 KDDI 公司，在接近八十岁的时候，再度出山拯救已经被宣告破产的日本航空公司。

仅仅用了不到一年的时间，稻盛和夫就带领日航起死回生，创造了日航历史上的最高盈利记录，并在2012年，也就是他年满80岁的那一年，让公司重新上市。稻盛和夫使用的方法，就是他独创的阿米巴模式。

阿米巴模式的本质，是将市场治理的逻辑引入到企业组织内部，通过强化公司下属各部门的收入和成本意识，建构起公司内部各部门之间的交易制度，然后从终端向前一环扣一环地倒逼出利润。稻盛和夫能在日航取得成功，很重要的原因就是调整了公司的利益结构。

图10–1中，有两个概念还需要说明，那就是股权层面的治理机制和运行层面的治理机制。无论是阿米巴模式，还是丁元英在格律诗公司与农户之间，以及农户与农户之间建立的利益结构，都应属于运行层面的治理机制。这类机制所对应的，可以叫作“次级的利益结构”，而股权结构是更为核心的利益结构，更具有决定性。

我们在前几讲，一直都在强调股权结构的重要性。我想再强调一次，千万不要低估股东之间的算计。股东的利己动机和机会主义行为，对企业的影响是致命的。运行层面缺失治理机制，会让企业慢慢失血，但还有回天的可能；而股东层面的治理机制缺失，在极端情况下会让企业猝死，完全没有起死回生的机会。

下面，我们再回顾小说中的一个细节。格律诗公司预备股东会议结束后，丁元英请大家在会议记录上签字，然后要根据这个来起草公司章程。叶晓明签完字还笑着说：“丁哥一来，我们哥儿几个的前途就有救了。”然而，就是这个叶晓明，在丁元英走了之后，和冯世杰、刘冰开始怀疑起丁元英，而且还互相算计。

小说中是这样描述的。

叶晓明思忖着说："折腾了半天，人是咱古城的人，钱是咱古城的钱，丁哥还是没出一分哪。咱们要是按他说的去做，真做砸了谁担责任？说是光脚的不怕穿鞋的，可现在反倒成了他光脚咱穿鞋了，玩得真高。"

叶晓明琢磨完丁元英，又开始琢磨冯世杰。

叶晓明接下来犹豫片刻，还是问道："咱们办公司，你的店怎么办？"

冯世杰说："我和表弟商量好了，把店承包给他，这两年他在店里干得不错，业务也熟了。你放心，我绝对一门心思搞公司，我知道哪头轻哪头重。"

叶晓明喝完碗底的稀饭，放下碗筷拽一节餐巾纸擦擦嘴，笑道："谁是高人？其实丁哥并不是高人，我更谈不上，真正的高人是冯世杰，丁哥也是世杰棋盘上的一颗棋子。王庙村要真是脱贫致富了，没人会记得丁哥，他也不可能为这点事待在古城。世杰可是本乡本土的功臣，报纸上吹乎吹乎，那就红了。"

这就是真实世界中的人，真实世界中的人性。无论他的身份是股东还是农户，在利己的本性上，人都是一样的，所以，必须要有好的治理机制来约束，否则，就会出现各种各样不可控的问题。我们假想，如果不是丁元英坚持控股权，如果不是欧阳雪因为还有个饭馆，还能拿出额外的现金让叶晓明等人顺利退股，格律诗公司注定会陷入漫长的内斗困境。

曾经有一家企业，三位创始人是高中同学。他们相互配合、并肩战斗时，公司发展得非常好，在行业中稳居龙头地位。最主要的那位创始人曾经对我说，他的公司从来不做广告，也不参加行业中的展会，因为不需要。他说，“作为行业龙头，我们在业内的名气会大到如果客户不知道我们、不用我们的产品，那不是我们做得不好，而是客户根本没有入门。真正的业内人士在选择供应商的时候，肯定首先来找我们”。

然而，就是这样一家优秀的企业，今天的结局令人唏嘘。这位创始人后来渐渐地失去了对于公司的控制。转折性的事件，是他和另一位主要创始人在发展思路以及其他方面不断形成冲突，最后导致了一场股权纠纷。法院的判决结果，是企业支付给另一位创始人以千万元计的退股金，而且要在指定时间内用现金支付。

我们知道，一个企业的现金总是有限的，而且是宝贵的。当他付出这笔数额巨大的现金之后，公司的经营立刻陷入困境。最后他只能选择出售股权，在经营节奏上一下子就变成了被动的状态。

做过企业的人都知道，企业的经营很像军队打仗，讲求节奏，讲求气势。企业的现金流出现重大变化，对经营的节奏和气势一定会产生极大的影响。这就像两军对垒，本来是旗鼓相当，态势相对均衡，突然间，自己发生了内乱，对手又趁机偷袭，战略要地一块接一块地失去。在这种情况下，要重建均衡，挽狂澜于既倒，势必需要付出更大的力量和代价。

这家企业面临的情况就是这样。因为要支付股权对价，现金流出的数量太大，仅靠经营活动的现金结余已经不可能重建企业的现金平衡。万般无奈之下，核心创始人只能变卖股权。此时，股权卖不出价钱还在其次。更麻烦的是，引进来的新投资人后面甚至产生了“灭门”的野心。可以说，股权事件成了这位企业家的转折点，他后来就一难接着一难，一直没有缓过来。

这件事过去十年了。如果对这家企业的整个发展历程进行复盘，它的根本问题就在于其最初设计的利益结构是有很大问题的。三位创始人在创业之初并没有对此进行过深入的思考和约定，并设计出有效的治理机制来加以防范。所以，企业十几年发展下来，虽然在各个方面都做得不错，但核心利益结构上的问题最终给它带来了灭顶之灾。这是非常惨痛的教训。

今天这一讲，核心的概念是利益结构，核心的逻辑关系体现在图 10–1 中。总结一下，这一讲有几个要点。第一，企业是一系列资源的集合体，也是利益冲突的集合体，这些冲突体现在公司的利益结构中。第二，利益冲突起始于人性，我们必须在理解人性的基础上，建立相应的治理机制，防范这些冲突给企业带来灭顶之灾。第三，嵌入有效治理机制的利益结构，就是好的治理结构，治理结构没有最好，只有最适合，而且应该因时演进。

我们下一讲再见。

第11讲

剩余控制权

如何用博弈思维考虑权利分配?

今天这一讲，我们以一个股东斗争的案例为模板，来讨论有效治理结构的设计问题。针对这个案例，我们首先用博弈思维来解剖两个股东之间的博弈关系，进而看清其利益之争的本质。接着，我将帮助大家来理解一个概念：剩余控制权。剩余控制权，是思考有效治理机制的一个枢纽性概念。

案例：股东僵局

若干年前，有两位好朋友 A 和 B 决定共同创业，他们手上各有资源。其中，A 可以凭关系拿到某家大公司在其所在区域的独家代理权；而 B 则善于销售，有组织销售队伍的能力。他们决定共同出资，每人出资 200 万元，各占 50%。除了出资，两个人也决定放下手边所有事情，全部时间都用来经营这家公司。

公司成立的最初一年，他们相安无事，合作还算愉快。但从第二年开始，他们之间开始出现矛盾，最核心的矛盾是谁说了算。小的问题包括请客户吃饭、给客户送礼，这些事情谁说了算；报销时是两个人都要签字，还是一个人签就可以，都是些鸡毛蒜皮的事情。当然也有大一点的问题，包括公司进一个人，是两个人都要同意才算数，还是谁分管、谁负责、谁决定。

无论是在小问题上，还是在大问题上，他们的矛盾一直在累积。因为曾经是好朋友，开始他们还有所忍让，直到有一天，因为在进人问题上出现了争议，谁都不想忍了，于是，两个人决定坐下来，把事情摆在桌面上好好说一说。结果两个人的各种“苦水”就像洪水决堤，无法阻挡，最后甚至到了摆苦劳、历数战功的程度。

B 说，我天天在外面跑客户，累了个半死，公司哪一单不是我辛辛苦苦签下来的。A 则说，没有我搞来代理权，你出去卖西北风。你出去跑营销，你觉得我是闲着吗？是办公室好管，还是银行、税务办事容易。本来，他们最初的讨论主题就是要不要进一个人，但逐渐话题变成了谁对公司的贡献大。B 强调，没有自己，公司就没有生存的机会；A 则认为，有了区域的独家代理权，谁来做营销还不是结果一个样。

两个人越说越生气，最后决定共用一个牌照，各拉一摊分开了干，看看到底是营销能力重要，还是那一纸代理权证书重要。就这样，两人在一个屋檐下又坚持了一段时间，每天低头不见抬头见，很是别扭。这时，又出现了新的问题，由于 B 业绩好，底下的兄弟自然收入就高；而 A 因为缺少经验，销售业绩不好，回款也不好，底下的人挣得少一些，于是，就有员工和 B 商量，想转到他手下。

A 发现这个苗头之后，立刻决定要制止这个趋势发展下去。他决定给底下的兄弟加大提成比例，同时在财务上对 B 手底下的人和事都有所限制。由于 A 加大提成的幅度还不小，事情出现了反转。B 的队伍中又有人过来偷着问，能不能到 A 这边来工作。他们甚至建议，就算人过不来，能不能把客户订单转到 A 这边。这件事后来传到了 B 的耳朵里，他就去找 A 吵了一架，说 A 挖他的墙角。

两个人越吵越凶。本来 B 还想提出一个解决方案，比如再租一个办公地点，把两队人马做物理空间上的分割。但没想到吵着吵着，A 竟然提出让 B 别干了，反正代理权是自己争取来的，他也是公司的法定代表人、总经理。B 一激动，说：不干就不干，把以前我挣的钱分给我，把股本退给我。A 说：可以，但要等公司有了余钱再说。

然而，直到 B 在我的办公室里诉苦时，他也没拿到一分钱，积累的红利和本金都没有拿到。这时，距离 A 和 B 实质上散伙，已经过去了两年多。在这两年中，他们找了律师，也打了官司。法院也根据《公司法》判定 A 退还 B 股本，但 A 拿出一本亏损的账目，说：公司还在亏损，我也没有钱给他分红，也没有钱让他退股。B 希望法院强制执行，但主张了半天，也没见什么效果。

B 对我说，现在自己被搞得骑虎难下，如果去打官司，就是和 A 耗时间，最后可能什么都得不到，还不如去干点正经事。可把这一切都放下，他又觉得太委屈，有点受不了。而且，法律诉讼都是有时效期的，A 的策略就是拖，一旦拖过了时效期，B 不仅钱拿不回来，连打官司的机会都没有了。我不知该怎么安慰 B，就在办公室的白板上，帮他复盘了他们两个人之间的合作逻辑。他听完了我的叙述，对我说："宁老师，我明白了，也知道该怎么办了。"

博弈分析

我的复盘，用的就是第三讲和大家分享过的博弈思维，在办公室白板上画的，就是图 11-1。

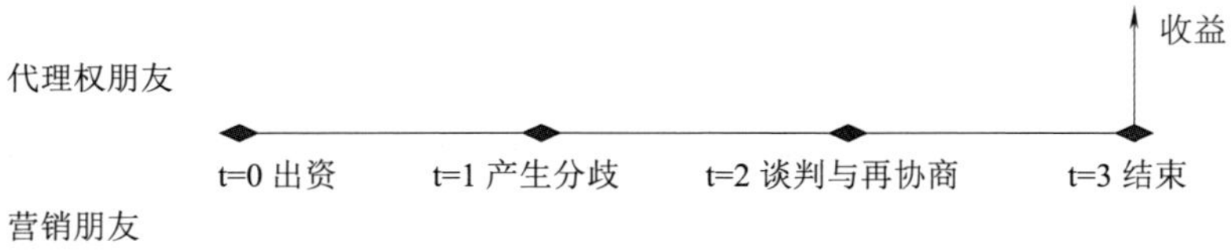

图 11-1　股东斗争的博弈关系图

我们可以把 A 和 B 从创办公司到不欢而散的整个过程，简化为一个三阶段的博弈模型。这种数轴式的表示方法，也是思考博弈问题时常用的一种图解方法。在第三讲我们提到了“囚徒困境”，这是一种静态博弈，就是博弈各方在同一时刻、同时出招。一般把这类博弈画成棋盘式的博弈图解，也叫博弈的规范型表述。规范型表述特别适合描述两个博弈主体同时出招的博弈行动，它是对博弈关系的一种纯静态表达。

这种表达方式，往往描述的都是一次博弈，如果要加上时间维度，也即同样的事情接连发生多次，那就要画出很多个小方格，再把这些小方格叠加在一起，看看如果发生有限次或者无限次博弈，怎样行动才是对博弈主体最有利的。

在第三讲中，我们在图 3-1 中所画的乐圣和格律诗两家公司之间的博弈，是你一招、我一招，有时间顺序的，而且，每一个时间点都只有一个博弈主体出招，是有点像下棋一样的博弈。这种博弈，一般被称为“序贯博弈”。序贯博弈写出来的形式很像一个决策树，所以，也被称为扩展型的博弈表达形式。扩展型，是博弈的第二种表达方式。

图 11–1 既有时间线索，同时在每个时间点上，两个博弈主体都有一定的信息，也都要做出下一步的行动选择。这种数轴式的表达方法，更接近现实，也是学术研究上常常用到的表达方法，是博弈的第三种表达方式。

需要强调一下，对于研究博弈论的人来说，这三种表达方式在逻辑上没有本质区别。一种表达方式，可以被“翻译”成另外一种表达方式。但对不具有这种专业能力的人来说，将一个问题表达成何种形式，对于后续分析是有很大影响的。这一点在这里不展开，但大家一定要注意。

在这个三阶段博弈中，在 t=0、t=1 和 t=2 这三个时点上，B 和 A 都要做出选择。有些选择，我画在图 11–1 中了；有些选择，在图 11–1 中并没有体现，但它们同样重要。比如，A 得到产品的销售授权之后，是不是一定要选择 B 做合作伙伴。B 固然是 A 的好朋友，大家知根知底，但选择好朋友做合作伙伴，股权就很可能是平分；相反，如果选择其他人，股权说不定给对方 30% 就很好了。这方面，有很大的想象空间，大家可以结合前一讲老板和大厨的案例，综合去设想，并加以分析。

我们继续用图 11–1 来说明 B 和 A 的这个合作。

在 t=0 这个时点上，A 和 B 决定创办一家公司，他们承诺要投入自己的人力资源，以及和对方合作的“诚心”。A 和 B 之所以做了这个决定，是因为他们“仿佛看到了”t=3 这个时点上产生的公司收益。我这里做个简化，假定只在 t=3 这个时点才产生收益。而在现实中，收益是不断产生、不断积累的。现在，我们把收益统统折算到 t=3 这个时点，这在逻辑上是说得通的。

关于 t=3 这个时点，公司会创造出多少收益，每个人心目中的愿景，是不同的。我之所以前面在“仿佛看到了”这几个字上加了引号，是因为在所有创办者的心目中，它都是正的，还很大，至少要比投资额大很多。一家公司创办时，每个人看到的未来都不一样。有人看到的是一倍的回报率，有人甚至会看到“上市”。

大家一定要知道，愿景不同，期望就不同，动作也不一样，在关键时刻，这些不一样就会产生分歧。就像《遥远的救世主》里面的丁元英、叶晓明和欧阳雪，他们看到的东西是不一样的。叶晓明看到了“想干什么”，丁元英看到了“能干什么”，欧阳雪看到了“跟着大哥总不会赔钱、不会错”。这是格律诗公司后来出现那样结局的主要原因。

这个案例中的情况类似。A 和 B 想到的和“看到”的东西不一样。不过，无论他们看到的东西有何种差别，在创建公司的时候，他们都对未来充满了美好的愿望，并且认为值得一试，才去工商部门注册了公司。

在 t=0 这个时点上，有一个决策他们必须要做，就是明确公司股权以及制定公司章程。关于约定章程的细节问题，下一讲会深入探讨。这里，我们重点说股权。

通常，两个人一起注册公司，如果在注册时，各自所出资源的价值无法立判高下，能够让大家非常服气地说出“七与三或者八与二是最合理的比例安排”，往往都会采用一人一半的股权比例。什么叫“非常服气”？就是一方当事人所出的资源对公司的成功毫无争议地具有决定性，否则朋友之间就很难出现一方比另一方多的情况。这也就是为什么在实际生活中，两个股东各占一半的股权结构并不少见。

一人一半的股权结构，又缺少其他约定，往往就是公司注册时埋下的最大一个坑。这是因为，随着公司的发展，除了股东投入的资金之外，人力资源的价值开始逐步显现，但分红却是与股权比例相对应的，人力资源的贡献就无法体现在分红比例上。

另一个大的问题，是对公司的控制问题。在公司注册的 t=0 这个时点上，必须要确定一个公司的法定代表人，那个人是要写进公司营业执照上，同时把持公司公章和营业执照的。如果这个人碰巧是后来显示出的人力资源价值比较大的那个人，这是公司的幸运。在这种情况下，无论股东之间冲突情况如何，公司都能够继续发展，矛盾还有处理的空间。如果不幸相反，公司发展就会后继乏力，矛盾也很难解决。

道理非常简单，在一家公司中，如果资源重要、能挣钱的一方出局，公司后边的增长必然会变慢，另一方虽然可能会在之前形成的公司能力基础上，继续经营一段时间，但如果公司不能持续发展，他很可能会对公司进行清算。这个清算的净值，他一般不会和另一个人平分。所以，在 t=0 这个时点，需要明确公司的主导者、确定合适的法定代表人，但往往在这个时候并不能选准这个人。

总之，在 t=0 这个时点，企业的创办者要想清楚资金和人力资源的价值，以及非常关键的资源价值重要性的后续变化，想清楚股权怎样分配才最合理。但遗憾的是，很多人这时候只能看到未来 t=3 时产生的心目中预期的收益，他们没有意识、没有能力、更没有耐心去思考这些问题，往往急匆匆地就注册公司了。

我曾经问过 B，如果创办公司时，他能够从 A 手中买下这个许可，可以算出大致的价格吗？他回答说可以，还告诉了我一个大概的价格。我就在心中问自己，明明是花一笔钱就可以解决的问题，为什么要用股权去换呢？

注册完公司，就进入到时间轴的第一个阶段。经过从 t=0 到 t=1 这段时间，在 t=1 时点上，创办公司的每一方都对另一方的资源价值、能力、态度，以及行动有了观察。下面，我们以行动为例进行说明，每个人的行动事实上都可以被分成如下两类行动。

第一类行动是为自己的私利服务的行动。当事人不希望另一方观察到这种行动，我们称之为“隐蔽行动”。当事人通过隐蔽行动获取私利，私利是当事人全部收益的一部分，但与另一个人的收益无关。我们用符号来表示每个人的私利，A 的私利可以记为 P_1，B 的私利为 P_2。

由于每个当事人在公司的岗位不同、权力不同，获取私利的能力也不同。我们可以用符号来描述各当事人获取私利的范围。在一个极端，一个人克己奉公，没有私利，这时的 P_1 或 P_2 都为 0。而另一个极端，A 和 B 都会因岗位分工等因素的不同，有不同的上限值。比如，A 负责内部事务，很少有机会接触销售业务，所以，P_1 顶多就是找一些发票用公司的钱来报销。B 对我说，A 就连家里过年吃饭的钱，都拿到公司来报销。不过，我以为即使如此，P_1 还是有一个上限的。毕竟不是天天过年，报销这一类行为如果做得太过分了，B 很容易发现，也不可能答应 A 这么做。

相对而言，P_2 的上限可以很大。B 和我说，他一直没做过什么偷鸡摸狗的事情，并进一步解释说，不是不能，而是不肯。我记得 B 的原话是：A 是个小人，如果我自己也追求私利，可以在外面走单，A 很难发现。所以，按照 B 的说法，他可以把 P_2 做得很大。因为他是做销售的，理论上，他甚至可以把一个账期甚至几个账期的全部收益都给转出去。

与私利相对的，是公利，也就是所有人的收益。实现公利不需要隐蔽行动，而是公开行动。公开行动大家都能观察得到，我们可以称之为第二类行动。

在第一阶段的合作中，每一方都可以综合观察到合作者的公开行动和私人行动，并由此判断合作方的资源价值与能力，也会因此形成对另一方的评价。也就是说，无论是对于共同利益的公开行动，还是为了私利的隐蔽行动，都会决定各方对合作的看法，因此，各方也会修正对 t=3 时点收益的预期。

如果在 t=1 时各方收益预期和 t=0 时的收益预期差距过大，各方就会进一步调整对于合作的态度。当然，在 t=1 这个时点，A 和 B 对于 t=3 时点的收益估计会更加现实。我们假定在 t=3 时，公司的可能收益水平为 D。

由于隐蔽行动和私人收益 P_1、P_2 的存在，在 t=3 这个时点，A 和 B 都不会得到公司的潜在收益。先前，A 和 B 可能估计各自都会得到潜在收益 D 的一半，但由于 P_1 和 P_2 的蚕食，A 可能得到的是：

$$P_1+1/2\,(D-P_1-P_2)$$

而 B 可能得到：

$$P_2+1/2\,(D-P_1-P_2)$$

如果没有其他因素的影响，经过第二阶段的观察和思考，在 t=2 这个时点上，A 和 B 可以表明自己对于合作的态度，是维持原状，继续合作；还是设计制度，约束各自的私人动机，减少隐蔽行为；或者对各自的资源价值进行重新评估，进行股权比例的调整，强化激励；再或者公司提前散伙；等等。这就是图 11–1 中所示的在 t=2 时进行“谈判和再协商”的含义。

然而，非常遗憾，由于 A 和 B 在合作经营的过程中，各种大小矛盾累积，两个人已经水火不容，无法继续合作，只有散伙这一条路。

在 t=2 这个时点上，B 在公司有一笔套牢资产，这就是 200 万的原始投资和 t=2 时所累积的未分配利润，于是，这诱发了 A 采取机会主义行为的自利动机。既然朋友也无法做了，A 就索性恶人做到底。按照 B

的说法，A通过自己法定代表人的身份，通过各种手段开始向外转移已经获得的收益，并且以账面上没有钱的理由推迟分红和清算。

一年后，B在万般无奈之下，开始走诉讼之路。打官司需要时间，在这期间，A进一步加快了公司空心化的进程。情况变成了，尽管可以强制执行法院的判决，但实际上公司已经没有B指望拿回的投资款和公司合作经营期间取得的利润了。

以上就是我们运用博弈思维对A和B合作故事的简单复盘。我们反复强调，商业竞争和股权合作，本质上都是和他人形成博弈关系，这种博弈性质并不会因为合作者是朋友关系而改变。所以，请大家牢记，只要是资源合作，就应该用博弈思维去分析后面的进程，从而进行合理布局。

在办公室和B画过这个图之后，我告诉他，其实他应该在公司注册前就画一下这张图，而不是等出了问题才画。如果注册时画了这张图，他就可以顺着这个过程，把所有可能出现的问题尽可能地想到，再由此起草公司章程和约定投资协议。

剩余控制权

现在，我们该引出关键概念"剩余控制权"了。那么，什么是"剩余控制权"呢？

任何资源的合作，都会伴随一个合同。在合同中，当事各方会把自己的权利、责任和义务尽可能写清楚，并列明在合同中。投资协议是合同，公司章程也具有合同的性质。

一份合同有很多条款。但在有针对性的合同中，所有的条款都会针对可能发生的情况，包括会发生什么，如果发生了某种情况，自己究竟是会得益还是会出现损失，以及如果发生损失，应该怎样止损，等等。进行合同条款的约定，是股权投资的必要过程，是每一个股东都要认真对待的事情。

然而，正如我们前面所讲的，所有的合同都是不完全的，因为我们的预见能力有限，计算能力有限，约定合同所使用的语言也是不完善的。总而言之，我们都是有限理性的。因为理性有限，合同就是不完全的，这一点我们必须反复强调。

在合同不完全的情况下，所有的权利就可以被分成两种权利：一种是合同权利，这些权利已经被合同条款约定清楚，不会产生异议；另一种权利就是合同里没有列明的，属于合同之外的权利，也就是我们所说的“剩余权利”。

举例来说，我们在饭馆吃饭，达到一定的消费额，店家可能会给返券。在消费券背面，一定会印上诸如“在一个月内有效”“不包含酒水消费”“每次只能使用一张”等条款。但店家非常清楚，即使花费再多的时间，也不能穷尽所有的情况，于是，最后一条永远是“本消费券的解释权归店家”。这一条就是约定剩余权利的，它的准确含义是：剩余权利属于店家。

同样的道理，即使再严谨的股权协议和公司章程，也都会有遗漏，在出现遗漏的情况下，剩余权利归属于谁呢？如果公司章程没有额外的约定，按照《公司法》，剩余权利就归股东，而股东之间的表决机制就是投票。在没有双重股权这种特殊约定的情况下，谁拥有多数股权，谁就有更多的投票权，就拥有决定剩余控制权归属于谁的权力。

用这个法则去回顾这一讲的案例，在 t=0 的时点上，A 和 B 决定各持 50% 的股份，这就意味着在这家公司，单凭股东投票，是没法名正言顺改变剩余控制权的初始分配的。而 A 因为担任法人代表和总经理等职务，掌握着公司的控制权，实际上也就拥有了公司的剩余控制权。

在被严格执行的司法体系下，这种剩余控制权是很难长期维系的。在股东僵局的司法救济条款里，有弱势股东可以要求控制性股东回购其股份的法律规定。如果诉讼请求更到位，法院系统的效率也足够高，独立的会计师事务所就可以进驻公司，对整个财务过程进行审计。在这种情况下，B 也许能讨回一个公道。但司法活动是有成本的，所以，往往并不能像理论上那样保护我们，我们需要自己想办法保护自己。

正如前文所说，好的公司治理，除了要保护企业家精神，还应该给弱势股东留有合理的退出通道；有效的治理结构，应该保护每一个当事人的利益，保护企业的发展。这种治理结构并不是先天就有的，不是能在公司出问题的时候，天上掉馅饼一般的出现。它需要每一位股东去谋划、协商和争取。这就意味着每一个当事的利益主体都要有争取有利于自己治理结构的意识，要努力明确可能保护自己权利的条款，然后植入公司的利益结构之中。

具体来说，如果我是 B，我可以同意与 A 出资相同，也可以同意 A 因为工作方便，去当法人代表和总经理，但一定会约定一条退出条款，保障自己在公司无法满足自身期望的时候，可以有救济的方式，避免出现血本无归的情况。

进行这种思考的关键点在哪里呢？我建议可以从每一个时点的剩余控制权分步切入。也就是说，所有的股权合作者都要用博弈思维来思考问题。画出了博弈逻辑图，我们就知道在某些要点上，自己到底是否拥有剩余控制权，或者拥有影响剩余控制权的能力？比如，在 $t=1$ 的时点，我们有没有观察其他人行动的能力和权力，也就是，我们有没有知情权，再比如，在 t=2 的时点，我们有没有进行谈判、为自己争取利益，或者保全自己权益的能力。这关乎我们的资产收益权和处置权。

到这里，大家也许已经意识到，并不存在对所有人都有同样保护价值的公司治理架构。强势股东和弱势股东所期望的，一定不一样。这就是为什么在组建公司之前，在每一次有机会调整利益结构和治理架构的时候，每个当事人都应该认真思考自己的利益得失，提出相应的诉求。

这一讲还有一个内容值得大家思考，这就是资源的重要性会因时变化。任何企业都是资源的合作体系和互补体系，就像 A 和 B 创建公司的时候，除了各自投入资金，他们还投入了自己的人力资源和其他关系资源。现在，很多人经常讲要“all in”（全身心投入），但随着公司的经营深入，大家会发现，只约定个 all in 是不够的。

正如在 A 和 B 的案例中，公司组建之初，他们无法准确界定代理权值多少钱，营销能力值多少钱，最初的股权设定只能根据投入的资金来决定。在很多公司，创始人的人力资源价值甚至是靠拍脑袋决定的。但随着公司经营活动的展开，特定的资源价值和重要性开始显现，当资源价值和股权比例出现较大分歧时，矛盾就开始显现。如果公司没有事先设定解决问题的治理机制，麻烦也就随之而来。

在《遥远的救世主》一书中，小说的大结局是：

> 乐圣公司独家有偿使用格律诗品牌和音箱设计专利，独家经营双组分音箱，今后推出的乐圣旗舰双组分音箱命名为：乐圣—格律诗。格律诗公司的音响机架产品全面进入乐圣公司销售网络。乐圣公司将王庙村确立为“乐圣—格律诗”和“乐圣旗舰”及其他高档音箱箱体的生产基地，由格律诗公司对箱体质量提供

有偿担保。

无疑，这是一个在现阶段三方共赢的局面。

但如果你以为这是个圆满结局，那就想简单了。这只是一个时段的结局，它也是另外一个时段的开始。这一讲后，请大家站在肖亚文的角度去思考一下合作之后的新资源格局和可能变化、潜在危机。

丁元英创办格律诗的目的，是要给芮小丹一个礼物。所以，按照他的设想，格律诗最好的出路是和乐圣合作或者被收购，这样就给了王庙村村民一个脱贫的机会。这个目标无疑是达到了。但在这个目标实现之后呢？在三方博弈的局面下，肖亚文怎么做，才能保有格律诗的独特价值，让格律诗地位更加稳固甚至不可或缺呢？格律诗面临的第一个冲击会来自哪里？是王庙村生产体系方面，还是乐圣公司方面？可能的动因又会是什么呢？

这一讲，我们围绕 B 和 A 的案例，进一步讨论了治理机制设计的博弈思维，也讲解了剩余控制权这个概念。某种意义上，思考关键节点上的剩余控制权，是思考有效治理机制的一个切入点。

第12讲

公司的权力结构

为什么公司章程格外需要重视?

这一讲，我们的核心概念是公司法人以及它的权力结构。我们前面讲治理机制，都是以具体的人为基本思考单位，但所有的人、所有的事，都是在“公司”这个法律意义上的虚拟实体下面发生的。我们需要清楚公司是什么，公司的基本权力结构是怎么样的。

公司法人

公司是什么呢？回答这个问题并不难。教科书上说，公司是一个企业法人。那么，什么又是法人呢？要把这件事情讲清楚，我们需要先回顾一个经典判例。

这个判例的名字，叫“萨洛蒙诉萨洛蒙有限公司案”。萨洛蒙是一个自然人，萨洛蒙有限公司是萨洛蒙这位自然人注册的有限公司，并以他的名字来命名。然而，有趣的是，萨洛蒙有一天亲自把自己创立、自己控制的公司给告了。原告是萨洛蒙，被告是萨洛蒙自己的公司。这不是自己告自己吗？

具体情况是这样的。1892 年，萨洛蒙根据英国的《公司法》注册成立了萨洛蒙有限责任公司，他是最大的股东，持股比例达到了 99% 以上，其他股东是萨洛蒙的妻子和孩子，这些家属每个人只持有 1 股公司股份，完全是象征性的持有。之所以萨洛蒙会让妻子和孩子每人持有 1 股公司股份，唯一的原因就是要满足英国当时的《公司法》对于股东人数的最低要求。也就是说，因为要凑够股东的人数，萨洛蒙把他的家人都拉进了公司。

本质上，萨洛蒙有限公司就是萨洛蒙这个自然人全资拥有的公司，因为他几乎拥有了萨洛蒙有限公司 100% 的股权。但微妙的地方，就在于这个“几乎”。正是这个“几乎”导致了后来的故事，也造就了公司史上的一个经典判例。今天，很多教授都通过这个判例向学生讲述“什么是法人的主体地位”。

萨洛蒙的家族事业是经营鞋店。鞋店原来也是萨洛蒙的，只不过是一家单人业主制的企业。在我国，叫个体工商户，而不是公司。在个体工商户的状态下，萨洛蒙对鞋店要承担无限责任。也就是说，萨洛蒙的个人资产与负债，和鞋店的资产与负债完全联系在一起。萨洛蒙经营鞋店如果欠了别人的钱，他是需要用家产来承担责任的。这就是无限责任。但后来，萨洛蒙注册了萨洛蒙有限责任公司，通过改制把个体工商户变成了“公司”，把无限责任变成了有限责任。

从企业的运行层面上看，改制并没有做什么调整，甚至从外界来看，根本看不出有什么变化。门面还是那个门面，业务也是原来的业务。改制的所有工作，都在法律手续上进行，做了些数字的调整，进行了变更登记。具体来说，就是萨洛蒙把鞋店折价成 38 782 英镑，然后注入新注册的萨洛蒙有限责任公司，在这个过程中，增加了几位家人做股东。

然而，这个变化却从根本上改变了公司的属性。有限公司的意思，就是承担的责任有限。这个责任有限，包括两个层面的责任有限。第一，是萨洛蒙有限公司只以注册资产为上限，对外承担有限责任。对于公司的债权人来说，公司的资产赔光了，破产倒闭了事，不会有更多的钱来承担资产责任。第二，萨洛蒙以出资额为限，对公司承担有限责任。公司就是欠其他人再多的债务，也不会影响到萨洛蒙的家产，他的家产不会被用来去偿还债务。

改制的真实动机和更多细节，我们今天已经无从考证，也没有考证的必要。这个判例最有意思的地方，就是后来发生的一系列事情，让我们大跌眼镜，也让我们更好地理解了公司的含义，理解了“公司法人”这四个字到底意味着什么。

那么，后来究竟发生了什么呢？

令人意料不到的是，萨洛蒙在改制一年后，以经营不善为理由，对公司进行破产清算。清算之后，发现萨洛蒙公司的资产只剩下 10 000 英镑，而公司的债务却是 17 773 英镑。也就是说，公司处于资不抵债的状态。这时候，更奇葩的事情出现了。萨洛蒙跑到地方法院，以债主的身份把自己的公司给告了，主张很简单，就是公司仅剩下的 10 000 英镑应该归自己，而不应与其他债权人分享。

萨洛蒙对法院举证说，萨洛蒙有限责任公司向自己发行了优先债，所以，清算后剩下的那些资产应该优先偿还给自己，而不应同时偿还给其他债权人。萨洛蒙说，在自己注册萨洛蒙有限责任公司的时候，他是将鞋店以 38 782 英镑折价注入公司的，而公司则分三种形式支付了他的资产对价。

第一部分对价，是以现金完成的。公司把鞋店折价之后的零头，也就是 8 782 英镑以现金的形式给了萨洛蒙。

第二部分对价，是以担保公司债的形式完成的。什么意思呢？就是这部分钱变成了萨洛蒙有限责任公司向萨洛蒙个人发行的债，是有担保的公司债。什么是有担保的公司债呢？就是这部分债务是用萨洛蒙公司的资产做担保的，万一公司无法正常经营、破产清算，公司将以自身的资产优先偿付这些债务。换句话说，这部分债务相比于其他债务，有偿还的优先性。

那么，这部分有担保的优先债数额有多大呢？萨洛蒙对法院说，价值 10 000 英镑。一个非常有意思的数字！它和萨洛蒙破产清算时的剩余资产数额刚好相等。在某种意义上，很多人当时就质疑说，萨洛蒙费尽周折要打这个自己告自己的官司，就是为了合法地拿回这 10 000 英镑。这种怀疑不是没有道理，正是这个原因，官司后来才旷日持久，并且影响深远。

第三部分对价，是萨洛蒙拥有萨洛蒙有限公司的股权。萨罗蒙说，公司共发行了每股 1 英镑的股份共计 20 007 股，萨洛蒙的妻子和 5 个子女，每人各拥有 1 股股权，萨洛蒙自己拥有 20 001 股。显然，这部分对价是多少，几个人拥有，这些问题对诉讼意义不大。

按照英国《公司法》，公司清算资产的清偿顺序是先偿还债权人的负债，如果还有剩余，再偿付股东的股本。如果清算资产不足以偿付全部债务，则所有债权人应该按照相同的比例进行部分偿付。也就是说，在本案中，清算资产只有 10 000 英镑，而所欠债务是 17 773 英镑。在这种情况下，每 1 英镑债务大约可以得到 0.56 英镑的偿付。

然而，萨洛蒙却认为自己的债务应该得到优先偿付。他之所以到法院对萨洛蒙有限责任公司进行起诉，就是主张萨洛蒙有限责任公司这个“法人”应该首先偿付萨洛蒙这个“自然人”的有担保公司债。他明确主张，仅剩下的公司资产 10 000 英镑应该偿还给萨洛蒙，而不是按比例分别偿还给所有债权人。

这就意味着其他无担保的债权人连一个英镑都得不到。其他债权人当然不服气，于是，这个官司就从初审法院一直打到上诉法院，最后打到了英国的上议院。大家都用今天流行的词“阴谋论”来描述这件事，认为萨洛蒙是有意逃债。

然而，最终的判决没有支持萨洛蒙有意逃债的指控。上议院认为，萨洛蒙有限责任公司是合法成立的，符合公司成立的所有要件。而这个公司一旦注册成立，它的法人主体地位就宣告成立了。萨洛蒙是个自然人，而萨洛蒙有限公司是个法人，这个独立的法人主体地位，即使在他的最大股东萨洛蒙这个自然人面前，也不应该灭失。所以，萨洛蒙有限公司应该首先偿付欠萨洛蒙的有担保优先债。这样，其他的债权人都失去了得到清偿的机会。

关于这个判例，至今还有种种讨论，但这并不是我们要关心的。这个判例之所以后来被讲了一百多年，就是因为通过这个判例，人们可以清楚地知道公司法人是什么。公司法人虽然是人造的虚拟物，但它对应着一系列的财产、权利和义务；而它一旦在法律上注册成立，就具有了独立的法律地位，这种独立地位即使面对它最大的出资者（诸如萨洛蒙），都不会灭失。

总之，萨洛蒙诉萨洛蒙有限责任公司案之所以有名，就在于它用了大家都不太服气的判例向人们昭示了公司法人的真正含义。

公司法与公司章程

有了关于公司法人的这些认识，我相信你再看小说《遥远的救世主》中的很多对话，感受就都会不同。比如，叶晓明在质疑丁元英时，会问：出了事谁负责？而丁元英回答说：这是公司行为，由公司负责。叶晓明说，“这是少数人的行为，是你的个人行为，不是我们大多数人的意见，不能代表公司”。丁元英说，“这是股权行为，是超过半数表决权的决定，有公司法和公司章程为依据。加入公司，就意味着承认和遵守这些规则”。

显然，与丁元英相比，叶晓明并没有完全搞清楚股东、股权和公司之间，究竟是什么关系。对于丁元英从一开始强调的资本权利，他应该也是一知半解。

丁元英和叶晓明的这段对话，提到了几个重要的概念，比如股权行为和公司行为，还提到了两个非常重要的文件：公司章程和《公司法》。只有理解公司法人这个概念，才能进一步理解什么是公司行为，什么是股权行为，理解公司利益结构和治理结构的那些要点。

下面，我先简单介绍一下《公司法》和公司章程的概念。

首先是《公司法》。我们创办公司，就意味着创办了一个法人，那么，法人的行动规则和行动边界在哪里呢？答案应该是一个国家的法律法规，公司法人必须要在法律法规的框架内行动。《公司法》就是这样一个有关公司行为和边界的法律框架。中国的《公司法》一共有二百一十八个条文，明确立法的主要目的就是“规范公司的组织和行为，保护公司、股东和债权人的合法权益，维护社会经济秩序”。

《公司法》中，主要讲了四种类型的公司：有限责任公司，股份有限公司，一人公司，和国有独资公司。《公司法》对这些不同类型的公司，都做了相应的规定。其中，在有关“有限责任公司”的部分，特别强调了“公司章程”的地位。

公司章程，是公司依照法律法规制定的、规定公司权力架构或组织结构，明确经营活动的场所和基本规则的必备文件。所谓必备，是指公司章程是公司经营运作的基本纲领，把它称为“公司宪法”也不为过。它是股东关于公司如何组织、如何运作的共同意思表达的书面化文件，是公司成立的前提和基础，是进行工商注册登记时必须要提交的文件。

叶晓明正是因为对这些概念不熟悉，才会出现我们在第 7 讲中质疑过的、有“执行董事会的决定，但保留个人意见”之类的说法。到底谁是格律诗公司的董事会成员，这是我在那一讲中解析过的问题。学习了这一讲关于公司章程的知识，大家不妨再花点儿时间回想一下这个问题。

请大家注意公司章程是关于公司运作的共同意思表达这句话。所谓共同意思表达，是指公司章程是全体股东协商一致的结果。显然，叶晓明和冯世杰他们并没有花时间对公司章程进行思考，格律诗的章程起草和注册手续，他们大概率就没怎么参与，也没有重视。其实，公司章程的地位极其重要，它一旦成文就意味着，是股东协商之后的一致结果，是公司的基本大法，而无论是股东、董事还是经理，都必须要遵守。

这里，我向大家提出两条建议。

第一，也是最为重要的，就是建议每位股东都要认真对待公司章程。我见过太多的人在注册公司的时候，都是在网上、律师、代办机构或者工商部门那里找个所谓的“合同范本”，然后把公司名称、办公地点之类的内容改一改，就拿去注册了。这是对自己的投资极不负责的行为。

因此，我建议所有读过这本书的人，无论是作为大股东还是小股东，都应该认真思考一下如何对待公司章程，如何形成一个关于公司的“共同意思”，并且把这个“共同意思”做出好的、有利的“书面表达”。也许你已经在经营一家公司，或者已经是某个公司的股东了，我希望在看过这一讲之后，你能有意识地把公司章程找来看看。

有人也许会说，中国人都好面子，公司还没开张，就围绕一个章程商量来、商量去，而且谈的都是没影儿的利益得失，值得吗？我的答案是：非常值得！前面所讲的那些出问题的案例，以及更多的我没有讲的案例，这些年来都不断地提醒我：商议章程这件事，是公司开办前最重要的事情之一。我们讲的基于商业模式和资源价值的治理机制，以及最能保全自己利益的治理结构，最后都要通过公司章程来体现。所以，千万不要在公司注册的时候不在意，而在出了问题之后才后悔不迭。

那么，公司章程一旦约定好了，可不可以修改呢？答案是可以的。但修改公司章程，必须要经过股东会表决通过。在我国《公司法》关于有限责任公司的法条中，股东会修改公司章程，必须经代表三分之二以上表决权的股东同意。以格律诗公司为例，在叶晓明等人退股之前，欧阳雪虽然是超过半数的股东，但她的表决权依然不够三分之二，所以，她自己也无法修改章程。

这里面还有一个细节，值得说明。我国《公司法》第四十二条规定，股东会会议由股东按照出资比例行使表决权，但是，公司章程另有规定的除外。如果在格律诗公司改组之后制定的新章程中，约定好了“要修改公司章程，须经全体股东同意”这一条，那么，即使肖亚文和欧阳雪拥有 80% 的股份，冯世杰只有 20% 的股份，冯世杰不同意，肖亚文和欧阳雪也无法修改章程。

对于公司来说，最大的剩余控制权莫过于约定公司章程的权力。这一点，无论大股东还是小股东，都应该有清醒的意识。总之，公司章程是保证公司未来长治久安的基本大法，也是保护自我利益的基本规定。而制定公司章程的过程，是一个查看人心的过程，也是判断每个人利益动机的过程，一定不能草草了事。

第二条建议，是关于那些无法写入章程的内容，该如何处理。在很多公司中，总有一些无法写进公司章程的内容。一来是因为股东们希望保密，一旦写入公司章程，就可以被其他人查阅，无密可保了。还有一点，就是我国目前工商部门的管理水平还有待提高，所制定的公司章程如果离审章程的人熟悉的模板距离过远，往往会得不到批准。那么，遇到这种情况该怎么办呢？

补救的办法，就是以股东协议或者股东协议的补充协议方式来体现。这些协议只要不违反我国的《民法通则》《合同法》等相关政策、法律、法规，一旦相关的问题出现，它们都可以和公司章程一道，在《公司法》的大框架下，保护相关人员的合法权益。这也是常见做法，提醒大家注意。

除了上述两个建议，还有一点也值得提醒大家注意。在我国现行的《公司法》中，在有限责任公司的相关法条中，有不少关键之处都写道“另有约定的除外”。比如，第四十一条关于股东会会议的通知和记录，《公司法》规定“召开股东会会议，应当于会议召开十五日前通知全体股东；但是，公司章程另有规定或者全体股东另有约定的除外”。就这一条，就大有文章可做。

我们前面曾经举过丁元英在音响博览会开幕前一天，临时召集大家回去开会的例子。会上，叶晓明和丁元英剑拔弩张，最后，是欧阳雪靠51% 的优势股权，才摆平了这件事。前面，我们分析了格律诗是否成立了董事会，这件事会有不同的结果。现在，我们就再抬杠一回，说说会议时间上的安排问题。显然按时间来说，丁元英是失算的。

丁元英的失算，在于谁也没想到叶晓明的反弹是如此强烈，甚至明确提出是不是可以不让丁哥帮忙。直到欧阳雪说不同意，才算一锤定音，让丁元英的计划得以推行下去。我们就抬杠这个会议的性质，因为在讨论到丁元英的去留问题时，这件事已经不是经营上的决策争执，而是股东之间的意见不同了。

如果是股东会，即使是召开临时会议，按照《公司法》的规定，会议也要提前 15 天通知股东。显然，这个会议不满足这个条件。而《公司法》提出的豁免情况是，如果全体股东另有约定，则不受 15 天的时间限制。显然，只要叶晓明一个人不同意，就不能满足这个条件。欧阳雪就算是有 51% 的股权，也无可奈何。单凭这一条，叶晓明后面就有大闹一场的本钱。

也许，有人会说，你怎么总想那些最坏的情况啊？你怎么总把人想到最坏呢？这就是我们前面所讲的，治理机制的设计，必须要把人性最丑恶的一面都想到，这样才能在公司法的大框架下，设计出保全公司、保全当事人利益的有效治理机制。而如果假定人人都是利他的，都是为别人着想的，那我们根本就不需要治理机制。

所以，重视《公司法》中“另有约定的除外”这些字样，是我向大家提出的第三点建议。我认为，2005 年对《公司法》的修订，最大的进步就是国家在立法过程中开始强调公司自治的权利。这是在经济生活和司法实践中，很多人用踩雷、踩坑的失败换来的，所以，务必珍惜。

这种珍惜应该体现在认真约定“其他记载事项”方面。我们在工商行政管理部门，在律师那里，甚至在网上获得的所谓“章程范本”，都是有关“必要记载事项”的。这些事项，一般不会缺。如果缺了，工商部门也不会接受备案。股东的功课做得够不够，往往体现在章程约定的细致程度和充分性上。比如，我们前面所讲的表决方式，公司经营过程的知情与监督，股权转让与定价，乃至分红权利的保证等方面。这些都属于其他记载事项，值得格外注意。

公司治理的框架

最后，我们讲讲《公司法》规定的治理框架。所有的治理机制，最后都要装在《公司法》设定的治理框架中，体现为一种优化的利益结构。前面说过，好的公司治理结构，就是一种充满对利益各方都保有激励力和约束力的利益结构。

处于这个利益结构最基础层面的，是股东关系结构。股东关系结构非常重要，这一点毋庸置疑。原因有这样几条。第一，公司中最先进来的人，是股东。正是因为有股东存在，公司才有了存在的前提和基础。第二，公司中最先有的钱，来自股东。正是因为有了股东的投资和资源投入，公司才有了得以持续运营的基础。第三，公司中最重要的赢利动机，是股东追求财富的动机。股东对于利润的追求，让公司始终保有不断前进的动力。所以，公司中最重要的要素之一就是股东，必须要塑造良性的股东关系结构。

那么，什么是良性的股东关系结构？简单地说，就是让想干的人，有企业家精神的人，可以放开手来干；让想离开的人，可以合理地退出。但这并不意味着大股东想怎么干、就怎么干，必须要有一个利益平衡的机制。利益平衡，也不意味着制衡，更不意味着小股东随时都可以撤资。公司必须要为此制定恰当的规矩。

坦率地说，《公司法》在这方面只提供了一个模糊的框架，单靠《公司法》和各方面提供的所谓章程范本，很难形成这样的机制。那些东西强调的都是大原则，细节必须要通过股东自己讨价还价来约定。有些条款能够得到工商部门的批准、写进公司章程，有些东西只能写进章程细则，或者以股东协议或补充协议的形式存在。

最后，我要和大家分享一个观念：布局这件事，三分人意，七分天意。这是因为，往往会出现太多我们预见不到的情况，所以，尽人意就可以了。但是，这个“人意”必须要尽到位。以我自己的经验，设立一家公司，几个股东坐在一起，设计出一整套的公司经营方案，就算什么都不干，也需要两三周的时间。所以，我在读《遥远的救世主》时，对于丁元英闭门不出、夜以继日工作的描写，特别能够体会。

可以和大家分享一下我对思考到位的理解。很多时候，如果你是思考到位和推演到位的，大约可以预见到在几个股东中，谁先出局，以及大约是出于何种原因出局。布局到了这个层次，后面接下来的一个问题是，股东各有诉求，规矩应该偏向谁。是和你亲近的一方，是强势的一方，还是弱势的一方？坦率地说，很多时候需要取舍。

丁元英去五台山的那段描写，我强烈建议大家多读几遍，很多内容都和觉悟有关。觉和悟，是两回事。我们学习知识是为了“觉”，思考的过程是为了“悟”。在我的观念里，觉和悟，都无法通过上课、教学来去教，很多东西与一个人在社会上的见识与阅历相关。很多事情丁元英预见到了，所以，他要跑到五台山上去讨个心安。而智玄大师则说“没有竞争的社会就没有活力，而竞争则必然会产生贫富、等级，此乃天道，是社会进步的必然代价”。他又说，“佛度心苦，修的是一个平常心”。

丁元英和智玄大师的一长串对话，其实把我们做治理结构设计甚至做企业经营中的很多伦理困惑都提出来了。尽管他们都没有答案，但他们的对话给人启发良多。正是在这个意义上，我推荐大家好好读读小说中的相关章节。得觉，得悟。

股权关系结构的设计完成之后，剩下的工作就相对简单了，因为治理架构中的其他内容都是股权关系的映射、平衡和调整。比如，谁来做法定代表人，设立怎样的董事会，以及怎样为监事会和监督机制做个定位，这些问题都相对简单。

因为公司法人是一个法律上的虚拟物。它同自然人不一样，没有自主的行为能力，所以，《公司法》构造了一套能让其有效运行的所谓“治理结构”。图 12-1 显示了这个标准版本的架构，这个架构也被称为“三会架构”。《公司法》规定：股东会是公司的最高权力机关，董事会是公司的最高决策机关，监事会为公司的监督机关。其中，股东大会选举和聘任董事会，董事会聘任经理。而监事会由股东会选举和任命，负责监督董事会和经理，向股东会独立报告。我们设计的治理机制，都必须植入到这个治理架构中。公司治理结构看上去都长得差不多，但实际上它们的内涵可能大相径庭。

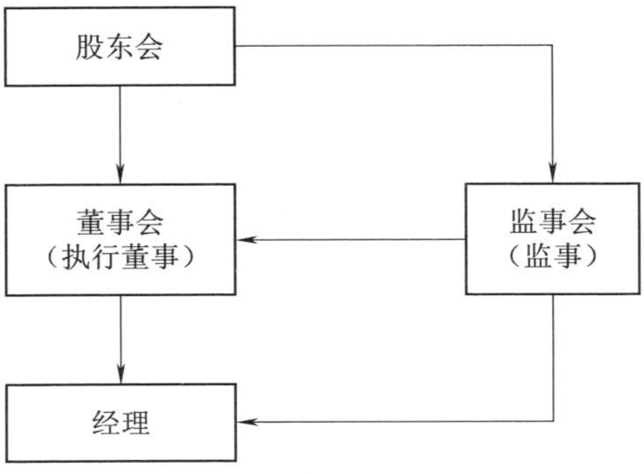

图 12-1 《公司法》规定的治理结构

最后值得强调的是，我国《公司法》还要求公司必须选择一个自然人来做公司的“法定代表人”。按照《公司法》的要求，法定代表人可以由董事长、执行董事或者经理中的任何一个人担任。大多数公司都会由董事长或执行董事担任法定代表人，因为毕竟这个人拿着公司的公章，拿着公司的营业执照，位置重要。但也有一些公司选择由经理担任法定代表人，遇到这种情况请大家要追问个究竟，有助于了解这种安排究竟是股权关系的映射，还是缘于股东力量的平衡与调整，或者它就是一家神秘的公司。

这一讲的要点是关于公司法人的含义和公司章程的约定，我也为大家介绍了《公司法》中对于治理架构的总体要求。需要说明，股东会、董事会和监事会是公司法人的必设机构，而不是可以选择性设置的机构。最后，我用这样一句话结束这一讲：幸福的企业，在治理结构上都是不同的，而不幸的企业都非常相似。请大家思索一下这句话，想想是不是还有点儿道理。下一讲，我们开始讨论股份有限公司的治理问题，我们选择的案例小说是《门口的野蛮人》。

第13讲　走向上市

股份公司的治理结构有什么不同？

前面的12讲，我们一直围绕着有限责任公司在讨论。正如我们反复强调的，在绝大多数有限责任公司中，股东的人数都比较少，所以，在思考治理机制问题时，我们必须充分考虑公司的人合性。从这一讲开始，我们的讨论转向股份有限公司和上市公司。这两类公司都不讲人合性，只讲资合性，它们的公司治理问题，与有限责任公司有很大的不同。

上市分水岭

公司成立之初，几乎都以有限责任公司的方式注册。随着公司的发展，股东人数开始变多，当股东人数超过有限责任公司规定的50人上限时，公司就需要改制，注册为股份有限公司。“改制”这个词的意思，就是通过注册变更，让企业从一种性质变为另外一种性质。比如，从有限责任公司变更为股份有限公司。

为什么要进行这种变更呢？因为只有股份有限公司，才具有资合性，股票可以对外公开发行，股权的转让也不受人合因素的限制，原有股东也不再具有股权购买的优先权。有了这个基础，企业才可以申请在证券交易所挂牌交易，股票公开流通，成为上市公司。

那么，是不是所有的企业都一定要上市呢？或者，是不是只有成为上市公司，才能最大限度地促进企业的发展呢？答案是否定的。下面我和大家分享两个例子。

第一个例子，是我国一家非常著名的公司。它的发展速度非常快，并且形成了世界级的影响力。但这家公司并不是上市公司，直到今天，它还是一家有限责任公司。公司在法律意义上只有两个股东：一个是公司的主要创始人，另外一个就是这个公司的员工持股平台。然而，这家有限责任公司却构建出了比上市公司更有激励性的利益结构。

其中的奥秘在哪里呢？在于这个持股平台。只有该公司的骨干员工才可以通过这个平台，以平台的名义共同持有公司的股份，享有分红权，所以，这个持股平台本身就是一个内部资金市场。这个内部资金市场和二级市场具有相同的融资属性，但通过制度设计，它比公开交易的二级市场更具有激励性，更有效率。

我把这种对比关系画成表 13–1，请大家参看。

表 13–1　内部持股平台与二级市场的比较

	持股平台	上市公司
融资和交易关系方式	内部资金市场	公开交易的二级市场
股东身份	价值创造者	任何投资者
收益态度	追求公司成长和红利分配	追求差价收入
持股数量	与工作岗位和贡献有关	与资金多少有关
持股期限	业绩决定收益水平	高抛低吸，与价格预期相关

第一，任何一家上市公司都不可能甄别性地选择股东，由于股份有限公司和上市公司的资合性，所有人都可以通过证券市场来购买公司的股票，公司没有选择股东的权力。但是，持股平台不同，持股平台可以选择股东。只有成为公司骨干的人，只有能为公司的发展带来资源贡献的人，只有可以为公司创造价值的人，才能成为公司的股东。这是股东身份上的差异。

第二，是股东的态度不同。二级市场的股东是公司收益的“被动”分享者，投资者凭借投资额按股权比例来拥有公司，分享公司的价值变化和红利。二级市场上的持股人，是否愿意持有公司股权，主要取决于他们对公司未来股价升降的判断，因为在我国的资本市场上，真正以分享红利来持股的投资者数量并不多，多数人还是以赚取差价作为主要的投资目的。所以，当股东预测到公司股价不会上升的时候，他们就会清仓走人。这种清仓走人，会导致股价的低迷，这往往会给公司的发展带来负面影响。

与此相对照，持股平台上的“股东”，则是公司价值的主动创造者。虽然与市场投资者不同，持股平台上的股权是不完整的，内部资金市场中的所谓股东也只拥有公司的分红权。然而，由于平台上的持股者都是公司骨干，加上该公司的分红力度一直比较大，所以，员工每年都可以获得丰沛的回报。

这样就形成了一个正向的激励循环：骨干们越努力，公司的价值就越大，利润也越高，他们分配到的红利也就越多，于是，这又进一步激励了骨干们付出努力。20 年间，这个循环不断刺激骨干员工的价值创造行为，让公司实现了指数级的增长。

总之，持有股权的人是公司的骨干，他们是公司发展红利的创造者，也是分享者。所以，他们不看当下的股价是高还是低，而是更关心如何才能带来公司销售收入和利润的增长。这就使股权的流动与套利等短期行为无关，而是与人力资源的贡献相关，与公司的成长相关。

第三，是股份数量的决定机制不同。在二级市场，拥有股份的数量由股东投入多少钱决定，股东投入的钱越多，拥有股份的数量就越多。但按照持股平台的规矩，持有多少股份取决于骨干的级别和职位。级别和职位代表了一个人对公司的贡献，对公司贡献较大、更重要、对业绩影响更大的人，会得到多一点的股份。所以，为了获得更多的股份，公司中的大多数人都会努力，没有进入到持股平台的人，希望能够加入进去；已经进去的人，希望能够得到更多，于是，持股数量就成了一个无形的激励机制。

第四，是股权的流动机制不同。在二级市场上，股权的流动是自由的。无论是机构还是个人，是大户还是散户，决定他们手中股权流动的，是在持币还是持股之间的选择，是关于投资组合的权衡。二级市场的股东，无论去留，做出怎样的选择，都与企业的内部经营活动关系不大。

但在持股平台，规则全然不同。股权的流动是基于骨干员工的能力。获得了晋升，持股的数量就会增加。而当骨干员工的能力不再适合公司发展的需要，他们或者主动或者被动地离开公司，他们的股权都会被公司回购。这些股权会流向那些资源能力更强的骨干。这就意味着公司内部的资本市场，其流通规则不是靠资金的多少，而是靠能力。股权不断从不能干的人手中，转移到能干的人手里，对于企业内部的经营效率，是有促进意义的。

第二个例子，是新加坡的国有资产经营公司淡马锡。淡马锡是全世界管理效率最高的资产经营公司之一，它也不是一家公众公司和上市公司，而是一家国有的独资企业。

2008 年，我曾经在淡马锡参加过一个关于国有企业董事会建设的研讨班。记得研讨班的开幕式上，我们的面前摆放着一本关于淡马锡的简介手册。手册封面的标题是这样写的：淡马锡控股（私人）有限公司。一些与会者看到这个公司名称，都产生了疑问：淡马锡不是新加坡的国有独资企业吗，怎么成了“私人”公司呢？

其实，这里的“私人”两个字，其含义并不是与“公有”“国有”相对立的意思。“私人”的含义，是指淡马锡公司的股权并不公开转让，它不是一家股份有限公司或者公众公司，而是一家封闭的，由财政部这个法律意义上的“主体”独家拥有的有限责任公司。

关于淡马锡公司的情况，我们现在不做过多讨论，后面会涉及。这里只强调一点，不选择公开发行、公开上市，不在所有制上搞混合，并不一定意味着运行上必然会低效率，并且无人监督。淡马锡就建立起了既有效又独特的治理结构，并通过其非常独特的激励与约束体系，让公司实现了快速、健康的成长。

图 13–1 显示了淡马锡公司自成立以来投资组合净值的增长状况。

不过，很多公司并不像这两个例子那样，一直没有做上市的安排，而是选择了另外一条路，先把自己变成了一家股份有限公司，然后变成一家上市公司，或者目标是成为一家上市公司。

导致它们这么做的原因有很多。比如，有些公司确实是因为缺钱，采取了上市融资的方式。特别是在中国资本市场发展的早期阶段，上市融资没有监管机构关于分红的要求，在资本市场上拿到的钱，真实成本比银行贷款要低得多，甚至接近于零。再比如，有些公司是因为早期融资的时候，在投资协议书里就约定了上市的目标，只有上市，才能给这

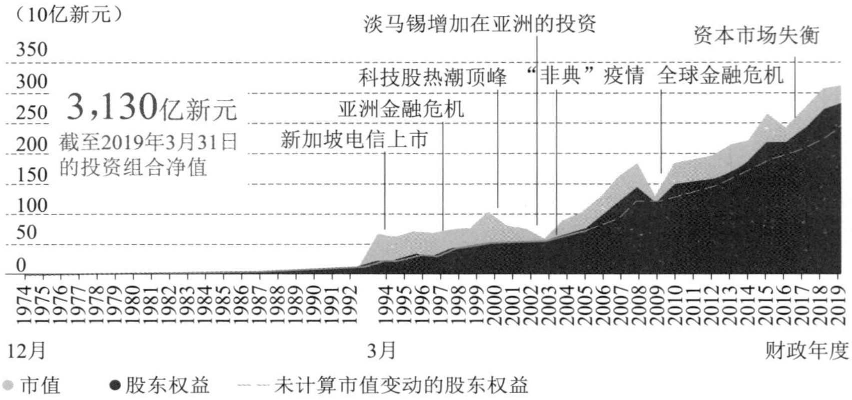

图 13-1 淡马锡投资组合净值的增长趋势

些外部投资者一个退出的通道。这种情况在最近几年尤其突出，很多投资协议都有上市条款，于是，上市成了公司或创始人必须要努力追求的目标。

还有一些公司，上市是为了给公司内部的元老、联合创业人或管理骨干一个退出的通道，因为只有上市，创业团队的人员才能成功套现，获取多年劳动投入的现金回报。甚至在一些公司，上市是合伙人和平分手的唯一途径。总之，各种各样的原因导致很多企业走上了最后成为上市公司这一条路，它们先改制为股份有限公司，摆脱掉有限责任公司关于股权转让必须要经其他投资者同意的限制；然后，再通过申请股票的公开发行和上市交易，变成上市公司。

英文中有两个词：一个叫 private，一个叫 public。有限责任公司，是被少数人持有的，是“私人公司”（private-held）。与私人公司相对，公开发行股票，股票交易不受任何其他股东限制的，叫“公众公司”（public-held）。公司选择上市之路，英文叫 going public。

新型权利结构

那么，公司选择上市之后又会发生什么变化呢？

变化会发生在多个层面上。在股权层面，最大的变化是股权结构会不断走向分散，从而使公司渐渐脱离创始股东甚至创始家族的控制。在资本市场发展时间比较久的国家中，很多公司的股权已经高度分散在众多的投资者手里。比如百年老店通用电气，公司股权已经分散到大股东也只持有一两个百分点的程度。

机构投资者会不断加剧股权分散化的趋势。在成熟市场经济中，散户投资的比重不断减少，取而代之的是机构持股者持续增多。机构投资者一般通过组合投资来分散风险，这就导致它们在每一家企业中的持股数都非常有限。股权结构的变化最终会导致公司利益结构和控制关系的变化。随着大股东逐渐消失，控制公司的，可以是职业经理人。有人甚至说，谁担任了公司的 CEO，谁就具备了控制整个公司的可能性。

公众公司由于股东众多，与有限责任的封闭公司（closed company），也就是我们前面讲的私人公司，在利益结构上有着较大的不同。公众公司内部存在着四种不同的权利主体。它们彼此之间的力量强弱，以及影响关系直接决定了公众公司的利益结构。

第一种权利主体，叫控制性股东。控制性股东往往是企业的创办人，或是创办人家族。他们通过较大比例的持股实现对公司的控制。当然，也有一些高科技公司或者家族公司通过双重股权的方式拥有较多的投票权，然后借助高比例的投票权实现对公司的控制。对于控制性股东，其利益诉求的核心是对公司的掌控。

第二种权利主体，叫非控制性股东，就是众多的机构投资者和普通散户。这些非控制性股东对于公司缺少话语权，其结果就是大家不愿意参与股东事务。在中国证券市场上，这种情况更是多见。私人公司的股东数量有限，股东会议的参与率是相当高的；但在上市公司，由于每一位普通股东的持股非常少，绝大多数人都没有参与股东大会的积极性。

我们前面讲过，提出议案的门槛是单独或合计持有 3% 的股份，提议召开股东大会的门槛是 10%，因为达不到这些比例要求，所以，绝大多数股东都不会关注董事会和股东大会的细节。由于股东大会的决议规则，就是看票数多少，一般性的议案过半数就会被通过。

请注意，这里的“过半数”，并非全部投票权的半数，而是指出席某次股东会议（包括委托出席会议）股东所代表表决权的半数。这就意味着只要控制性股东拥有半数以上出席会议的表决票，就可以保证议案通过。于是，在股东参与度低的公司里，成为控制性股东的门槛也越来越低。

比如，如果一家公司通常只有代表 40% 的股东能参与投票，那么，持股 20% 以上的股东基本就可以决定议案能否通过。也就是说，股权越是分散，控制一家公司的难度就越低。难度越低，股权就会逐步走向更加分散的程度。

第三种权利主体，是公司的董事会。公司的最高权力机关是股东会议，而公司的决策机关是董事会。董事会在股东大会上通过投票的方式选举成立。

按照《公司法》的要求，股份有限公司必须要设立董事会。另外，《证券法》和证券监督管理机构和交易所的相关管理制度还要求，上市公司的董事会中还必须要存在“独立董事”，以保证董事会从总体上能够具有独立性，能够对所有的股东，而不只是对控制性股东负责。

董事会中的成员，按其身份可以分为股权董事、管理董事和独立董事。股权董事，就是公司的主要股东，他们因出资而在董事会中获得席位。管理董事，是在公司担任管理职务，同时又在董事会中担任董事的成员。在香港证券市场上，管理董事被称为“执行董事”。而股权董事被称为“非执行董事”。请注意，这里所说的执行董事和我们前面讲有限责任公司时说的“执行董事”，含义不一样。在股东很少、不设董事会的有限责任公司中，执行董事和董事会的权能是相当的。而在公众公司里，执行董事的头衔意味着这个人既是高级管理人员，又是董事会成员。

独立董事，是和公司完全没有任何利益关系的人。中国上市公司独立董事的“独立性”由证券监管部门来界定，各家公司独立董事的标准几乎是相同的。一个人要担任独立董事，需要满足监管机构的要求，比如没有近亲在公司工作，自己和公司在近年来没有工作关系和交易关系，等等。国外有些公司则在监管机构的要求之外，对“独立性”有更严格的定义，并按照这个自己的定义来选择独立董事。

作为权利主体，董事会的权利和义务实际上是从股东的权利和义务派生出来的，属于代议制机构。它承上启下：对于股东承担信托责任，对经理层则有聘任、监督和制衡的作用。

在中国的上市公司中，董事会主要由公司的股权董事和管理董事为主，独立董事还是少数。在小说《门口的野蛮人》中，独立董事已经超过了半数。这也是美国大型上市公司中比较常见的情况。在 2002 年安然事件后，更多的美国上市公司主要由独立董事构成，这些独立董事往往都是其他公司的高级管理人员，本身位高权重，有一定的社会声誉，也有很高的收入。

第四种权利主体，是公司的经营者，主要指公司的 CEO。在中国香港和台湾地区被称为“执行长”。这个头衔的准确含义是公司经营的操盘者，也是对董事会承担责任的人。

有人可能会觉得，CEO不就是一个人吗，怎么可能算作一种利益主体。看过《门口的野蛮人》这本小说，你也许会改变这种看法。雷诺兹—纳贝斯克公司的CEO名字叫约翰逊，他可以通过搞定董事会，牢牢地控制着整个公司。如果不是来了外部的收购者，公司内部没有人能拿他怎么样。

在现实的商业世界，以上四种权利主体可以通过不同的组合，形成完全不同的利益结构。图13-2是关于不同利益结构的一种谱系表示。

在这个图示中，处于谱系左端的，是一种控制性股东最有权势、自上而下形成权力延展的结构。在这些公司里，控制人通过持有足够多的投票权，把持着公司的基本权力，与此同时，普通股东的发言权非常有限，董事会形同虚设，经理人要么是控制人本身，要么就是控制性股东的代表人。董事会和经理人的权利完全从属于控制性股东的权利。这类公司即使上市，本质还是私人公司。除了监管力量之外，控制性股东的权利缺少制衡，利益结构极其不平衡。在四种权利主体中，一强三弱。

我们前面讲过的双重股权公司，因为把公司的命运和某个特定自然人深度锁定，本质上就属于这类状况，位于谱系的最左端。最近二十年，甚至流行一种理论，把双重股权公司看作介于私人公司和公众公司之间的一种形式，有人甚至把双重股权公司说成是一种“准私人公司”。这也就是为什么很多学者都拼命反对双重股权的模式，主张要维护“同股同权”和“一股一票”的基本规则。

处于谱系最右端的，是CEO控制公司的结构。在这一类公司中，从法律上讲，权力是自上而下的，但实际上，权力的延展是自下而上的。

很多上市多年的公司，股权已高度分散，公司没有足够强大、能够控制公司的超级股东，于是，谁掌握了公司经营大权，谁就有可能主导公司。在这些公司里，一部分就是 CEO 拥有了绝对的控制权。在董事会中，独立董事数量可能很多，但如同散沙，形同虚设，或者完全是 CEO 的傀儡。

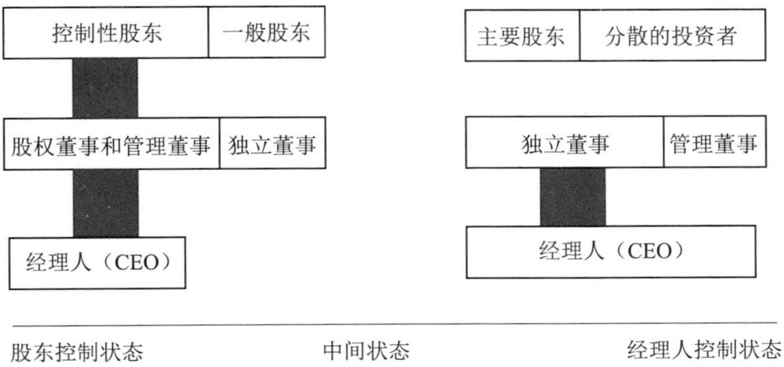

图 13–2　股份有限公司的利益结构

当然，也存在一些处于中间状态的公司。比如说，因为股权比较分散，或者因为几个大股东势均力敌，谁都无法成为控制性股东，这时，公司的权柄主要掌握在董事会手里。股东或经理人的话语权和力量相对都比较弱。

小说《门口的野蛮人》中的雷诺兹—纳贝斯克公司，是由标牌公司，通过合并雷诺兹、纳贝斯克等公司逐渐形成的，所以，其股权非常分散。公司没有实质上的控制性股东，CEO 基本上掌控了公司，属于图 13–2 中较偏向右侧的利益结构状态。

世纪大并购

《门口的野蛮人》是一本小说，但却是根据真实事件写作的。这部小说在 80 年代就非常畅销，它让人们看到了大公司内部的真相，也描写了华尔街各色人等的动机与行为。

那是一个杠杆收购和并购基金刚刚冒头的年代。KKR 作为杠杆收购的领军者，收购美国第 19 大工业公司雷诺兹—纳贝斯克。整个收购过程一波三折。在长达半年的时间里，这个并购案是财经界关注的焦点，高居商业媒体的头条位置。小说的作者是《华尔街日报》的两位记者，他们一直在一线报道这场并购案，在经历了大半年的报道之后，两位记者撰写了《门口的野蛮人》。应该说，这个小说是最接近事实真相的记录，而且非常专业，涉及很多金融知识，所以，很值得仔细阅读。

雷诺兹—纳贝斯克公司是由几家公司合并而成的巨型企业。雷诺兹以前的主业是烟草，家喻户晓的骆驼、云斯顿和沙龙都是公司旗下的著名香烟品牌。而纳贝斯克公司则是食品公司，直到今天我们还在享用的奥利奥饼干、乐之饼干都是这家公司的产品。

这部小说的标题使用了一个“野蛮人”的旧词汇。野蛮人，是指罗马帝国时代的“蛮族”，在攻城略地之后，把罗马城洗劫一空，然后扬长而去。因为这本小说，像 KKR 这样的角色后来常被称为资本市场上的野蛮人。然而，我对此有自己的看法，不愿意简单地把资本市场上的所有收购者一概称为野蛮人。正如后面会细讲的，收购活动具有明确的公司治理意义。如果没有这些收购者所提供的接管压力，处于图 13–2 中最右下方的权力扭曲，就无法得到应有的矫正。

小说《门口的野蛮人》的开篇，从雷诺公司的一次董事会开始。故事的结局，也是由董事会决定的。董事会成了决定公司争夺战的决定力量，这种情况在私人公司中是罕见的，因为在私人公司中，董事会更多地要服从于股东的力量，董事会很难成为有独立话语权的利益主体。而在公众公司，董事会却成为一个重要的力量。通过雷诺 - 纳贝斯克公司这个故事，我们能够更容易地理解图 13–2 中所讲的多种权力状态。

雷诺兹—纳贝斯克公司位于谱系的偏右状态。在公司中拥有最大权力的，是 CEO 约翰逊，如果是正常年景，董事会在他的面前并不构成多大阻力。如果没有 KKR 一路死缠烂打，并由此引发公众舆论的关注，公司的管理低效问题不会暴露于光天化日之下。正是由于 KKR 和约翰逊僵持不下，董事会的作用才开始有所显现，让我们对上市公司的利益结构有所理解。

事实上，随着公司寿命不断延长，相当一部分公司的利益结构以及权力结构都会逐渐从图 13–2 的左侧向右侧迁移。导致这种迁移的主要原因是：第一，创始人（或创始家族）的股权会随着融资增加而不断被稀释，股权会高度分散；第二，在创始家族内部可能很难找到合适的接班人，公司的大权会逐渐落入职业经理人手里，创始家族顶多就是在董事会里多享有几个席位，能够对 CEO 形成制衡的就是公司的董事会。但很多情况下，董事会往往被 CEO 反向控制。

我建议大家把根据这本小说改编的电影找来看看，然后再慢慢读一下小说。小说和电影略有不同，从小说中我们可以学到更多的东西。有人可能会觉得这个故事发生在三十年前，是不是已经过时了。我可以明确地说：故事虽然不新鲜了，小说也出版二十多年了，但其中的商业逻辑甚至操作手法都没有过时，现实世界中的很多运作并没有本质变化。这也就是为什么在小说出版了二十年后，作者再次对内容做了充实和补充，直到今天不仅畅销还“常销”的原因。

下面，我简单概述一下这个故事的梗概。雷诺兹—纳贝斯克是一家多元化经营的公司，CEO 约翰逊试图整合食品和烟草生意，但失败了。而公司管理上又存在很多的问题，烟草生意竞争压力和社会压力巨大，公司浪费严重，花钱毫无节制，因此，资本市场对公司估值并不高。

1987 年美国出现金融危机，股票市场的暴跌让很多股票价格一蹶不振。在这种情况下，出现了对这种巨无霸公司进行收购的可能性。KKR 的主要合伙人克拉维斯最早看中了雷诺兹—纳贝斯克公司，他开始游说 CEO 约翰逊，试图和后者一道用杠杆收购的方式购买公司。但约翰逊并不想和 KKR 合作，他选择了自己比较熟悉的美国运通等公司作为合作伙伴，并且彻底排除了 KKR 从中分一杯羹的可能性。这种做法激怒了克拉维斯，他认为这是对 KKR 的一个羞辱，于是，引发了这场旷日持久的公司争夺战。

在双方僵持不下的半年时间里，公司内部的很多事情被不断报道出来，董事会因此面临着巨大的压力。董事们过去养尊处优，但这一次他们显然要动真格的了。董事会主导了 KKR 和管理层团队的竞标，最后选择了 KKR，约翰逊的管理层团队被迫出局。

需要和大家强调一下，虽然我把《门口的野蛮人》作为公司治理的案例，但其中所涉及的大量财务和资本市场知识，对大家也非常有意义。所以，我希望大家在阅读这本小说的过程中，尽量把这些概念也搞清楚。公司治理从来不是内容单一的，而是一门整合性的学问。如果要把公司治理学好，需要熟悉管理学、法律、金融市场、公司财务等相关学科的知识。

今天这一讲，核心的内容是关于股份有限公司和公众公司的概念，以及这些公司形式中的利益结构状况。我在这本书开头讲过：公司治理是一种利益平衡、追求共生的智慧。现在我把这一条再强调一遍，因为虽然公司的法律形式变了，但利益平衡的这个逻辑没有变。

第14讲 败德行为

为什么资本市场对经理人有约束力？

我们这一讲的主题是经理人员的败德行为，这是在公众公司中，治理机制所要解决的主要问题之一。

在上一讲的图 13–2 中，最右边的状态就是经理人完全掌控公司权力的利益结构状态，经理人反向控制董事会，进而控制公司。为什么会形成这样的状态呢？这是因为，在经理人带领企业发展的过程中，他自己的地位也在不断地得到强化，会被强化到无人可以撼动的程度。

1985 年，有几位学者做了一个特别有意思的研究。他们通过一种叫作“超额收益法”的研究方法，来探讨长期控制公司的 CEO，当他们非正常死亡之后，资本市场会表现出什么样的态度。

研究样本包括了上百位 CEO。这些人的共同特征就是在一家公司长时间任职，任职时间长达十几年，所以，他们的地位无比牢固，股东和董事会都拿他们没有办法。也就是说，人间的力量已经无法撼动他们的地位，能够改变现状的只有意外情况。这个研究就是要看，当意外情况发生，CEO突然死亡时，股东和资本市场究竟会发生什么样的反应。意外情况包括飞机失事、心脏病突发，等等。

论文的研究结果发现，当CEO发生意外后，资本市场会出现一个正的超额收益，即股价在事件发生之后连续几天都是上涨的。这意味着股东和资本市场对这一类情况是表示“欢迎”的。毫无疑问，这个研究从一个非常独特的角度，在一定程度上证实了CEO绝对控制公司这种情况的存在，也证实了股东对经理人强力控制公司状况的不满。

职业经理人时代

在《门口的野蛮人》这个故事中，雷诺兹—纳贝斯克公司的CEO约翰逊就代表着那个时代的职业经理人。他们手握公司权杖，实际把持着公司的用人、投资等大小事务。他们就像旧时的“国王”，没有什么力量可以制衡他们，他们使用公司的资源，不仅随意地处理公司事务，而且还公器私用，满足个人不断膨胀的欲望。

在同名电影中，大家可以看到约翰逊几近奢靡的生活。影片用大量笔墨描述了约翰逊们纸醉金迷的生活。你能够想象一个CEO到处旅行都带着自己的夫人，甚至可以用自己的公务机专程运送宠物狗吗？

影片中还有另外的细节令人震惊：约翰逊和烟草事业部的总经理霍里根同去参加一个会议，但两个人却各自乘坐自己的专机，“比翼齐飞”的同时，他们还用当时十分昂贵的移动电话隔空聊天。为什么不能乘坐同一架飞机呢？为什么不能面对面聊天呢？

如果你只看过电影，也许会以为霍里根就是约翰逊的一个小弟。实际上他们本来是竞争对手，是来自两个不同阵营的冤家。在雷诺兹和纳贝斯克这两家公司合并前，约翰逊是纳贝斯克公司的 CEO，霍里根是雷诺兹公司的总裁兼首席运营官（也叫 COO），是雷诺兹的二把手。这两家公司合并后，两个人都想做新公司的 CEO。

结果，约翰逊更善于耍手腕、拉关系，他成功实施了“政变”，于是，霍里根只能在新公司里屈就第三的位置。霍里根实在忍不下这样一个结果，他决定辞职。小说是这样描述霍里根辞职场景的：

> 就在约翰逊刚上台没几天，霍里根来到他办公室提交辞呈。经过一年多的明争暗斗，霍里根觉得应该趁约翰逊还没开除自己先辞职。但让霍里根大吃一惊的是，约翰逊竟然拒绝了霍里根的辞职：“你不能走，我需要你。”
>
> 为了讨好霍里根，约翰逊就把全公司一套位于现代艺术博物馆的最豪华公寓给了霍里根。（原 CEO）威尔逊曾经迫使霍里根自己承担周末回棕榈泉的路费，但约翰逊现在不但报销霍里根的路费，还把自己的湾流 G-3 飞机供他调遣。约翰逊还建议霍里根在棕榈泉租一辆车，霍里根也欣然从命，挑了一辆劳斯莱斯。约翰逊允许霍里根按照自己的想法来管理公司。很快霍里根和约翰逊两人成了最好的朋友，这让当地的八卦人士都目瞪口呆。

总之，约翰逊用金钱和待遇搞定了霍里根，但这些钱和资产都是公司的，不用他从自己的腰包里掏一分钱。也许你对此非常惊叹，怎么可以这样公器私用呢？但在那个时代，情况就是这样。这是因为，在当时经理人的报酬组合中，除了工资和奖金，非常重要的部分就是各种福利。所以，一间环境更好的办公室，一个私人俱乐部的会员资格，用这些待遇往往就可以搞定一个人。

再看看促成雷诺兹和纳贝斯克合并的前任 CEO 威尔逊。约翰逊为了让他离开 CEO 这个位子，也是用钱做交换。公司一次性支付给威尔逊 325 万美元，换取这个位子。同时约定，在威尔逊正式退休之前，每年还有 130 万美元的年薪和奖金。在正式退休之后，公司每年继续向其支付 60 万美元的退休金。而且，威尔逊的福利继续保留，包括办公室和秘书、住宅防盗系统、汽车电话，以及公寓，等等。

请大家注意，我们以上提到的金额单位，都是 80 年代的美元。那个时候的 100 万美元和今天的 100 万美元，完全不可同日而语。这种差异，不仅体现在当时 100 万美元的购买力价值巨大，还在于这些数字和同时期一般白领阶层的收入横向来比，也是天差地别。我记得，80 年代美国的人均收入只有 3 万美元左右。一个人如果年薪能达到 10 万美元，就属于相当高的收入了。像威尔逊这样，扣除各种福利还有每年 60 万的退休金，是不可想象的。

那么，为什么会有这种现象发生呢？就是因为把持公司的很多人都是职业经理人。职业经理人，顾名思义，就是被公司请来做管理的人，他们不是东家，花多少钱都是慷别人之慨。一句话，花的都是股东的钱，不用自己承担任何成本。

讲到这里，我们必须要把话题略微岔出去一点，简单说说美国的职业经理人制度。

职业经理人，是 20 世纪美国经济体系中非常重要的一个部分。作为一种社会现象，它的出现有历史背景和历史动因。

首先，从需求面上看，伴随着大公司的不断产生，管理的复杂化程度和难度都急速增加。随着大规模生产和大规模分销体系的建立，传统作坊式的管理方法已经不再适合现代企业的需要，专业的管理者、专门的管理技术，都成了企业经营的关键部件。

其次，从供给面上看，自 1908 年哈佛商学院创建，全美开始不断有专业的管理教育机构成立。泰罗的科学管理方法、福特的大工业生产方式、梅奥的人际关系理论和产业心理学、斯隆的事业部制管理模式以及公司控制的方法，都成为商学院里可以教授的内容。

“二战”之后大量军人退伍，也无形中为商学院输送了一批有管理经验的学生，这些因素都促进了商学教育的发展。管理学的核心方法是计划与控制，这些原则与军人作战的逻辑是相通的。在大公司汹涌而来之前，军队、铁路这样的组织是最具有管理原则的，长时间在这样的组织中工作，无形中会养成程序性工作的习惯。而后续在商学院里的学习，又可以将先前做事的习惯升华到理论的高度。

需求面和供给面上的种种因素，凑在一起就形成了职业经理人这样一种现象。最著名的职业经理人，莫过于斯隆。斯隆并非企业的创始人，他靠自学和实践逐步成长为一名优秀的管理者。通用汽车公司在他的管理下，蒸蒸日上，通用公司的管理体系和方法影响了很多企业。

斯隆改变了企业创办人依靠直觉来做决策的传统，也改变了任人唯亲的惯例，这些转变都对现代管理学的发展起到了非常积极的作用，也为职业经理人体系的成型带来了深远的影响。斯隆捐款给他的母校麻省理工学院，成立了专门的管理学院。这个学院以斯隆的名字来命名，直到今天。

总之，从 50 年代开始，一方面是经济的快速复兴，大公司不断兴起；另一方面，则是受过专业教育的职业管理者不断进入到企业界，并逐步做到高级职位。这就把在 30 年代开始的职业经理人运动逐渐壮大，并成为主导趋势。

不过，职业经理人的待遇主要是薪水。在很长一段时间，这些从基层一点点干起来的经理人，也被称为“支薪经理”。意思就是，他们的收入主要是相对固定的薪水，包括工资和奖金。有些公司会让高级经理人持有一部分股权，但这些股权数量往往非常少，而且，有经理人持股的公司数量也不是很多。现在很流行的股票认购期权等激励手段，在那个年代非常少见。

学术界后来做的很多研究表明，让经理人从心理上感觉自己拥有公司财产的一份，需要达到一定的比例，否则对他们来说就无关痛痒。但即使在当时设置了股权激励的公司，经理持股的水平都不能达到这样的“门槛”。就像今天有些公司所做的员工持股，激励效果十分有限。

在那个年代，职业经理人拥有公司股份的情况非常少见，他们的身价和地位体现在公司福利方面。这样的制度安排，一方面很难让职业经理人对公司产生归属感；另一方面，也造成了大量的在职消费。

无节制的在职消费

内在激励不足，在职消费的空间存在，同时，经理人又把持着大型公众公司的控制权，不受制衡，这就是导致前面我们所看到的诸如雷诺兹—纳贝斯克公司奢侈浪费、挥霍无度的主要原因。

在 30 年代，经济学家伯利和米恩斯曾在他们一本非常著名的书《现代公司与私有财产》中预见到了这一点。他们指出，在经过了几代发展之后，创始人家族的股权已经分散到成千上万个股东的手里。股权过于分散的一个必然结果，就是没有谁可以投出关键的一票，以便决定谁是合格的 CEO，谁该留在这个位子上，而不是走开。后来的事实证明了他们的先见之明。

经理人牢牢地把持着公司大权，管理着巨量财富，却无法分享到他们管理劳动努力的成果，这自然而然导致了一种心态，既然资产不是自己的，不能把赚到的钱以分红的形式拿回家，那就索性把它花掉，把它变成费用，变成福利。在这种情况下，一部分自律性比较差的高级经理人，就想尽办法给自己增加福利，无论是采用公开的方式，还是隐蔽的方式。《门口的野蛮人》中的 CEO 约翰逊就是这样。公司的钱，他不仅自己花，还带着小弟们一起花。

中国有句古话：天下熙熙，皆为利来；天下攘攘，皆为利往。新加坡建国总理李光耀曾说过：人是基于激励工作的。这是至理名言，并被全世界不同种族的故事所证明，很少有例外。缺少必要的激励，又缺少必要的控制，CEO 就会无法无天。而股东过于分散，又身处企业外部，对此无计可施。于是，才会引发这一讲开篇时我介绍的那个研究：CEO 的意外死亡会在资本市场上引发正向的超额收益。

大家千万不要以为发生在雷诺兹—纳贝斯克公司的例子是少数情况。事实上，就连通用电气这种百年老店也概莫能外。当时，在通用电气公司，股权相当分散，持有 1% 的股权，就已经是超级大股东了。这家公司里流行着一句话：如果 CEO 想喝一杯咖啡，就会有人跑去把巴西买下来。

也许有人会说，CEO 们不自律，难道董事会也不会进行监督吗？事实上，董事们也是人，也有七情六欲，CEO 可以利用公司的财力，拉近和这些董事的关系，让监督机制彻底失效。按照《门口的野蛮人》中的描述，约翰逊能够坐在雷诺兹—纳贝斯克公司 CEO 的宝座上，就与他敢于大手笔花钱，与董事们建立良好的私人情感有关。

在小说中，有这样几段描写，由此可以看到CEO约翰逊和董事会之间的关系。

> 约翰逊停下来看看这些董事，他们大部分都是其他公司现任或已经退休的首席执行官，平均年龄达到了65岁。约翰逊能将公司从北卡罗来纳州带出来，发展到今天这个规模，和董事们放手让约翰逊经营是分不开的，要不然，公司可能到现在还只是个北卡罗来纳州的百年小店铺。不过他的前任也因过于循规蹈矩而被这些董事踢出了公司。
>
> 美国计算机服务公司的安德森坐上了原来斯迪克特在国际咨询委员会中主席的位子，每年可以领到8万美元的咨询费。约翰逊解散了公司的股东服务部，将对股东的服务业务外包给了梅德林的美联银行。公司给了茱安妮塔200万美元让她在杜克大学捐了两个教授席位，其中一个以她的名字命名。公司又捐了200万美元给杜克商学院，学院就将一座新建成的教学楼的一侧命名为“霍里根会堂”。约翰逊对格里森也是宠爱有加。格里森在亚特兰大出差的时候大部分时间都在打电话，于是约翰逊在总部大楼里给他找了个小间，门上写有“格里森办公室”。
>
> 约翰逊对那些原纳贝斯克董事会成员更是优厚有加。谢伯利和公司重新续签为期6年、年薪18万美元的合同，但对他的职责范围定义得十分模糊。塞奇因为他的“金融研发部”每年收入达到了25万美元。而休格尔则接替了斯迪克特的位置，当上了雷诺兹—纳贝斯克集团的董事会非执行主席，年薪也有15万美

> 元。约翰逊希望休格尔能够在新的职位上帮助巩固约翰逊和董事们日益紧密的关系。
>
> 与此同时，虽然董事会的次数大幅度地减少，但董事费却涨到了 5 万美元。在威尔逊执政时期，只有在办公差的时候，董事会成员才能使用公司的飞机。而约翰逊则允许董事会成员随时调用公司的飞机，而且分文不收。"有时候我觉得自己是个运输部总监，"约翰逊在安排了一位又一位董事的航班后感叹道，"但是我相信我为人人，人人为我。"

显然，在以约翰逊那种"我为人人，人人为我"的指导思想所建立的关系中，指望董事会认真地监督 CEO，不太可能。总之，如果不是 CEO 搞得太过分，不至于对董事会成员的个人声誉造成伤害，大多数董事会成员都会睁一只眼闭一只眼，该享受的享受，该笑纳的笑纳。

然而，这个世界最奇妙的事情，就是市场经济存在自我纠偏、自我矫正的力量。当企业完全被高高在上的经理人掌控，内部监督力量又无所作为或无计可施的时候，新的力量就会出现，并致力于消除这种不合理的状态。这就是来自外部资本市场的压力。

具体的逻辑是这样的。当 CEO 行为太过分，股东无力改变现状，他们就会出售自己持有的股票。出走的股东多了，股价自然就会下降，就为新的收购者提供了机会。当有人看到一家公司可以通过改变管理现状而创造价值的时候，这家公司就可能成为收购者的目标。

我们前面反复强调"企业家精神"这个概念。企业家最重要的贡献是价值发现，这一点无论是在实业界还是在金融界，逻辑都一样。当收购者发现了价值，并且通过某种方式让这种潜在价值得以实现的时候，他就是企业家，而不仅仅是资本家。资本市场同样存在大量价值发现和价值创造活动，很多资本家拥有的同样是企业家精神。这一点，请大家再认真思考一下，判断一下这种说法是不是有道理。

我对小说或电影里把KKR集团称为“门口的野蛮人”有保留意见。首先，这些收购者也是为价值发现和价值创造而来，只不过他们不是通过协议收购的形式来控制公司，而是通过在二级市场上买入股票的方式获得控制权，差别只是获得控制权的方式不同。其次，很多收购者并不是像蛮族一样，只是屠城和抢劫，他们在收购之后还大量进行企业改造。

公司再造

下面，我和大家分享一个在今天几乎已经被忘记的人物：刘易斯。刘易斯的公司叫TLC，即The Louis Company的缩写。刘易斯于1993年去世，但他依然是美国企业史上一位绕不过去的人物。

刘易斯出生于1942年，是非裔美国人，靠运动员奖学金读完大学。为了能够进入哈佛法学院，刘易斯在大学四年级时参加了一个与哈佛法学院有点关系的暑期项目。在课堂上，他表现不凡；在课余时间里，他积极与教授和项目人员建立良好关系。这一切努力让他在正式的申请手续还没有走完的情况下，就收到了哈佛法学院的入学通知，而且还有不错的奖学金。从法学院毕业之后，刘易斯开始为企业提供法律服务，不断积累声誉、关系和经验。

1983年，刘易斯收购了McCall Pattern公司。该公司有130多年的历史，但因为市场萎缩、赢利能力下降，前景黯淡。但刘易斯的看法与众不同，他认为这家公司有潜在价值。于是，他自己出资100万美元，从一家投资银行融资 1 900 万美元，用了二十几倍的杠杆，去收购这家公司。这是最早的杠杆收购。

买下 McCall Pattern 公司之后，刘易斯更换了管理人员，并从每一个经营细节入手进行督促。仅用三年时间，企业就创纪录地达到了年度盈利 1 400 万美元的水平。刘易斯后来将这家公司出手，仅仅用了几年时间，他的收入达到了 6 000 万美元，是最早投入的 100 万美元的 60 倍。

今天，人们在谈起杠杆收购的时候，常常会提及米尔肯的垃圾债券和 KKR 的杠杆收购，实际上，刘易斯比这些人更早，某种意义上也是这个领域的奠基人。

刘易斯的第二个收购目标是著名的 Beatrice 公司。他的融资是由米尔肯提供的，KKR 帮助他经办具体收购事务。Beatrice 公司的规模大约 25 亿美元，刘易斯的过人之处在于，他在收购之初，就已经筹划好了公司每一个业务单元的出路。哪些单元保留并进行改造；哪些单元是要出售的；甚至，哪些单元在标购的进行过程中，他就必须尽快和买家达成出售的意向，以保证现金运转达到最高的效率。可以说，刘易斯把一切都做到了极致。

这个项目成了杠杆收购的经典。25 亿的盘子，标购价 9.85 亿美元，刘易斯投入了 1 500 万美元，占到了 55% 的股权，米尔肯的德崇证券持有其余的股权。在标购完成后，刘易斯亲手操盘了 Beatrice 公司的改造。如果说 80 年代华尔街两个最重要的发明是垃圾债券和杠杆收购，那刘易斯在这个收购中把两种方法都用到了极致。而在随后改组这家公司的过程中，他还用到了 80 年代管理学上最重要的创新：组织转型和流程再造。

Beatrice 公司通过并购重组，价值得到了重现认识、重新发现，从而大幅提升。在资源重组的过程中，坏的经理人和不合时宜的、浪费的管理方式被刘易斯统统扫地出门，公司建立了新的管理架构和团队。我认为，这就是资本市场对于公司治理的压力和影响，我们不仅要看到并购活动的巨大风险性，也要看到它在公司治理方面的重大意义。

然而，非常遗憾的是，雷诺兹—纳贝斯克公司后来的结局不尽如人意，所以，资本市场和并购活动蕴含的公司治理意义被遮蔽了。这也就是我在这里特别介绍刘易斯的原因。我们不仅要看到华尔街的暴利和投机，也要看到因为有了这些潜在收购的威胁，先前无所顾忌的 CEO 们后来在行为上有了极大的收敛。

在 60 年代的美国，很多 CEO 都谋求把自己的企业变成多元化的综合性商业帝国。原因很简单，公司帝国越庞大，CEO 的满足感和社会地位就越高。按照奥利弗·威廉姆森的说法，他们获得了光靠创造利润不能获得的心理感受。但 80 年代的并购浪潮彻底改变了这个趋势。

越来越多的公司被收购，而收购之后的公司多半被肢解。目的很简单，就是希望每一个业务单元都能创造出最大的价值，如果这个目标在收购者手中无法实现，收购者索性就把它们卖掉。这也就是到了 90 年代，即使没有收购威胁，很多企业也开始追求更专精路线的原因。与此同时，90 年代初仅仅一年半的时间里，就有 13 名美国 500 强公司的 CEO 被免职。著名的《财富》杂志在头条发表宣言，声称这是“巨大的、根本性的、具有历史意义的变革”。

我们从小说中可以看到，早在金融危机发生之前，KKR 实际上就已经向约翰逊表示了对于雷诺兹—纳贝斯克公司的兴趣。当时的股价是每股 70 美元左右。显然，KKR 认为这个价格水平上收购行动是划算的，这就是他们的价值发现。为了实现收购目标，KKR 提出一旦收购成功，可以给约翰逊不低的股权比例作为交换。但是，约翰逊委婉地回绝了。

金融危机的发生，将雷诺兹—纳贝斯克公司的股价打落到每股 40 美元，这就让 KKR 更是志在必得。按照 KKR 的想法，他们在把公司买下来之后，会请更有能力的经理人来改造这个企业。这正是刘易斯之前所做的事。

KKR 收购成功之后，请了郭士纳来操刀雷诺兹—纳贝斯克公司的改造，就是后来拯救 IBM 公司的那位郭士纳。《谁说大象不能跳舞》这本书，故事就是从郭士纳任职雷诺兹–纳贝斯克的 CEO 开始的。郭士纳的职业生涯很有趣，在麦肯锡起步，在美国运通做到第二号人物。之后，就被 KKR 请到雷诺兹—纳贝斯克做企业变革，但并不成功。他随后去了 IBM。在那里，郭士纳走上了人生的顶峰。

每当我看到《谁说大象不能跳舞》这个书名，总会感到有一种报仇雪恨、扬眉吐气的意味在里面。我想，这也许和郭士纳在雷诺兹—纳贝斯克公司的表现平平有关。

郭士纳在雷诺兹—纳贝斯克的表现，确实乏善可陈。很多管理者离职走人，他们对公司的未来没有多少信心。这固然有郭士纳个人的原因，但更主要的原因来自 KKR 开出的收购价过高，而且，支持这场收购的垃圾债券数量过大，除了需要定期调整，还要支付庞大的财务费用，这都导致了这场收购更像是意气用事。约翰逊曾经算过这个账，如果收购价超出每股 90 美元，就算是神仙也很难经营公司，这是他阻击 KKR 的本钱。

KKR 志在必得，最后把收购价炒到了每股 108 美元。这导致了两败俱伤的结果。讲到这里，我们又要回到本书的主题：公司治理是共生的智慧。只有利益平衡，才会实现共生；贪心太重，一意孤行，只会失去共生的可能。

这一讲，就此打住。希望大家阅读一下《门口的野蛮人》这本书的后记。这是在2008年出版修订本时，作者补写的部分。二十年后，作者再次访问了这个著名并购案例的各位主角，记录了他们的所思所感。我自己读这个后记时，对很多事情都有了新的认知，相信大家阅读之后，也一定会收获多多。很多陈年旧事，只有放上十几年，再回过头看，才会把很多事看得更清，也能感受到别样的滋味。

下一讲，我们来讨论经理人的激励机制。虽然资本市场是公司治理的重要组成部分，但它不会天然地解决一切问题，它还需要其他机制的配合，比如为经理人建立足够的激励，让公司内部自发地产生持久成长的动力。

第15讲

利益一致化

为什么要首先解决经理人的激励问题?

这一讲，我们讲经理人的激励问题。我的观点非常鲜明：要消除经理人的各种败德行为，除了使用监督和控制这方面的种种限制性手段，还必须首先注重各种激励性手段的使用；在所有的治理机制中，激励性制度的建设应该排在首位。

内在动机

为什么这样说呢？这是因为，人的行为都是受其动机支配的，是人和所处环境之间交互作用的结果。一方面，人的内在欲望会激发出某种动机，这种动机会驱使人们采取行动，朝向其所追求的目标持续努力。另一方面，外在的诱因也会参与到这个行为驱动过程中，成为外在激励（incentive）或行动的标的物。其中，内在动机是一切行动的本源与核心。

比如，人们可能因为希望快速致富，或者希望有足够的工作自由度，选择创业。创业是我们从外部观测到的行为，而决定一个人是否选择创业活动的，则是他解决内在匮乏的需要，这些内在匮乏包括渴望财富、渴望被尊重和渴望成就的需要，它们构成了创业行为的动机。而动机决定行为。

那么，对于经理人来说，如何激发出他们为股东尽责的动机呢？我以为，核心要靠收入激励和事业激励，并且要把事业的成就感建立在收入激励的基础上。我们很难想象，一个每年为股东创造数以亿计财富的经理人，只拿几十万的工资和奖金，还不如互联网公司的工程师赚得多，会有收入的满足感和社会成就感，会真正关心这个企业的长远发展。

下面，和大家分享两个小故事，都是我亲身经历的。

20 世纪 90 年代中期，我在伊利诺伊大学商学院做访问研究。系里有位教授，名字叫亨德里克，专门研究产业关系和企业理论。他是一位非常好的教授，也是进入“经济学名人堂”的顶级学者。和现在的很多年轻学者一样，当时的我也是以排名取人，进而阅读他们的书籍和论文。

到学校不久，我就开始旁听亨德里克教授为博士生开设的研讨课，这样就有更多的机会向他请教问题。当时，中国正值国有企业改革的关键时期，改革的压力很大，但改革的方向并不明确，中央“抓大放小”的思路还没有出来。研究者们都在探索，但总体上还是一头雾水。围绕着激励问题，我向亨德里克请教过好几次。我认为，他既然有兴趣通过我了解中国企业的情况，我就有机会观察他思考问题的方法。

记得有一次，在谈到怎样调动经理人的积极性、搞好一家企业时，他讲了一句最打动我的话，叫“give the top more”，就是“应该给最高经理人更多的报酬”。这句话内涵丰富，越琢磨越有味道。但给多少才算“更多”？是一个人拿更多，还是管理层都要拿更多？除了“拿更多”，还需要其他的配套条件吗？

关于这些问题，我想过很多年，也通过很多公司的实践来理解这句话中所包含的每一个影响因素。下面我讲第二个例子：潍柴动力。这个例子让我理解到亨德里克所说的 more，也不一定特别多，不一定像统计研究中所说的要 30% 以上。这个“更多”，应该是成长中的“更多”，是相比于经理人个人期望水平的“更多”。

大家也许想不到，今天大名鼎鼎的潍柴动力 20 年前只是一家中央企业的孙公司，而且是一家处于破产边缘的公司。某种意义上讲，如果不是现任董事长谭旭光的坚持，这家孙公司也许就会进入破产程序了。

谭旭光是潍坊柴油机厂（潍柴动力的前身）的子弟，在企业的子弟学校读书、长大。他开始工作也是在潍柴，之后在海外做了 10 年的销售业务，见识过很多世界级企业。谭旭光知道潍柴的问题在哪里，也深知要搞好这家企业，需要什么样的经理人和什么样的管理团队，进行怎样的管理改造。更重要的，他知道要让新的管理团队具有持续的进取心，必须要有长期激励。

中国有句老话叫：有恒产者，有恒心。这个恒产，就是股权激励。没有股权激励，管理层不会把企业的事当成自己的事，经理人也不会把企业的长远发展作为自己的第一追求。谭旭光曾经和我说，他接潍柴这副担子，并不是为了股权、为了财富，而是不希望这家伴随自己成长的企业倒掉。但谭旭光说，光靠情感是无法搞好一家企业的，就算搭建出一支管理团队，也很难长期留住这些人，让这些人一心一意地谋求企业发展。

在谭旭光通过竞聘方式成为这家企业的新一代领导者后，他拿出了自己的改革计划，其中就包含管理层持股这个内容。用他的话说，想在公司当干部，就必须要自掏腰包成为股东。虽然管理团队的持股数量并不很大，但有持股和没有持股，效果完全不一样。潍柴动力特别幸运，整个变革计划得到了各级领导的关键性支持，公司成功地实现了管理层持股。

潍柴动力的核心团队拥有了一定的公司股权，但持股比例并不算大。不过，随着公司逐步壮大，这个比例并不大的股权却可以给经理人带来很有激励的分红，这个分红的数量可以给管理者在与同行的比较中，带来收入的自豪感，进而创造出充沛的内在激励。改制后仅几年，潍柴动力的产品就开始在市场上显现出竞争力，也逐渐成为一家优秀的企业，并在中国内地和香港两地上市。

举个例子来说明经理层的干劲。由于潍柴动力在香港上市，所以，公司的年度董事会常常在香港召开。董事们一般都提前一天从全世界来到香港，我们这些独立董事到了香港，往往会一起聊聊天，到街上去走走。但据我的观察，参会的管理董事却没有这样轻松，他们常常是到了酒店就马不停蹄地开会，因为公司的业务遍布全球，最高管理者聚在一起并不容易。

有一次，我在电梯里遇到了刚刚散会的张泉总经理，时间已近午夜，他们刚刚散会。我后来详细询问了有关人员，得知不少管理者都是从机场直接到酒店，连房间都没进，直接进会议室开会。我们不能把这一切都归因于股权激励和金钱追求，完全忽略事业心的作用，但没有股东意识，想让几十人的管理团队形成一种拼命的状态，是不可想象的。

通过以上这两个例子，我想帮大家理解“内在动机”这个概念。在这个世界上，有很多工作都是无法从外部进行监督的。几乎所有的创造性劳动都无法通过外部观测工作过程甚至基于工作结果来对工作质量进行判断。这些工作要取得高质量，必须要让当事人进行自我激励和自我监督。这就意味着必须要激发出当事人的内在动机，帮助他们建立起有效的心理契约。这个逻辑可以被概括为图 15–1。

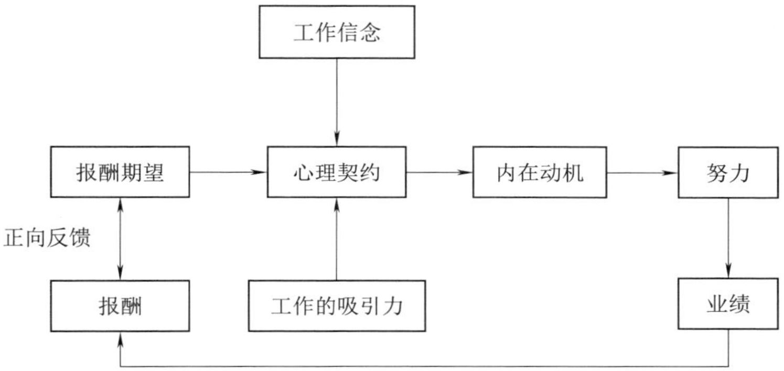

图 15–1　心理契约和内在激励的逻辑

从图 15–1 中，我们可以看到，能够让经理人产生内在动机的因素主要有：工作信念，工作的吸引力，以及对于报酬的期望。其中，工作信念的产生主要源于经理人对自我实现的意愿和判断；工作的吸引力与经理人的从业经历、对企业发展的预期，以及工作环境有关；而对报酬的期望则不仅基于自我实现、渴望被尊重的愿望，还基于实实在在的、改善生活质量的需求，而且，它是唯一可以自我印证与企业归属关系的部分。所以，虽然在经理人的心理契约中，报酬并不是行动的唯一激励因素，但却是激发内在动机的最为基础的部分。

从经理人的动机开始，内在激励产生自驱力，进而体现为经理人的工作努力。工作努力带来企业业绩，业绩又构成了经理人所获报酬的基础和依据。这就形成了一个闭环。如果这个闭环可以持续下去，并且形成一个正向的循环，就构成了一个良性的内在激励体系。

我曾和潍柴动力的高级经理人有过私下的交流。由于持有公司的股份，他们的薪酬中也有很大一部分来自分红，这就使他们具有了极强的主人翁感。加上潍柴动力每年的业绩目标都以滚动增长的方式形成，这就促使经理人们有了持续努力的动力。我在第 13 讲中，曾举过一家领袖级企业的例子，这家企业虽然没有上市，但其员工持股制度依然产生了极强的动力，其背后的逻辑是一样的。

长期努力

到这里，也许有人会产生一个疑问：一定要有股权吗？如果没有股权激励或者没有长期性的激励措施，又会怎么样？

我们知道，除了经理人的努力，诸如宏观经济状况、行业竞争状况、技术变动因素等外界因素也会对企业的经营业绩产生影响。然而，经理人的内在意愿，他们是否努力以及努力的程度，依然会在很大程度上影响企业的业绩。经理人的努力包括两种：一种是关乎短期业绩的短期努力，一种是关乎长期业绩的长期努力。图 15–2 描述了经理人长、短期努力分配与企业长、短期收益之间的逻辑关系。

经理人的短期努力，是经理人追求当年业绩，包括收入和利润等指标所进行的努力；而长期努力，则是为了企业未来价值所进行的努力。长期努力，包括培养客户和市场、提升管理团队、增加研发投入等，这都需要漫长的投入，短期内很难见到结果。对于企业而言，长期努力与短期努力同样重要，甚至长期努力更为重要。

可从经理人的角度看，如果没有持股，就很难让他们真正考虑企业的长远发展，因为他们的任期通常有限，很自然地要盘算在有限的任期里，能获得多少收益，再按照这个盘算去分配时间和精力。当然，并不是所有的经理人都这样想问题，很多经理人还有情怀、声誉等方面的追求，但按照个人利益最大化的一般性原则，按照任期长短去分配各种努力的组合，是人之常情。

如果经理人任期有限，在未来目标和长期业绩结果不能被看得很清楚的情况下，他们通常不愿意把更多的精力投入到未来。如果像小说《门口的野蛮人》中所描写的那样，经理人的报酬只是工资和奖金，以及不受约束的在职消费，那么，他们一定会把短期目标作为主要关注对象，同时尽可能地把无法拿走的钱通过在职消费的方式花掉。

直到今天，不少企业的管理费用居高不下，如果仔细分解管理费用，会发现很多钱都属于不必要的支出。这些钱为什么会被花掉呢？道理很简单，就是在经理人看来，这些钱不是自己的，又拿不走，把它花掉不仅不会影响到自己的短期业绩目标，起码还有两个好处：一是增加自己的满足感，二是可以用钱交朋友，会对自己未来的职业发展有帮助。

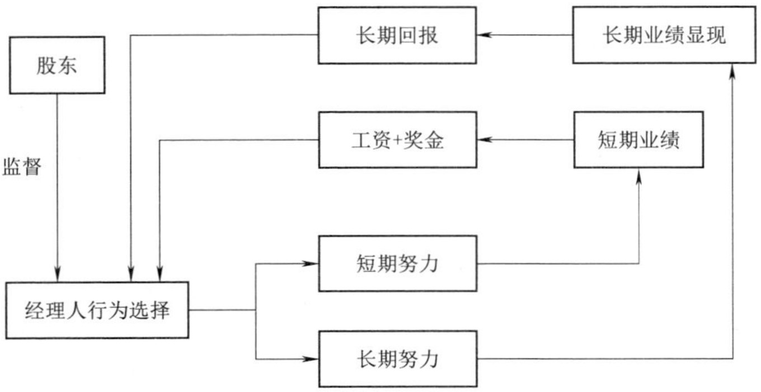

图 15-2　决定经理人行为选择的逻辑

当然，股东可以从年报中看到公司的管理费用。但这只是一个数字，股东并不能知道这些费用的细节。就像雷诺兹—纳贝斯克的股东无法知道飞机的使用、广告费的支出、高尔夫球赛的赞助，这些对于公司未来的必要性一样。而这些费用的受益者，比如董事们和高管团队的成员们是不会向外界介绍这些巨额开销的细节的。如果不是 KKR 前来标购，也许这种情况会一直被隐藏，并持续下去。

其实，这种在职消费、公器私用的行为还并不是最可怕的。比这种情况可怕一万倍的，是经理人的吃里爬外。比如，经理人可能会故意投资某一个项目，或者和某一个伙伴绑定合作关系。原因只有一个，就是这个项目可以进行利益输送，可以给经理人带来很多私底下的好处；或者仅仅是经理人为了达到延迟退休、延迟离任的目的。在 20 世纪 80 年代的美国，这种行为被称为“个人挖战壕战术”，意思是 CEO 故意创造出一个无法接手的局面，让自己的控制权可以延续下去。

改变这种状况的办法，就是要让经理人的个人利益和公司的未来价值挂钩，让经理人承担公司未来业绩好坏的结果。以股权方式为代表的长期性激励手段，无疑是最简单、最直接的选择。二十年后，当作者重新修改《门口的野蛮人》一书时，他们写了下面这样一段话：

> “首席执行官们通过杠杆收购明白了两个道理，”90 年代依然活跃于大规模收购中的贝迪说，“第一，积累巨额财富不是靠工资和奖金，而是靠持有股权；第二，杠杆收购不是获得公司股权的唯一方法，股票期权也是选择。”

这段话的意味是多重的。一方面，经理人通过股权和股票认购期权的方式可以拥有公司，可以获得更多的财富；但另一方面，当经理人获得了股权、股权认购期权，他们变成了股东的一部分之后，也会增加长期努力。而他们的长期努力越多，公司的业绩就越好。在经理人个人收益增加的同时，股东的收益也会同样增长。这就实现了双赢。

通过股权和类股权的方式来对经理人形成长期激励，还在于经理人的工作很难从外部进行观测。也就是说，股东只能看到经理人做了什么，但永远也不会知道他应该干什么。所以，诸如经理人这种无法从外部观测其行为合理性的工作，建立内在激励机制就格外有必要。一句话，必须要通过内在激励机制，把“要经理人干”转换为“经理人要干”。而股权或者类股权，是建立内在激励种种方式中最直接的一个。

具体来说，决定企业长期业绩的，包括经理人的努力以及市场环境等多方面因素。由于有这两大类因素共同决定业绩，我们就无法知道企业经营的好坏，究竟是经理人的原因，还是市场的原因。我们无法从企业的结果反推出经理人努力与否，以及他在短期努力和长期努力之间的分配合理与否。

比如说，企业的短期业绩不理想，可能是由于经理人的能力不够，但有很大可能是因为经理人为了企业的长远发展而放弃一定的短期业绩，也可能两者兼而有之。总之，股东在企业外部很难做出判断，不仅事前、事中无法判断，就是在事后也很难做出准确的判断。唯一的办法，就是让经理人也成为股东，把经理人的利益和股东的利益，以及企业的长期业绩挂起钩来。这样，就可以驱使经理人在追求自身利益的时候更加努力，同时对自己的努力在短期和长期之间做更合理的分配。

激励方式

因为上述原因，从 90 年代开始，主要是从美国开始，公司更重视给予经理人股权和股票认购期权。这些手段都强化了经理人的激励机制，让他们感觉到企业的价值和自身行为是有关系的。另一方面，认购期权的长期授予机制也有效地防范了经理人的种种短期行为。1997 年，比尔·盖茨公告出的年收入超过 1 亿美元，绝大部分都是由股票认购期权带来的。这再一次引发了巨大震动，推动了全球范围内的经理人持股浪潮。

经理人持有一般形式的股权，大家比较好理解。“限制性股权”理解起来也不难，就是附属一些条件的股权，比如，经理人离职后，股权要被收回，等等。而股票认购期权并非股权，而是一种是否拥有股权的选择权，所以，略有点复杂。下面，我们就详细解释一下什么是股票认购期权。

股票认购期权，是指在未来的某一个时期，用一个事先约定好的价格（这个价格可以是零，但通常不是零）来购买一定数量股票的权利。这个事先约定好的数量，叫“行权数量”；约定的价格，叫“行权价格”。到了经理人行使权利的时候，他可以按照事先约定的行权数量和行权价格来行使期权，当然，他也可以放弃行使权利。至于他是不是按照约定来购买股权，取决于他对行权是否可以带来收益的判断。

“认购期权”的英文叫 option，翻译成中文就是“选择权”的意思，也就是说，激励经理人的，不是股权，而是以事先约定的价格来购买股权的那个权利，是一种在未来进行选择的权利。

比如，一个经理人在 2020 年 8 月 30 日加入了某家公司，成为高级管理人员。给这位经理人的报酬通常是一个包括工资、奖金和股票认购期权的组合。其中，工资一般不会太多，奖金往往和当年的业绩挂钩，当年的业绩越好，奖金的数量就会越多。而股票认购期权，则和公司未来的股价有关，具有高度的不确定性。未来公司的业绩好，股价高，股票认购期权就会很值钱。

举例来说，如果这家公司所发行的股票在经理人加盟的当天，价格是每股 10 元。公司给经理人 300 万股的认购期权，约定分三年授予，行权价格是每股 10 元。我们假定是匀速授予，每一年授予 100 万股。那么，到了 2021 年 8 月 30 日，经理人就面临一个选择：要不要用事先约定的行权价格去购买这 100 万股股票。这就是选择权的意思。

如果 2021 年 8 月 30 日公司股票的收盘价是每股 20 元，经理人选择行权，这就意味着他可以用事先约定好的每股 10 元的价格买入价值 20 元的股票。如果不考虑税收、手续费等各种费用，他每一股的净收益就是 10 元钱，购买 100 万股就意味着他的收入是 1 000 万。如果没有约定的禁售期，假定这位经理人选择第二天卖出，就是 1 000 万的收入。当然，公司通常会和经理人约定，并不能马上出售已经行权的股票，而是要锁定一段时间。

那么，经理人到了锁定期结束之后，是不是一定会选择马上出售变现，落袋为安呢？也不一定。这取决于他对未来股价的判断。如果他认为股票在未来价格会更高，就会选择继续持股。所以，在制度比较健全的资本市场，经理人的行权数量和持股数量要定期披露，至少公司前几位的管理者，他们的行权和出售情况是必须要披露的。股东可以通过这些人的行权和出售节奏来判断公司的前景。在经济学上，这被称为“信号机制”。

总之，股票认购期权的背后逻辑很简单，也很清晰，就像我们在图 13–2 中所勾勒的：经理人的长、短期努力分配得越合理，公司持续成长的可能性就越高，未来的业绩就会越好。如果这些业绩体现为股价的上涨，经理人就会从股价上涨中获益。当未来业绩出现后，再兑现报酬的性质，就是期权报酬的“递延性”。

显然，如果递延支付的形式选择合理，吸引力足够大，经理人就会花比较多的注意力去关心企业的长期发展，而不仅仅只关注短期业绩。同时，如果经理人长期激励方式安排得当，他们还会不断持有已经行权的股份，而不是尽快兑现。当管理层大量持有自己公司的股票时，股东通常会更加看好公司未来的成长。

股票认购期权，之所以被称为是选择权，另外一层含义就是经理人可以选择放弃行使购买权利。如果公司股票在 2021 年 8 月 30 日的价格是 9 元钱，这就意味着经理人行权是不划算的。如果用约定好的 10 元钱去行权，立刻就会损失 1 块钱。在这种情况下，经理人即使想购买公司股权，他也应该到市场上去购买，而放弃用行权的方式来购买股票。这种市场价格低于行权价格的认购期权，叫“落水期权”（underwater option）。

由于股价并非只受公司业绩影响，还会受到市场大盘波动的影响，所以，认购期权落水的可能性很大。20 年前，一位在当时非常有名的企业家担任某香港上市公司的总经理，他的激励性报酬就包括股票认购期权。他对我说，他辛辛苦苦为公司干了一年多，业绩也非常好。但赶上互联网泡沫破灭，到了行权的时候，股票的市价只有行权价格的一半。他说，那是一种欲哭无泪的感觉。

对于落水期权，公司可以采用“再定价”（repricing）的方式来进行处理。不过，通常情况下，公司对于再定价方式的使用十分慎重。这也就是为什么近些年来，公司倾向使用更丰富的、多样化的报酬组合的原因。

从股票认购期权不断普及的 90 年代开始，也逐渐衍生出了其他一些激励形式。有些激励形式是股票认购期权的变种，比如股票升值权、现金升值权等。除此之外，还有一类基于排序评价的报酬形式，大家也需要了解。这类激励方式中的典型形式，叫“业绩单位”。

业绩单位的具体做法是：设置一个基本的激励单位，可以是固定数量的货币，可以是固定数量的股权，也可以是两者的组合。这个数字事先由公司和经理人约定好，然后企业选择具有可比性的竞争对手，比如选择八个对手，包括本企业在内的九家企业构成一个竞赛小组。在一定的时间内，按照企业经营业绩的排名向经理人发放长期激励性报酬。

在事先签订的合同中，会明确报酬的倍数。比如，如果业绩排在后三名，企业处于竞争的劣势，这时，经理人不仅不能获得任何报酬，而且还有可能被董事会解聘。如果排在第四至第六名，经理人可能被授予两倍于业绩单位的激励型报酬。而如果企业能够进入小组的前三名，则可能获得五倍于业绩单位的激励性报酬。请注意，这里的报酬增加水平并不是线性的，而是递增的。业绩成长的水平越高，报酬增加的幅度就越大。

显然，使用业绩单位这种激励手段，可以避免由于市场波动性所带来的期权激励失效。从全球范围看，很多公司目前都选择组合激励的方式，很少使用单一的长期激励形式。

总之，如果要获得好的经理人行为，必须要重视构建他的内在动机，事业心固然重要，但激励性报酬不可或缺。而要制定出合理的激励性报酬，必须要保证总量和结构合理，当然，这也需要结合每个经理人的实际情况做细致设计。以上是我们这一讲的核心内容。

最后需要强调，全世界的经理人无一例外，其全部收入都由白色收入、灰色收入和黑色收入三部分构成。白色收入与好业绩相关，属于堂堂正正的行为；灰色收入，可能会被观测到，但这些行动的背后动机是含糊的，往往说不清是为私人利益服务，还是为公司利益服务；而黑色收入，则完全只与经理人的个人利益相关。比如，通过内外勾结为自己获取利益，或者通过关联交易、利益输送为自己获得好处，这些都属于黑色收入。

经理人激励方式的选择之所以重要，就在于它可以最大限度地改变这三种收入在经理人总收入中的比例。毫无疑问，如果缺乏监督、激励不足，黑色收入会成为经理人使用权力去追逐的对象。减少和杜绝黑色收入的主要办法有两个：第一，是让当事人觉得这样做不划算；第二，就是要建立必要的监督和惩罚机制。

让经理人觉得不划算的办法，让他持有公司股份是最简单，也是最直接的方法。一旦经理人持有一定数量的股份，他就会产生股东心态，学术术语叫“一致效应”。不过，由于经理人持股毕竟只是公司全部股份的一部分，他获得灰色收入和黑色收入，都意味着占了其他股东的便宜，这叫“分离效应”。前面所说的 more 或者“更多”，究竟应该是多少，没有一定标准，核心是要让“一致效应”大于“分离效应”。在这种情况下，经理人就会有强烈的股东心态，抑制自己获得灰色收入和黑色收入的动机。当然，这是激励和约束双重作用的结果。

下一讲，我们将讨论新加坡淡马锡公司和其下属投资组合公司的激励措施和经验。作为国有资产和国有公司，新加坡人通过建立有效的激励和监督机制，让资产运行得非常有效率，很多细节值得我们学习和借鉴。

第16讲 塑造激励

淡马锡的效率从何而来?

前面几讲，细心的读者会发现，我一直在强调经理人内在激励的重要性。这与我在本书开头花了两讲的时间来讨论企业家精神的重要性是彼此呼应的。有企业家精神的企业，其内在激励是充盈的；而依赖经理人的企业，则必须要靠人为的方式建设激励的力量。

两个循环

如何去理解前面这两句话呢？请大家参考图 16-1。最上面一行用实线所描述的逻辑，就是从企业家精神出发，企业具有内在原动力，进而获得成长的基本逻辑。

具体来说，任何一家企业的起源、发展和壮大，都植根于企业家精神。企业家精神是企业成长的第一原动力。企业家精神具有两个重要的特性：第一是方向性，第二是动力性。方向性，是指企业家通过敏锐的特质和不断的迭代试错，让企业的发展方向始终瞄准客户的需求，尽量少走弯路。这一点，我们不展开讨论。

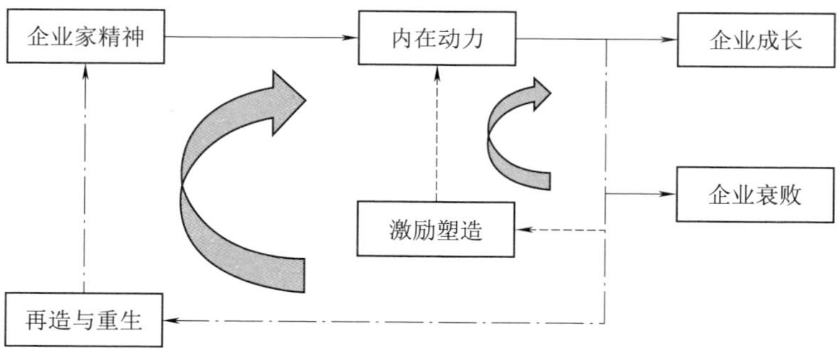

图 16-1 企业成长与企业家的基本关系

动力性，是我们这一讲的讨论重点。它是指企业家的忘我投入精神，以及由此驱动整个企业向前发展的特性。由于企业家精神内在的动力性，所以，第一代创业者的自我激励机制是充盈的，往往并不需要额外的激励性报酬体系与之配套。但随着企业的规模逐渐变大，业务不断扩展，企业家精神会因为多种多样的原因被稀释、被蚕食。

最极端的情形是，当创业者退出关键位置、企业家的工作逐渐被家族成员或者职业经理人接替的时候，企业家精神的动力性会下降甚至消弭。企业会因此失去其发展的第一原动力。这时，重建企业的动力就变得十分必要和关键。

重建的第一个回路，在图 16-1 中用外圈虚线（大循环）表示，即通过重塑企业家精神，来帮助企业重新回到依赖企业家精神作为成长动能的轨道。

比如，历史上曾有些上市公司发展了几十年之后，创始人离世，股权也高度分散。这时，即使接盘者具备企业家精神，因为持股太少，他的努力与收益也是不匹配的。他可能要通过先退市的方式让股权重新集中到关键人物手中，然后再上市，以便企业重新回到依赖企业家精神成长的轨道上。当然，也有其他的情况以及与之对应的重建方式，而企业家精神重建不成功的企业，很多都走向了衰落。

不过，更常见的重建是第二条回路的调整，图 16–1 中用内圈虚线（小循环）表示的，即在企业的方向性或战略性问题上不需变动的情况下，通过塑造有效的激励体系，恢复企业发展的动力性。我把这种并非基于企业家精神的动力，称为第二种动力。事实上，很多企业需要构建的，都是第二种动力。构建第二种动力的主要目的，是要解决企业家精神缺失之后的动力性问题，并试图在此基础上有针对性地解决方向性问题。

具体来说，在不少企业，由于创业者已经把企业带入有效发展的通道，即使创业者离去，企业家精神虽然不能因时演化并为企业带来发展的新动能，但原有的成长惯性也可以保证企业在既有通道中持续发展一段时间。在这种情况下，最重要的是让接班的职业经理人或创始家族成员保有足够的内在动力，从而把这个惯性在尽可能长的时间内保护好。

比如，对于股权分散、激励体系不够强大的上市公司，最核心的治理问题就是通过在强化小闭环的基础上，创造出有效的大闭环。塑造小闭环是前提和基础，是必须要完成的工作。再比如，国有企业从其来源上看，多数并非基于企业家个人奋斗，动力性上往往先天不足，这一点本质上高度类似于股权极度分散的上市公司，也需要在完善小闭环的基础上，刺激有企业家精神的人上位，进而解决战略性问题。

那么，该如何建构有效的小闭环，让企业形成内在激励机制呢？下面，我们就以新加坡的国有资产管理公司淡马锡为例，加以说明。选择淡马锡作为案例，就在于它是一家国有资产管理公司，这一点对我们应该有很大的启发性。

淡马锡以及淡马锡所控股的淡联企业，是新加坡政府为了实现政治、经济与社会等多方面目标而建立的，它的方向性来自其设立目标，这一点没有什么问题。核心要解决的问题是：如何让这样的国有企业建立起如同民营企业的动力性，也即这一讲的中心话题，如何塑造有效的激励机制。

淡马锡的激励原则，起始于新加坡开国总理李光耀的一个理念。我们在前面也曾提到他的这句名言：人是基于激励工作的。这是一个非常重要的理念，既符合理论原则，又被人类上千年的经济社会生活所证实。以这个理念为基础构建制度，是顺应人性的。

李光耀的这种观念，是他在英国读书时领悟到的，后来，他把这种理念渗透到新加坡社会经济的很多细节之中。李光耀曾反复强调：新加坡是个小国，周边环境复杂，生存不易，所以，社会发展必须要依赖于一个强有力的政府，要吸引第一流的人加入政府、努力工作，而这就意味着要承认第一流人才的内在社会价值和经济价值，给予他们第一流的报酬。《李光耀回忆录》一书中写道：如果不这样做，这些人就会因为激励不足，“腐化而堕落”，“变成人民财产的掠夺者”。李光耀说，“让单靠薪水活下去的制服人员掌权，哪怕是小小的权力，也等于让他滥用”。

他还写道，随着经济的高度成长，新加坡私人企业界的收入提高，部长的薪水必须要跟得上私人企业界高级人员的收入，部长和公务员的工资达不到应有的水平，搞垮了亚洲许多国家的政府。为了使政治领袖和高级官员维持廉政自守的高水平，给他们足够的薪酬，是极其重要的。

在新加坡，一个优秀的执业律师，当时的年收入可以达到 200 万新币，而代表社会正义的法官（公务人员），其薪酬却仅有 30 万新币。在这种几倍的收入差距下，很难想象一个顶级的律师会放弃巨额收入去做法官，或者去做一个廉洁的法官。如果激励不足，就会使得整个社会的人员出现错配，结果就会导致在决定社会经济发展的关键岗位上，不能保有一支精英团队，并让这个精英团队为了公众利益而不是个人私利高效工作。

当然，李光耀也知道，激励充分是解决问题的基础，但高薪并一定能够养廉。曾经有一位李光耀非常倚重的阁员，在贪腐事件东窗事发后，请李光耀网开一面。李光耀说："你这是让我在新加坡和你之间做选择。我很想帮你，但我如果选择了你，就意味着放弃了新加坡。"最后，这位阁员只好投海自尽，用生命为贪腐行为买单。这意味着在强化激励的同时，还必须要有严格的监督。

激励和监督，是一体两面。因为在我的观念深处，对激励建设的基础地位有着毋庸置疑的坚信，所以，这几讲谈了很多激励问题，但我也希望不要由此让大家产生错觉，以为只要解决了激励问题，就万事大吉。需要强调，没有监督的激励，很难解决前面所说的黑色收入和灰色收入问题，最后的结果很可能是赔了夫人又折兵。

新加坡的廉政公署在监督方面做了大量的工作，有很多著名的案例，大家如果有兴趣，可以自己去看看有关资料。

淡马锡控股

淡马锡是我们这一讲的主角，它是新加坡的国有资产管理公司，成立于 1974 年 6 月 25 日。当时，新加坡刚刚独立 9 年。在这 9 年中，新加坡政府设立了银行、船务公司和航空公司等大型企业。不过，虽然设立了这些国有企业，但李光耀不认为政府擅长做股东。这就是成立淡马锡专门管理新加坡国有企业的原因。淡马锡所管理的企业，数量最多的时候曾达到过 46 家。

不过，淡马锡是典型的资产管理公司，它并不参与任何下属企业的经营活动，而是通过投资和控制实现价值增值。在成立之初，淡马锡只负责新加坡本土国有企业的资产管理。但从十几年前开始，它逐步加大了海外投资的力度，并通过参股的方式来“收获”世界。现在，淡马锡对这类投资组合公司的持股比例，每一家都不多，大约只有几个百分点，最多十几个百分点。但这类投资在淡马锡投资的总盘子中，近年来达到了 40%，几乎接近半壁江山。

淡马锡在新加坡境内全资或部分拥有的企业，过去被称为淡联企业。现在，随着淡马锡的投资范围已经跨出国门，它所投资的公司被称为“投资组合公司”。表 16–1 是根据淡马锡年报整理的，截至 2019 年 3 月 31 日淡马锡投资组合公司的类型。显然，对于新加坡本土的大型国有企业，淡马锡是全资或高度控股；而对于海外公司则以参股为主，持股比例相对较低。

表 16–1　淡马锡持有的部分投资组合公司

投资组合公司	持股比例	持股价值（单位：百万新元）
星展集团（淡联企业）	29%	64 545
新加坡科技电信媒体（淡联企业）	100%	3 250
新加坡电信（淡联企业）	52%	49 288
凯德集团（淡联企业）	40%	15 239
丰树产业公司（淡联产业）	100%	14 592
PSA 国际港务集团（淡联产业）	100%	11 344
新加坡航空公司（淡联企业）	56%	11 434
拜耳股份公司	4%	56 457
阿里巴巴集团	1%	471 728
中国工商银行	2%	2 255 351

依据《新加坡财政部长（成立）法（第 183 章）》，淡马锡由新加坡财政部长全资拥有。这里的财政部长并非某个自然人，比如部长本人，而是由新加坡法律定义的一个“法人团体”。所以，淡马锡是百分之百的国有公司。

就是这样一个百分之百的国有资产管理机构，却是完全按照市场化原则运行。从 20 世纪 90 年代开始，淡马锡在体量不断增大的同时，逐步探索出建立了一套政府所有、市场化管理的体制。而这套体制的建立与完善，使得新加坡立国模式得到了巩固，国有资产的规模获得了后续大发展的机会。

在何晶担任淡马锡总裁之后，2004 年 10 月，淡马锡发表了有史以来的第一份年报，并随后由标准普尔公司与穆迪公司进行信用评级。当这两家头部评级公司都给出了 3A 级的评级之后，2005 年淡马锡第一次公开发行了它的美元债券，将资产经营活动延展到更广大的空间。

政府的全资机构对社会、对外界公开发布自己的年报，接受审计和评级，在国际上是极其少见的。绝大多数政府发债都是用国家信用担保，并不是基于商业性的计算，但这种方式有很大的随意性。而淡马锡通过机制性的设计，把政府行为变成了一种商业行为，可以说是特立独行。

淡马锡为什么要这样做呢？理由依然来自李光耀。李光耀曾说过，“搞劳动密集型的制造，我们搞不过中国；搞高科技，我们搞不过美国。所以，我们要投资它们，从它们的成长中受益”。显然，发行债券增加淡马锡的本钱，然后再依靠这些固定回报的本钱去赚取更多的收益，就贯彻了李光耀的指导思想。

那么，淡马锡的资产管理能力到底怎么样呢？它作为一个国家全资的资产管理公司，又是通过怎样的机制具备了这样的能力呢？特别是淡马锡对内部人员实行了怎样的考核、激励和监督机制，使之发挥出最大限度的能力呢？

首先，淡马锡通过科学方法设立资产收益的基准，用来衡量资产管理团队和相关人员的业绩。淡马锡的收益包括：（1）通过买进、卖出或持有公司股权来获取收益，这主要是一种资产的差价收益；（2）投资组合的股息收入；（3）基金管理的收益，这一部分主要以现金的形式获得。淡马锡以派发股息的方式，向新加坡政府提供可纳入国家预算的收入。

淡马锡从 2003 年起，开始把经过风险调整后要求的资本回报作为衡量投资回报的标准，即投资收益等于投资回报减去经过风险调整后所要求的资本回报水平。为了能够更准确地反映投资回报的水平，淡马锡从 2018 年起采用了《国际税务报告准则》，包括最新的《国际财务报告准则第九号—金融工具：确认与计量》（简称 IFRS：9）。采用这些新准则，就可以保证那些持股比例低于 20% 的投资，其单个年份的市值变化不仅可以反映在资产负债表里，也可以反映在损益表里。

有了这些方法做基础，淡马锡就可以清晰地计算出每一年的真实业绩，可以判断每一个业务部门、每一个管理人员和团队，在特定的财务年度，究竟是创造了价值还是毁损了价值。在科学准确地衡量了业绩之后，管理人员的激励体系就可以完全基于市场化原则基础上。

淡马锡业务的最高领导层是它的董事会。董事会成员和总裁的任免由淡马锡在任的董事会做出决定后，将推荐名单交给淡马锡的全资股东“财政部长”，后者经过研究判断后将推荐意见报告总统，由总统最后批准。淡马锡的董事会很像股权分散的公众公司，多数董事都是非执行的独立董事，一般是来自私营企业的商界领袖。董事会成员和首席执行官肩负着保护淡马锡过去所累积的储备金的额外宪法责任。

淡马锡的董事会下设执行委员会、审计委员会、领袖培育与薪酬委员会。薪酬委员会负责激励的安排问题。管理层向董事会提供信息，使董事会能够有效履行职责。在必要的时候，董事会也要求管理层提供补充信息或说明。淡马锡的董事会也拥有特殊的安排，从独立的渠道获得信息，以便协助董事对管理人员的业绩进行判断。

淡马锡内部由总裁和执行董事进行管理，其管理的方式与西方的投资控股公司，或者叫投资基金管理公司没有太大差异。在执行运作的最高决策层，设有三个核心的委员会，依次是：脱售和投资高级委员会（SDIC），高级管理委员会（SMC），战略、投资组合及风险管理委员会（SPRC）。

其中，脱售和投资高级委员会负责管理并打造投资组合，并在董事会的授权范围内，就日常投资和脱售活动做出决定；高级管理委员会负责审查与制定整体管理和组织政策，包括内控、衍生品框架的执行以及审计委员会批准的估值政策；战略、投资组合及风险管理委员会评估各种影响现有市场和新市场的商机和风险因素，对风险承受框架进行审查，以确保其适用性，同时探讨创造价值的机会。

淡马锡现有大约 800 名员工，来自三十几个国家或地区，据说可以讲 40 种语言，很多人都有资深的投资管理经验和海外工作经验，他们在分布全世界的 11 个办公室工作。董事会的高级管理委员会制定了淡马锡道德与行为守则（T-Code），并设立道德委员会协助该行为守则的执行。淡马锡的全体员工无论在全球任何地点工作，都必须遵守并履行 T-Code。遵守淡马锡道德与行为守则是兑现员工激励的要求之一。这是一个与激励机制并行的约束机制。

花红与回拨

淡马锡激励体系最值得关注和借鉴的内容，是它的花红和回拨制度。

淡马锡管理人员的薪酬主要包括基本薪酬和花红两大部分。花红由公司的投资收益决定。当公司收益为正时，管理人员就会按照事先约定好的规则获得花红分配；而在公司资产收益为负的年份，他们就得不到花红。

具体来说，淡马锡的管理者都有相对固定的基本薪酬。这部分报酬的水平，主要参考市场标准。淡马锡认为，如果基本薪酬水平过低，公司就很难获得第一流人才，所以，它的基本薪酬是很有竞争力的。而当管理人员完成了年度目标之后，他们可以拿到相对应的激励性报酬，主要是年度现金花红和风险回报花红。

年度现金花红，是一种短期激励；风险回报花红，是一种中期激励。花红，是一种关于利润分享的传统说法，可以理解为“基于公司红利的奖金”。淡马锡的年度现金花红根据公司、团队和个人的业绩表现来确定。而风险回报花红，也叫风险回报分享奖励，是当公司资本的总回报高于经过风险调整后的资本回报时才会发放，也被称为“财富增值回报或额外回报”。

投资活动带来的收益减去经过风险调整后所确定的资本成本，如果是正值，就意味着经营者为股东创造了价值，这时，经理人员会获得“财富增值回报”。对此，淡马锡有自己的一套算法，可以确保每一年都能够在投资收益恰当核算的基础上，确认激励性报酬的数额。

不过，花红激励并不是淡马锡的特色所在，它真正值得我们关注的是“回拨”制度。回拨的意思是，如果核算出来的投资回报是负的，也就是说，实际的回报水平低于经过风险调整后所要求的回报水平时，管理人员要向公司“赔钱”。也就是说，管理团队并没有从资产的经营和增长中为股东创造价值，相反是在毁损公司价值，那么，这时的奖励就应该是负的。

负的，就要给股东赔钱，以示承担责任。这个给公司赔钱的过程，在淡马锡叫回拨。

那么，回拨的钱从哪里来呢？这就涉及淡马锡的“递延激励”安排。正是在递延激励的大框架下，才存在回拨的可能性。

淡马锡为它的管理人员和每一位员工都开设了财富增值花红储备账户。当花红是正数时，这笔财富就会被派发至经理人和员工的储备账户中。不过，这个储备账户中的钱，并不能当年就可以拿走，它是递延发放的。每年只发放其中的一部分，至于发放多少，取决于管理人员的级别。

如果财富增值花红储备的结余是正数，高级管理层将获得不超过其财富增值账户结余三分之一的奖励，中层管理人员能获得二分之一的奖励，其他员工则为三分之二。也就是说，级别越高，责任越大，这个账户中的财富被递延支付所拖的时间就越长。这样，就始终保证着这个账户里有余额，有余额就有了回拨的可能性。当财富创造是负数时，花红就可以从这个账户被回拨出去。

淡马锡成立的时间虽然不长，出现回拨的情况却不少。甚至在递延奖励不够抵消回拨资金时，多余的回拨额度还曾经被延至下一年度。我们过去常说，经理人是“负盈不负亏”，但淡马锡却在递延激励的大框架下，有效地创造出了“负盈也负亏”的制度。

总之，递延激励和回拨机制成为把管理者、员工和公司在利益上紧紧捆绑的制度。特别是递延机制，达到了高效锁定的效果。而且，级别越高的管理者，被锁定的时间越长，最长的时间达到了 12 年。这样，就创造了高级管理者更关注长远激励，心态近似于股东的效果。

总之，淡马锡的激励体系，客观形成了两个重要的结果：第一，它有助于吸引、选拔和保留优秀人才；第二，也是更加重要的，有助于激励员工在选择投资组合的时候，建立长远的观念，从股东长期利益最大化的角度出发想问题，做决策。这也是淡马锡取得令人惊羡之业绩的重要原因，也是成功塑造第二种动力的典型案例。

淡联企业

前文已经提到，淡马锡所持有的新加坡国有企业，被称为淡联企业。其中，有不少是具有国际知名度的大型企业，管理水平和赢利能力非常强，诸如新加坡航空公司、星展集团、新加坡电信公司、嘉德置地、丰树集团、新加坡科技电讯传媒公司等。淡马锡对于淡联企业，主要是通过作为一个积极的投资者来加以控制，在方式上也按照市场原则，强调激励机制的作用。

在淡马锡成立之前，政府往往直接派人参加淡联企业（或叫法定机构）的董事会。比如，最早曾主要通过财政部等部门派出官员进入淡联企业的董事会，并通过这些人在董事会中发挥作用，以影响公司的重大决策和行动，确保公司活动符合政府及其相关部门的要求。

但在淡马锡成立之后，特别何晶担任总裁之后，淡联企业的董事会开始有针对性地选择私营企业家作为外部董事，并由外部董事帮助推荐和选择新董事，呈现出更高的市场化程度和专业化程度。很多淡联企业的股权并非高度分散，能主动建立由专业人士构成的董事会，一方面致力于增强董事会的独立性，另一方面又作为股东，能够保证对于董事会的控制，不能不说是一个奇迹。

以著名的新加坡航空公司为例。新加坡航空公司是一家上市公司，淡马锡的持股比例到 2008 年 3 月底公司发表年报时为 54.4%，后来持股比例还略有增加，始终高于一半。淡马锡无疑是绝对控股的股东。然而，新加坡航空公司的董事会成员一共有 9 位，但绝大多数都是独立董事，与新加坡政府和淡马锡公司不存在就业关系。

在新加坡航空公司的董事会中，董事会主席与公司的 CEO 是分设的，CEO 也是唯一的一位在公司全职工作的执行董事。2008 年，我去新加坡航空公司访问，当时的董事会主席是李庆言。他是一名非常成功的商人，受淡马锡邀请担任新加坡航空公司的董事长，但并不是专职人员。他的任务是领导公司的董事会，代表股东的利益，与股东有效沟通，对管理层进行监督。接任李庆言的现任董事会主席也是外部人士，是一位有 30 年从业经验的银行家。

新加坡航空公司的日常运作完全交给经理层，CEO 是执行团队的领导，对董事会负责并承担责任。董事会下设的“薪酬与产业关系委员会”负责主要管理者的薪酬安排。在这些管理者的激励性报酬中，包括利润分享奖金（Profit Sharing Bonus），以 EVA（经济增加值）为基础进行核算的激励计划，业绩股份计划（Performance Share Plan），限制性股权计划（Restricted Share Plan），以及转换股权奖（Transformation Share Award）等多种内容。所有这些激励形式的发放，都和组织与个人两方面的业绩挂钩。

表 16–2 是新加坡航空公司董事会和主要管理人员 2019 财年的薪酬状况。

表 16-2 新加坡航空公司董事和高级管理人员的薪酬状况

董事	报酬[1]							
	现金 $	股份 $	报酬总额 $	工资 $	奖金 $	股份 $	福利[5] $	总额 $
Peter Seah Lim Huat	518 438	222 187	740 625	—	—	—	60 270	800 895
Gautam Banerjee	151 856	65 081	216 937	—	—	—	1 292	218 229
Simon Cheong Sae Peng	127 663	54 712	182 375	—	—	—	2 644	185 019
David John Gledhill	142 913	61 249	204 162	—	—	—	1 293	205 455
Goh Swee Chen	124 206	53 231	177 437	—	—	—	6 519	183 956
Dominic Ho Chiu Fai	188 703	80 872	269 575	—	—	—	—	269 575
Hsieh Tsun-yan	134 575	57 675	192 250	—	—	—	1 134	193 384
Lee Kim Shin	117 293	50 269	167 562	—	—	—	646	168 208
Goh Choon Declared Phong[6, 7, 8] Basis	—	—	—	1 374 950[2]	1 046 967[3]	1 643 940[4]	157 417	4 223 274

1 支付予非执行董事（包括主席）的报酬包括现金及股份，其中约 70% 以现金形式支付，30% 以股份奖励形式支付。股份部分拟于 2020 年股东大会后支付予非执行董事，实际将予授出的股份数目参照 2020 年股东大会后新交所股份首次除息上市之日起（及）10 个交易日内的成交量加权平均价立定。拟授予的股份数量将四舍五入至最接近的百位数，任何余款将以现金结算。股份奖励包括全额支付的股份，没有附加业绩条件，也没有规定归属期，但适用于股份保留政策。

2 指 2019/20 财年的基本工资和年度工资补充。

3 2019/20 财年依集团和个人业绩申报的奖金包括 PSB 和基于 EVA 的激励计划（EBIP）的奖金。2019/20 财年申报的 EBIP 将被添加到期初 EBIP 银行余额中（注 7）。任何负的 EBIP 申报将导致对当前 EBIP 银行余额的抵消。参见上表，了解奖金一栏下申报的 PSB 和 EBIP 信息。

4 2019/20 财年依情况授予的 RSP（8.91 美元）和 PSP（10.27 美元）的会计公允价值。

5 包括交通补贴、旅游福利和雇主公积金缴款（如相关）。

6 作为首席执行官，Goh Choon Phong 先生不收取任何董事报酬。

7 2019/20 财年初的期初 EBIP 银行余额为 2 391 278 美元，并按年度申报正向或负向激励。

8 根据以往披露所使用的现金支付基准，Goh Choon Phong 先生 2019/20 财年的奖金为 2 065 179 美元。基于 2018/19 财年集团和个人业绩，奖金内容包含 PSB、EBIP 支付和任何由 BCIRC 评估的酌情现金奖励支付。报告年度的 EBIP 支付额是个人 2018/19 财年 EBIP 银行期末余额的分成。基于 2018/19 财年集团和个人业绩，薪酬按现金支付方式发放，总额为 5 241 486 美元。

（续表）

主要管理者[6]		费用占比 %	工资占比 %	奖金占比[1] %	股份占比[2] %	福利占比[3] %	总额 %
在 $2 000 000 到 $2 250 000 之间							
Mak Swee Wah[4, 5]	Declared Basis	0	36	23	36	5	100
Ng Chin Hwee[4, 5]	Declared Basis	0	36	23	36	5	100

1 依据 2019/20 财年集团和个人业绩申报的奖金包括 PSB 和基于 EVA 的激励计划（EBIP）的奖金资金。2019/20 财年申报的 EBIP 将被添加到期初 EBIP 银行余额中（注 4）。任何负的 EBIP 申报将导致对当前 EBIP 银行余额的抵消。参见上表，了解奖金一栏下申报的 PSB 和 EBIP 信息。
2 2019/20 财年依情况授予的 RSP（8.91 美元）和 PSP（10.27 美元）的会计公允价值。
3 包括交通补贴、旅行福利和雇主公积金缴款（如相关）。
4 2019/20 财年初，各执行副总裁的 EBIP 银行期初余额为 1 061 717 美元，并按年度申报正向或负向奖励。
5 根据以往披露所采用的现金支付基准，依据 2018/19 财年集团和个人业绩，Mak Swee Wah 先生和 Ng Chin Hwee 先生收到的按现金支付方式发放的奖金在 2 250 000 美元至 2 500 000 美元之间。
6 上表反映的是执行副总裁及以上级别员工的薪酬情况，他们是公司相关主要管理人员。

资料来源：新加坡航空公司 2019/20 财年年报

从表 16–2 中，我们可以看到，新加坡航空公司的 CEO 在 2019 财年的收入总和是 422 万新加坡元，大约在人民币 2 000 万元左右；两位高级副总裁收入总额在 200 万新币至 225 万新币之间。董事会主席并不是公司的全职人员，他的年收入在 80 万新币左右，其中既有现金收入（与劳务的数量挂钩），也有股权收入。而其他的董事会成员收入也在 20 万新币的水平上。这在全世界的董事收入中，都非常有可比性和激励性。

其他的淡联企业与新加坡航空公司非常相似。董事会基本上都是由独立董事组成，并且由董事会和淡马锡一起来选拔新董事。淡马锡选择独立董事的过程有一套程序，会由一个提名小组先进行董事候选人的筛选，然后依次是淡马锡负责人见面谈话，淡联企业现任董事见面沟通，再最后决定是否可以就任。

作为积极的投资人，淡马锡虽然不过多干预公司的运营，但其管理人员与淡联企业的董事们联系还是比较多的。淡马锡非常重视淡联企业董事会主席的选择，注意同董事会成员之间的非正式交流。淡马锡会有固定的联络人员代表股东观察董事们的行为，并建议上级领导是否要更换不负责任的董事。当然，淡马锡会比较尊重这些商业人士的独立判断。

我们前面讲过，激励和监督是一体两面。在给予董事和高级经理人员较强激励的同时，淡马锡也会对淡联企业的董事进行每年一次的评估，评估由专业的顾问公司进行。淡马锡会根据董事的评估结果及时调整内部的董事数据库。淡马锡选择董事的范围是董事数据库，这个库对于在任董事和候选董事的情况都有记录，并随时更新。所以，董事数据库的存在，既是一种激励，也是一种声誉上的约束。

我们现在回到图 16–1。淡马锡和淡联企业的案例，显然就属于搭建图示中的那个小回路，即通过塑造激励，为董事会和管理层创造内在动机，进而促进企业的成长。而在这个小回路畅通了之后，企业家精神可以在一定程度上被激发，进而带动大回路的运转。

这一讲我们以淡马锡为案例讲解了面向长期股东价值的经理人激励塑造问题，我希望这一讲对股权分散的公司和国有企业改革能有启发意义。下一讲，我们将再次回到《门口的野蛮人》，向大家介绍董事会这个公司的最高权力机关，是怎样构成，怎样运作的。

第17讲

监督力量

董事会一定能发挥约束作用吗?

这一讲，我们讨论与董事会相关的一些内容。按照《公司法》的基本规定，董事会是公司最高的决策机关，所以，董事会责任重大。但是，董事会能够如愿发挥其作用吗？这一讲，我们就回答这个问题。我们先从董事会的重要性说起，并结合《门口的野蛮人》中的具体细节，看看真实世界的董事会究竟是怎样运行的。

董事会的重要性

在前面讲有限责任公司时，我们也提到过董事会。不过，在有限责任公司中，董事会实际上并不像它在股份公司中那么重要。

为什么这样说呢？原因很简单，就是因为有限责任公司的股东人数少，如果设置了董事会，董事会成员也主要由几个股东来担任。如果公司采用了执行董事的形式，那么，整个董事会的权能就都锁定在一个特定的人身上，而那个人往往就是公司的大股东。总之，有限责任公司的核心控制权是在股东层面，而不是董事会层面。

在有限责任公司，凑在一起开会的，往往就是那么几个人。我们很难分清他们是在开什么会议，是股东会议还是董事会会议，或者是公司执行层面的会议。如果一个公司能把每一个会议的性质都说清，并且每次会议之后都能做出相应的决议，那这个公司的治理水平和管理水平就相当出色。然而，遗憾的是，能达到这种水平的公司极其少见。

股份有限公司与有限责任公司的最大区别之一，就是董事会的角色变得非常重要。首先，股份有限公司必须要建立董事会，不能通过设置“执行董事”来行使董事会的职权；其次，公司重大事项的处理，必须要有董事会决议，才满足法律规范的要求。特别是在股权已经高度分散的上市公司，董事会的地位、董事会的独立程度，都在极大程度上决定着公司的命运。

为什么在股份有限公司中，董事会变得格外重要了呢？原因之一是股东人数众多，召开一次股东大会兴师动众，如果所有的决策都由股东大会决定很不现实，所以需要一个诸如董事会这样的代议制机构。这个代议制机构对全体股东承担信任托管义务。

第二个原因，源自股份有限公司的纯粹资合性质。这一点决定了公司股权的转让不受任何限制，所以，股东是不稳定的。在这种情况下，为了保证公司法人意志和行为的稳定性和连贯性，董事会就被推到了核心位置。由此带来的结果，就是股东大会和董事会的影响关系可能是反向的：董事会相对主动，股东大会则相对被动。

具体来说，相当数量的、关乎股东利益的决策，并不是在股东会议中做出的，而是在董事会会议中决定的。比如，经营性决策往往都由董事会做出，真正需要报送股东大会进行决议的，都是那些涉及公司资产变动、章程修订，以及重大人事变动等少数重要事项的。甚至连什么时候召开股东大会、在每一次股东大会上讨论什么议题，都是由董事会决定的。

讲到这里，有人一定会产生这样的疑问:《公司法》明确规定，股东大会是公司的最高权力机关，董事会只是公司的最高决策机关，那么，这个最高权力机构的最高地位，从哪里可以体现呢？我以为，最高地位主要体现在两方面：第一，投票决定涉及公司发展方向、资产调整等最重要的问题；第二，就是选举董事，特别是独立董事。后面，我们会讲到独立董事选举中的“累积投票制”，这都是保证中小股东利益的机制，都有助于维护股东大会作为最高权力机关的性质。

那么，地位非常重要的董事会由什么人构成呢？前面已经述及，主要包括三种人：第一种是股权董事，他们往往是主要股东或者主要投资者本人，以及他们的代表；第二种是管理董事，就是以高级管理者的身份出任董事的那些人；第三种人就是“代表”广大中小股东的独立董事。这里的“代表”两个字，我打了引号，是因为，从我国的现实情况看，独立董事往往都是主要股东提名的。由主要股东提名独立董事，再请他们回过头来代表中小股东来监督自己，这件事听起来是不是有点怪，但这就是我们面临的实际情况。

就像在小说《门口的野蛮人》中一样，董事会成员很多都是约翰逊的朋友。有些董事即使最开始不是约翰逊的朋友，渐渐地也会被发展为他的朋友。人都是有感情的。当约翰逊用公司的钱和董事们一起吃喝旅行，接触久了，大家自然就有了亲近感。这种情况绝不是什么特例，很多上市公司都普遍存在。

但如果主要股东或是CEO，请了独立董事但又搞不定，会发生什么情况呢？最常见的情况就是请他离开。由于董事是有任期的，每隔一段时间就要重新选举董事会，于是，如果实在无法成为朋友，就可以不再继续提名，这种不懂得“配合”的人就会被换掉。

我有一个观念可能不对，但却根深蒂固。人都愿意与相互信任的人在一起，而不愿意受到他人的约束，无论这个人是想做正事，还是想做坏事，都一样。在艾萨克森所写的《乔布斯传》中，有如下一段记述也许可以提供一个证据。

当乔布斯重新回到苹果公司之后，他进入了董事会。按照事先谈好的条件，原来的董事们纷纷辞职，把位置空出来，乔布斯被授权和唯一留下来的老董事伍拉德一起寻找新的董事会成员。

> 乔布斯的第一个人选是拉里·埃利森。埃利森说他愿意加入，但他讨厌参加会议。乔布斯说他只要来参加一半的会议就行。（过了一阵子，埃利森就只参加1/3的会议了。乔布斯找来一张埃利森被《商业周刊》登在封面的照片，放大到真人大小，贴在一块硬纸板上，放在他的椅子上。）
>
> 这些年来，乔布斯请到很多优秀的领导者加入苹果董事会。……他一直确保他们是忠诚的，即使是对错误的忠诚。虽然他们都身居要职，但是有时他们似乎对乔布斯满心敬畏，而且很渴望取悦他。有一次，在他回到苹果几年以后，他邀请前美国证券交易委员会主席亚瑟·莱维特加入苹果董事会。莱维特很激动……可是后来乔布斯看到了一篇莱维特关于公司治理的演讲，其中的观点是董事会应该承担强势而独立的角色，乔布斯因此给

> 他打电话收回了邀请。……莱维特说乔布斯当时这样告诉他,“坦率地讲,我认为你提出的那些观点,虽然对有些公司合适,但确实不适合苹果的文化。”

乔布斯回归苹果之后的所作所为,我们有目共睹,所以,他究竟是不是一个“坏人”,这一点无须赘言。但正是这一点,才更加说明问题。即使如乔布斯这样一心只想振兴公司的人,他在选择董事会成员时,同样不希望有人掣肘和制衡。所以,董事会真如政策制定者所期望的那样,要成为一个独立主体来代表全体股东,与公司的管理层相对立,并非易事。

与股东大会靠股权说话不同,董事会实行的是席位制,每一位董事都只有一票。于是,控制董事会就要获得更多的董事席位。大家还记得我在第一讲中所举的第三个例子吗?在那个例子中,两家企业是两个完全不同的法人主体,两家公司除了有共同的实际控制人之外,其他股东都是不同的。但这两家企业却有着相同的独立董事,加上实际控制人及其下属,两家公司董事会中的很多人都是重叠的,并且在每一家公司的董事会中,这些重叠的人都占多数。显然,这种席位结构就很难保证两家公司之间的关联交易能符合所有股东的利益,而不是只以实际控制人的马首是瞻。这也就是为什么我会认为这两家公司很难让一般投资者放下心来做长期投资。

我前面说,投资者需要了解公司治理的知识。特别是对于那些中小散户来说,当公司出来一个公告,或者市场传出一个什么消息,如果你有公司治理方面的知识,阅读过公司的年报,了解公司的领导结构,你就会猜想和判断:在公司内部实际上发生了什么,以及即将发生什么;

否则，就有可能盲人骑瞎马，夜半临深池。其实，在今天这样一个信息充分的时代，当你决定购买一家公司股票的时候，花点时间研究一下这家公司的股权结构，以及在特定股权结构之下的董事会席位结构，既有可能性，也有必要性。

总之，董事会在现代公司中，是一个非常重要的权力主体。但董事会能不能具备独立性、发挥其应有的作用，却是一件很难保证的事情。董事会和公司的控制人，包括和股权控制人，或者和像约翰逊这样的控制公司的经理人之间，理论上是相互对立和制衡的。然而，在现实之中，他们之间的制衡关系却不容易建立。

董事会的架构

那么，董事会应该是什么样呢？我们可以从规模、结构和运行这三个方面来加以理解。

首先，是董事会的规模和结构。我国《公司法》对于股份有限责任公司的董事会人员规定是在 5 ~ 19 人。按照对中国上市公司的统计，董事会的人数一般在 7 ~ 11 人，人数主要是奇数而不是偶数。从结构上看，超过半数的席位是由实际控制人或其代表，以及股权董事和管理董事占据，即内部董事的数量超过一半。

关于董事会究竟应该由多少人构成比较合理这个问题，学术界在 20 世纪末，有几项比较有影响力的研究结论。大致的结论是：对于大型公司，董事会成员在 12 ~ 13 人是较佳的配置。这些权威研究的逻辑可以被概括为：董事会的人数越多，越有信息方面的优势，但人数较多又会产生沟通效率降低和搭便车等劣势。

具体来说，董事会的成员人数多，有助于集思广益，大家可以从不同的角度看问题，提出多样化的思考和看法，这是显而易见的好处。但是，当董事会的人数超过一定数量之后，往往会大大增加把不同角度的思考进行收敛的成本，甚至会出现某些董事不尽力、搭其他人便车的情况。

搭便车的情况在任何群体决策过程中都无法彻底回避和解决。我自己曾经遇到过一位董事会成员，在长达六年的共事时间里，我没见他提过任何有价值的意见或建议，不是今天复述一下张三的意见，就是明天赞同一下李四的意见。对这位董事来说，当董事的意义，就是获得董事薪酬，以及收获到外地参加董事会的旅行乐趣。

出于对上述积极面和消极面的综合权衡，前面所提及的那几份权威研究认为，董事会的人数和结构应该由公司的规模和业务复杂性决定。这几份权威研究基于大型公司的样本，通过统计研究，最后得出了 12～13 人是大型公司董事会最优规模的结论。

其次，是董事会的结构。董事会实行票决制，每次会议都会讨论一些议案，表决的规则是一人一票，超过半数赞同票的议案将获得通过。公司的董事长，也叫董事会主席，是董事会的召集人，在正常的情况下，他负责召集并主持董事会，但他的法定权力也只是投出属于他自己的那一票。至于董事长可以通过其他方式施加其影响力，这是另外一个层面的问题。

虽然董事会的成员只有十几个人，但在商议具体事项的时候，人数依然偏多；而且，董事会的成员之间还存在专业能力的差异问题。比如，在涉及技术战略、财务审计等专业性较强的问题时，召开董事会的全体会议进行讨论，就会非常低效。在这种情况下，就衍生出了董事会的下属委员会制度。

董事会下属委员会包括战略委员会、薪酬与提名委员会、审计委员会等，是按照专业来设置的，居于董事会的全体会议之下。董事会的全体成员，则分散在不同的专业委员会任职。很多专业性的议案，都是由专业委员会先行讨论，再向董事会的全体会议提出建议，并经由全体董事表决。图 17–1 就是关于董事会及其下属委员会设置的架构图。

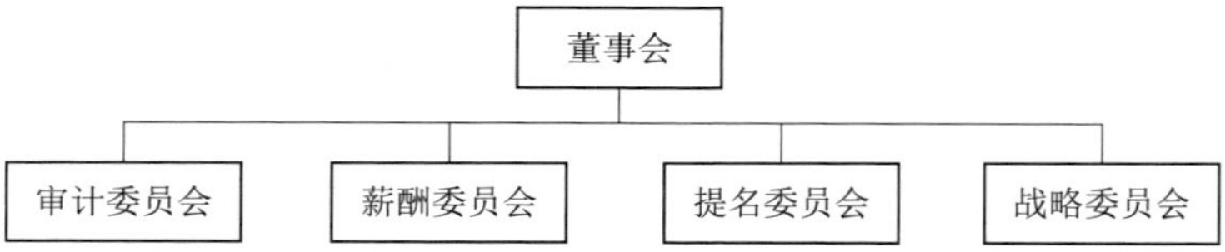

图 17–1 董事会及其下属委员会

以审计委员会为例，它主要由具备财务背景的人组成。这个委员会的任务是在与管理层相互隔离的情况下，保证公司年度报告、财务报告和审计控制报告的真实性和有效性。按照我国的法律法规，审计委员会超过三分之二的人员应该是独立董事，它有权独立聘请会计师事务所和相关的辅助人员，并和后者一道工作，对审计工作的程序、进展和质量进行督促保证，然后提供一个供董事会集体讨论的委员会决议。

以上所说的这些委员会，都是在正常情况下董事会应该设立的分支机构。当公司遇到特殊情况时，董事会也会临时组成一些非常设的委员会，来处理这些特定问题。比如，在《门口的野蛮人》这个收购案中，我们就看到，雷诺兹—纳贝斯克公司在遭遇几家投资公司并购时，首先组成了一个由五位独立董事构成的特别委员会，负责对各家的标购方案进行分析和判断，然后再向董事会提出建议，供董事会全体会议讨论、做出决议。委员会的负责人是董事长休格尔，另外还有其他四位董事会成员。这个委员会的任务就是筛选和剔除那些不靠谱的并购参与者，进而向董事会提出最后的入选者，由董事会集体会议讨论并最后拍板。

不过，从小说《门口的野蛮人》的描述中，我们可以看到，无论是特别委员会还是董事会的全体会议，其运作都有主导者。这就涉及我们要讲的第三个问题：董事会是怎样运行的。

目前，很多公司治理的研究都是建立在董事是“正直”的人这个假定之上，似乎所有的董事都会“勤勉尽职”和“公而忘私”。我认为，这是一个认识上的误区。从《门口的野蛮人》对特别委员会乃至公司董事会全体会议的细节描述里，我们可以看到，与其说董事会是一个整体，不如说董事会是由一些自利的个人构成的组织。

以董事长休格尔为例，他是非执行董事长。什么是非执行董事长呢？就是他并非在公司全职工作，他的报酬也并不与公司的业绩挂钩，而是领取一个相对固定的数额，唯一不固定的就是他的福利。在董事会会议上，议案都是由管理层提供的，休格尔的任务是主持会议，引导大家按照董事会的议程进行讨论和表决。休格尔这个非执行的董事长并不控制公司，真正控制公司的是 CEO 约翰逊。

事实上，休格尔这个董事长，是约翰逊给的。休格尔原来只是董事会中的一名普通董事，但他在约翰逊争夺 CEO 大位的过程中，穿针引线，立下了汗马功劳，所以，当约翰逊顺利当上 CEO、牢牢地控制了公司大权之后，就让休格尔当了董事会的非执行主席，年薪是 15 万美元，此外还有很多其他的福利。约翰逊之所以选择休格尔担任董事会主席，无非是想进一步借助他让自己和其他董事们之间的关系日益紧密。

如果不阅读这本小说，很多人可能完全想不到：当约翰逊决定准备通过杠杆方式收购公司时，休格尔的劝诫竟然是，难道你不想要这种奢华的生活了吗？显然，在休格尔看来，花着股东的钱，过着奢华的生活，对于约翰逊这样的职业经理人来说，日子已经很好了，你还瞎折腾什么？

这本质上涉及我们在第 13 讲中讲过的那个公司权力谱系。我们讨论一家股份公司的治理结构，讨论其董事会的效率问题，必须要首先明确这家公司的权力结构究竟位于谱系中的什么位置。公司所处的位置不同，客观地决定着它会形成一个怎样的董事会，也决定着这个董事会能不能发挥作用。

董事的动机与行为

说得再明确一点，现实中的很多董事会都只是符合法律规程的摆设。我们现有的理论过于强调董事会法律意义的规范性，而忽视了董事会也是由人组成，因而也具有“世俗性”。多数董事是基于利弊权衡而行动的，他们并非基于原则而行动，所以，他们常常游走在灰色地带，用通俗的话说，就是打擦边球。

以董事长休格尔为例，他既贪婪，又怕死，努力在两者之间寻求着某种平衡。我们看到，一方面，休格尔占尽了公司的好处，对于约翰逊给他的种种福利来者不拒，一概笑纳，而且还投桃报李。当约翰逊下决心对公司进行竞标收购后，最滑稽的是，特别委员会的人员选择，竟是休格尔和约翰逊商量的结果。这不仅违背了董事行为的基本操守，也失去了外部董事最基本的独立性原则。

小说中对此是这样描述的：

> 休格尔刚回到康涅狄格的家中，就给已经回到亚特兰大的

> 约翰逊打了个电话。电话里两人讨论了委员会人选问题。其实休格尔早已有了自己的想法，只不过是通过约翰逊的嘴巴说出那些人名而已。西湾公司的戴维斯是个合适的人选。作为约翰逊的老朋友，戴维斯比董事会里的其他人更了解企业重组，因为在过去的 5 年里他对西湾公司进行了多次改革。美国计算机服务公司的前董事会主席安德森也是候选人之一，而且约翰逊给了他 8 万美元一年的董事咨询费。他们认为至少有一位董事应该来自温斯顿 – 塞勒姆，于是他们把人选定为梅德林。让人最不可思议的候选人是麦康伯。虽然在早期的交往中，约翰逊不信任这位塞拉尼斯化学公司的前主席，但他和休格尔还是决定让此人加入委员会，以免麦康伯在其他董事中间造谣滋事。

当然，休格尔也十分明白自己这样做的风险，所以，他也为自己留了后手。他的一个关键动作就是要为自己寻找一个可靠的律师，以确保整个董事会在行使职权的过程中做到合规。这样做，即使后面遇到股东诉讼，他也可以说得清。所以，他打电话给纽约最有名的几家律师事务所，希望寻求法律支持。

也正是这几个电话打过之后，休格尔才知道那些他看得上的著名律师事务所都因为存在利益冲突而无法接受他的委托。他进而一下子警觉起来，并意识到也许华尔街的投资银行家们已经倾巢而出，甚至连律师都不够用了。这让他意识到约翰逊一定有很多事情瞒着他，于是开始对约翰逊有所警惕。这种警惕，来自他“贪财又怕死”的本能。

更令人想不到的是，休格尔在这种情况下保全自己的办法，竟是引入一个完全没有资格的第三方队伍，以防止相互竞争的管理层团队和

KKR 联手。这个第三方团队来自弗斯特曼－利特尔公司，本来他们是没有机会参与到这个并购案之中的。休格尔特意安排他们进入，就是要创造一个竞争对手，保护自己的安全。这是因为，有这个第三方团队，即使约翰逊和 KKR 联手，第三方哪怕摆摆样子，也是一种竞争的局面，而他则有机会逼迫竞标者出高价。

休格尔的这些行为，其实并不令人奇怪。很多人看到董事们西装革履、正襟危坐，以为他们就必然代表正义和公道，以为他们必然很职业化，以为他们的行为就必然为股东和公司的长远利益考虑。如果这样想，就大错特错了。董事也是人，甚至可以说，他们和我们一样，饮食男女，趋利避害，我们不能因为他们的董事地位就给予他们不切实际的要求和期望。某种意义上，他们的行为模式和贩夫走卒，没有本质区别。

董事的基本职责和义务，在美国被概括为忠实的义务（duty of loyalty）和注意的义务（duty of care）。我国的《公司法》的要求与此类似，第 148 条明确规定：公司董事对公司负有忠实义务和勤勉义务。

我国《公司法》和《上市公司治理准则》对勤勉和忠实的含义，有清晰的说明。董事的勤勉义务被概括为：董事在履行职责时，应该善意为公司的最大利益服务，并应以一个合理的、谨慎的人在类似情形下所应表现出的谨慎、勤奋和技能来履行职责。董事的忠实义务，又称为信托义务或信任义务，指董事在管理公司时，应毫无保留地代表全体股东为公司的最大利益努力工作。当董事的自身利益与公司的整体利益发生冲突时，公司的整体利益优先。当董事因失职而导致股东财产损失时，他会视情况被要求承担责任，包括行政责任，民事责任和刑事责任。

然而，这只是理论上的说法，或者说是法律上的要求。在现实生活中，我认为董事的任职选择是一种个人的商业行为，是一种利弊权衡的结果。董事的利益有三种：货币收益、关系收益以及社会声誉方面的收益。董事的任职成本包括时间和精力上的投入，以及可能的声誉损失或失败成本。一位董事，只有在任职收益大于履职成本的时候，才会就任，否则就会选择拒绝或辞职。如果因为失职或渎职，遭到证监会的惩罚，甚至承担法律责任，那就得不偿失了

那么，董事们会尽最大努力维护股东权益吗？不容易。经典的经济学理论已经从理性人的角度证明了，尽力而为从成本收益的角度上看，是不划算的。

具体来说，任何人做事情都要追求净收益最大。净收益等于做某一件事情的总收益减去总成本。而要保证净收益最大化，就必须要在边际上进行衡量，只有当进行一个工作的边际收益大于边际成本时，才值得增加对这个工作的投入。而且，随着努力程度的增加，收益水平的增加速度会逐步下降，而成本的增加速度会快速上升，也就是说，净收益的水平会随着努力的加大而不断减小。

于是，尽管人们不会精确计算自己的最优努力水平是多少，但他们会在心中按照这样一个逻辑去盘算，大致确定自己的努力程度应该保持在什么水平上，以及什么样的行为符合这个收益最大化的目标。于是，董事们不一定会像法律所要求的那样去尽职。也就是说，从董事的角度所判断的最优努力水平和努力方式，与法律要求的水平、股东期望的水平，可能存在着较大的不一致。

比如，像休格尔这样只获取固定报酬的人，由于其总收益是固定的，并且与公司的业绩无关，所以，他要追求个人净收益的最大化，客观上就要想办法降低努力的成本，包括减少直接的时间投入；以及间接地在工作方式上的“讨巧”。道理很简单：收入固定，投入减少，剩余必然增大。

于是，在这样的激励环境中，休格尔不求有功但求无过。这样的工作态度，是符合人性逻辑的。如果不是约翰逊非要折腾，他大可以把这种平安无事的日子过下去。当约翰逊打破了休格尔的平静生活之后，他的第一个反应，是劝说约翰逊息事宁人；第二步是寻求自保，想着该怎样给股东一个交待。

自保的动机，是主导休格尔后续行为的关键。导致这个变化的核心原因，在于并购改变了休格尔的收益成本机构，失败成本陡然上升，如果再不付出必要的努力，他的声誉会严重受损，失败成本会大到他无法负担的程度。

其实，雷诺兹—纳贝斯克公司的其他董事也和休格尔一样，平时他们对公司付出很少，但获益很多。他们享受着高额的薪酬，公司的福利和礼品，以及免费使用公司飞机的权利。但当《纽约时报》刊登出管理层收购的重磅消息，这些消息让他们进入到公众视野之后，他们所面对的收益成本结构发生了大变化，开始承担巨大的声誉风险，这才使他们愤怒起来。关于这个细节，在书中是如下描述的：

> 董事会里弥漫着一种反对约翰逊的情绪。戈德斯通猜得没错，这些董事已经不再是约翰逊的盟友了，也不会再帮助他了，而且他们痛恨约翰逊将他们置于公众舆论的风暴眼里。
>
> 董事会已经受到了来自员工、股东和媒体等反约翰逊力量的责难，而关于约翰逊秘密协议的报道更是让董事会坐立不安。
>
> 一系列的报道接踵而来：价值 5 250 万美元的退休金计划和价值 5 000 万美元的 52.6 万股限制股，约翰逊的小算盘打得可谓万无一失。更糟糕的是，约翰逊给予董事会成员的一些好处也被

媒体曝光了，其中包括薪水不菲的聘用合同和每人 1 500 股的限制股。

在发达的市场经济体制中，声誉对任何人都是个大约束。约翰逊的收购计划，直接对董事们的声誉构成了威胁，这导致了董事会和约翰逊进行切割，董事们开始公事公办。自保行为，是董事的本能，也是他们的底线。某种意义上可以说，人们只有在面对底线的时候，才会记起什么是责任，什么是义务。而我们也必须要承认：这种自保态度和自利动机，恰恰是公司治理机制的一个部分。

这一讲我们对董事会进行了介绍。按照法律逻辑，股东大会使公司的主要权力机关，股东的权力主要体现在选举董事会成员，以及批准董事会提出的关于重大事项的议案两个方面。但现实生活比理论设定要复杂得多。关键股东、CEO 往往有更多的决策权，他们可以通过董事会来反向操纵公司，进而操纵股东大会。所以，了解公司的基本权力结构，了解董事会的成员结构，并进而看透公司内部的权力逻辑和运行规则，非常重要。

第 18 讲

五条防线

为什么说公司治理是个矫正体系？

前面，我们分别讨论了经理激励的重要性，以及董事会作为公司决策机关的角色。这一讲和下一讲，我们将以雷诺兹—纳贝斯克公司为例，基于上市公司和资本市场，帮助大家建立一个关于公司治理机制的全景。

治理机制全景

我试着把企业内部和外部的种种治理机制画成一个关系图，请参见图 18–1。第 18 讲和 19 将围绕着这个图展开。

在我的观念里，完整的公司治理机制包括了内部的治理机制和外部的治理机制。经理人激励、董事会决策和股东大会的监督，构成了公司内部的治理机制。在我国，还有另外一条监事会的治理线索，它也属于公司的内部治理机制。不过，我们在这本书中没有讨论与监事会相关的内容，主要原因在于我国现有的监事会大多数属于内部人监督，而且是下属监督上级，其有效性往往较差。

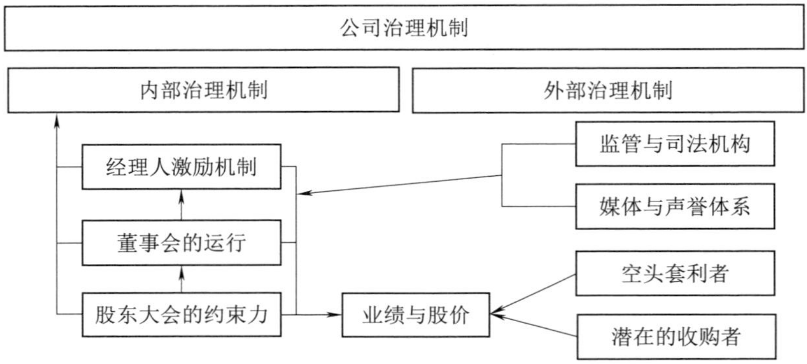

图 18-1　公司治理机制的关系架构

回到主线。我们一般讲公司治理结构的时候，往往都局限在上述公司内部的治理机制方面。事实上，资本市场、社会的舆论监督、政府的管制行为、法律体系，都有极大的治理意义。比如，资本市场上的很多活动，包括做空机制，都有重要的治理作用。当这些内部治理体系失灵，无法正常发挥作用的时候，就会触发这些外部治理机制发挥作用，对内部治理机制进行矫正。

大家如果关注在美国上市的中国概念股公司，就会知道一些公司曾经遭遇过机构投资者的做空。通常的做法是先发布利空报告，然后从股价的下跌中获取利益。很多人认为这些做空是恶意的。但常言道，苍蝇不叮无缝的蛋。如果一家企业没有问题，这种利空报告言之无物，机构投资者想由此套利，很少能够得逞。即使成功一次，也很难骗人一世。所以，大家对于做空机制的治理含义，应该有客观的、正确的认识。

总之，公司治理并不仅仅是股东大会、董事会和监事会的三会制度，三会制度只是公司内部涉及治理的机关和架构，更广泛的机制实际延伸到了企业外部。这也就是为什么很多学者的研究领域属于会计学、金融学、管理学、经济学、法律、甚至组织理论，同时也都涉及公司治理。

我们回到小说《门口的野蛮人》，进一步说明图 18–1。雷诺兹—纳贝斯克公司之所以会被 KKR 收购，并逐渐演变成为一场世纪大收购，我认为根本原因主要有三个。

首先，是公司的内部治理机制的失效。事实上，雷诺兹—纳贝斯克公司在战略和管理上虽然存在改善的空间，有进一步创造公司价值的可能，但在约翰逊的治下却很难实现。原因很简单，约翰逊和管理层自己没有这样做的激励动因，他们只会满足现状、故步自封、大肆挥霍。而董事会也没有给管理层施加压力的动力，股东大会更无能为力。可以说，公司的内部治理机制几乎完全失灵。

比如，按道理，雷诺兹—纳贝斯克公司早就应该进行分拆，但在约翰逊只是一个打工者的时候，虽然他是 CEO，却缺乏这样做的必要激励。而当他准备进行管理层收购时，开始从股东的角度思考公司的出路，就要分拆纳贝斯克的业务。这就是我们常说的“屁股指挥脑袋”。

在打工者 CEO 约翰逊看来，公司不是自己的，公司规模越大，自己的地位越高，何必劳心劳神地去进行分拆呢？但作为股东的 CEO 约翰逊，公司的价值和自己的利益高度相关。所以，视角不同，经营动作就完全不一样。

其实，在 80 年代的美国，不少公司都和雷诺兹—纳贝斯克公司一样，由于管理层没有动力，许多应该做的经营动作都没有人做。也恰恰是因为这一点，才引发了 80 年代的大并购。有一个英文单词现在已经很少用了，叫 conglomerate，它的意思是综合性大企业。在 20 世纪 60 年代，美国的很多主流企业都是这种由多种业务形成的综合性大企业。

多元化企业存在的理由，是能够创造出 1+1 大于 2 的协同效应，否则就不如分拆可以给股东带来更大的价值。在 20 世纪末，很多学者对综合性大企业进行了复盘研究，发现美国大型公司多数都没给股东创造价值，相反却因为多元化经营而毁损了股东价值。在这些公司里，不仅没有协同效应，而且不同业务混在一起，综合效果是 1+1 小于 2。

雷诺兹—纳贝斯克公司就是这类企业的典型例子。它的旗下有完全不同的业务领域，有现金流良好但公众印象比较矛盾的烟草业务；也有进入千家万户、作为知名品牌而存在的快速消费品业务。这两类业务的经营逻辑完全不同，对管理方式和管理文化的要求也不同。但这样一些差异极大的业务，却被包含在同一家公司中，在同一个管理班子的控制下生存，业务上不仅没有协同效应，而且还彼此冲突，相互牵制。

比如，资本市场按照烟草行业的估值逻辑来评价纳贝斯克的食品业务。它的食品业务所动用的资产是收入的 22～25 倍，但股价却只相当于收入的 9 倍。这就意味着公司完全被看成一家烟草公司，而烟草公司在 80 年代提倡戒烟的大环境下，是完全不被看好的。公司的管理层对此并没有什么好的改善办法，而且也没有分拆的动力；董事会更没有更换管理层的意愿和能力。所以，公司股价长期低迷，其固有的内在价值完全无法得到充分释放。在这种情况下，只有通过收购、改造、重组，才有释放价值的机会。无疑，这意味着内部治理机制失灵后，它需要寻求外部治理机制来助力。

当然，对企业进行分拆再造，并非只有外部收购者才能完成。如果是企业的内部人，包括 CEO 有决心并且敢于下手，也可以取得同样的效果。比如，在 80 年代企业史上留下名声的重要人物，像通用电气的韦尔奇、克莱斯勒的艾柯卡、高露洁的马克，都是重组高手。在这些人任职之前，他们所在的企业都是被多元化经营这一发展战略搞得臃肿不堪、效率低下。而在他们上任之后，所使用的改造企业的基本方法和约翰逊在下决心收购公司时计划要做的，以及 KKR 标购成功之后所做的，如出一辙。

然而，问题的关键就在于雷诺兹—纳贝斯克公司的内部治理机制已经失灵，企业内部已经没有这种自我更新的动力。约翰逊整天沉迷在他的小圈子之中，想的事情就是如何巩固自己的地位，利用公司的财富为自己谋福利，所以，只有靠外部人接管，才有可能摆脱窘境。我一直觉得，即使 KKR 不抢先下手，在 80 年代并购大浪潮中，也会有其他的华尔街投资银行会对雷诺兹—纳贝斯克出手。

接管威胁

除了内部治理失灵之外，导致 KKR 选择雷诺兹—纳贝斯克下手的理由还有一条，就是它虽然效率低下，但创造现金的能力却非常强。所以，在某些情况下，公司有充沛的现金流，可能会成为“致命伤”。这一点，请大家一定要记住。

为什么现金流好的公司更容易成为收购者的目标呢？原因很简单，就是在完成收购、新管理团队进入公司之后，都要对公司进行改造，而改造往往又需要投入大量的现金。有一种说法，买企业要花一块钱，在未来改造企业的过程中还要准备好另外一块钱。如果被收购公司的自身现金流状况比较好，或者有很好的现金储备时，显然就意味着在完成收购之后，不需要追加另外的一块钱。不仅可能不需要再注入大笔现金，甚至还有可能从这个被收购企业中获得宝贵的现金资源，用于做其他的事情。总之，现金流越好的企业，对收购者的吸引力就越大。

雷诺兹—纳贝斯克公司就是这样。虽然它的内部治理机制出了问题，但其两大业务领域没有根本问题，资源条件也不错，而且，它还有着良好、稳定和充沛的现金资源。资源好，现金流好，一俊遮百丑。这是因为，治理机制和管理机制都是可以改造的，甚至企业家精神都可以被重新塑造，而资源产生现金的能力，是稀缺的，需要很多年的积累。从这个意义上说，雷诺兹—纳贝斯克成为投资机构的目标，一点也不奇怪。

这就引出了另外一个话题：被接管的威胁。一般来说，发展得比较好的公司，通常已经上市，并且经历过很多轮融资和减持，这时的股权可能已经相当分散了。如果公司处于下述这样一种状况，即资源和现金状况都不错，就是经营管理不力，那么，掌管公司权力的人就存在被替代的风险。如果内部治理机制失灵，董事会和股东大会无法做到这一点，外部的收购者就有更大的可能性来敲门。

在 20 世纪 80 年代接管活动盛行之前，被收购的威胁并没有像当时这样大。现在，掌控权力的人不时刻盘算着自己手里的资源，如果放在别人那里会不会创造出更大的价值，就有可能会被收购者打个措手不及。我们后面讲到的万科，包括在同时期发生的其他一些收购活动，都证明了这一点。

这就是图 18–1 中所描述的被收购的压力，或接管威胁。其实，并不一定需要发生真正的兼并收购活动，将现任管理者和董事们扫地出门，才是外部治理机制。接管的威胁本身就是一种治理机制，它会给在位的管理者以运用好自身资源的压力。经营者对于位子是否安稳的担心，以及随之而来的自我反思。这种压力机制就是外部治理机制在企业内部发生作用这个传导链条上的一环。

那么，企业的现金流充沛、基本状况良好，但内部治理机制失灵，是不是会自动触发外部治理机制发挥作用呢？这里不能忽视的还有一个因素，就是股票价格。一方面，公司的股价是否被低估到一定程度，直接决定着从外部进行收购的可行性；另一方面，股价的变化也直接决定了启动收购的时机。

在雷诺兹—纳贝斯克公司的案例中，我们可以看到，公司的内部治理机制失效其实已经存在一段时间了，但并没有触发收购。正是金融危机所导致的股价低迷，才使得 KKR 觉得并购有利可图。小说中有这样的一段描写。

> 1987 年 10 月 19 日，纽约股市一泻千里。和其他人一样，约翰逊打开他的股票报价器时，也陷入了恐慌之中。一周前雷诺兹—纳贝斯克集团的股票价格还在 65 美元左右，当天中午一下子跌到了 40 美元左右。接下来的几周里，股市一直萎靡不振。
>
> 12 月，公司的利润上涨了 25 个百分点，但华尔街对此反应冷淡。那年冬天食品行业的股票价格开始回升，雷诺兹—纳贝斯克集团的股价却依然没有任何起色。……但大家都把该公司的股票看成是烟草股。……当看到其他食品公司的股价飞速上涨时，约翰逊只能在那里眼巴巴地干着急。

无疑，股价的低迷，或者说股价长期脱离真实的公司价值，是导致 80 年代并购活动盛行的重要原因。当时，华尔街的投资银行家都在想办法去寻找价值被低估的标的作为投资对象。就像寻常人买卖股票，投资银行家们极其重要的功课就是去发现那些处于价值洼地的好东西。普通投资者只会在二级市场寻找和购买廉价股票，而诸如 KKR 之类的投资银行家则希望通过杠杆收购方式对企业连锅端。

其实，在 80 年代的美国，很多知名公司都成为过投资银行家的潜在目标，包括有百年历史的巨无霸公司——通用电气。只不过是因为通用电气出了个优秀的 CEO 韦尔奇，在收购者到来之前，他自己先启动了管理改革，并进行了内部治理机制的修复，才使得外部人无机可乘。

韦尔奇对于通用电气的改造，和外部投资银行家们的手法如出一辙。当时，通用电气过度沉迷于多元化发展，很多业务都处于效率低下的状态。在韦尔奇上任 CEO 的初期，他以削减成本、减少不必要的支出为重点，果断关闭了很多业绩较差的业务和生产线，诸如煤矿、空调，还有一些消费电子产品。

有人统计过，韦尔奇在 1990 年之前，关闭了将近 200 个业务单元，占公司全部营业收入的 25% 之多。理由只有一个：竞争力不强，盈利水平不够。他当时有一句名言：一个业务，如果做不到前三名，就一定会被出售。因为韦尔奇的操作手法和那些外部收购者的套路太相似，所以，大家送给他一个绰号：内部劫掠者（inside raider）。

劫掠者，是那个年代对很多外部收购者的一个负面称谓，就像“野蛮人”一样，成了有特殊含义的名词。有意思的是，在韦尔奇执政时期，约翰逊还是通用电气的董事会成员。但他却没有和韦尔奇一样去改造雷诺兹–纳贝斯克公司。我总觉得，约翰逊目睹了通用电气的种种变化，可能受到了某种刺激和启发。他想改造雷诺兹–纳贝斯克公司，但又不想白干。他想借着管理层收购，坐上老板的位子。

当 KKR 向约翰逊提出收购公司的建议时，约翰逊更加下定决心要独立完成收购。为什么要肥水流入外人田呢？ KKR 可以做杠杆收购，为什么管理层自己不能做同样的事情呢？

其实，韦尔奇也有机会和约翰逊做同样的事情。我以为，如果他那样做了，大概率也会身败名裂。为什么呢？我们只要看一下裁员的数量就知道了。通用电气做完整个公司再造，减少的员工数量超过了 12 万人。虽然 20 世纪 80 年代是美国工团主义运动的低谷，政府的劳工政策也给企业提供了非常宽松的环境，但即使如此，如果韦尔奇有什么私利性动作被爆出，他的改革就不会得到员工、社会舆论特别是股东和董事会的拥护。所以，一个人要想做大事，就不要盘算小利。这也是一种共生的智慧。

公司重组，关闭生产线，意味着你要动别人的蛋糕。在动别人蛋糕的时候，首先必须要保证自己绝对清廉。如果你把别人的饭碗砸了，还变相往自己口袋里装钱，别人就会质疑你的动机，质疑你的行为。被质疑，就会失道寡助，众叛亲离。就像我们在小说《门口的野蛮人》中所看到的，格林纳斯和董事会后面出来反对约翰逊，出卖他，皆由于此。而如果没有格林纳斯为 KKR 输送关键信息，也许 KKR 最后不会把收购价喊得那么高。

坦率地说，从我第一遍阅读《门口的野蛮人》时，就很不理解一件事：明明是可以共赢的事情，明明可以花小成本做到的事情，为什么要在最后付出了那么多的代价呢？唯一的答案就是人性的弱点和人的自利性所带来的局限。

在本书开头的部分，我曾经讲过：公司治理的目的，是要维系一种利益的平衡，企业要在利益的相互约束中得到发展。这种动态平衡的性质，和企业的规模其实无关。在有限责任公司，股东数量很少，股东之间的平衡和共赢很重要；到了股份有限公司和上市公司阶段，股东人数多了，成分复杂了，懂得权衡和妥协，有效地保持平衡，同样重要。

治理体系

现在，我们重新回到图 18–1 所勾勒的、治理体系的全貌。在这个图中，存在着公司治理的五条防线。

第一条防线，是要通过激励性薪酬将经理人和股东在利益上形成一致化。一些研究认为，要想把两种利益充分一致化，就要将经理人的持股比例提到足够高，否则，经理人就不会全心全意地创造公司的价值。我不反对这个看法，但认为激励除了来自金钱，还有理想、事业心，工作平台的性质与价值，受多个方面因素的共同影响。所以，来自内在动机的激励应该是收益和理想两个方面都不可或缺。

比如，韦尔奇就是更看重情怀的人。作为 CEO，他的收入不可能说少，但绝对不是他应该获取的全部，而他为了理想放弃了一部分金钱，更享受成就感。如果我们把经理人追求的东西画成一个谱系。韦尔奇处于一端，而约翰逊则处于另外一端。当然，多数人把利益看得更重，这很正常，也符合基本人性。

当激励性报酬不足的时候，公司治理的第一条防线就会失守，这就需要第二条防线。第二条防线就是董事会制度。但正如前面讲到的，董事会这条防线也会失守。因为对于董事的激励和约束制度也可能不充分。一个只拿十几万薪酬的董事，又得到了 CEO 所给予的好处，他怎么会轻易和 CEO 翻脸呢？这就是为什么世界上很多董事会都被称为“花瓶”。

而且，董事会通常隔好几个月才开一次会。董事们对公司的情况了解有限，会议也常常是走形式。比如，《门口的野蛮人》开篇就从雷诺兹—纳贝斯克公司的董事会会议写起，第二天公司就要开会了，而且是关乎公司命运的会议，但在前一天，多数董事对即将发生的大收购竟然一无所知。虽然这些董事都是其他公司现任或已经退休的 CEO，平均年龄也有 65 岁，可谓经验丰富，但在雷诺兹—纳贝斯克公司，他们就像聋子和瞎子，绝大多数时间都任由约翰逊摆布。

按照小说中的描述，他们坐着公司专门准备的私人飞机来到会议场所，聊着各种见闻、棒球大赛和总统大选。如果不是事关杠杆收购这样的大事，也许就像参加一次聚会一样，听 CEO 约翰逊海阔天空地介绍完公司最近的情况，在基于各自经验的基础上进行一些不着边际的讨论，然后履行董事会决议的签字等正常程序，就打道回府了。约翰逊在董事会成员中间周旋着，时而面带微笑，时而开怀大笑，并再一次为自己能在董事会八面玲珑、游刃有余而感到自豪。总之，信息不足和激励不足是董事会这条防线的两大致命弱点。

当然，我们也不能完全说董事会这条防线就是个摆设。如果全然如此，就不能称其为一条防线了。我们在小说的最后部分看到，在来自外界的巨大压力下，董事会逐渐对约翰逊和经理层产生不满。这种不满来自对个人声誉的担心。在最关键的时刻，他们选择让约翰逊出局。也就是说，董事会这条防线，只有在遭受压力时，才能发挥作用。

给董事会施加压力的作用方，首先是股东，这也是公司治理的第三条防线，是公司内部治理机制的最后一条防线。股东大会的权力，关键是它可以通过选举决定董事会成员。

在《萨班斯法案》出台后，为了防止大股东或内部人对公司实施完全的控制，现代公司的董事会设置了越来越多的独立董事。正如我们在前面新加坡航空公司的例子中所看到的，很多大公司的董事会里，往往除了 CEO 之外，全部都是独立董事。而独立董事的选举，也采用一种“累积投票制”的特殊制度。

什么是累积投票制呢？股东投票的正常方式，是“一股一票”制。如果大股东控制 51% 的公司股份，无论独立董事由谁来提名，结果都是大股东说了算。但在累积投票制下，中小股东的表达权就会更大。

假定公司一共发行 100 股，大股东持股 51%，其他中小股东持股 49%，与此相对应，大股东持有 51 票，中小股东持有 49 票。在普通的投票制度下，大股东提名的候选人就至少可以获得 51 票，所以，肯定可以当选。但在累积投票制的规则下，如果要在 3 位候选人 A、B、C 中选出 2 位独立董事，总的票数就被设定为 100 股乘以 3 票，也就是一共 300 票。

按照比例，大股东拥有 153 票，每一股有 3 票，对应于 51% 的股份；中小股东拥有 147 票，对应于 49% 的股份。这种票数分配的方式没有剥夺任何股东的基本权利，符合同股同权的原则，股权的数量和投票权的数量是相互匹配的。

我们假定候选人 B 是大股东不喜欢但中小股东非常信任的人。在累积投票的制度下，中小股东可以把全部的 147 票都投给候选人 B，而大股东却只能在 A 和 C 两个人中去分配他所拥有的 153 票，所以，他无论如何不可能把 A 和 C 两个人都选上，而把 B 挤掉。这就是累积投票制的作用。虽然其前提是资本权力的平等，但最后的结果有利于保护中小股东。这是累积投票制在设计上精巧的地方。

当然，这里也有一个问题，就是中小股东不愿意参加股东大会，根本无法投出 147 票。这也是累积投票制的命门所在。从我国上市公司的情况看，小股东出席股东大会的意愿很低，参与度不高，导致了非常严重的“集体行动困境”。

最早系统论述集体行动困境的，是著名经济学家曼瑟尔·奥尔森。他的理论可以被简单地描述为：如果一件事需要大家集体行动，成功了大家都受益，这时，人的自利本性就会诱发出“搭便车”的问题，英文叫 free rider。也就是说，如果某个人不参与行动，但他作为集体成员，并不会被排除在受益者之外，他就有虽然不付出努力却可以分享别人劳动成果的权利，即获得搭便车的权益。

当大家都发现这种搭便车行为有利可图的时候，就会导致只有少数人冲在前面，为大家的利益而努力。这些冲在前面的少数人，承担了所有努力的成本，但获益却被大家“合理合法、心安理得”地分享。这个账怎么算，都不会划算的。于是，渐渐就没有人愿意冲在前面，干这种替大家维护权利但费力不讨好的事情了。

中小投资者出席股东大会的意愿比较低，还在于我国资本市场的主要获利方式是获取差价收益，而不是通过长期持有一家公司的股份，分享企业成长的红利。这种情况也加剧了中小投资者在参与股东大会时选择搭便车行为。

当然，如果公司股权相对比较分散，存在比较强有力的第二大股东甚至第三大股东，股东大会上的不同声音就会多一些，董事们可以感受到来自多方面的压力。这时，股东大会这条防线的价值就会更大一些，但这种情况并不多见。

以上这三道防线，就是公司的内部治理机制。当这三道防线失灵之后，只有来自资本市场和外部潜在股东的力量才能拯救公司了，这就是公司的外部治理机制。具体来说，当股东对 CEO、经理层、董事会不满意的时候，他们会在公司的股东大会上抱怨、发声。股东们会想办法通过“用手投票”的方法来解决问题，可一旦这些手段都无法见效、无法达到目的，股东们就会选择离开公司，变为“用脚投票”。

当出售公司股票的人多了之后，股票的价格就会下降，甚至会出现超跌的情况。这就给潜在的收购者提供了机会。正如我们前面所讲的，KKR 和其他竞标者之所以出手购买雷诺兹—纳贝斯克公司这样的巨无霸，根本原因就是公司的基本面不错，现金流充裕，而与此同时管理低效、内部治理机制失灵，1987 年的股灾所引发的股价长期低迷，则使收购变得更加划算。

我把潜在的收购者，看成是公司治理的第四条防线。潜在的收购者一旦坐上了大位，他们通常会改组公司的董事会，改换公司的 CEO 和经理层，努力让公司恢复它应有的价值。收购者的目的当然是从这一过程中套利，但这个过程会改善公司的内部治理机制，使其得到重建。正是在这层意义上，我不愿意简单地把 KKR 这类投资银行称为“野蛮人”。

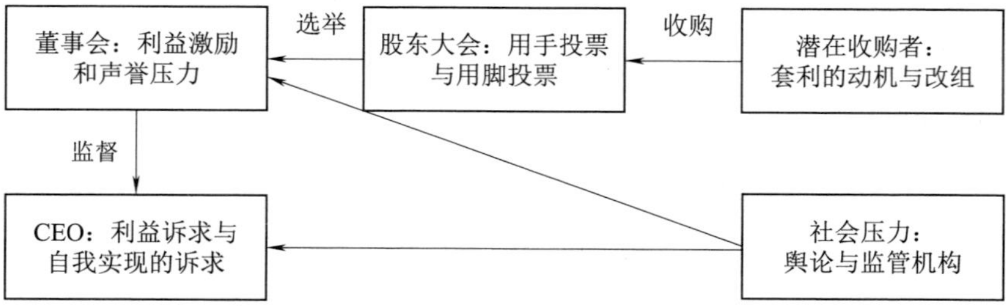

图 18–2　公司治理的五条防线

图 18–2 是对图 18–1 的细化，对公司治理五条防线做了更直观的描述。从图 18–2 中我们可以看到：与潜在收购者同样重要，对 CEO 和董事会等内部人形成威胁的，还有来自媒体和监管机构的社会压力。

在声誉社会，舆论监督非常重要，因为人一旦失去了声誉，就会寸步难行。甚至一个缺少诚信的人，连申请个人保险和贷款，在同样的条件下，条款的细节都会比其他人要多一些。另外，无论在什么样的社会环境中，严格的交易监管和公司监管，都是公司治理的题中之义。对于那些不怕声誉贬值甚至打擦边球的人来说，强有力的证监会和交易所有立竿见影的效果。社会压力和公司的外部环境，构成了公司治理的第五条防线。

在图 18–2 中，值得我们深入思考的是，五条防线中的每一个主体都有其利益诉求。我们需要解决的问题，核心在于如何让这些利益诉求得到正视，并由此建立起相应的激励机制，并在不同的利益主体之间形成彼此的利益协同。

这一讲的内容比较宏观。我希望由此帮助大家建立一个关于股份有限公司和上市公司治理机制的全貌，我也希望大家能够建立起从宏观背景看待各种局部问题的意识与能力。

第19讲

资本市场的压力

外部治理机制如何发挥作用?

这一讲，我们接着上一讲的话题，主要讲资本市场和外部治理机制。通过图 18–1 和图 18–2，我们知道，当内部治理机制无法发挥作用的时候，一旦公司股价下降到一定程度，就是外部投资人和资本市场发挥主要作用的时候了。

套利的逻辑

外部人参与到公司中来，他们的收购行为成为治理机制的一部分，并不是“出于他们的善心”，同样是出于自利的动机。比如 KKR 收购雷诺兹—纳贝斯克公司，是因为 KKR 发起这个收购行动可以套利。套利，是一切资本的本性。

“套利”这个词，虽然听着像个贬义词，但从商业活动的一般规律看，套利也是价值发现甚至价值创造活动的一部分。图 19–1 描述了商业活动的一般逻辑，套利就是其中的重要内容和环节。

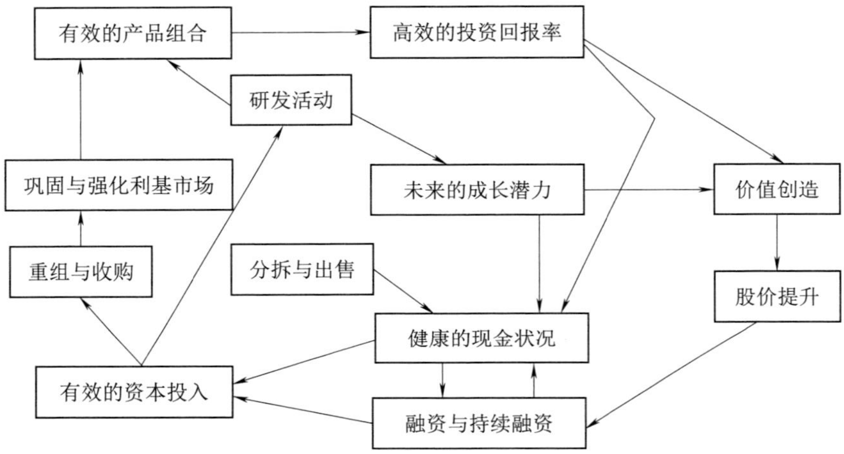

图 19-1　并购活动与价值创造过程

任何企业都是从图 19-1 的左下角投入资源、启动生产这个环节开始的。具体来说，企业家和早期投资者开始经营活动，向特定市场、特定人群投放恰当的产品和服务，满足客户的需要。这是个尝试性的行动，因为基本的经营闭环没有建立起来，最初的风险是较大的。公司建立有效的管理机制，包括内部治理机制，都是要追求这个过程的高效率，追求尽快获得稳定的投资回报率。

企业的投资回报，不仅仅体现为短期的收入和利润，还体现为长期的增长潜力。比如，企业会进行研发活动，这一活动的目的，是让公司获得技术壁垒，提升后续成长的潜力。再比如，企业还可能通过各种手段培育潜在客户，并追求客户的黏性，以及随后的转化率。所以，投资回报是一个动态的反映性指标，它既可以体现为一个狭义的数字比率，也是一个广义的经营活动效果。

企业的投资回报水平不断提高，意味着经营者在帮助企业创造价值，随之而来的就是股权价值的增加。如果是上市公司，股价就会上涨。这就形成了一个顺畅的循环；反之，则意味着企业进入了一个毁损股东价值的循环。

当企业的经营循环是顺畅进行的，企业可以根据需要获得外部的资本投入，企业的规模不断壮大，利润增厚，现金流健康。而当经营循环逐步恶化，内部治理机制又失灵，无法扭转这一趋势，上述循环难以为继，其结果就表现为公司价值的减少，进而后续融资会出现问题。

如果这时再叠加不利的外部环境，比如像 1987 年发生了美国股票市场的暴跌，市场流动性变得越来越不充分，股价就很难恢复到先前的水平，或者应该达到的水平，就出现了在资本市场上通过收购兼并而套利的机会。

能够吸引外部投资者进行并购的公司，大都基本面还不错，表现为利基市场比较稳固，研发活动有一定成果等。外部投资者的进入，相当于在这个循环中，从图 19–2“收购和重组”这个环节输入一种新的活力。外部投资者往往希望通过改造现有的管理团队，通过产品、市场和客户的重新聚焦，强化研发活动，必要的分拆和出售资产，以及新的融资安排，重建上述循环并使之健康。

改造的效果，最后会反映在股价或股权估值的溢价上。如果外部投资者选择在合适的时机，通过合适的方式把这个溢价变现，就是套利。很多外部投资者的主要目的是套利，但这个套利过程客观上带来了一个结果，就是要么给现有管理团队以压力，要么通过更换管理者，提高经营活动的效率。不过，无论具体过程是怎样的，它都不可避免地会在一定程度上矫正内部治理机制的失灵。

通过图 19–1 我们可以看到，收购并不会脱离企业经营活动的原有逻辑。收购只是通过获得控制权，调整企业经营活动的轨道，让企业更有利于进行价值创造活动。被收购的企业往往都具备一定的资源能力，但由于原来的管理层不能做为或者不愿意做为，导致这些资源能力无法发挥出应有效果。外部投资者在收购之后，通常都会调整企业的战略方向，分拆与出售企业的业务和相关资产，大力压缩费用或改变用途，以及大刀阔斧地裁撤无效人员。

那么，外部投资者是怎样在事前就预估出自己可以创造价值，通过并购活动让一家企业重回健康发展的轨道呢？在这方面，有很多的分析架构和分析方法。下面，我就以企业评价和收购分析中最常用的杜邦方程来举例说明（参见图 19–2）。

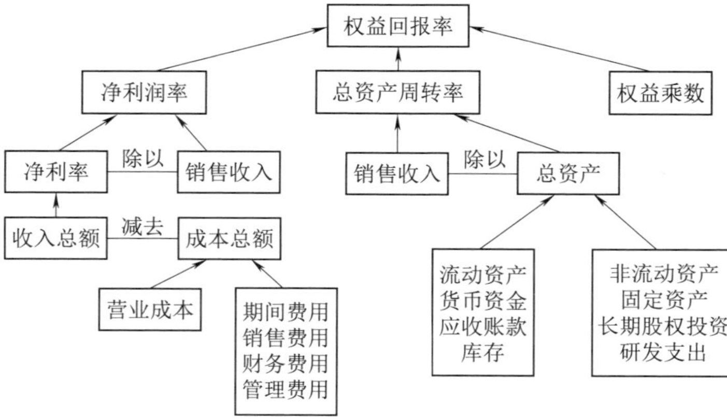

图 19–2　杜邦方程的分析逻辑

杜邦方程，由杜邦公司的财务人员最先使用而得名。这个方程来自一个核心比率“权益回报率”，也叫“净资产收益率”，由净利润除以净资产得出。这个比率可以在静态上反映图 19–1 中所说的投资回报水平。

办企业就是要为股东赚钱，所以，权益回报率是反映企业赢利能力的核心指标。

杜邦方程在权益回报率的算式分子和分母同时乘以“收入”和“资产”，在保持比值不变的情况下，将一个比率变成一个三项展开式，也就是三个比率的乘积。这就是它的巧妙之处。展开式即为杜邦方程，写作：

$$\text{权益回报率} = \frac{\text{净利润}}{\text{销售收入}} \times \frac{\text{销售收入}}{\text{总资产}} \times \frac{\text{总资产}}{\text{股东权益}}$$

即股东的“权益回报率”等于“净利润除以销售收入”，“销售收入除以总资产”，以及“总资产除以股东权益”这三个比率的乘积。这三个比率依次代表“销售利润率”、“周转率”和“权益乘数”（也叫“财务杠杆”）。通过把一个比率拆成上述三个比率，可以更清楚地看到企业的价值因何而来。当然，这是算总账的、静态的展开式。真的在进行收购，账会算得更细，就是要在动态的情境中更细致地考虑问题。

第一项“销售利润率”，是净利润除以销售收入的值。与之相关的主要财务数字，来自企业的利润表。这里说的利润表，不仅包括企业汇总的利润表，还应包括按业务、按产品、按地域、按客户，从不同的角度进行利润水平的分析。根据这些总体和细节的计算分析，收购者可以判断出：到底哪些业务、产品、地域、客户是给股东赚钱的，哪些是可以改善的，哪些是在赔钱，应该关闭或出售的。

算利润，回避不了成本分析。于是，进行这一项分析的时候，还需要判断企业的成本分摊方式是不是合理，有没有机会进行改善。如果企业的成本费用非常高，像雷诺兹—纳贝斯克公司要养一个机队，要给高管支付巨额的福利支出，同时，它的研发费用也花得非常无厘头，研发出来的“无烟香烟”并不被市场接受，那么，这家企业就存在通过压缩费用来提高盈利的可能性。

事实上，KKR 在接管雷诺兹—纳贝斯克公司之后，也将奢侈的飞机和机库大举出售，还砍掉了无烟香烟的研发开支。显然，这些行为只有在 KKR 介入之后，才有可能做到。这就是价值发现和价值创造的行为。

杜邦方程的第二项，叫“周转率”。这个指标衡量的是每一块钱资产创造销售收入的能力。一个企业所经营的产品如果单次销售的利润率不高，但周转率很高，也会取得非常高效的业绩。

在图 19–2 中，我罗列了现金、应收账款、存货等流动资产的细项，也罗列了固定资产、长期股权投资以及研发投入等项目。这些细项的数字都可以在企业的资产负债表中找到。不过，单靠资产负债表的总表也同样不够，收购者必须了解更多的细节，才能综合判断企业资产利用的真实情况，进而预判怎样进行资产调整才能让企业发生根本变化。

第三项是“权益乘数”，也就是企业的资产有多少是股东的，有多少是债务。收购者可以由此判断通过怎样的财务安排，一方面使企业财务可持续，另一方面又能让自己在融资和投资活动中保持动态平衡。这一方面的内容，这里不展开讲了。

总之，杜邦方程比图 19–1 中的经营循环图，更清楚地展示了价值发现和价值创造的逻辑。基于被收购者的信息以及对外部市场环境的判断，收购者可以大致预测和评判企业的现有价值和潜在的套利空间，并由此决定自己的融资方式，并制订出改造企业的计划。

信息的价值

前面提供的两张图，都是支持收购分析的大逻辑和基本工具。这些工具能不能发挥作用，或者在多大程度上发挥作用，受制于收购者所掌握的信息数量和质量。所谓信息，就是各种数据，以及隐含在数据背后的行为信息。

所有经营活动状况及其结果，客观上都会反映在数据和财务指标中。所以，获取数据是第一步。之后，还要根据这些数据，来研究数据背后的行为过程和决定因素，这是第二步。公司收购，听着是个很宏大的概念，但它是建立在对各种数据信息和行为信息进行深刻分析的基础上的。收购者对以上两类信息占有得越充分，对信息背后的经营逻辑洞察得越深刻，出价就会越客观合理，并购活动越有成功的把握。

图 19–3 描述了企业并购的基本程序。从图 19–3 中我们可以看到，业务分析、财务分析和风险分析是并购活动的基础，它们都建立在对信息分析的基础上。显然，如果没有信息，就无法做出各种分析，也无法判断出价、融资等一系列活动的合理性。

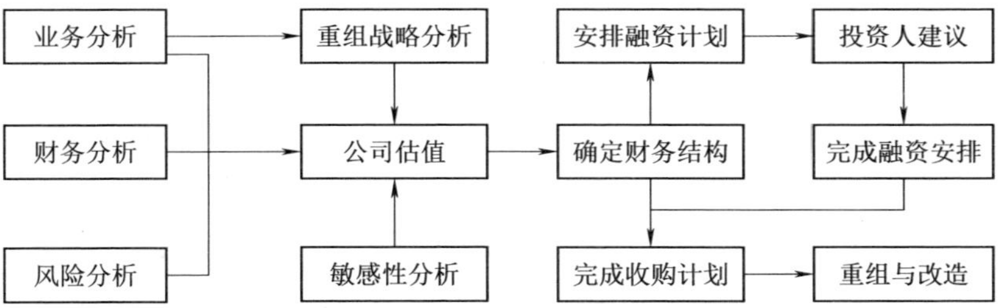

图 19–3　企业收购的基本程序

麦肯锡公司曾经做过一项研究，发现相当高比例的公司收购，最终都以失败告终。我认为其中很主要的一个原因，就是在收购之前对各种信息掌握得不够，分析得不够。信息不足，分析不准，直接导致后期的重组、整合和改善工作，难以从容开展。

总之，收购活动的前期有两个关键性的基础工作：第一，是要能看穿行业的趋势和企业的资源能力；第二，是要能够根据调查研究，掌握财务数字背后所隐含的行为内容。只有把这两个工作做到位，才能有效地做出合理的财务假设，进而做出确切的公司估值，并制订可行的改造计划，基于整个并购和改造计划的全过程确定最合理的融资方式。

获取信息的过程，叫尽职调查，这个概念我们前面讲过。但大家必须清楚，在现实的收购活动中，做出好的尽职调查，并不容易。小说《门口的野蛮人》中，对 KKR 的尽职调查过程是这样描述的：

> 杠杆收购的买家了解收购目标的过程被称为尽职调查。如果克拉维斯能够得到管理层的帮助，尽职调查就会变得轻而易举。他们可以很方便地拿到各种机密的信息，随时找主管展开头脑风暴，想办法来增加现金流和减少成本。
>
> 和许多上市公司一样，雷诺兹—纳贝斯克是在特拉华州注册成立的。根据该州的法律，目标公司的董事会必须派人配合 KKR 的调查。但之后，克拉维斯发现并没有哪一条法律规定这些高管必须配合。
>
> 约翰逊的这帮领导人似乎都集体失忆了。他们只回答一些简单的问题，如果征求意见和建议，或者询问哪些预算可以削减，他们都会搪塞说："我回去研究一下才能告诉你。"

显然，KKR 完全无法接近雷诺兹—纳贝斯克公司的真实情况。这是很常见的情况。然而，就是在这个时候，对最终结局影响最大的人出现了，他就是格林纳斯。正是在最关键的时刻，由于格林纳斯提供了关键信息，才让 KKR 的收购计划上了一个台阶。某种意义上，KKR 的最初报价完全是建立在模糊信息的基础上，直到他们“招降”了格林纳斯，KKR 才开始了精准猎杀。

讲到这里，我必须要再次强调“共生”的观念。如果约翰逊具有这样的观念，他也不至于走向最后的结局。约翰逊其实是可以和 KKR 实现共赢的。KKR 的长处是财务分析和融资分析。它就像建筑师一样，善于设计整体蓝图，它的核心能力是处理融资安排，然后按照估值法则对企业的资产和业务进行处理。至于经营活动，还是要依靠企业的管理团队，而约翰逊完全可以成为改过自新的经营者。

这里之所以用了“改过自新”这几个字，是因为收购案发生之前的约翰逊，只是一个单纯的管理者，他的那些行为尚属情有可原。但在 KKR 并购之后，约翰逊会成为拥有相当比例股份的管理者。身份不同，看事情的角度就会不同，其行为也应该不同。一句话，他的管理能力可以用于正确的方向，他完全可以成为持股的“韦尔奇”。

事实上，KKR 也非常希望和约翰逊的管理团队合作，因为这样做的好处显而易见。现有管理团队毕竟有更多的信息，更熟悉行业和企业。在 KKR 以往成功的收购案中，管理层的合作价值巨大，他们会向 KKR 的团队提供一切必要的信息，甚至“花几个星期的时间运用头脑风暴来进一步完善数据和发现可以削减开支的地方”。这样，就会大大提高收购效率。而在收购之后，有约翰逊的管理团队合作，经营的连续性也不再成为问题。KKR 很希望通过股权激励的方式改善雷诺兹—纳贝斯克先前存在的管理低效问题。

然而，约翰逊并不想和 KKR 合作，他想吃独食，由自己来主导收购。我猜他是既想买下公司，又不愿意自己的卧榻之侧有他人酣睡。当时有一个大背景，就是在KKR创造了“杠杆收购”方式之后，企业界的人也在思考：既然华尔街的人可以用别人的钱来买自己管理的公司，并成为最大的受益者，为什么管理层不能利用华尔街的融资能力，自己亲自来主导收购呢？这也就是后来逐渐流行起来的“管理层收购”，即management buyout的原因。

约翰逊就是想做管理层收购，所以，他找来美国运通公司和协利证券帮忙。最开始，约翰逊也想让KKR分上一杯羹，但协利证券不肯。约翰逊屈服于协利证券，把KKR排除在收购之外。这彻底激怒了KKR，被认为是奇耻大辱，于是，双方只能血战到底。

在这种境况中，约翰逊唯一能做的，就是对KKR的各种阻挠和不配合，利用自己的信息优势进行抵抗。这就是为什么我说格林纳斯对于KKR取得竞标的最后胜利意义重大。而格林纳斯为什么又会投向KKR的怀抱呢？根本原因是约翰逊和美国运通商定的MBO方案中，纳贝斯克的业务是要被出售的，所以，格林纳斯最后的下场是要离开公司。

小说中，对此做了如下描述：

> 尽管格林纳斯不是约翰逊核心集团的成员，但是他一直追随约翰逊。从标牌公司的酒业营销经理一跃成为纳贝斯克公司的首席执行官，他用了仅仅10年的时间。……下班之后，当约翰逊和他的死党们在家里喝酒大摆龙门阵的时候，格林纳斯还待在办公室里处理公务。他也不打高尔夫球，只爱好举重。但他能很好地完成约翰逊交给他的任务，因此很受约翰逊的重用。
>
> 格林纳斯一点也没察觉到雷诺兹—纳贝斯克集团即将面临的灾难。他没有参与收购小组，原因就是纳贝斯克公司和德尔蒙特

> 食品公司一样也会被卖掉来偿还银行贷款。格林纳斯一点儿也不晓得他马上就要从一个公司继承人沦落为一个无家可归的人了。
>
> 约翰逊带着一群高级主管和协利打交道，而他却没有参与。格林纳斯心里一沉：没有我！他看着这位他曾经的导师，听他向自己描绘杠杆收购给每个人带来的美好前景，心想：是他摧毁了纳贝斯克公司，我也要失业了，我的员工都被他耍了。
>
> 格林纳斯呆若木鸡地坐在那儿，好半天才问了一句："为什么不让我参加管理团队?"约翰逊解释说因为他们要出售纳贝斯克公司才能偿还贷款。……接着，约翰逊口口声声地说这对格林纳斯是个绝好的机会。

约翰逊所说的绝好机会，是想让格林纳斯自己去找纳贝斯克的潜在买家。如果格林纳斯和新东家搞不好关系，约翰逊已经为格林纳斯安排了辞职计划：格林纳斯可以拿到 3 年的退休金，再加上手里 5 万股限售股，格林纳斯总共可以拿到 700 多万美元的补偿。虽然这在 80 年代对于一个经理人来说，是不小的数字，但无奈格林纳斯的期望却不止这些。

按照记者们的访谈，格林纳斯并不是非常看重金钱的人。他努力工作的目的，只是希望纳贝斯克公司能够正常地运转，能够给自己一个舞台，给员工一个好回报。所以，他不能容忍约翰逊把公司拆分出售这种行为。

我在读《门口的野蛮人》这本书时，总觉得格林纳斯的志向是 CEO 大位。他虽然对约翰逊的做法时有不满，但却一直追随约翰逊，也许他在等待，希望自己能有机会施展一番，但约翰逊把这一切都毁了。而且，如果约翰逊得手，纳贝斯克的业务一定会被处理掉，所以，格林纳斯决定要做点什么。格林纳斯首先向董事会提供了对约翰逊不利的信息，同时，他也向 KKR 提供了后者最需要的信息和数据解读。这都是影响战局的关键动作。

回到我们的课程主线。在格林纳斯决定帮助 KKR 之前，后者一直陷在数据的陷阱里面，因为按照公开的信息去推算，雷诺兹—纳贝斯克的价值竟然会相差 10 亿美元之多，KKR 的分析师们无论如何都解释不了为什么会有这么大的差异。而且，对于报价最重要的三个数据，包括雷诺兹—纳贝斯克公司的现金储备、债务总额和在公司“金色降落伞”退休计划下需要支付给约翰逊团队的离职补偿金，KKR 团队都一无所知。

事实上，这些数字只有雷诺兹—纳贝斯克公司最核心圈子的人才知道，连董事会的成员都不知道，其他人就更不用说了。在尽职调查中，所有能够回答这一问题的核心人士，除了提供本人的姓名、职位和员工编号之外，都不再多说一个字，这让 KKR 的工作一筹莫展。正是在这种情况下，格林纳斯的出现，顿时让 KKR 的收购柳暗花明。

小说中对此做了这样的描述：

> 格林纳斯两个半小时的谈话是雷切尔（KKR 公司合伙人）从事杠杆收购行业十多年来听到的最骇人听闻的故事。
>
> “从来没有人问过我们怎样增加现金流，”格林纳斯说，“我告诉你，其实这里面有很多方法。”格林纳斯自信地说，如果有必要的话，纳贝斯克公司的营业收入可以在一年内增加 40%，毛利率能从 11% 提高到 15%，现金流可以从 8.16 亿美元上升到 11 亿美元。

“不会吧……”雷切尔不相信这是真的。

“不，只是你不知道而已，”格林纳斯回答道，“我们的宗旨是平稳发展，因此没有必要让集团的利润一下子增加 15%~20%。我下季度最大的任务就是将企业多余的资金挥霍掉，下季度的收入将会很高。”格林纳斯解释说这样做是为了满足华尔街对可预测性的需求。

这下雷切尔听糊涂了：“那你准备把这钱花在什么地方？”

“产品推广和市场营销。”

“那这钱花得值吗？”

格林纳斯笑了笑：“说实话不值。”

格林纳斯提到约翰逊准备用 40 亿美元来改进纳贝斯克公司的饼干厂。“为了科技而科技。”格林纳斯嘲笑道，约翰逊不知道怎么处置那些从烟草业务中取得的现金。“你不需要用这些钱买什么，只需要把它们挥霍掉。”格林纳斯强调道。

雷切尔把格林纳斯的一些信息应用到了他们的收购模型当中。第二天这些信息的影响就出来了。如果格林纳斯说的都是真的，KKR 就可以将投标价格从 90 美元提高到 100 美元左右。

不知道大家看到上述文字，是不是非常震惊。这就是现实世界的公司治理，它并不像教科书那样单纯，而是充满了自利和欺骗。

信息披露

到这里，大家应该对信息、估值、收购、重组这些资本市场的概念有了进一步的认识。这些内容对我们上一讲所说的“第四道防线”做了更细致的注解。正是由于外部收购以及随之而来的更换董事会和管理层的压力存在，才让各色人等不敢过于放肆。如果他们做得太过分，就有可能像约翰逊一样最后被扫地出门。

在那些股权分散同时存在价值低估的公司里，这类威胁真实地存在着。当投资银行家发现企业运行始终在低效率区域内游走的时候，客观上就出现了一种被学术界称为“控制性收益”的套利机会。针对这样的机会，像 KKR 这样的投资银行家就会闻风而动，进行收购、重组和改造。在这个过程中，企业家精神的力量和内部治理机制也许可以得到重建。当然，这一切都建立在信息充分的前提下。

下面，我们再从理论上对前述内容做个概括。尤金·法玛是 2013 年诺贝尔经济学奖的获得者，他曾在 1980 年发表过一篇题为《代理问题和企业理论》的论文。这篇论文非常经典地揭示了资本市场、并购和经理人代理行为之间的关系。

法玛教授认为，传统理论都强调企业由股东拥有，但在现代公司里面，股东和经理人是两个虽有关联却完全不同的角色。所以，研究者必须要将两者同时作为行为主体来思考，要区分资本所有权和企业所有权这两个不同的概念，也要抛弃企业是由股东拥有的这样一个观念。他认为，只有这样才可以理解公司的实际控制关系。法玛教授强调：一定要明确股东只是承担风险的投资人，而企业的决策是由经理做出并控制的。

法玛认为，只有做出这个区分，才能看到股东购买证券行为的本质。这就是：股价是与股东所承担的风险相对应的，而股价的未来走势以及与之相伴的价格变化，都是股东承担风险之行为的收益和损失。所以，虽然单个股东没有能力去监督管理层，但有效的资本市场定价机制却是保护股东权益（或者说资本所有权）的重要部分。

有效的资本市场，就是能够把所有与公司相关的信息都吸收进股价之中的机制。这种反应机制从理论上讲，具有瞬时的、无成本的、完全的这样一些特征。在法玛看来，当这些特征被满足之后，股价就变成了一个反映管理工作质量的信号，使得股东或者董事会可以借助股价来评价经理的工作。

法玛也引用另外一位法学前辈亨利·曼尼的话来强调自己的观点。曼尼说，约束企业管理层是一项“创业性工作”，这个责任首先落在企业的组织者身上，接着在外部接管过程中落在了接管专家身上。曼尼的这个论点发表于 1965 年，读他的论文，可以让人感到无比卓越、非凡和超前的智慧。

不过，就算接管专家们再能干，正如我们在雷诺兹—纳贝斯克收购案中所看到的，没有信息，他们的工作就是无米之炊。所以，最近几十年，发达资本市场制度演进的一个重要方向，就是加强对于信息披露的指引和监管。这里所说的信息披露，不仅包括公司遭遇接管时期的信息要及时披露，更重要的是在公司正常运行期间，常态化的、规范性的信息也要真实并且及时地披露。

就在我准备本讲内容的时候，我国国务院印发了《国务院关于进一步提高上市公司质量的意见》（以下简称《意见》），而根据这个意见，上海和深圳两大交易所纷纷出台强化信息披露的相关规定。以上海证券交易所为例，2020 年 11 月 24 日发布了信息披露分类监管的指引，提出紧盯重点公司、重点事项，进行分类监管。

不能否认，长期以来，我国证券市场的信息披露是比较不理想的。由于上市公司常常选择性地进行信息披露，或者披露虚假信息，导致内幕交易的情况屡禁不止，炒作成风，给中小投资者带来了巨大风险，同时败坏了中国证券市场的声誉。监管机构从信息披露入手，强化监管，应该说非常有针对性。

上一讲我们还讲到，政府机构和社会舆论的监督，是公司治理的第五道防线。其实，这第五条防线，也是公司治理的底线。正是立法机构、政府管理机构的权威性，以及社会舆论传播的广泛性，才使得前面四条防线有发挥作用的框架、基础和可能性。从这个意义上，我也希望国务院新近发出的这个《意见》，能够得到持续的贯彻和落实，避免以往很多政策雷声大雨点稀、走走过场就了事的情况再次发生。

总结一下，在前面两讲中，我们系统性地梳理了公司治理机制的五条防线。它们依次是：经理人的激励制度，董事会的决策监督体系，股东大会的有效性，来自资本市场的压力，以及政府乃至社会舆论、法律体系的监督。这五条体系是从公司内、外部共同着手，相互配合，相互呼应的，它们的共同目标是保护企业家精神，保证公司的价值创造行为。

第20讲

身边故事

从宝万之争看中国的公司治理

前面7讲，我们结合《门口的野蛮人》，讨论了股份有限公司和上市公司的治理逻辑。这一讲，是本书的最后一讲。我们去复盘一个中国本土的收购案例，来为本书做一个结语。这个案例对很多人来说并不陌生，也不遥远。它就是前几年轰动一时的宝能对万科的收购案。

遭遇“野蛮人”

万科是一家令人尊敬的房地产企业，也是在深圳证券交易所最早上市的五家企业之一。万科的成长，经历了几次成功的蜕变，先是从一家无所不做的贸易公司，转型为专注于房地产业务；接着，又通过在不同的发展时期，对标中国香港和美国的房地产公司，成了中国房地产行业无可争议的龙头。万科的产品质量、规模和效益，在国内都首屈一指。万科的现金流储备也非常好。

在万科的成长过程中，华润公司给予了非常重要的扶持。当然，华润公司的最初目标是希望借助万科的发展来丰富自己的房地产版图。然而，由于多种多样的原因，华润并没有如愿实现预先设想的目标，只是长期作为万科的第一大股东而存在。这个第一大股东，持股数量并不大，只占 15% 左右。万科的经理层，持有大约 8% 的股份。但就凭着这 23% 的股权，万科的管理层牢牢地控制着自己的命运，并通过内部的合伙人计划，把公司发展成销售额 2 000 亿元的行业翘楚。

万科的发展，得益于企业家精神，更得益于中国房地产市场蓬勃发展的大环境。在这样的情况下，华润没有理由去干涉万科内部的管理细节，而只作为一个外部的持股者和监督者默默地存在着。让企业家可以放手去做，在中国证券市场上并不多见，也正因为此，万科多年来得到了一个“治理结构优异”的美名。

万科的公司治理真的就那么好吗？对此，我个人持保留意见。直到今天，在中国证券市场上，股权比较分散，三会健全，同时公司业绩好，就会被很多人认为是治理结构优异的标准。坦率地说，我觉得这样做判断，未免把复杂问题简单化了。在我看来，万科是典型的内部人控制，只不过这个内部人在较长时间里，保持着强烈的成长动机和企业家精神罢了。

中国很多快速成长的公司，都是内部人控制的。前段时间，我参加交易所组织的培训，其中一家介绍公司治理如何优秀的公司，就是内部人控制的。该公司有两个主要股东，董事会成员 9 名。两个大股东势均力敌，各自派出两名非执行董事，公司的管理层派出两名执行董事，另外有 3 位独立董事。看上去，公司的治理架构非常完美。

但实际上，这种结构是摆出来的。十几年前，我曾对这家公司进行过深度调研，我知道所有的一切都是为了企业的主导者实现个人控制精心设计出来的。之所以安排两大股东，并且请他们在持股上旗鼓相当，就是让他们相互制衡，而内部人在这种制衡下才有最大的话语权。并且，在董事会上每一家大股东也只有两票，两个股东的所有席位加起来也过不了半数，这都是内部人为了防止公司失控所做的安排。

大家一定要注意，所有的制度说到底，都是人设计出来的，都是为人服务的。制度在很多时候，只是一种说法，是一种有利于当事人的说辞。我们千万不要被制度的这种属性所蒙蔽，要能够透过表面的说辞，看到问题的本质。

对于内部人控制，我并不全盘否定，我认为应该一分为二地去看待和判断。中国人的文化容易导致七嘴八舌、思想混乱，所以，在很多时候我们需要权威，需要借助于权威的力量减少不必要的争论，获得效率性。内部人控制就有助于让组织获得权威性。当创业者或经理人想做正事同时又很守规矩的时候，无疑，内部人控制是一种很好的制度安排。

不过，我们千万不能把内部人控制的效率性和好的公司治理画上等号。好的公司治理，不仅仅是在企业顺风顺水的时候发挥作用，更重要的，是在企业遇到危机时，公司治理机制可以发挥保护企业法人利益的作用；当创业者或经理人的企业家精神衰退了，它依然可以起作用，可以助力企业家精神的迭代和不断改善。显然，在前面所提到的那家公司中，治理机制还没有这方面的功能。所以，还不足以冠上一个"好"字。

从万科遭遇收购之后的一系列表现，我们也可以看到内部人控制的效率性和好的公司治理并不是一回事，它们彼此之间是存在明显差别的。

收购万科的宝能，是一家新兴的民营企业，掌门人是姚振华。宝能和姚振华，之前都名不见经传。直到王石公开宣称"万科不欢迎你，你不够格"，我才注意到姚振华这个人和这家企业，并几次前往宝能位于深圳的太古城调研。太古城位于蛇口，是宝能开发的楼盘，某种意义上，也是它的代表作。我也从侧面访问过一些熟悉姚振华的人，他毕业于著名的华南理工大学，据说在大学期间就是修过双学位的人。在80年代，大学里的双学位学生，丝毫不逊色于今天的硕士研究生。总之，他不是万科嘴里所谓“卖菜的”。

我认为，宝能收购万科，会给万科带来风险，但这种风险绝不是来自姚振华早年经营菜市场业务的“出身”，而是收购资金的安全性和稳定性。宝能的收购资金，有相当大的一部分来自保险业务中的万能险，而这部分资金的支付端从长期来看，不容易覆盖它的收益端。比如，长期持股的收益主要靠分红，而分红的比率往往不能覆盖保险资金的偿付要求。在这种情况下，险资的持有者只能靠出售资产、在二级市场上赚取差价，或者靠其他手段来解决短期融资、长期投资（也叫“短融长投”）的问题，最后的结局搞不好就是庞氏游戏。这是我从最开始就不看好宝能收购万科的原因。

然而，宝能如何获得资金以及收购资金的长期安全性好不好，是一回事，它使用这笔资金在证券市场进行收购又是另外一回事。坦率地说，我一直以为宝能在整个过程中都表现得非常理智和专业，它选择的收购标的都是有领先优势、资源优质，以及有改造潜力的公司。比如万科、深南玻、格力，都是符合上述条件的龙头公司。我们尽可以怀疑宝能在收购之后，是否有能力改善管理，但从标的选择上看，眼光无可挑剔。

利用保险业当时非常特殊的政策“窗口”，大干快上，用纯粹的市场手段在二级市场上进行收购。这一点，没有违反任何法律法规，不应引起蔑视，不应简单地被扣上“野蛮人”的帽子。而且，宝能并不是一家空手套白狼的跨界公司，如果大家有机会调研一下太古城项目，就会知道宝能的房地产和物业经营业务虽然不是什么业界翘楚，但其管理水平也还算是中规中矩。

总之，并购是资本市场的正常行为，如果任何并购交易发生，被收购者、媒体和公众，都无端给收购者冠上一顶“野蛮人”的帽子，我以为并不合适。同样不合适的，是万科创始人最初的表态。虽然那只是个人行为，但不像一家治理机制成熟的公司所为。

我以为，即使需要表达态度，能够代表万科发言的也只有董事会，而不是王石以创始人和法定代表人身份发表情绪化的言论。这一点，我同意万科时任独立董事华生教授的看法。华生教授是我非常尊敬的经济学家，成名很早，见过大世面。在华润和万科出现冲突之后，因为爱惜自己的羽毛，华生教授连续发表长文，使我们有了更多的信息来源。华生教授的文章，现在依然可以在网络上查到，建议大家花点时间认真读一下。

华生教授写道：“在宝能举牌以后，我们董事会一直没有就宝能举牌举行过任何正式会议进行讨论，我认为是不应该的。无论是管理层还是华润作为大股东，都应该要提出召开董事会。因为在成熟市场我们看到，对有人举牌特别是举牌方已经成为大股东的情况下，唯一有权威的发言人是董事会。董事会一直没有开会研究。反过来，管理层却以个人名义发表意见。我对管理层一些做法是有公开批评的。”华生教授的文字，也许可以支持我前面所讲的“内部人控制的有效性”和“公司治理好”是两回事这个观点。

宝万之争

了解万科治理机制的真实状况，我以为从 2015 年初到 2016 年中那次有争议的董事会为止的这段时间，是值得复盘和深入研究的。我们需要思考，为什么本来是“宝万之争”，它如何演变成了“华万之争”。在这个过程中，究竟发生了什么？万科的那些法定公司机关，每一个关键人物，在其中都扮演了什么角色？

我先将这段时间里发生的主要事件，做一简述，权当背景。

宝能收购万科，起始于 2015 年初。最初的半年，宝能不断在公开市场上买入和卖出万科的股票。有人说，这是宝能的团队在做尝试；也有人说，这是在为后期的大举收购做准备，营造环境。当时，华润持有接近 15% 的万科股权，是万科的第一大股东。

按照我国《上市公司收购管理办法》的规定，投资者及其一致行动人通过二级市场买入一家上市公司股份的时候，每达到 5%，就要对外进行公告，也就是俗称的“举牌”。2015 年 7 月 11 日、7 月 25 日、8 月 26 日，宝能曾先后三次举牌。到第三次举牌时，宝能集团下属的前海人寿和钜盛华公司实际上已经控制了万科 15% 的流通股，成了万科第一大股东。

之后，万科和华润都有增持的行动，华润也一度以微弱的优势重新夺回第一大股东的位置。然而，这些增持行动在宝能势在必得的决心面前，显得非常力不从心，股权结构并没有实质性的变化。2015 年 12 月，宝能开始了最后一击，到当月中旬，则以 22.45% 的持股比例，稳稳地坐上了第一大股东的位子。

那么，在这段决定万科未来走向的关键半年中，公司的董事会又做出了什么动作呢？从 2015 年的年报中，我们可以看到：万科公司的董事会全年只按照监管规定的要求召开了四次现场会议，此外还有非常程序性的 11 次通讯会议；董事会并没有针对收购事项进行过任何专题讨论。

如果仔细研究这些董事会会议的公告，唯一与收购相关的事情就是在 2015 年 8 月 14 日的现场会上，“审议并通过了设立信息披露委员会的议案”。然而，我们从整个 2015 年的公司年报（包括 2017 年 3 月发布的更新版），以及 2016 年公司年报中，都没有找到任何落实这项议案的痕迹。也就是说，这个信息披露委员会由谁来构成，做了哪些事情，中小股东都无从查证。难怪后来华生教授说:“不要说广大投资者疑虑重重，我作为一个独立董事也几乎什么都不清楚，不知道你们葫芦里面卖的什么药。”

2015 年的 12 月份，对于这个并购案是非常重要的时刻。在这段时间中发生了几件事，直到今天都非常值得我们回味。

第一件事情，是独立董事海闻教授提出辞职，万科为此发了两个公告。2015 年 12 月 23 日，万科首次发布公告：独立董事海闻以个人原因为理由提出辞职。6 天之后，万科就海闻教授辞职发布补充公告，公告称：2015 年 11 月教育部办公厅发出《关于开展党政领导干部在企业兼职情况专项检查的通知》，作为前北京大学副校长，海闻教授尊重学校的统一安排，因此决定辞去公司独立董事职务。也就是说，海闻教授的辞职并非出于个人原因，而是工作原因。

不过，按照《关于在上市公司建立独立董事制度的指导意见》及《公司章程》等相关规定，在接任海闻教授的新任独立董事填补因其辞职产生的空缺前，海闻教授还将按照有关法律法规的规定继续履行独立董事职责。这也就是为什么我们在后面要讨论的那次董事会上，海闻教授还担任独立董事一职的原因。

事实上，海闻教授不仅参加了 2016 年的全部董事会，他的任期一直延续到 2017 年中，直到这一届董事会任期届满。也就是说，万科在长达一年半的时间里，都没有找到一名合适的候任董事，这究竟是董事会的提名功能略有不足，还是公司在特殊时期不得已而为之呢？对此，我们不明就里。

第二件事情，可以说是关键事件，就是万科的股票停止在深圳证券交易所进行交易，也就是我们通常讲的"停牌"。停牌的时间是 2015 年 12 月 18 日 13：00，当时属于临时停牌，公司于 2015 年 12 月 21 日发布了正式的《关于重大资产重组停牌公告》。

停牌，意味着股票在二级市场上暂停交易，这对于中小投资者是极其重要的事情。在比较成熟的资本市场上，停牌是极其慎重、要尽量避免的行为，一家公司如果想申请停牌，必须要提供非常充分的理由，并且要在尽可能短的时间里复牌。相反，在中国证券市场上，停牌却是一个相对容易的事情。一些公司动不动就以各种理由申请停牌，而且，信息对普通投资者是不公开的，停牌时间往往也很长。

比如，万科的这次停牌就长达半年之久。之后于 2015 年 12 月 28 日、29 日，2016 年 1 月 5 日、12 日、23 日、30 日，2 月 6 日、20 日、27 日，3 月 5 日、12 日、25 日，4 月 1 日、8 日、15 日、22 日、29 日，5 月 7 日、14 日、21 日、28 日，6 月 4 日、15 日、25 日，分别发布了《关于重大资产重组停牌进展公告》。这些旨在继续停牌的公告，大多语焉不详，一时间引发了各种猜想和谣言。

有趣的是，万科 A 股在深圳证券交易所停牌之际，其 H 股却在不到一个月的时间内在香港证券交易所快速复牌，并且大跌。于是，A 股市场传言四起，很多人认为复牌即补跌。这种情绪一直持续到公司在 3 月份公告深地铁参与重组为止。3 月 12 日，公司发布了《万科企业股份有限公司关于与深圳市地铁集团有限公司签署合作备忘录的公告》。但在这份报告中，并未明确深地铁是解决宝能收购僵局的唯一机构。

关于停牌，华生教授在长文中这样写道：“万科当时仓促停牌，没有预告原第一大股东华润，也没有迅速召开董事会通报和决策，这是很大的失误。为了自保并在无具体可靠的重组标的情况下火速停牌，是为自己过去一系列轻敌和失误付代价。但这种准备不足与无明确并购标的的长期停牌，应当说至少不符合公众股东的短期利益。……果然，万科在情急停牌后，病急乱投医，找过包括华润置地在内的各个重组对象，均先后告吹，就是验证。”

总之，我一直以为 A 股市场对于停牌行为过于宽容。在这一问题上的制度差异，非常值得我们深思。好的公司治理，一定产生于严格的监管环境中。若是监管者甚至政府部门总是存在科尔内教授所谓的“父爱主义”，好的公司治理机制是很难建立起来的。

这个月中发生的第三件事情，是在 12 月 26 日那一天，万科发布了《关于近期公司管理层观点说明的公告》。在这份公告中，出现了这样的表述，管理层近期就公司股东变化和公司股票停牌事宜发表的观点被媒体广泛报道，其中部分观点来自管理层在非公开场合发表的言论或非经公司官方渠道发布的信息。为避免有关言论在传播过程中失实或产生歧义，对投资者产生误导，现将其要点说明如下：公司此次停牌是为了进行重大资产重组，方案还在筹划中，等等。

在这份公告中，万科还表达了“欢迎安邦保险集团成为万科重要股东”的意思。坦率地说，看到这些表述时，我非常困惑于万科的态度，因为同属于保险资金，我实在想不出安邦和宝能旗下的前海有什么区别。万科的领导者认为宝能不够资格，那么，安邦凭什么就与宝能不一样，具有了万科看得上的资格呢？

这份公告还写道“为确保公司声音能真实、准确地传递给投资者，避免相关信息传播失实或产生误导，公司将进一步完善对外信息发布机制。公司信息披露委员会将进一步完善公司信息披露事宜统筹，加强对管理层个人言论的管理”。终于，2015 年 8 月份董事会会议通过的成立信息披露委员会的议案，有了着落。但它并不是在特殊时期设立的代表董事会声音的董事会的下属委员会，而是由万科管理层管理的机构。

在长达半年的停牌时间里，万科召开了 2016 年的年度董事会。然而，在这次董事会上，没有任何议案是关于收购的，很多董事也没有亲自出席现场会议。董事会的定位到底是什么，董事会在这种关键性时刻，到底应该扮演怎样的角色，法律规章如何保护和支持董事会在这个时候应该有所作为，这些问题，我认为更值得深思。

终于，时间来到了 2016 年的 6 月 18 日，这是万科必须要复牌的大限。万科停牌，是以“重大资产重组”为理由的，所以，复牌时就必须要给股东一个交待：和深地铁的重组计划是否通过了公司董事会的审议。通过了，资本市场应该有好的表现，起码不会比当时更差；如果没有通过，股价则大概率会暴跌。

表决的大戏

在 2016 年 6 月 18 日，万科公司的董事会情况是这样的：董事会成员共有 11 人，其中，华润方面的股权董事 3 人，万科方面的董事 4 人，另外还有独立董事 4 人。按照公告和华生教授的长文，现场到会的董事共 7 人。华润方面的副董事长乔世波因为公务原因未能亲自出席本次会议，授权陈鹰董事代为出席会议并行使表决权；华生教授通过电话参加会议，而且还代表海闻教授行使表决权。黑石集团中国区的主席、独立董事张利平则因飞机刚刚落地，一边过海关，一边通过电话参加会议。

为什么说这次董事会是一场大戏呢？这是因为，按照万科的公司章程，重大资产重组方案在董事会上获得通过的标准，需要三分之二以上的董事会成员赞成。万科的董事会成员共有 11 人，过三分之二需要 8 票。而华润方面，是股权董事 3 人，由华润提名的独立董事 1 人（即张利平先生）。正常的情况下，华润起码有 4 票在手，这个数量是有阻击能力的。也就是说，如果华润不想让议案通过，它起码可以保证其他各方无法达到三分之二的票数。

也许有人会问，独立董事不是要代表中小股东的利益吗？我觉得，这只是一种良好的意愿。目前，我国的独立董事都是由主要股东提名的，让一个大股东提名的独立董事去代表千千万万他并不认识的中小散户，不知道大家以为这在逻辑上有多大程度说得通。

在这个意义上，华生教授倒真是难能可贵。他由深圳证监局领导推荐，不领万科一分钱报酬，80 年代就已成名。所有这些条件集于一身，他才可能并且敢于在事后发表长文说明情况，并且毫不掩饰地表达自己的看法。坦率地讲，我虽然不完全同意华生教授的看法，但真心认为华生教授应该获得董事奖。如果不是他在事后发表那个系列长文，我们仅仅通过公司公告，是无从知道这样一个决定无数中小股东命运的关键性会议竟然有这样的周折。

以下文字直接转自华生教授的文章。

那天张利平从海外回来，飞机晚点，董事会为等他推迟了半个多小时。飞机落地后，张利平拿着手机边出关边参会讨论。到预案表决时，不知他是因正在过关检查还是别的原因紧张，话说得我听起来有点语无伦次。我记得他上来的原话是：第一个声明是我新的工作在黑石，目前对两大股东都有交易，特别是目前有一个数额较大的和万科在进行，所以我已征求我律师的意见，我有利益冲突，所以我弃权。万科的高管何等精明职业，知道回避利益冲突与投弃权票这可有天壤之别，可决定重组预案的命运，说得含糊不清怎行！张利平话音刚落，董秘朱旭马上追问：那您这样的话，属于利益关联，您就属于回避表决，是这样吗？张利平答：没有错。朱旭又确认：回避表决？对吗？张利平回答：对。朱旭再跟进：那我要提醒您的是关于独立董事，您做出回避表决的话，必须给我们书面回避理由，签字，然后我们会在公告里公告。张利平最后答：就是我刚才讲的理由，因为利益冲突，所以我必须回避表决。我会提供书面意见，你们给我一个时间，我会提供。这就是大家看到的后来公告里张利平要求回避议案表决给董事会确认函的背景。

千万不要小看这段话的信息量。事实上，正是张利平“回避表决”的这个结果，让万科管理层完全掌握了自己的命运，并把公司带上了另外一条路。我们看看这里面的微妙。如果张利平投出的是“弃权票”，则万科的意志因为不能达到董事会过三分之二的票数，而无法通过；但同时，张利平也没有得罪他的提名人“华润集团”。而张利平因为利益关联回避表决，则董事会的投票基数就从 11 变成了 10 个人，这时，万科的 7 票就刚好过了三分之二。这是完全不同的结果，也是决定万科复牌后走向的关键环节。

如果不是华生教授的清晰描述，我们无从想象在正式公告中永远也看不到的那些细节，那些精彩绝伦的对话。我第一次看到华生教授文字后，感到非常震惊，随后又很困惑。我服务过一些上市公司，有的公司甚至是在中国内地、中国香港和美国三地上市。几乎所有的董事会，在会议之前，董事会秘书和董事会办公室的相关人员都会为会议做出精心准备，包括核实哪些董事是利益关联人、需要回避等。见证律师也会从法律的角度对这类事项进行监督和指导，而且，所有的签字文件都要在会议之前准备好。

万科是在深圳和香港两地上市的公司，按规定设有两套班子。A 股有董事会秘书，H 股有对应的“公司秘书”，并且配有内地和香港两套法律顾问团队，每年也要为此支付不菲的中介服务费，但却出现了前面所描述的“现场对话”，着实让人震惊。

大家可以看看公司正式公告的内容。“张利平独立董事向公司董事会书面申明：就本次会议所审议的 12 项议案，由于其本人任职的美国黑石集团正在与公司洽售在中国的一个大型商业物业项目，带来潜在的关联与利益冲突，存在《公司章程》第 152 条第 2 款所述之关联关系，不得对该等 12 项议案予以表决，特此回避本次会议 12 项议案之投票表决。”显然，我们仅凭这段文字，无从想到背后还有那样一段对话。

那么，张利平应不应该回避这个表决呢？如果万科和黑石确有这个商业地产的交易项目，按规定他必须回避。但华润方面在万科公告发布后，于次日发表声明，质疑董事会的表决结果，认为张利平的回避表决理由不成立，应计入未赞成预案的董事人数，主张重组预案不能算作依法通过。华润集团应不应该发表这个声明呢？

为了回答这些问题，我翻阅了万科在 2016 年的全部公告和年度报告，发现黑石旗下确有一家叫作印力的公司，后来被万科受让。而且，在2016年的公司年度报告中，赫然写着在6月15日，万科公司以通讯表决方式提交董事会审议通过关于受让印力集团控股有限公司及 MWREF Limited 部分股权的议案。

这是在前面提到的关键性会议前三天发生的事情。于是，我很关心的是：在这个通讯表决的董事会上，张利平是不是已经回避了表决，当时投票的结果又是怎样？如果张利平按照法律法规回避表决，那么，华润事先就应该判断出18日会议的表决结果，而不用后来声嘶力竭地进行讨伐了。然而，我翻遍了深圳交易所以及几大网站的万科公告，竟然找不到6月15日那次以通讯方式召开的董事会会议的任何公告。

按照道理，只要是召开了董事会，无论是以现场形式还是通讯形式召开，议案的审议结果和表决结果都应该在两个交易日内公告。然而，这样一次有点像前哨战一样的董事会，居然没有任何形式的披露，这是非常难以令人理解的。此外，我在研究中还发现，万科的很多靠通讯表决的董事会决议，都没有披露，而且常年如此。信息披露，是公司治理的基础。万科被很多人视为公司治理的典范，宝能的这次收购却让我们从另外一个角度看到了不一样的东西。

尘埃落定之后，万科于2016年8月14日以通讯表决方式提交董事会审议通过关于与招商银行签署业务合作协议及与印力交易相关事项的议案。2016年9月23日，披露了投资约人民币38.89亿元，收购了印力集团的多数股权，并完成交割的信息。

在2016年7月1日，还发生了一件非常有趣的事情。按照《公司法》，单独或合计拥有10%表决权的股东，可以提议召开临时股东大会。宝能当时已经持有万科大约24%的股权，所以提出召开临时股东大会，议案的主题是罢免万科公司董事会的全体成员。为此，万科召开了第十七届董事会第十二次会议，审议并通过了关于不同意钜盛华及前海人寿保险股份有限公司提请召开 2016 年第二次临时股东大会的议案。这也是很有趣的事情。

关于宝能收购万科的大结局，我们在此不赘述了，可以说万科是得偿所愿。不过，管理层虽然保住了公司，但却失去了宝贵的两年时间。我不想评论这个收购案中谁是谁非，没有这个资格，也没有这个水平。这一讲，之所以讲这个故事，就是想说明一个问题：中国的公司治理，任重道远。

万科是一家业绩优秀的公司，一家令人尊敬的公司，在面对收购这样的大事时，董事会的运行、公司治理都尚且如此，很多公司的治理结构就更不用说了。正如我在前面所言，好的公司治理结构不等同于简单的股权分散，不等同于建立了所谓的“三会”，也不是简单地为内部人控制保证效率性，而是一种全方位利益平衡的机制，是一个有助于多方共赢共生的观念体系和制度体系。

后记

2020年的疫情，让我们只能把课堂搬到了线上。突如其来。

本书是疫情中网课讲稿的一部分，主要是入门级的内容。在材料选择上，我的取舍标准主要是简单和实用。基于这本书，清华大学的《学堂在线》又录制了20讲的视频。相较视频而言，本书的内容更丰富，可以单独阅读，也可以作为视频课程的教材来使用。

《学堂在线》的视频编导陈浩先生做了大量的工作，使相关内容有了很好的视频呈现，非常感谢他。感谢清华大学经济管理学院的乔蓉、喻烁蒙和张荆英老师，她们为课程的顺利录制提供了很多支持和便利。感谢徐中博士的帮助和安排，感谢李靖和珊瑜给出的重要建议。感谢《学堂在线》的王帅国总裁和潘守东副总裁的大力支持。

借此机会，顺便感谢得到App的朋友们。2017年，我曾在得到App录制过“宁向东的管理学课”，总时长有60个小时之多，知识的密度非常之高。那是我第一次在网上通过音频和朋友们分享管理知识。得到

App 的两位创始人罗振宇和脱不花、课程的大负责人筱颖和主编陆音给了很多出色的建议，我由衷地感谢他们。

最后，感谢中信出版社的沈家乐和宋冬雪，她们给了我足够的耐心和信任。

宁向东

2021 年 3 月 30 日

Colecção Literatura de Macau

澳門基金會
FUNDAÇÃO MACAU
中华文学基金会

· 小 说 ·

小城M大调

杨颖虹 / 著

作家出版社

澳门文学丛书

总 序

值此“澳门文学丛书”出版之际，我不由想起1997年3月至2013年4月之间，对澳门的几次造访。在这几次访问中，从街边散步到社团座谈，从文化广场到大学讲堂，我遇见的文学创作者和爱好者越来越多，我置身于其中的文学气氛越来越浓，我被问及的各种各样的问题，也越来越集中于澳门文学的建设上来。这让我强烈地感觉到：澳门文学正在走向自觉，一个澳门人自己的文学时代即将到来。

事实确乎如此。包括诗歌、小说、散文、评论在内的“澳门文学丛书”，经过广泛征集、精心筛选，目前收纳了多达四十八部著作，暂分两批出版。这一批数量可观的文本，是文学对当代澳门的真情观照，是老中青三代写作人奋力开拓并自我证明的丰硕成果。由此，我们欣喜地发现，一块与澳门人语言、生命和精神紧密结合的文学高地，正一步一步地隆起。

在澳门，有一群为数不少的写作人，他们不慕荣利，不怕寂寞，在沉重的工作和生活的双重压力下，心甘情愿地挤出时间来，从事文学书写。这种纯业余的写作方式，完全是出于一种兴趣，一种热爱，一种诗意追求的精神需要。惟其如此，他们的笔触是自由的，体现着一种充分的主体性；他们的喜怒哀乐，他们对于社会人生和自身命运的思考，也是恳切的，流淌着一种发自肺腑的真诚。澳门众多的写作人，就这样从语言与生活的密切关联里，坚守着文学，坚持文学书写，使文学的重要性在心灵深处保持不变，使澳门文学的亮丽风景得以形成，从而表现了澳门人的自尊和自爱，真是弥足珍贵。这情形呼应着一个令人振奋的现实：在物欲喧嚣、拜金主义盛行的当下，在视听信息量极大的网络、多媒体面前，学问、智慧、理念、心胸、情操与文学的全部内涵，并没有被取代，即便是在博彩业特别兴旺发达的澳门小城。

文学是一个民族的精神花朵，一个民族的精神史；文学是一个民族的品位和素质，一个民族的乃至影响世界的智慧和胸襟。我们写作人要敢于看不起那些空心化、浅薄化、碎片化、一味搞笑、肆意恶搞、咋咋呼呼迎合起哄的所谓“作品”。在我们的心目中，应该有屈原、司马迁、陶渊明、李白、杜甫、王维、苏轼、辛弃疾、陆游、关汉卿、王实甫、汤显祖、曹雪芹、蒲松龄；应该有莎士比亚、歌德、雨果、巴尔扎克、普希金、托尔斯泰、陀思妥耶夫斯基、罗曼·罗兰、马尔克斯、艾略特、卡夫卡、乔伊斯、福克纳……他们才是我们写作人努力学习，并奋力追赶和超越的标杆。澳门文学成长的过程中，正不断地透露出这种勇气和追求，这让我对她的健康发展，充满了美好的期待。

毋庸讳言，澳门文学或许还存在着这样那样的不足，甚至或许还显得有些稚嫩，但正如鲁迅所说，幼稚并不可怕，不腐败就好。澳门的朋友——尤其年轻的朋友要沉得住气，静下心来，默默耕耘，日将月就，在持续的辛劳付出中，去实现走向世界的过程。从“澳门文学丛书”看，澳门文学生态状况优良，写作群体年龄层次均衡，各种文学样式齐头并进，各种风格流派不囿于一，传统性、开放性、本土性、杂糅性，将古今、中西、雅俗兼容并蓄，呈现出一种丰富多彩而又色彩各异的“鸡尾酒”式的文学景象，这在中华民族文学画卷中颇具代表性，是有特色、有生命力、可持续发展的文学。

这套作家出版社版的文学丛书，体现着一种对澳门文学的尊重、珍视和爱护，必将极大地鼓舞和推动澳门文学的发展。就小城而言，这是她回归祖国之后，文学收获的第一次较全面的总结和较集中的展示；从全国来看，这又是一个观赏的橱窗，内地写作人和读者可由此了解、认识澳门文学，澳门写作人也可以在更广远的时空里，听取物议，汲取营养，提高自信力和创造力。真应该感谢“澳门文学丛书”的策划者、编辑者和出版者，他们为澳门文学乃至中国文学建设，做了一件十分有意义的事。

是为序。

2014.6.6

目　录
CONTENTS

命运交响曲

摇篮曲

序曲：小城 M 大调

——我和 M 城的真实故事

每个城市都有属于自己的旋律，M 城也是：走在狭小的平民小巷，是首婉约的岭南小调；踏着葡式的碎石波浪，如轻快的南欧舞曲；横越一大片金灿灿的赌海，是激荡的命运交响乐……然而，这一切的一切对于一个在此地生活三十多年的异乡人，却是一首成长的变奏曲。

狂想曲

尽管，我人生的大部分岁月都在 M 城度过，然而，有很长的一段时间，我狂妄地告诉自己：澳门不过就是广州的一条小街道。我不是特别喜欢我出生的那个城市，只是舍不得我的亲人。小姨嫁到广州市郊，据说每次回娘家，也得乘几个小时的车，我只是比她远一点点罢了。当年回广州的路上，我们还要下几个渡口，望着那些在河面浮游的大船，我就会想起外婆家河边的青蛙。每天，它们都从岸的一头游到另一头——家总是在可以触及的不远的彼岸，每有长假期，我一定选择回乡。平日的无聊岁月，我喜欢一个人在小街四处游走，由位于水坑尾附近的家出发。

有时候，我到西湾海旁拾螃蟹、看钓鱼。放眼望去，这街头的景色倒是比广州要美——蓝天碧海，还有天边挂着的那奇异的黄色“雀笼”。后来我才知道，那叫“葡京”，是澳门最早的一座赌场。事隔三十多年，我还清楚记得，某天，在一层淡黄色的画布上，一对少男少女依偎着，四只几乎是黏在一起的手，向海面抛下一个玻璃瓶……那儿到底会放着什么呢？我疑惑。直到西湾原有的海岸线消失了的年月，我才知道那叫“漂流瓶”，里边放着纸条，用于许愿。而那个“漂流瓶”图像，却在记忆中成了永恒。

有时候，我会沿着加思栏花园向上走，一直走到一个仿佛要和天相连的高楼。那里来往的人不多，大家脸上都挂着一副奇异的神色：有一点悲凉、有一点迷茫、有一点沉重……多年后，奶奶就是住进了这幢大楼——仁伯爵综合医院，再也没有回来。站在病床边看着弥留中的她，我忆起当年遇见过的那些脸容，第一次感受到与天相连的高度。

有时候，走到沙梨头一带的堤岸，那里的房子有点古旧，却很亲切：一列列充满岭南特色的“骑楼”，像极广州的东堤，还有空气中酿着的咸鱼的气味，给了我回家的感觉。

笑忘歌

走吧，走吧，人总要学着自己长大。走吧，走吧，人生难免经历苦痛挣扎……

——摘自《爱的代价》，李宗盛

无论你喜欢与否，有些东西，终究会随年月遗失，例如：外婆家门前的“臭河涌”，记忆中永远微笑的外婆，还有澳门西湾的“大海”……还有，还有曾经以为永远也无法改掉的乡音。这年头，为着语言的正统之争，港澳人开始明白到方言备受歧视之苦。然而，那些年，我们从内地来港澳的乡音，不也一样受歧视吗？来自其他方言地区的孩子，自然要重头学起，但是，那种屈辱总不及我们来自省城的人。当有本地同学笑我的“乡音”，又或粤语朗诵的老师纠正我语调不正，我就不服气。粤语又称广州话，广州话当然是广州人说的才算正宗——你凭什么去质疑我的发音？可是，没有凭什么的，人离乡贱，语言也是。在生活环境的耳濡目染下，我很快就说得一口流利的港式粤语，听着广州的亲戚说的纯正广州话，反而有点不习惯了。

来澳后，我就读的是一所喜欢收容外来居民子弟的学校，同学来自五湖四海，有福建的、上海的、贵州的……故乡是所有游子心中的那块“宝玉”，无论你对她所知如何贫乏，也有足以炫耀的地方。因为有了话题，我们这群异乡人总算安心了。跟我最要好的朋友阿媚来自福州。福州是福建的省会，而广州就是广东的省会，在我们幼小的心中，省会仿佛是个很高级的概念，作为省会级城市的人，总得有自己的骄傲吧，所以我们一直不明白，父母是为了什么原因搬到这条小小的澳门街来。

“我爸说，总有一天，我们要去台湾的！”阿媚说。终于，在小学毕业那年，阿媚全家人搬到台湾去了。离开的时候，我们一起旧地重游：“还记得那年，我们瞒着家人偷偷跑到竹湾游泳吗？”阿媚问。怎能忘记呢？那一年，我们才十二岁，决意去趟“无悔青春的远行”。打开只有三十多平方公里的地图，我们选择了“最遥远”的离岛，所谓“最遥远”也不过是乘半小时公交车罢了。我跟我妈说“跟她家人去竹湾游泳”，她跟她妈说“跟我家人去竹湾游泳”，结果两位妈妈通了电话，相约去竹湾“缉拿”我们，而这也促成了我们两家人第一次的联谊活动。三十多年了，两家人还是有聚会，从家长到兄弟姐妹仿佛都成了朋友。除了我们两家人，其实整个澳门都交织着亲密无间的人脉关系。与朋友聊天时经常发现：某某的朋友是我的亲戚，某某的亲戚是我的同学……所以，在澳门要做瞒天过海的事恐怕不易。

尽管那只是半小时车程，离岛之旅对我们小学生来说还是件奢侈的事。平常闲着没事，我们只会相约到工人球场吃个“鸡丝通粉”或“焗骨饭”；去松山跑步，顺便在焯公亭的小摊子前吃个热乎乎的“温泉蛋”；去二龙喉公园喂白鸽；去卢廉若公园拾木棉花……今天，工人球场拆卸了；焯公亭的“温泉蛋”小摊子不见了；因为禽流感的关系，二龙喉公园禁止喂白鸽了……庆幸卢廉若公园的木棉树还在。我和阿媚都特别喜欢木棉树，因为阿媚怀念故乡屋前的木棉树，而我也怀念故乡的木棉树——那棵站在幼儿园前的撑天木棉，好大好大，好远好远，仿佛可以从树干一直爬上青天去摘星星。卢廉若公园的木棉树没有那种气势，然而，她在春天枝头还是火红火红的，直挺挺地立在原地，似乎要坚持着些什么，或是要为我们思乡的孩子守护些什么。

对于一个新移居家庭，生活寸步难行。由于人地生疏，加上弟妹刚出生，除了上菜市场，我们一家甚少出门。移居澳门的第三年，我们终于买得一间属于自己的小房子，搬家了——我们的世界就由营地街市转到了红街市。我妈比较喜欢营地街市，因为其摊贩分布呈圆形，买东西的距离比较近。而我则喜欢红街市，尽管由东往西的高士德大马路比我以前去营地街市远一倍，但我可以看到的世界也大了一倍。在这“大一倍的世界”中，我重遇了故知——一家叫“富记”的粥店，那里有着与广州东堤小店一样的长桌、板凳、痰盂、挂钟……而且煮粥的手法雷同。不一样的是，店员清一色是长者。别看他们年纪不轻，但记忆力超强，只要“唱”一次客人想要的粥名，手脚灵活的师傅便可拾齐材料，把粥倒入碗中。他们的英姿，比那长堤小店的中年老板还要利落。“只做早餐”是店的另一个特色，“铺位都占用了，为什么不多做点儿生意呢？房地产一直在涨价，为什么老板没有把店铺出租或变卖，然后坐享其成？”全世界都在赶业绩和利润，然而“老澳门”却怡然自得：那个卖完就“收档”的“椰子雪糕佬”，那个每年只做一季的“栗子老板”，那个只在半夜卖一百碗“炖蛋”的古怪大叔……没有人会相信，大起大落的赌城中仍存在着这种人，但是他们却真实地存在着，如同没有人相信，大三巴教堂的旁边可以容得下哪吒庙。

忘了，忘不了。无论如何，成长都必须学会顽强地笑——曾经以为是苦涩的记忆，却不知不觉在年月中酿成最香醇的酒。

圆舞曲

走过了无力的童年，我们一家终于走出了“外来居民”的阴霾。弟弟出生那年，爸有了自己的公司，从此，我们一家子富起来——屋子一间比一间大，一间比一间漂亮。阿媚一家搬到台湾，而我家也决定搬到另一半球，在一个大得无法丈量的国度重新开始。对于M城，我好像只是过客，来了，熟悉了，又走了……我知道，那些成长给我的苦与乐终究会随着年月遗忘，正如我的乡音。然而，离别还是沉重的，因为，要“为自己的心找一个家”并不容易。

我们“全新的家”在加拿大的温哥华，那儿是个美丽的花都。其实，广州的别名也叫花城，然而，此花不同彼花，不知如何才能栽出美满的家？跟来澳时不一样，我们在温哥华轻易就买得到属于自己的房子，而且还是一间几千尺的三层独立屋，有一个很大的花园和一望无际的海景。然而，回乡的路却艰难得多了。需要谋生的老爸每年都得穿越几次南北半球，为我们送来物资和粮食。

再强悍的老鹰，也有疲累的一天，但老爸却从不抱怨。妈妈一个人带着我们，每天都要驾车出行，如果一不小心，看错了方向，进错了高架桥，我们那一天便无家可归了。那个时候，我们才感受到澳门的好。温哥华的异乡人比澳门多千百倍，要联结起来并不容易，因为不同的异乡人之间多得可以各自组群。每当大家都拿出自己怀中的那块“宝玉”来炫耀时，我开始意识到自己对广州的爱是那样苍白。二十多年来，她只是那个永恒的爱的投射，缺少了真实的生活痕迹。蓦然回首，真爱却在灯火阑珊处——抬头仰望晴空中飘荡的枫叶，我第一次想念卢廉若公园的木棉花，以及那些在M城中的点滴。某一天，我坐在望海的书桌前，写下愿望的纸条，投进漂往父母胸怀的“漂流瓶”——我要回家了！

如果，人生的每个相遇都是久别重逢，那么，人生的分分合合，大概也是冥冥之中早有注定吧。

尽管，老爸用他一生的成就为我们换得更美丽的家，然而，我们每一个人的舞步，终究没法离开自己文化的根——我以读中文专业的理由回流澳门，毕业后留澳工作、结婚、生子；妹妹在加国毕业后辗转到了香港工作；弟弟回流继承父业；爸妈回来帮我带孩子……在大花园游历了数十载，如逐水浮萍的一家人还是飘回了M城。更有趣的是，媚一家人也从台湾回流。在人生的舞台上转了一圈，我们又重逢了。

“妈妈，这真的是你们的家吗？”每次回加国，孩子都会很留恋那幢立在列治文海边的独立屋，并立志将来一定要去加国升学。

“将来想回到这里吗？”我问。

“不是回，是去！我们的家在澳门，我们去学校上学，上完就会回来，不是吗？”儿子理所当然地答。

“但是，温哥华的屋子比较漂亮，对不对？”

“那也是，但酒店也很漂亮嘛！我们总不能一直住酒店的呀！”

小小年纪的孩子就开始有了家的概念，这让我想起某天和网友的讨论：

“我觉得，爱就是可以给家人一个安乐窝。所以，必须要多赚点钱，买更好更大的房子。”A说。

“说得对，即使没法买很好的房子，也必须有一张最舒适的大床，因为，床才是最有爱的地方。”B说。

“我觉得爱是——尽管只是一尺小沙发，你们还是愿意挤在一块儿。”我说。

M城于我就是那张有爱的小沙发，也许，她并不是最大最美的，但却是最有回忆的——爱在哪儿，家就在哪儿，是冥冥中注定的缘分，让我们彼此相依。

作品刊登于《澳门笔汇》，2015年
后夺得“我心中的澳门”全球华文散文大赛优秀奖

春之舞曲

可·口·可·乐

可口可乐——我最喜欢的饮料，虽然keep fit很重要，而可口可乐糖分很高，但我还是坚持天天睡前开一罐。注意！是开一罐，不是喝一罐，因为多数时间，我都只能喝半罐的分量，或者可能只喝几口就想睡了。剩下的，我会拿到厨房倒掉，看着吐白泡的黑色小溪灌进深谷，有一种说不出的快感！好几个朋友都告诉过我："拜托不要喝那种可怕的饮料！"曾经有人做过实验，把一杯可乐倒进布满陈年锈迹的马桶，隔天用水冲掉，发现马桶光洁如新；把几只真人的牙齿放进这种饮料，不久牙齿就被腐蚀……我想着想着，越发兴奋，想想思想的陈年锈迹一下子可以洗掉，不必要的身体污垢可以溶化，那是多么畅快！潜意识里，我渴望生命也可以轻易在"可乐"中消磨掉，像我的青春和爱情一样……

可

年少的时候，大人经常和我们说"洗过手可以去进食，因为没有细菌"；"做好功课可以吃糖果，因为我们是乖孩子""早睡早起可以身体好，因为有足够的休息"……我曾经天真地以为，可以和不可以，背后一定有一个合理原因的。

"可乐的品种很多，可以告诉我为什么偏选这个品牌吗？"很多朋友好奇。可以呀！我可以告诉大家，我选它并非因为它特别“可口”，而是当中的“可乐”。是的！可口可乐最早给我的回忆是“可乐”的。记得年少的时候，故乡还没有可乐这种饮料，那时的汽水是橙色的，汽水是橙汁的专称。那一年，我们移民澳门，刚到埠的晚上，爸爸带我们去铜马广场的露天茶座消遣。茶座中，每个人的玻璃杯内都仿佛映出七彩的虹，唯独那黑色瓶子散发出的与众不同的气质吸引着我。我在冰柜中翻出那个曲线玲珑的像诱人美女般的瓶子，凝神看着coke cola的字样在双乳前飞舞，伴着闪闪发光的冷露，思绪仿佛就飞到神秘的梦幻乐园去了。我当年才几岁，好像从未喝过冷藏的饮料，对它身上附着的冷露特别感兴趣。虽然父亲已经强调过几次：“要用吸管来喝！”我还是偷偷地舔瓶外的水，感觉味道微咸，偷来的感觉却好像舔到母亲的乳液那样兴奋。后来我初为人母，有天和丈夫打趣：“要不要来吮一口？”他认真地问：“什么味儿？”我鬼魅地说：“好像可乐瓶上的水珠那样！”他吓得直摇头：“那种东西谁会喝，真不卫生！”为什么像可乐瓶上的水珠就不可以喝？为什么可乐瓶上的水珠不可以是卫生的？

大人总是说：“孩子不可不吃早餐！”但孩子总觉得不吃是可以的。小学的时候，妈每天给我一块钱买早餐，我会省下来买别的东西。当时一瓶可乐约2元吧，我和好朋友莹放学后会去工人球场合资买一瓶，然后在那里看看足球、聊聊天，不时招来一些大叔色眯眯走过来挑逗我们：“小姑娘，要不要和我一起喝！”莹性子强，会大骂：“咸湿佬！”大叔们听了似乎更兴奋地凑过来，吓得我们拔腿就跑。几次过后，发觉他们其实并无恶意，只是觉得有趣，过来凑热闹。大叔们很阔绰，经常给我们买吃的，但我会记着妈妈说的：“人家给的东西不可以随便要的！”

中学的年头，莹是校内的风头人物，男孩子看到她都如蜜蜂黏着花蜜。我们一起在学校合作社做兼职，闲时总有男孩子拿可乐过来讨好她。她不如我保守，常常说“却之不恭”！有时也给我倒一些，我饮着总不是味儿。初三那年，我在文学社认识了高三的才子文——一个站台上滔滔不绝、一针见血，在台下深沉轻愁的男孩子。想起他台上闪亮的模样，我会发笑；想起在台下默默等待他的注视，我会脸热。在社内，我一直等待他走过来和我聊天，只是他只会和我说关于工作的事。他当社长的那年，常来合作社找我谈社务，一谈就是半小时。那时候，他站着的位置迎着太阳，让他高大的身影蒙上一层迷幻的光，感觉很不真实。我话不多，支支吾吾的，莹却是滔滔不绝。因为他来多了，其他的男孩便不爽，送可乐的次数就频繁了。文看在眼里，应该觉得那些男孩庸俗吧！至少我认为他应该是与众不同。但他有天竟然问我：“常常过来打扰，都没请过你们喝东西呢，你和莹都喜欢喝可乐吗？”我有点生气说：“我不喜欢！”然后丢下他一个人走了！我不知道自己当时为什么可以如此决绝。之后的日子，文没再来了。莹有天忽然问我：“这阵子你的才子为什么没来？你们吵架了？”我莫名其妙：“什么我的才子？”莹说：“他很喜欢你的嘛！”“你怎知道？……你怎知道他喜欢的人不是你？他和其他男孩是一样的，他只想来这里看看你！”我眼圈红了。莹敲了敲我的头：“你怎么这样笨，他明明是喜欢你才来的，只是你一直都表现得很冷淡。那一天，你生病请假了，他就过来问长问短，又打听你喜欢喝什么。”……我心里懊恼，却答不上话来。莹继续说：“我说你和我一样，还叫他记着要给我也买一份，哈哈！那个男孩真傻，其实他又帅又有才气。如果他看上的人是我，我是照单全收的！我的可乐你也有喝的，你请我一次也不行吗？”莹怪叫，我笑不出来，因为我知道自己错过了一次“可乐”的机会。之后的日子，他以升大为由辞掉了社长之职，辞行那天，老师请我们吃下午茶，也买了可乐回来。我鼓起最大的勇气跑过去问他要不要喝一点，他没有正眼看我，并推说咳嗽不喝，然后和其他女孩继续说笑，抛下我孤单一个。我望着手上那罐被拒绝的可乐，觉得心碎，但没有埋怨，因为我知道，那罐“可乐”是我自己倒掉的！

我的才子走了，一直都没有回来。我一直企图去找个合理的原因，一定是他还不是太喜欢我，否则为什么不可以直接告诉我他喜欢的人是我？为什么不可以再尝试用其他方法？为什么不可以等待我回心转意？为什么不可以……但原来，有些事情，不可以就是不可以！多少年后，回首从前，我也问自己，不可以喜欢送可乐的男孩吗？不可以找人家说清楚吗？不可以直接告诉他“我喜欢的人是你”吗？不可以……原来有些东西，不可以就是不可以，像青春的火苗那样，不知怎的无故燃起了，又熄灭了，没有可与不可！

可口

在女孩子成长的过程中，总是期望可口的爱情故事，有宠爱自己的王子，有甜美可口的情节，然后踏着美丽的红地毯，走进人生的另一阶段。然而，不是每个女孩子都有条件成为公主，像电视台选主角那样，那几乎是漂亮女孩的专利……

我的男孩走了，一直都没有回来，但莹的男人却络绎不绝。为了不让家人怀疑，莹每次约会男孩子，都说和我去玩，于是我便顺理成章做了“电灯泡”。每次他们要单独亲热，总会让男孩给我送瓶可乐来，其实我是不想要别人的东西，但人家瓶都开了，总不能说不要。为了让莹安心，我只好收了。我拿着，扮着开心地吸几口，然后他们便躲起来。我不敢偷望，但急促的呼吸声却仍钻进耳内，有时听到莹细细的呻吟或喘气声，我会有些生气，但又不想留下她一个人——没法子，谁叫生性孤僻的我只有她一个好朋友。觉得闷的时候，我会把手上的可乐倒掉，看着黑色的液体变成白泡渗进泥土，有种说不出的快感！

莹的男孩来得快，也去得快，多数是含泪离去的。没法子，莹的选择太多了，由同龄小男孩到富贵大男人都有。高三那年，莹成年了，在酒店卡拉 OK 找了份兼职。由于长得标致，很快便成了门口的女招待。然后，约会的地点不再是公园，而是星级酒店。莹依然习惯性地找我陪伴，并会在酒店茶座内给我订个位置，我仍然只要一瓶可乐，看着曼妙的瓶子，想起莹的身体。每当我吸一口可乐，就会想到她被吸吮的过程，想起她说："男人最喜欢女人的乳房，他们是只会吸吮的野兽！"我会觉得恶心，为了避免有这种联想，我从此不再用吸管，改用口直接饮。偶然也有些男人过来搭讪，他们一般最感兴趣的是为什么这样斯文的一个女孩，可以如此豪饮可乐？我会莫名其妙地看着那些男人不语，然后，那些人会尝试讲不同的语言：汉语、日语、韩语、英语、葡语、不知名的语言……久而久之，便会知难而退，大概以为我是个哑巴吧！当然，我期望爱情，只是我期望的爱情不是这样子的，我期望一见钟情——看着发笑、想着心跳的感觉。我要找一个吸引我一直凝视着他，然后会为他发笑和面红的男子，而不是色眯眯地看着我评头论足的男人。有天，我劝莹："不要玩得太过分了，你不怕吃亏的吗？你快被那男人吸干了！""是他要被我吸干了才对！"她自负地说。的确，男人天天不务正业地接送，好像时时刻刻害怕莹被人抢走，他好像永远都离不开她！

是的！莹把男人的精力吸干了，自己却有了意想不到的收获。大学一年级的某天，她特地找我去二龙喉的茶座，并告诉我：“我有了孩子！”“什么？”我惊异。“我怀孕了！”她再一次清晰地告诉我。我望着面前的那瓶可乐，无法想象中间鼓胀起来会是什么模样。看着瓶上的冷露慢慢鼓起，然后不停向下滴，我怀疑：到底会不会滴成一瓶新的可乐呢？莹要结婚了，等待她的自然是名车、大屋、美酒佳肴……作为伴娘，我天天陪她去办嫁妆，可是婚期一拖再拖，直到莹大腹便便……那一天，狂风大雨，家中的门铃响起，我打开门一看，莹狼狈地站在门外哭……莹的确是吸干了富家公子，但富家公子的人生不由自主，对方家长反对婚事，认为莹怀有野种，不肯让她进家门。富家公子有很多金钱，却买不到自由和尊严，莹每次喝醉的时候就会说：“我原谅他，王子的生命总是不由自主……”我听了默然。当她还没有离开，那个曾经时时刻刻害怕莹被人抢走，好像永远都离不开她的王子出走了。随着富家公子人间蒸发，莹的学业完了，爱情完了……却把一个新生命带到人间……

我一直觉得，莹的爱情故事是可口的，至少比我的可口，因为她长得比我漂亮，她的男人的背景和素质自然也漂亮，但原来漂亮的爱情故事也不一定有可乐的结局……会不会是因为太漂亮呢？会不会是因为有太多选择呢？会不会……我尝试找个合理的原因，每个原因看来都合理，但就是找不到关键。多少年后，风华绝代的她与姿色平庸的我，都拥有了自己的家。我忙着写稿的清晨，她已开始打点孩子的早餐；我忙着文件接接送送的时候，她便忙着孩子的接接送送。因为时间不对，生活空间太少，我们很少相聚，唯一相遇的地点可能只有周六接送孩子去学钢琴的音乐中心。当我们相约小聚的时候，她不喝可乐了，说怕胖！而我还喝，但也因为怕胖，改喝无糖可乐。大家都改变了，不知经历是否可口，生活是否可乐？

可口·可

可口的爱情，不一定有结果。不可口的呢？也不一定没结果。原来结果这种东西根本不取决于可口与否。至于有结果是否代表乐呢？我是不知道。

生活可乐吗？我的脑袋无法回答你，因为太累。就像今天，躯壳在职场里混战了一天，回家后还得帮着孩子吃饭、洗澡，到了完成所有工作，已经是晚上九时。我趁着孩子们围在电视前玩乐的片刻倒头便睡，半梦半醒之间，嗅到了久违的熟悉的气味，那是丈夫勇的体味。自从孩子出生后，我们便分房睡。我陪着孩子们睡套房，把他赶到客房去。他有生理需要的时候，就拉我过去，或是在孩子熟睡中完事，然后各自回去睡，谁还有心思去关心气味的问题呢？这一刻，我整个人伏在他的床上，把头埋在他的气味当中尝试得到一些心灵的慰藉。多少年了，人变了、情变了，唯独他的气味没变……

我们相遇在城市中最陈旧的角落，灰得泛白的水泥地，缠绕不清的唐楼天线，衬托出特别纯净的一片天。那天，我在烂鬼楼地摊为学校的报告文学拍硬照，为了拿好角度，我半蹲着身子，并一直向后退，结果撞在一个男子身上。他尝试用手挡住我，我却反而失重地倒在他怀里……鼻子送来他的气味，那是除了父亲，我从未如此近距离嗅到的男性的气味，不禁心如鹿撞。“你没事吧？”我先查看照相机无碍，然后摇头示意没事。他帮我把地上的背包拾起来，只见背包湿了一片，还在滴水。我翻看，原来是可乐给弄爆了。“哇！洗了个可乐澡！”他轻佻地笑。我生气地瞪了他一眼，他才不好意思地道歉：“都是我不好！最多赔给你！”我打量眼前人——轮廓极度分明，眼睛很大很深，鼻子又阔又高，嘴巴大得有点滑稽，头发凌乱，个子高瘦，腿特别修长，活像个漫画人物，说话的时候，嘴角扬起轻浅的微笑，亲切得有点轻佻。我魂不附体地看着他，他又扶了我一把：“你没事吧！坐在这里休息一下，顺道帮我看档，让人偷了东西你要赔呀……如果有人要买，你就叫他等等……”他说罢矫健地跑开。我凝神地看着他的货品，都是一些旧物，拉拉杂杂的，有日历、器具、瓶罐、襟章等，数之不尽。等了良久，他才施施然跑回来，手上拿着两个杯子，“还你的……这豆浆铺很有名的，一定比可乐好喝，而且豆浆比较有营养……”我吃豆类食物会拉肚子的，看着那杯豆浆，很是纳闷，但不知为什么还是勉强喝了。可能我喝的样子太难堪，他不停在身边安慰我：“不要这样子，好不好！豆浆是便宜一点，但有营养嘛，多请你几次好了吧！”他话真多，好像总是停不下来的样子，任何平平凡凡的事情到他口里，都变得七彩缤纷。由于我一直在那里记录街道风貌，大家见多了，便成了朋友。那半年，他给我说过的话太多了。后来的十多年，我们开始相对无言。我常常安慰自己——一定是他当时把话说完了。勇告诉我，他是如何从故乡来到澳门，如何读书不成，如何 16 岁一个人去找工作，做了几个兼职，如何拾旧物来摆卖……我会安静地听他高谈阔论，然后他会敲我的脑袋：“笨猪一样！你不会说话的吗？”然后我会傻笑。

我喜欢他，因为他和学校的男生是不一样的，他比较务实能干，而且充满朝气。最重要的是，他看我的眼光和学校里的同学不一样，他不会因为我高深莫测而远离我，也不会为讨好我而附庸风雅。多少年后，大家谈起文，我才意识到他为什么没有回来，他怎么有勇气回来？当时他高三，我才初三，我一直仰望他的才气，认为他理所当然给我强者的包容。但在他心里，真正的强者是我。进文学社的第二年，我校外比赛的成绩已超越他，他怎么有胆子过来包容我？勇看我的眼光是不一样的，因为我们认识的场景不是校园。他会说我笨，然后和我谈些傻气的事。而且，勇看女孩的眼光也不一样。摊子经常迎来不同地区的美女，有些衣着性感，弯下腰肢细看，胸前便风光无限，但他总是目不斜视。周围的叔伯会笑他："勇仔是吃素的！"他不以为然地响应："女人不是用眼看的！"正因如此，他也很少细看我的形貌，一起的时候便倍觉轻松。

就在那一天，一个天朗气清的秋日，他特意致电约我去豆浆店。"为什么请我来？不是只为请客吧！"我乐滋滋地说。他说："请你帮忙买东西！"我们结了账，走进对面的小铺子。店内阴阴暗暗的，空气中飘着一股陈年木香，好像一个老者身上散发的气质，不芬芳却耐人寻味。店员是个老伯，微微晃动的手托着一个盛满银器的大碟子。勇在碟中找了一个粗边的手镯，叫我套上。相对我小小的骨架，手镯横在手上的感觉很奇怪。"还有人戴手镯的吗？"我故意说手镯不适。"很特别，不是吗？自己喜欢就好，怕什么？你觉得不好看吗？"他认真地问我。"好看！好看！"我口是心非。"不要紧啦，你觉得好看就好，还不是给你看的！"我暗里忖度。他见我说好看，又运用他三寸不烂之舌讨价还价，最后买下了！我等待着他说："送给你！"可是他没说，他只是开心地把手镯藏起来。"没关系啦，我们的时间还很长！"我也开开心心地离去，在转角的店里，就是他第一次请客的那一家，我买了一杯豆浆，冒着拉肚子的结果喝着——那个天朗气清的秋日，我爱上了喝豆浆的感觉。

后来的某一天，我才知道，手镯不是我的，那是属于他心仪的女孩子的，而且那个手镯把他们扣在一起了，他从此成了别人的男朋友。有一天，他特地把女朋友带给我看。那是个身材高挑的女孩，有着蜜糖一样的肤色，甜得发腻的笑……我特别留意她的手镯，不大不小，合衬得很，想起当天甜得发腻的豆浆，很有种头晕欲吐的感觉。事后勇问我觉得那女孩怎样，我嘲讽他："还说不用眼睛看女人，原来是用头顶的天眼看的，不是最高贵的都看不起！"他也回我一句："终于明白你平日为什么少说话，你嘴巴太厉害了，开口就把人刺死！"情场得意的他是不知道，其实真正把我刺死的人是他。我心碎地离开烂鬼楼，在一间渗着腐臭味的"士多"店买了一罐可口可乐，拿在手上，感觉黏黏的，有种恶心的味道。我走到暗处，把它狠狠地掷向天空，最后掉落在地上。罐子在地上飞转了数圈，然后喷射出白色的泡沫，似乎要把心肝脾胃的血液全部喷射出来！

本来，我要逃跑了，但想起没有心肝脾胃的空罐子，我不忍，回头拾起表面凹陷破裂的正在泣血的铁罐。我知道，要把它拾回去，给它一个温暖的家。我怀抱着那个受伤的空罐子爬起来。

前面是绝路，希望在转角——勇在其中一个转角中发现了我。在一个冬日的晚上，他跑到我跟前问："你是不是爱上我了？"我哭了，在他怀里哭了一个晚上，仿佛把那一罐心肝脾胃的血液全部哭出来。那是一个没有星星月亮的普通晚上，但我依然觉得幸福——对于一个寂寞的空罐子，能够装得满满的便很幸福，无论里面装的是心肝脾胃的血液、豆浆还是可乐。

而那一刻，我的眼泪不就是我一生的乐么？

勇的确是与众不同的，他很少在意我的一举一动，也不会为爱情制造甜蜜。一路走来，由轻松说笑到偶有温存，由偶有温存到静默无言。没有浪漫求婚，没有山盟海誓，我便嫁给他了。我时时提醒自己——爱情能够装得满满的便很幸福，无论里面装的是心肝脾胃的血液、豆浆还是可乐。莹的爱情故事很可口，却没有结果；我的爱情故事并不可口，却有结果。原来可口与否，是没有关系的。

乐

年轻的时候，我们会不停在可与不可中徘徊，很少想到乐才是我们最终的所求。而其实，我们也根本不知道，乐到底是什么味道和形状的。偷来的乳液是乐？燃起的火苗是乐？华丽的爱情是乐？平淡的追随是乐？想不通的时候，我会干脆拿出一罐可口可乐，听听打开时利落的声音，品尝入口时舌尖麻醉的快感，感觉由喉咙到食道一段的翻腾，目送白沫渗进黑洞的深沉……尝试从各个部分感受乐的内涵。那一刻，我确定自己是乐的。问题是，文字总是概括不出来。

人生的某些阶段，我们必须短暂地放下随意的快乐。自从我子宫潜伏着一个新生命，我的饮品便由黑色变成白色。我厌恶白色的液体，厌恶舌尖上淡而无味的感觉，厌恶喉咙黏稠不去的质感。经过漫长的食道流进肠胃的一刻，我好想把它全部吐出来，但忽然想起了“他／她”——那个寄居的小客人需要它，我又努力把它吞回肚子里。为了让我的余生不再寂寞，我一直憧憬着有一个和我相同性别、相同气质、相同喜好的女儿，而勇却喜欢男孩。于是我们约定，如果生女孩是他送我的礼物，生男孩是我送他的礼物。结果他中奖了，还一连中了两次，而我则要无望地承受着女人之苦。勇不是体贴的丈夫，他认为他妈妈怀孕的时候是可以下田工作的，我们这些城市女孩，有什么工作比乡下女人辛苦呢？所以我也很少有机会得到娇纵的待遇。怀着第二个儿子的时候，我还是可以一个人推着大儿子的婴儿车上斜坡，抱着他去看急诊……我常常想，为什么不可以问我喜欢吃什么，要不要帮忙呢？不可以！没有为什么，不可以就是不可以！比较是没有意义的，要求是没有意义的！当我临盆在即，阵痛难止，而身边人却依然彻夜不归时，我想起了那个空罐子，会一个人偷偷地哭，当中流过的眼泪，应该是可以装满一罐的。于是我常常回望过去幸福的感觉——对于一个寂寞的空罐子，能够装得满满的便很幸福，无论里面装的是心肝脾胃的血液、豆浆还是可乐。而那一刻，我的眼泪就是我一生的乐！我相信胎教，我安慰自己，只要我不娇气，孩子便不娇气——男孩是不应娇气的。

看着肚子一天天鼓胀，我想起了“曲线玲珑的像诱人美女般的瓶子”，想起了莹怀孕的时候，我曾经有过“无法想象中间鼓胀起来会是什么模样”的疑问。我当时感觉到了，我感觉到那小生命的心跳，他的小脚在我肚内横飞，他呼吸和我相连……为了他，我每天都喝着令我想吐的白色液体，吃味如嚼蜡的水煮鸡蛋，穿老土的平底鞋，穿着臃肿的孕妇装……我不会问为什么不可以“不喝、不吃、不穿、不着”，不可以就是不可以——你只可以选择“乐”和“不乐”。我一定会选择乐的，因为我相信胎教，我希望拥有一个乐观的孩子。无论工作多忙，我都会去选购一些育儿的书，然后看了又看，心中盘算着什么时候会出现什么反应，什么时候要吃什么食物、听什么音乐、说什么故事……我的家族有遗传病，怀孕第十六周，医院打电话来说我检查结果不正常，要求我抽羊水检验。放下电话的一刻，我想起了我的空罐子。尽管它是那样不完满，至少还存在过，至少还装过可乐，就是不装可乐，也能装心肝脾胃的血液、豆浆或是眼泪。而我的孩子呢，他可能连成为一个罐子的机会都没有，不是太可怜吗？等待结果的一个月，好像等了一生的时间。那一天，我到医院看到检验结果写着——正常，我流了眼泪，那是幸福的味道——终于有一个罐子了，无论里面装的是心肝脾胃的血液、豆浆还是可乐。将来，我要告诉儿子——那一刻，我的眼泪就是我一生的乐！

大儿子临盆那天是在家中破羊水的。怎么搞的？怎么可以在家中破羊水？书中说很危险，搞不好会缺氧的。到了医院，我待了二十个小时，子宫口还开不了，孩子还生不出来。我心里很着急——怎么可以这样？怎么可以不开刀呢？怎么可以无止境地等下去？……想啊想啊，等呀等呀……孩子竟然可以顺产呢！小儿子临盆的时候，是“见红”才去医院的，在医院又等了二十多个小时，已经流了很多血，但子宫口还没有开很多。医生走进来检查，奇怪地问:“怎么羊水还不破？”然后她把手指伸进阴道，用力挤压，有点无奈地说:“羊水怎么如此难破？真拿你没办法！”我心里又着急起来——怎么该破的时候总是不破？不该破的时候又破了？想着想着，等着等着……孩子竟然又顺产了。原来，没有什么是不可以的！可与不可，不是人为可以控制的，但我们可以选择乐与不乐。看着千辛万苦生下来的小生命，无论如何也是乐的，然后过去种种的苦，已经抛到九霄云外。

书上说，母乳是孩子最珍贵的礼物，所以无论如何艰辛，这份礼物我是一定要送的。但因体质问题，我的乳汁分泌并不旺盛。医生说要有充足的休息和营养，才能保证母乳的质量，于是我每天须不停灌上“长奶”汤水，吃充足的五谷和蔬果。即使半夜疲惫不堪，还须把食物灌进肠内，犹如人肉过滤器。有了奶水还不行，还要那小动物懂得喝。我选择的医院是先喂牛奶的，由于奶瓶和乳头形状不一样，儿子起初不习惯母亲的乳头，总是吮吸不出来。我生气地说：“为什么奶嘴的形状不可以和妈妈的乳头一样？”护士没好气地说：“每个女性的乳头都不一样的吧！”我恍然大悟，是的！每个女性的乳头都不一样的，孩子吮吸的感觉都不一样吗？都是乐吗？那一刻，我会想起莹的名言：“男人最喜欢女人的乳房，他们是只会吸吮的野兽！”我开始不再厌恶吮吸乳房这件事，也开始领悟到被吸吮的快乐。我没有放弃被吸吮的希冀，在不断尝试的过程中，乳头的皮一次又一次地脱落和破损。我常常想：孩子吮吸的时候，会不会混着血液呢？但医生说那是没关系的，母亲的乳汁就是血，孩子体内的血也是母亲的血——是没关系的！不知不觉间，不知那罐子中盛了多少母亲的血。儿呀，那米黄色混着血的液体，可是你一生的乐？

勇从来没有说过爱我，求爱的时候没有，结婚的时候也没有。记忆里，他只问我：“你是不是爱上我了？”他只是在意我有没有爱他，而遗忘了他是不是爱我。我知道，在乎“你爱不爱我”的女人像整天沉迷于爱情小说的无知少女，是肤浅和幼稚的。但无论一个女人的事业如何成功，人生的舞台有多大，也会怀念肤浅和幼稚的快乐，不是吗？幸好，还有别的男性天天说爱我，那便是我的两个宝贝儿子，他们还会为我唱世上最动听的情歌：

You are my sunshine, my only sunshine
You make me happy when skies are gray

You'll never know dear, how much I love you
Please don't take my sunshine away
你是我的阳光，我唯一的阳光
当天空阴霾密布，你使我快乐
亲爱的，你永远不会知道我多么爱你
请不要夺走我的阳光

I'll always love you and make you happy
If you will only say the same
But if you leave me to love another
You'll regret it all some day
我会永远爱你，让你快乐
只要你的诺言不变
但如果你移情别恋
你会后悔不已

每次他们唱这一首歌，我就觉得自己是世上最快乐的人了——儿呀！妈妈是不会移情别恋的，你们呢？可会移情别恋？即使你们今天说爱我，却总是天天让我生气；说要照顾我，却天天要我照顾；说知道我喜欢什么，却总是想我先做你们喜欢的……但我还是感谢上天赐给我两个儿子。我决定如果人有下世，我也要做今世最爱的人的儿子，而不是爱人。儿子总是会移情别恋，爱上别的女人吧，可是谁在意呢？能够拥有一个爱的罐子，便能装得满满的——无论里面装的是眼泪、心肝脾胃的血液、豆浆还是可乐——说到底它们全部都是水构成的，就如妈妈的米黄色液体，终会构成生命乐的全部。

生命没有可与不可，可口的东西不一定可乐，可乐的东西也不一定可口。我们无法选择可与不可，只能选择乐与不乐。我无法用文字确切地告诉你人生的乐是什么，如果你想知道，让我们都手握一罐可口可乐——揭开拉环，听听“唧！嚓！”的干脆利落的声音，品尝舌尖麻醉的快感，感觉由喉咙到食道一段的翻腾，目送剩余的白沫渗进黑洞……

2011年获第九届“澳门文学奖”小说组优异奖

这些年，他们爱上了云

“飞机快要抵达桃园国际机场，请乘客……”快到了，小雨依依不舍地看着窗外的云——这是她梦寐以求的天空。这些年，她一直期望成为这片天空下的一朵云，看望她朝思暮想的人……

云的迷恋

小雨朝思暮想的人名叫若曦，是她的中学同学。他们由初一开始便同班，一直到高三毕业。若曦是个浪子型男生，学习不太用功，但总是名列前茅。他人还算高大帅气，但由于整天嬉皮笑脸，即使身边围满美女，却只是称姐道妹，没一个能成为爱侣。也许是天意弄人，他一直只爱看着远方的小雨发呆。小雨人如其名，有点复古文艺片的土气，样子长得不难看，中等身材，秀气的五官配上异常苍白的脸，还有羞涩的表情和冷傲的个性，加上品学兼优，很有神圣不可侵犯的感觉。同班男性动物虽然好色，但少有谈到小雨，因为她神圣中带点平淡，好像一尊白玉观音。在七彩缤纷的二十一世纪，大家想到的都是身材玲珑浮凸、脸蛋标致闪亮的美少女，谁愿意去留意一尊佛像？若曦却毫无理由地迷上了她。初二那年，为了描绘出女神的模样，若曦开始学习人像素描，没学多久就得奖了。那作品名为“云样的女神”，好几个同学都觉得那女神很面熟，但却没有人猜中是谁。小雨也去看了，若曦鼓起勇气上前：“觉得面熟吗？”小雨的脸浮起了一片红霞，羞涩地笑了笑——那才是若曦的大奖——那表情，他发誓一生都不会忘掉！

令若曦终生难忘的还有小雨在台上朗诵诗歌的表情。高一那年，小雨参加普通话朗诵比赛，她朗诵的是舒婷的《致橡树》。诗歌内容他都忘了，但清晰地记住了她朗诵时投入的神情——挂着一个含蓄的微笑，眼睛在光影中流转，她的瞳孔中仿佛只有他的影。为此，若曦开始钻研新诗，然后读到了海子的《风很美》：

风很美
小小的风很美
自然界的乳房很美
水很美
水啊
无人和你
说话的时刻很美

若曦觉得这首诗把他当时的感觉写出来了——小雨就是水，像自然界中未经雕琢的艺术品，很美！

小雨是家中大姐，由于父母忙于生计，照顾三个弟弟的责任便落在她身上。生活的艰难让她刻苦俭学，因为书读不好，家人就有借口叫她不上大学。小雨没有时间玩乐、没有心思打扮、没有金钱消费……种种的不一样令她自强，也自卑。在同学群中，她抬不起头，几乎没有朋友，没有女孩愿意和她结伴，没有男孩主动和她说话。因为勤奋乐学，唯有老师愿意接近她，给她鼓励和机会。小雨很少抬头望四周的人，除了若曦，因为每次她巧合地望向若曦的一方，便觉得若曦也在注视着她。她曾经看过一些心理学的书，书中说，如果你总是看着某人，自然也会觉得某人在看你……想着想着，小雨会脸红耳热，脑海里会浮起那个高大的影子，滔滔不绝的话语和喜欢捣蛋的样子。小雨心虚地认为，若曦一定是发现她异常的偷窥行为了，因为那一年，若曦突然在画展内和她说话："觉得面熟吗？"她一直在角落偷看他和同学们说笑话，其实没细看画中人。若曦这一问，让小雨的脸一下子发烫，这情景她一生都无法忘掉。高一那年，老师选了小雨朗诵，那是她头一次上台表演，她朗诵的是舒婷的诗。为了融入情感，她就选定了一个目标人物去读，那正是若曦。其实，那首诗是给他一个人读的：

我如果爱你——
绝不像攀援的凌霄花，
借你的高枝炫耀自己：
……
每一阵风过，
我们都互相致意，
但没有人
听懂我们的言语。
……
仿佛永远分离，
却又终身相依。

小雨看着若曦情深款款地朗诵这首诗歌，仿佛也觉得若曦在含情脉脉地看着她。因为觉得只是一厢情愿的幻想，小雨没有记住若曦的表情，她只记住了诗情——没有人听懂我的言语，仿佛永远分离，却又终身相依……纵然没有人听懂，但小雨认为那是足够的，只要在心里留住一个爱上的人，仿佛永远分离，却又终身相依……已经足够了！

他们就这样一厢情愿地相爱起来，直到高三第二学期……毕业是爱情的催化剂，当大家都赶紧在告别前来个无悔青春，班上便相继孕育出新的恋情。在这种气氛下，若曦胆子也大起来，终于鼓起勇气，利用自己当升学代表的身份去接近心上人。他自己想上台湾的高校，于是找来一堆台湾的资料。不用明察暗访也知道小雨想读文学，于是特地为她做好资料搜集。台湾高校联展的日子到了，若曦找到了约会小雨的好时机，他传了一个电话短讯给小雨："各位同学，明天前往参观台湾升学联展，下午2时在议事亭前等，若未能前往，请致电本人。"皇天不负有心人，小雨没有来电推辞。当天1∶50，她便到达约定的地点。若曦一直在远处看她等待的表情——多数的时候，小雨望着地面，好像有什么好东西在地上似的。偶尔也会看看远方，时而浅笑，时而细语。若曦总是记起那首诗：无人和你／说话的时刻很美。到点的一刻，若曦才露面。他走近小雨说："喂！我们可以去了！"小雨惊愕："其他人呢？"若曦说改了时间，未来得及通知她；就这样便混过去了。其实，他没把短讯传给其他人，怎么还会有其他人去？若曦得意于自己的妙计，小雨陶醉于自以为天公作美的约会，各自都很快乐。

若曦还把辛苦搜集回来的东西当大会提供的材料奉上，小雨看了，很是心动，决定要考上台湾的大学。为了找到更多接近爱人的机会，若曦又办了升学辅导班，但小雨放学要去做家教帮补家用，没有时间上课；若曦觉得徒劳，唯有再想法子。报考当天，若曦翻出小雨的报名表，偷看她的志愿。为了必定能考上小雨心仪的学校，若曦由第一志愿到第七十志愿都选了同一所学校。好友大惊:“你不是要读工科吗?”若曦说:“没关系啦,行行出状元,学校好坏注定一切。”其实他心里想说:“没关系啦,女神的存在决定一切。”想着有机会和女神相依相随,若曦满心欢喜。

云的漂泊

正当若曦以为梦想成真的一刻,好心的老师毁掉了这一切。某天晚上,老师打电话到小雨家,公布了学校准备保送她去南京某高校的消息,如果成功被录取,小雨还可以得到四年全免奖学金……听到免学费,家人自然心花怒放,连声支持,老师还说可把之前交去报考台湾的表格和费用退回。通话过后,小雨表明想去台湾的心声,妈妈红了眼圈说:“小雨,妈妈知道要你放弃理想是委屈了你……”再说下去的对白,小雨都可倒背如流了,就没心思听。她擦干眼泪,接受现实。

联考的日子快到了,若曦见小雨一直没来温习,也没到场考试,后来才知她接受了保送。若曦既失落,又生气。他不明白为什么小雨可以为了一点点奖学金放弃入读理想大学的机会,他觉得这叫他妈的没骨气。活在中产家庭的若曦觉得,升学就是选择科目,看学校环境和名声,从来也没考虑过钱的因素。他无法理解钱的意义,也无法理解小雨的决定。自从知道小雨变卦,有一段时间,他没有再看过她一眼。毕业的时候,没有和她拍照留念,没有叫她写纪念册……心烦的时候,他找来一些穷学生北上升学搭上富二代的故事或笑话贴在facebook上发泄。小雨每天都会去看他的动向,看了总是难受得落泪,但没有埋怨,因为她觉得自己活该被看不起!

毕业晚会当天,同学们都妆饰得异常亮丽,小雨向表姐借回来的白裙子显得失色。她未敢抬头触碰若曦的眼光，只有若曦在台上表演的时候，她才有机会正视他。若曦当天穿了一身帅气的礼服，在台上和性感的女同学跳辣身舞。小雨从来没跳过舞，她觉得自己的肢体异常笨拙，无论如何不能和若曦相衬。

世界上最遥远的距离不是台湾海峡，也不是爱人在身边却不知我爱你，而是觉得大家根本不配在一起；爱情最大的折磨，不是天各一方，也不是音讯全无，而是你天天看着他的生活片段，却永远无法成为当中的风景。小雨一有空便翻墙去facebook看若曦，她记住了若曦走过的路、喝过的咖啡，还有宿舍窗外那一扇光影……荧屏前，小雨终于可以抚摸若曦的脸。她很想更靠近一些，好像和他跳辣身舞的女孩那样，可是她每想到此便觉灵魂融掉。

南京的生活比小雨的家还苦。因为位于长江以南，学校没有暖气，每到寒冬刺骨的时节，小雨的双脚便长满冻疮，每走一步都痛不欲生。那一刻，她好想抱住自己深爱的人大声痛哭，但她不敢，因为觉得不配。大学宿舍的热水长年供应不足，小雨又花不起钱去澡堂。冬天的时候，她几天才洗一次澡。想到身体异味难挡，小雨连拥抱的幻想也不敢有。若曦也挂念小雨，虽然他曾经为了她变卦而生气。为了看望小雨，他特地开了微博，千辛万苦向南京的校友打探小雨的账号。小雨偶然会发首短诗和拍些风景，却从来不拍自己的照片。“她好吗？遇上富二代了吗？”每次想念小雨，若曦就只有看着天边的云发呆。然后他又会想起自己的作品“云样的女神”，总觉得小雨永远无法捉紧。虽然身边比小雨漂亮性感的女孩很多，却没一个能住进他的心里。

散聚有时

每年寒暑长假的同学聚会，是他们唯一相遇的点。小雨很怕应酬，为了在远地偷偷看爱人一眼，她坚持赴约，虽然全程都只是待在一角；若曦是那种不知羞耻、满场飞的活跃分子，但一想到要去小雨身边，他会颤抖——你好吗？日子过得好吗？交男朋友了吗？南京风景美吗？……他想了一堆句子，却说不出口。

小雨每逢假期都回澳打工，除了赚点生活费，也想储钱还个心愿。她想去若曦的校园走一转，在同一天空下，感受他的世界，走走他平日在 facebook 拍下的路段，喝他喜欢的咖啡。小雨特别喜欢若曦窗边的藤蔓，有一种相互依偎的感人。她想象空气中飘过零碎钟声和青草气息的一刻，他也听到和呼吸到一样的气息——如果空气是流动的，那当中一定有若曦的梦魇和呼吸声。小雨要把这种幸福全部装起来，留给自己。若曦也想去南京，他想亲自去看看小雨，因为在微博的短诗中，他无法想象小雨的生活。他一直在猜疑，小雨会否认识了内地的富二代。

大四那年圣诞，他们静静地起革命。小雨心想，“台湾是没有圣诞假期的。”若曦也确信南京是没有圣诞假期的。

“飞机快要抵达南京禄口国际机场，请乘客……”快到了，若曦依依不舍地看着窗外的云——这是他梦寐以求的天空。这些年，他一直期望成为这片天空下的一朵云，看望他朝思暮想的人……

终于，小雨来到了没有若曦的台北，若曦也去到没有小雨的南京。他们对着梦寐以求的天空微笑，想起那些年老师在课上读徐志摩的《偶然》那首小诗：

我是天空里的一片云，
偶尔投影在你的波心，
你不必讶异，
更无须欢喜，
在转瞬间消灭了踪影。
你我相逢在黑夜的海上，
你有你的，我有我的，方向；
你记得也好，
最好你忘掉，
在这交会时互放的光亮！

本文2012年刊于《澳门日报》“文化小说”版

上善如水

从来没见过一个女人爱酒如我，所以每年生日，A 都要送我一瓶日本清酒。他说，每个女人都像一种酒，而我像日本清酒。其实我想说，虽然日本清酒的味道还好，但我不想做这样的酒：我不想当淡而无味的女人。不过他喜欢把我想象成那样子也没办法，由他吧，反正只是份礼物！

A 是我的小学同学，由小一至高三，我们有超过一半的时间是同班的。他是个聪明、帅气、骄傲的男孩子，而我却是个很不起眼的女孩。不知为什么，他很喜欢留意我的小毛病，然后天天和其他同学嘲笑我。我很少回应，也从不反击。说到某个程度，或许闷了吧，他就停下来看着我不语，好像可怜我的样子。有时候，他又会强迫我送圣诞卡给他。他会拿着一张新的圣诞卡，自己写好了“A：祝你圣诞快乐！”然后叫我签名。我会乖乖地听从他的指示，也从未要求他回一张给我。那一年，老师在课上谈起国事，很多同学都哭了，我也哭了。他下课后却特地走来找我，他叫我不要哭，他说他不会留在这种鬼地方。总有一天，他要去东京找他的理想，然后他会带我一起去……我听着呆了！他去东京找理想为什么要带我一起去？基于民族情感，我从来不喜欢日本，他说这种“长他人志气的话”是什么意思？我生气极了，并冷漠地回他一语：“我讨厌东京，我要去北京……”他听后觉得没趣。为此，我们好久没再闲谈。不久，我和他分班了。毕业的时候，我没有考上北大，而他却真的去了东京读大学。

别后数载，我没有特别想念A，只是当恋爱触礁的时候，我会记起他——一个很有理想，并很想带我一起去找寻理想的男孩。我一直在想："能和一个愿意带我去找寻理想的男人在一起，大概是比较幸福的吧！如果我们有共同的理想该多好！问题是，我们如何才能把各自的理想变成共同的理想？"每次想到这里，我清楚知道，其实我并没有爱上这个人，我只是喜欢他给我的感觉——我喜欢被人喜欢的感觉。不久，我们在MSN上重遇，谈得比以前投契。他告诉我，东京的生活很苦闷，住的地方很小很小，东京的人很寂寞……他每星期都要去超市买特价食物，然后整个星期都只吃那种食物……不过他不想回家做少爷仔，因为他要在那个梦幻城市打天下，还要找他的东京女孩。我曾经问他："东京女孩是怎样的？有什么特点？"但他总是说不出来。有一年，碰巧他生日了，我问他有什么愿望，他说他的愿望是从东京回来，要我请他吃顿饭。结果，他真的回来了，而我真的请他了。席上我点了红酒，我告诉他，我很喜欢喝酒，喜欢进口时的醇香，让人暖心热肠的感觉。我又给他即兴解说了上十种酒的味道。他说从未想象过我会爱酒，也从未见过女人爱酒如我。然后，他道出那伟论："每一个女人都像酒，而我像日本清酒。"我听后没有反驳，也没问他那是什么味道。其实，我当时还没喝过日本清酒，也不知道他觉得我是什么味道。我们说好了，来年我生日的时候，他请我去东京吃饭，并要送我一瓶日本清酒。但最终饭没吃上……因为我要结婚了。

那一年生日，A从东京给我寄来一瓶日本清酒。他说，那是他喝过的最好的酒，它有一个美丽的名字——上善如水。粉红色的瓶子，透着玫瑰露般的晶莹，很诱人！上善如水是什么意思？我在MSN问他，他说："你的名字！"什么是"我的名字"？我真不喜欢他那样轻佻！说真的，我不是特别喜欢他这个人，但我喜欢他给我的感觉——我喜欢被人喜欢的感觉。礼物收到的第五年，我觉得好奇，便到Google翻译上查日文"上善如水"，结果解释就是——如水。我怎么可能"如水"？我骨子里太多棱角了，仿佛永远有驳斥不尽的事情。不过我一直没有反驳他，就像当年他天天为难我那样，由他吧，难得他喜欢我"如水"，我就"如水"吧！每次他找我麻烦，我总是"如水"。我知道，他一直都很喜欢我，我能够回报他什么呢？由他吧，他喜欢我"如水"，我就"如水"！

不久A也结婚了，又离婚了。最遗憾的是，他终于离开了自己的梦想之地，去了北京、去了广州、去了上海……多得我也忘了他会在哪里。但每年生日的清酒，我还是会收到，我会去MSN感谢他，但他很少回话，又或很久后复一句："我很忙！但有些约定还会记住。"我会定期留意他的状态，虽然从未见他上线；我也会定期看看他简短的留言，但从没细问。我们从来不曾有过很密切的关系，但感觉既陌生又熟悉。我很想知道他活得好不好，很想知道他会不会找到自己的理想，虽然我们永远都不曾是彼此的理想……今天，MSN要结业了，我特意回去，等谁呢？这天重游的人特别多，大家又在等谁呢？我回去翻看了每个人的说话记录，当然也有看A的。这时，我才发觉他在个人档案内留下一句"上善若水，水善利万物而不争"（《老子》）。原来"上善如水"出自《老子》，它根本不是源自日本，我才猛然记起日本其实曾深受中华文化的影响。

我没有喜欢上A，我只喜欢他给我的感觉——我喜欢被喜欢的感觉。今夜，我安坐在电脑前回望MSN上的时光，仿佛喝着他送来的酒：一种微温慢慢传到脑际，然后在云端消失……忽然爱上了这酒，也爱上如酒精般缓缓挥发的青葱岁月。

本文2013年刊于《澳门日报》“镜海”版

遗留在山上的……

倩如：我在山上呢！

浩文：我也是！

十年过去了，我的心依然留在山上，倩如也是吗？站在没有山的新校区，我茫然……那些年，我在澳门大学读教育学院中文系，学校在氹仔的小山头上；而倩如则就读于依山而建的香港中文大学，主修传播系，我们是在一次辩论交流赛中认识的。倩如是校花、会考状元、最佳辩论员……而我只是队中的小喽啰。没有人觉得我们是匹配的，包括我自己，但倩如却不觉得。“女追男，隔层纱”，本来，给我豹子的胆，我也不敢追求她，但她竟然主动追求我，于是我就中奖了。

虽然，我们不常聚首，但每天黄昏，都约在网上见面——我在我的山上，她在她的山上。在王宽诚楼的课室往外看，是一片金黄色的海滩，然而比起香港中文大学的蓝天，却显得渺小。倩如很为自己的学校而骄傲，每次去香港中文大学，她总为我挑选面向“百万大道”的宾馆，并告诉我，一代代的才俊都在这广场上为正义发声，那是“中大人”的核心价值。倩如来澳，我也带她住“澳大酒店”（山下的“新世纪酒店”，现改名为北京王府大饭店）。我们从山下一直爬到九龙壁，我最爱吹牛：“这条‘长命斜坡’就是澳大人的核心价值，比喻攀上学府的艰辛；破旧的Block I是教育学院的核心价值，因为学费最便宜、学院与校友也最穷……”但其实，我不知何谓核心价值，如果硬要挑个令我骄傲的地方，就只有我们辩论队位于Block II的小房间吧。虽然一样的破旧，但不是每一个社团都有房间的，而且这小小的天地，容下我们求知的无限热情，还因此邂逅到倩如。

一海之隔难不倒我们，让我们分手的，竟然是思想上的距离。那一年，我们都毕业了，我找到不错的教职，而她也进了香港最大的媒体当记者。“非典”疫情过后，百业衰落，教师的待遇相对好了；倩如的工作却不太安稳，为着报道抗争事件的小坚持，她被公司辞退了。我心里倒高兴，想趁机说服她嫁到澳门。那一天，我买好戒指，准备在九龙壁前求婚。我以一贯平实的开场白：“倩如，我们长大了，是时候要安定下来，你来澳门好吗？那就不必管香港的事了！”倩如难以置信地瞪着我说：“你说什么？”我一下子猜不透她的想法，又重复了一次。她悲怆地说：“分手吧！我们大家都不是对方所期待的人……”倩如走了，沉重的身影消失在写满霓虹的长阶上。

九龙壁还在吗？教育学院会破落吗？辩论队的小天地在哪儿呢？……走在看不到边的新校区，我迷路了，第一次留恋小山头的幸福；抬头仰望那没有中心的天空，像一座没有顶峰的山，又像倩如迷恋的广场。

本文2014年刊于《澳门日报》“镜海”版

Lonely Christmas

尾班车

谁又骑着那鹿车飞过
忘掉投下那礼物给我
凝视那灯饰只有今晚最光最亮
却照亮我的寂寞……[1]

耳机传来熟悉的调子，我不自觉地抬头仰望天空。记起那一年，我曾经爱上一部电影的对白：“灯太亮了，星星太寂寞！”然后，你边哼着歌，边拉着我，说要带我远离灯火去寻回星星的光。我们在水坑尾上车，车上空荡荡的，但你却不让我坐。我们走到最后，依着车尾的栏杆，你从后面搂着我的腰，嘴巴贴着我的耳朵，不厌其烦地哼着：“Merry Merry Christmas，Lonely Lonely Christmas……”少年不识愁滋味，那时候的“Lonely Christmas”哼得比蜜糖还甜。

“阿姐，今晚最后一班车了，你坐还是不坐？”巴士站乘务员提醒我。

“最后一班车？”我呆住了。方才记起自己在此已经站了一个多小时。“等人少一些再上吧！”我心里盘算着，可原来

① 故事中引用了澳门音乐人李峻一填词的流行曲《Lonely Christmas》。

小城圣诞夜的巴士可以如此兴旺。我无奈地挤上那辆 25 号车。巴士上热闹非常，操着不同口音的普通话混着零星的粤语，有一种陌生的寂寞感觉。我凝神望向窗外的天，欲寻觅暗淡的星星。迷蒙中，隐约看见车尾有一位俊朗少年聚精会神地看着身旁的少女玩手机。于是我转头看另一边的窗户，却发现暗处的男人若有所思地打量着我。我们目光相接的一刻，他竟没有回避，嘴角还浮起奇异的浅笑。“莫非我包包打开了？”我检查了一下，没有问题；“忘了付钱吗？”我竟然想不起来——想必是这样子了，于是我拿着澳门通一个劲儿往巴士投币机付钱。“嘟！”传感器发出异于平常的声音，机器显示“C9”。“付了！”司机语带嘲讽。我难堪地低下头，不敢再向前望了，仿佛车上每一双眼睛都在嘲笑我。

那一站

“哈哈！……我不是在笑你！”

我难堪地抬起头，却发觉舞台的主角不是我，只见刚才的俊朗少年和身边的女孩在纠缠中，似乎是情侣间在打情骂俏。有趣的是，身边那背着小提琴、拿着大包大包菜肉的古怪大婶好像也加入了战团。她向男孩递上纸巾，男孩不好意思地接了，欲给女孩抹眼泪，却被她冷冷地拒绝了。这时我又会忽然想起你，想起你说：“你什么都很好，就是太眼浅！”然后我每次哭都惹你生气。第二年的圣诞，我们相约去香港，在时代广场的三楼吵架，我哭了，所有人都盯着你，你便难堪地跑了，害我找了一天。之后我们一直冷战，不久就分开了。我一直在想，如果我可以可爱一些，一如你喜欢的日本美少女，可能我们还有很多很多的圣诞节，而我就用不着孤零零地一个人去探望被城市遗忘的星星。

“到了！到了！”

不知不觉，车子已经到达金沙城站，迎来了一股下车的人潮。我回头一看，暗角那一直盯着我的男人，也有了行动。他拿出一支棒状物向地面一放，“噗”的一声站了起来，似乎在摸索方向前行。背着小提琴的大婶马上为他开路，“借过！借过！”这时，我方才看到一直凝视着我的，其实是一双不会转动的眼睛，而无论身边的人有多拥挤，甚至抛出一些厌恶的神色或言语，他都始终如一地挂着微笑。

熟悉的陌生人

望着下车的人潮如黑夜中的巨浪，人与人摩肩接踵，却保持着一种互不相干的冷漠距离，正如我自己——仅仅是一个普通的对视，也可以心怀畏惧。人潮中，唯一闪亮的是小提琴大婶和失明男人相互搀扶的背影。他们是什么人呢？夫妇？母子？用人和雇主？无论如何，那样的一个满溢热情的组合在冷冰冰的人潮中有一种异样的温暖。

人潮散后，车上留下的人不多，小情侣依旧旁若无人地玩躲猫猫，男的生气躲开了，而女的却主动过去找他。因为距离远，我没有听清楚他们的对话，只见他们拿着手机按来按去，最后女孩还在男孩脸上吻了一下，男孩立刻红了脸，然后女孩顺势抱住他的腰，整个脸都埋在他胸口。男孩似乎有点始料不及，如一个雪人待在原地，仿佛马上要融化的样子，有点逗趣。

“叮！”电话讯息的声响打破了我看戏的雅兴。脸书的私讯发来一个陌生人的讯息：

“Merry Chirsmas！ Sue.”

“你怎么知道我的名字？”我第一时间打了这个回应，但立刻就后悔了，我的脸书本来就有名字嘛。

“你是谁？”我又打。

“David呀！ David Choi，你没看见吗？”

对，人家有名字的，我觉得自己超笨。“那你为什么认识我？”我无奈地继续那些笨拙的问题。

“我是用摇一摇找到你的，证明我们有缘千里能相会。”对方轻佻地回。

“脸书怎会有摇一摇？你别骗我了！”我这回不笨了。

“我们本来就认识的，藤井树小姐！”一连串傻笑的图案后，他说。

对！我们本来就是朋友，但我查看他的主页，却看不见他的照片，也没有见到其他可以确认身份的资料，唯一是他的名字David。但这名字也太普通了吧，一个招牌掉下来，恐怕要压倒几个。但是，藤井树这名字不是太多人知道……

“你还没有猜出来吗？我要伤心死了！”他回了个失望的表情。

不速之客

“是……徐大卫吧！”

我忽然想起了他——我们的中学同学。那些年，是他代你把那本《情书》和那一大叠情书送到我手上的，也只有你和他知道故事的男主角和女主角“共同的名字”——藤井树——为纪念我第一个爱上的女孩，请容许我把初恋的名字送给你，做我的藤井树好吗？——那是你给我的情书的最后一句。就这样，我冠上你给予的名字，并把初恋交给你。

“你是我的中学老同学徐大卫吧，不好意思，你的名字有点普遍，忘了。哈哈！”我在方格内打上自圆其说的答案，并表示了歉意。

“哈！也是！大卫一街都是！但是，伟文也是吧，陈伟文这名字也不怎么独特的。哈哈！（说笑）”大卫回了一句酸溜溜的话。

说的也是。你的名字也不独特，但你对我来说却是独一无二的，以至我只是记住了伟文，却忘记了大卫。

“叮！”回复提示打破了我的沉思。

“你怎么忽然记起我来？”大卫问。

“因为当年是你代伟文送情书来的。我想世上除了伟文，只有你知道我叫藤井树。”

“谁说是我代他送来的？伟文告诉你的吗？”

“也没有，他没有说什么。但不是这样子吗？”我觉得大卫的发问有点怪异。

“你说是，那就是吧。反正你喜欢的本来就是他吧！”

是的。其实我喜欢你有一段日子了，而你却装着不知道，直到我收到你的情书，约你在小花园见面，抱着你说“我愿意”的一刻。而当时大卫好像也在不远处目睹这一切。

“圣诞的晚上，你一个人准备去哪里？约了朋友吗？”大卫问。

“哦！也没什么，我只是想一个人去黑沙走走，看看星星！”

“一个人？介意有同行者吗？”

“这……”我下意识看看周围，没有像大卫的人，不由得打了一个冷战。“但你现在在哪儿？”

“我在车上呀！……刚才，坐在那失明小提琴家不远处。

只是你记着追星没看到！”

“追星？”我不解。

“是呀！艺墟的失明小提琴家，经香港各大媒体的报导，很多游人特地去捧他的场。你一直盯着别人，别说自己不知道！”

“我真的不知道，孤陋寡闻了！哈哈！”

“真的？奇怪呵！……哎！回正题吧，介意我这不速之客来访吗？”

“但你下车了吧？这已经是末班车了！”

“哦！别担心好了！我有私家车，昨天酒后放在威尼斯人的停车场，现在拿回了，可以驾车过来。”

“哈！那你随时可以过来吧！黑沙又不是我一个人的。”

“那我来当不速之客啦！巴士总站等！”

Merry Christmas！

告别了金光大道的繁华，黑夜才有机会尽显自己的胸怀，而星星也因而露出了锋芒，为不停向后飞跑的树影抹上一层银白色的光。此时，巴士上也只剩下零星几个人，其中最耀眼的仍是那双欲拒还迎的少男少女。正当男孩陶醉在女孩的浓情蜜意之时，女孩和男孩交头接耳数句，却忽地抛下一句“拜拜”下车了，留下失落的男孩在车尾的角落掉眼泪。这场面是熟悉的吧。那一次，你生气走了，我何尝不是一个人在暗角中掉泪呢？

“喂！下车了……”空气中传来司机的呼喊声，也唤醒了正在沉思的我。我踏下台阶，往前走了不远，已经见到推着单车迎面而来的熟悉的面孔。

“大卫，好久不见了，你除了身材健硕了，样子一点不变。”我说。

“树同学，你好像变了，变得越来越漂亮了呀！”大卫显出和以往不一样的开朗活泼。以前，他是个沉默寡言的呆小子。

“你……不是说驾车来的吗？你停在威尼斯人的车子就是这辆单车？”

“是呀！不好吗？”

“单车也要入停车场？”

“单车不用放停车场的。我的私家车停在前面的停车位，这单车是租来的。”

“你很喜欢骑单车吗？”我好奇。

“不是！你很喜欢，不是吗？”大卫不好意思地说。

“是的！我一直很想学骑单车，你怎么知道？”

“你在作文中写的，还有，你喜欢去爬山、荡秋千和玩过山车，因为要在高处寻找起飞的感觉……你真是好奇怪的。”大卫说着哈哈大笑。

“你怎么知道这么多我的事情？是伟文告诉你的？你看过他写给我的情书？你们这两兄弟真是无所不谈呀！”我没好气地笑他。

大卫眼中闪过一丝奇异之色，但很快就恢复了平静。

“来吧！我们起程吧，飞去龙爪角看星星！”

我点点头，准备往单车的后坐，但大卫拦住了我。

“想自己控制飞的速度吗？”

“嗯！”我点点头，“但我还没学会骑单车呢！”

“不怕的！努力骑吧，只要眼望前方就行。去吧！”

大卫在后面扶着我，用脚把单车向前一推。我整个人就平衡了，然后车就一步一步地向前，像在空气中起飞的样子。我乐透了，仿佛忘了，其实有一个人在背后默默地帮我学习平衡。车子逆风而行，然而，我却不觉得冷。车子不停向前，仿佛努力地拨走街灯的光，走进黑夜的胸膛，而星星则越发光亮起来。

“为什么圣诞夜要来看星星，而不去参加派对？”大卫忽然问我。

“灯光太亮，星星太寂寞！那年，我和伟文一起在圣诞节看过星星。”

“哦！那小子也忽然文艺起来呢！哈哈！”

“忽然文艺？”我在心里默念数遍。是的，你好像真的不怎么喜欢看文艺作品的，连看电影也比较喜欢嬉闹剧，所以你不喜欢我多愁善感。而且，你好像从未说过，那些情书是你写的……

“星星哪里寂寞？它们一直是站在那里的嘛！能照亮想看星的人，生活就够充实了，对不对！”

也对！我默默地点头，心头一下子像被星光照亮了。脑中响起了你 2009 年 12 月 25 日在我耳边低唱的歌声：

Merry, Merry Christmas
Lonely, Lonely Christmas
人浪中想真心告白，但你只想听听笑话
Lonely, Lonely Christmas
Merry, Merry Christmas
明日灯饰必须拆下，换到欢呼声不过
一刹

2015 年 12 月 25 日，我回来了。陈伟文，我想告诉你：
“Merry Christmas！星星的圣诞不寂寞。”

后记：

作为一位语文老师，我有一种职业病，那就是喜欢鼓励学生创作。此作是在原创小说的园地完成的，那是个很愉快的练笔场，在里边不需要谈成就，也不需要讲报酬。一群很纯粹的热爱文学和创作的年轻人就在当中书写自己喜欢的故事。有见及此，我常鼓励身边的年轻文友动笔。基于年纪大、辈分高，被我邀约的新朋友都会客气地推辞，又或者说些客气话应酬一下。那天，一个叫圭人的文友竟然有天大的胆子来挑战我，他说："你写我才写！"由邀约他写，变成了"you write I write"，最后我们决定合写。写什么好呢？我说自己最近想写个有关"巴士"的故事，不如以圣诞夜为背景动笔吧。圭人一口答应了，因此有了此作。

这是我第二次和文友合写的作品，第一次是两年前和紫菱合写的《棉花糖》。我和紫菱是写作兴趣和风格完全不同的两个人，他擅长写大情节，而我喜欢写小片段。创作过程中，我基本上是跟着紫菱跑的。虽然如此，因为角色简单，我们基本没有什么争论点。圭人却相反，他和我有很多相同的爱好，我们同样喜欢写小片段和小感觉，却总是各自为一些小观点争论着。单是故事角色是否要有交点，也争了两天。最后感恩圭人为我让了一大步，完成了我对故事最初的期望——希望呈现巴士上人与人的心理交战和不同的故事。因此书的宗旨是"一人一文一体裁"，于是在圭人同意的情况下，我只撷取了自己写的那部分。但彼此合作的共同回忆，会一直鼓舞着我——我们的创作之路并不寂寞。

爱在冰冷的季节

我是一个异常冰冷的人，所以，一直希望找寻一双异常温暖的手。可惜，他不是！

他是冰冷的，由我第一天与他相约就知道——我们在网上相识半年，然后不约而同地去看同一场舞台剧。尽管是相邻，但我坐在我的角落中思考，他坐在他的角落中大笑，笑声像小王子那样清脆悦耳，却明显沉溺于自己的世界。散场的时候，他走得很急，我想，一定有某朵玫瑰在某星球上等他吧。然后，我向他挥手，一如曾经被驯养的狐狸，依依不舍地送他，与他幸福地告别。

我准备把那堆一直想给他看的书，以邮寄的方式给他。其实我是明白的啊:“守望”的最终意义是“守”，而“望”可以站得很远。他竟然冷冷地拒绝了我，“不好！那太没意思了！”他在冷空气中的回复异常冷淡，之后却燃起点点星火——“我本周买了舞台剧的票，邻座仍没有人；下周要去的演唱会仍没有伴……”“你到时候可以给我的。”“哦……”我始料不及，顿失方寸。

更令我始料不及的是，还等不到舞台剧和演唱会，隔天，我们就约会了。站在亚马喇前地的巴士总站，风有点冷，而他来得有点迟。不，其实他没有迟到，只是我早来了。“冷吗？”他把自己带有体温的围巾缠上我的脖子，还有我的心。我暖得不能呼吸了，同时却感觉到他的手在发抖。“你更冷吧？”我把围巾还他，他却冷淡地拒绝了，“我本来就冷，习惯了！”“哦！”我冷冷地回了一声。其实“本来就冷，已经习惯”的人，不正是我自己吗？基于同情心，我把自己那比较单薄的围巾脱下来，说，“我们交换吧！”然后，空气中扬起了温暖的笑声，以及我们共振的体温。

“我们拍张合照吧！”我提议。沙滩很黑，而他自拍的技巧又很笨拙，最终只能拍下两个黑影，仿佛只有两双闪亮的眼睛。不！还有他那闪着小王子般天真笑容的洁白牙齿。“我带你去看我钓鱼的地方，好吗？”他提议。龙爪角的路太黑了，我下意识地拉着一只温暖的手，也许他也一样。只见两只来自不同星球的手，在空气中摸空了几回，终于还是找不到温暖的交点。也许，他习惯等鱼儿自己上钩吧，如同我一直期待有人送来热情的怀抱。

“今天真的好冷！”他说。两个冰冷的人由黑沙徒步走到竹湾，怎么可能不冷？然而，心仍是暖的——当你想起一个如此冰冷的人，仍然愿意与你在冷风中并肩同行的时候；当你知道他明明家住路环，却仍然愿意赶去亚马喇前地巴士总站出发的时候；当你了解喜欢垂钓的他，愿意主动把你托在掌心的时候。

竹湾与黑沙不同，没有广阔的海岸线，海湾只是一个小小的驿站——供人和船休息的地方。我们的心停泊于此，可以驱赶虚空的冷，树荫为我们挡住了寒夜的灯。然后，月色在石凳的泥地上，画下轻晃的连理枝——月光如黑夜的火，我们在火中取暖，他的怀抱仍旧冰冷，而冰冷的双唇却在我同样冰冷的唇上钻出了火——2015 年最冷的一夜，我恋爱了。我依然是个异常冰冷的人，他也是。而我们却竟然在冷空气相互厮磨中生成了火。

本文于 2015 年刊于《澳门日报》“镜海”版

漂流瓶

2017年的第一个工作天，我失恋了！

对于我这种大龄剩女，有恋可失应该还算万幸吧！的确，身边年过四十、曾经裙下之臣无数的单身贵族，差不多全部都找不到对象，不是太老的“剩男”，就是太嫩的“小鲜肉”，一如老人所言“千拣万拣，拣个烂灯盏”。而我呢，并没有“千拣万拣”。我21岁就和A在一起了，那个时候，大家都说他烂，莫说是买车买楼，就是吃个大排档都要择日——穷学生嘛，文章好、见识高，还需要在乎什么？当所有人都看不起A的时候，我就认定他是潜力股。的确，我的眼光很准。A赤手空拳拼搏，由一无所有到有车有楼，而认同他是潜力股的人越来越多了，以至近年见他一面也得排期。作为在他家出入自如的女人，不见得就是主人，那不单是因为缺了一纸婚书，更重要的是彼此已经没有夫妻生活的实质。十年前，A是有提过结婚的，但我觉得他太随意了，好像找个生活合伙人的样子，缺少了花前月下的誓言，如“嫁给我吧”“让我照顾你一生一世”等。我托词拒绝，大概就是想他多说一句，而他却先放弃了：“等有孩子再说吧。”可恨的是，孩子始终等不到，最后只等到缘分的尽头。

“我们分开吧！”我厌倦了一个人的新年倒数。2016年最后一天，我发短讯给A，当时他在北京参与宴会。

“又闹什么？回来再谈吧！我是爱你的。”他一如既往表真心。

的确，他是爱我的，每到一处，他都不会忘了给我买礼物，哪怕是在飞机的礼品部买个纪念品。他说过："你可以不工作，专心照顾长期生病的妈妈！"他答应等大家有空的时候，带我去天涯海角……可是我不工作，一个人独守空房的日子怎么过？而我又如何能丢下患病的母亲跟他去天涯海角？一只巴掌拍不响，其实，那也不全是他的错。

"谢谢！但我不爱你了！祝你新年快乐！"

我留下一句话决裂而去。我知道当下的他可能比我无助，因为他失去了一个仿佛永远会等他回家的女人。

下班了，我感恩自己还有工作，让时间没有白过。说白了，其实我也没有失去些什么，只是少发了些诸如"早安""吃饭了""我睡了""我想你"的空泛短讯。正如闺密C小姐嘲笑我，"这算什么爱？你打开微信漂流瓶，随便丢一句下海，也会收到几十人回复的。"是的，我确实没有失去什么！我放轻脚步，走着十年如一日的路——穿越水塘和海边马路，步行到山顶医院。不过就是半小时的路程，一样的天，一样的水，一样的路灯……却百看不厌。多少次了，我期待A会忽然出现在我公司楼下，与我结伴同行，而他却希望有更多的钱去天涯海角，所以，我们注定是不会在路上相遇的。我最近爱上"POKEMON GO"这款游戏，因为每个路口总有一些小精灵在等待我。也许，小精灵并不是专为等我而来的，然而，谁在乎呢？人们往往只是享受相遇的愉悦。可是造化弄人，GPS（互联网定位系统）总是在人们最需要它的时候接不上，就像我失恋后第一个工作日下班的路上。天苍苍，野茫茫，没有"POKEMON GO"的路上，只有孤单的心在漂荡。我无聊地翻看微信，想起C小姐的话："你打开微信漂流瓶，随便丢一句下海，也会收到几十人回复的。”于是我试着打开“漂流瓶”，向大海轻点数下，拾起了几个瓶子，内容多是有关“色情”或是“约炮”（相约性爱）的。世上真有那么多人欲望无法排解，要诉诸“漂流瓶”吗？我暗笑。

“我在我的天涯，你在你的海角，你会看到我吗？”我向大海投下我的瓶子。如C小姐的预言，一下子漂来了很多回应，但都是俗不可耐的。

“你会看到我的！”B发来了一个回应，并附上一张照片——淡淡的夕阳，熟悉的街角。

“是郑家大屋吧？”

“不是！是阿婆井！”

这就是我们借着互联网，在天涯海角相遇的交点。B是个小青年吧，我想，因为他对生命总是满怀梦想，但又诸多控诉——他会不满艺术界的潜规则，但又梦想成为一位画家，而且为那些才情不如自己的新秀设定很多比下去的潜规则。我不是艺术家，没有绝对的美丑标准。我只是觉得，B的画很美，像他给我的新世界一样。而更重要的是，我觉得他生活的画面中有我，我们每天都在交换着彼此的故事。他是那样用心地听，然后用自己的感知，把每一个小细节画进自己的作品里，而我则把他每一个作品，用心地藏在心底。每天下班时间，他都风雨不改地在微信报到，并抽空陪我走那大概是半小时的路，由文字短讯、语音通话到视频聊天。突然有一天，在水塘转角处，一个穿得踏实老练、嘴角挂着微笑的男士在夕阳下向我走来。我迟疑地看着手机，荧光幕打出一条短讯：

“你在你的天涯，我在我的海角，但我终于等到你！”

“你比我想象中成熟！”这是我不知所措的开场白，感觉很是丢脸。

“你也比我想象中漂亮！”他老练地回应。

就这样，B 由网络世界走进了真实世界。刚开始的时候，他每天总有和我一起走半小时的理由，不是碰巧要去山顶医院找朋友，就是去附近写生，或是想到水塘健身。走着走着，由黄昏至深夜，由街角、公园到登堂入室。不得不承认，我们相恋了。虽然，我从未和亲友提及，怕是年龄差距招人笑话。那一天，B 请我去他家画人体素描，由轻抚、拥吻到交合，天涯海角的距离都给融化掉。B 不过二十出头，是个自由工作者，靠着设计和绘画工作过活，对我比他年长十多岁这事，似乎也不在乎——自然就是美，人的年岁一如树的年轮，不过是生命的痕迹。为了不显老，我会刻意在化妆时遮掩皱纹，而 B 却特别喜欢画我眼角的细纹，而且对此分外着迷。为了朝夕相对，B 求我搬到他的家，我依了。依照童话故事的情节，青蛙王子和人鱼公主会从此过着幸福快乐的生活，可是这对我们来说，却是噩梦的开始。由生活小节的不适应，到生活态度的不适应，B 的率性无为与我的墨守成规形成了强烈的对比：他不拘小节地乱放东西，我一丝不苟地收纳；他彻夜不眠地创作，我准时准点地工作；他爱吵爱闹，我多愁善感……生活上的摩擦足以让爱熄灭消亡。

“这事情你以前说过了！”

“你能不能认真听？”

“这些讨论有意义吗？”

“能不能让我安静地工作？”

……

吵架变成了彼此对话的习惯，虽然 B 每次都会道歉，并与我缠绵入梦。有时候我会想起 A，那个二十年来一直说爱我，却好像从来不曾走进我生活的人，我会感恩 B 给我爱情的真实感。可是告别了天涯海角相遇的盼望，B已经很少接我下班了，由一开始的电话陪伴，到后来的“回家不就见了？能不能让我安静地做事？”

正好一年多，2018年的春天，B走了——拿奖学金去欧洲留学三年，我当然不会辞掉工作陪伴他。临别的晚上，我们缠绵至半夜，像第一次抱着入眠的晚上。没有正式的道别，然而，爱如初见大概是不可能的，特别是对各方面如日中天的B来说，由殷切的问候到漂流瓶式的问好，时间、地域和际遇形成彼此天涯海角的距离。

一样的上班下班，走一样的路，等待不一样的小精灵。“POKEMON GO”游戏的火热减退了，一如爱情的热恋期终必远去，只有孤单的路人才会留恋它。这一天，我如常地由水塘走向山顶医院，如常地找不到该找到的GPS，如常地打开微信的“漂流瓶”，在大海中捞起一个瓶子，写着：“如何可以谈一场没有分离的恋爱？”

“没有在一起，就不会分离！”我回。

本文于2017年刊于《澳门日报》“文化小说”版

暗香

一

气味，是物质和灵魂的化合物。你会因一种气味，厌恶一个地方，也会因一种气味，爱上一个人。当不同气质的人混在一起，构成了龙蛇混杂的气场，就是所谓的物以类聚，如：赌场有铜臭味，舞场有香水味，而我最喜欢流连的场所，是充满书香味的书店。虽然统称书香，但书还是有自己独特的个性。我特别喜欢文学类的书，而在文学类当中，我偏爱淡雅的情感，诸如沈从文《边城》的清泉，沁人心脾；又如李商隐的田园细语，宛若蝉鸣。作为一个另类文青，我的生活异常孤寂，偶然在书页中触碰异性的气味，仿佛有一条青蛇钻进脑袋，热气由上而下流动，和任何一种气味的男性一样，有着相同的悸动。

书上的女性是抽象的，如一朵鲜红的玫瑰制成的标本，颜色未褪去，气味却不会流动。但我这种无法融入世界的恐龙，既没有“基友”做伴，又没有女性垂青，也只能当个书虫。我一有空就去书店打书钉，幻想总有一天能碰上心上人，如杨过忽然闯入古墓，遇上小龙女一样。在文学区流连的人特别少，我忽然觉得，在古墓中等待来人到访的“小龙仔”可能是我。每每有女性走来，我会在书页间偷看。来的女性多数举止优雅，而且年纪不小，起码比我大十岁。其实我对年纪大并没歧视，只要她看上去如小龙女一样不食人间烟火，可惜现实和想象有太大距离。皇天不负有心人，暑假的某天，书店文学区终于来了位楚楚动人的少女。她不是读者，而是店员，听说是来打暑期工的。

虽然内心沾沾自喜，但却不敢轻举妄动。多数时候，我会转移到别区观察，尝试以距离减少压力，以便观察目标之全貌，情况如同躲在摄影机的观景窗后更容易对焦一样。我透过书页的缝隙往目标细看：女孩有着一把飘逸秀发，我特别喜欢她把头发束起来，露出雪白的脖颈，仿佛透着茉莉的芳香；还有雪纺的长裙，伴着丁香一样柔美的脚踝……每一阵风吹过，都花香四溢，令人迷醉。我用了一个多月的时间了解目标，并克服了对陌生的恐惧，尝试走近："小姐，我想、我想……找《神雕侠侣》。"她用手指指向远方。我没有看见书，只感觉其纤纤玉手拨来茉莉的清风。第一次近距离接触成功，感觉异常满足。为了再下一城，我决定寻找记忆中见过，但架上缺货的书——对！《也斯的香港》，昨天还在架上，今天失踪了！

"小姐，请问《也斯的香港》为何不在架上？我昨天还看过的！"我鼓起天大的勇气发问。

"卖出了吧！"玫瑰的红唇含着浅笑，让我一阵眩晕。

"我想订货！"本想趁机接触其幽幽的眼波，可惜她一个转身，以香发迎向我。无缘四目交投了，却也如沐春风——算了！改天收货再看吧。

二

订货后的第一天，我的小龙女就消失了！书店连续三天打电话来告诉我，《也斯的香港》到货了，而我一直托词没空，人却天天在书店待着，好像等待奇迹出现。最后，奇迹并没出现，奇特的事却发生了。那天店员打电话来叫我去取书，而我刚好在店内，接电话的时候正好给打电话的店员逮住了。我从店员手中接过书，有种梦想幻灭，人跌跌撞撞地离开收银台，一不小心撞着迎面而来的人。彼此的书飞落到对方的脚边，好像两个飞镖交错地落入了对方的阵地。我在脚边拾起那本名为《百分百感觉》的漫画，欲递给主人，却见那人先拾起我的书翻看。

“哈！香港早回归了，还看什么《也斯的香港》？看中国的香港嘛！”面前的女孩身上带着一种比热情果还甜腻的香气，脸圆、眼大、鼻高、中等身材、衣饰时髦，说不上美若天仙，倒也俏丽可人，只是那种一边嚼口香糖、一边轻佻言笑的感觉有点厌人。我下意识地和她交换手上的书准备离去，她却煞有介事地把书藏在背后，神情怪异地说：“想找人直接点问店长嘛！真没用！”

我听罢，如被识破罪行的犯人，立刻满脸通红，不顾一切地往外跑。第二天，电话响起了：

“喂！也斯的香港吗？”

“你……你……你是谁？”我立刻意识到自己的话太笨。

“哈！拿了别人的东西还装蒜？”

“你怎么知我的电话？”

“问店员就知了吧！你不是刚取书吗？陈先生！”

“你……你想怎样？”

“当然是拿回我的漫画啦！你不是以为我会偷你那种老土的书吧！虽然你的书比较贵，但漫画好久才出一册，我已等了一星期，快把漫画还我！”

“什么老土？你这种只看图画、不读文字的人真肤浅！”

因被冠上“老土”一词，我觉得极受侮辱。

“什么没字？什么肤浅？不要告诉我你没看过漫画，哈哈！”

“不爱动脑的人和蟑螂没有分别！”我不甘示弱，以为她肯定要被气死。

“谁说蟑螂低等？谁说蟑螂不快乐？它据说是和恐龙同期的生物呢，生命力比你还强。自以为是的人最笨！”

我被气得无言，觉得电话里头住着一个巫婆。

“别说废话，明天早上10时，水M见！”

“水坑尾的……”我还未说完。

话音未定，嘟嘟嘟……的忙音已响起。我拿着电话，如在梦境。早上10时正，我到达水坑尾麦记，等了约10分钟，仍不见人，我翻看当天的已接来电拨号给她。

“喂！我在门外，你在哪儿？”

“当然在楼上啊！”

“在楼上？”

“对啊！一起吃早餐嘛！但我不会请客……”

我没兴趣和她胡混，一股劲跑到楼上。女孩穿着白色背心和一条超短的热裤，露出金棕色的长腿，脚上随意地挽着人字拖，脸上挂着漫不经心的浅笑，配上热情果的甜腻香气，有种热带雨林的风情。我必须承认，这女孩是漂亮的，特别是那骨肉匀称的长腿，但个人还是偏爱飘着茉莉味的雪纺长裙，因为欲盖弥彰的感觉更有遐想。我开始想入非非，站在桌前发呆……

“喂！你不是打算待着看我吃早餐吧！”

本来我打算换书便走，不知为何却坐了下来。她一边看着《也斯的香港》，一边笑问：“这种书真的好看？”

我不想解释，已习惯被歧视，然而她却继续追问：“你有看完我的漫画吗？”

“没有！”我没想过可以拆别人的书来看。随后她却滔滔不绝地介绍这书的好，特别是作者怎样用心……慢工出细活，平均每年只出一册等事。我告诉她，文学类书籍的作者一生可能只写几本著作，一年一本不算什么“细活”。她听着睁大眼睛，吃吃傻笑，倒有种天真烂漫的可爱。

“你在等书店的女孩吧！她移民了！”

“你怎知道？”我本想不承认，但又好奇她怎会知道实情。

“我是上帝嘛！我什么都知道的！”她朝我做了个鬼脸。

原来喜欢“打书钉”的不止我一人，还有她。这阵子大学放假，她来澳门亲戚家暂住，天天都在漫画区流连，且和我的“小龙女”混得很熟，得知她家突然收到加国入境通知……说了半天，还是没交代她为何知道我的秘密。算了吧，我不想承认自己暗恋的事实，故不再追问。缘分是无法强求的，我的小龙女消失了，却来了个……黄蓉。

“喂！说半天了，还不知你叫什么名字。”

“我姓陈的，你不是已经知道了吗？”

“你不是想我一直叫你陈先生吧？”她又傻笑。

最后，我们还是交换了名字和MSN。她叫梁芷欣，洋名Cherry，香港人，是香港中文大学艺术专业的高材生，来澳门度假的。我们随便地聊了些阅读的事，大家似乎没有什么共同语言，但我很高兴知道她也喜欢金庸，特别是《射雕英雄传》，虽然她看的是电视剧，而我看的是小说。我是读教育学院中文系的，升大二了，以我的专业应该就是找份教职吧，但想着要面对一大群人，我会心慌。芷欣也觉得我这种书呆子是不适合教书的，于是我们打趣说要合作做个港澳惊世绘本，以我最传统的文字拼她最前卫的油画……没有人认为这样的风格是相配的，但芷欣则不以为然，她觉得这世上根本没有什么东西是不可以相配的，正如我们如此南辕北辙的两个人竟然成为了朋友。

“请叫我 Cherie！”她说芷欣这名字太平庸了，不符合她的个性，然而，Cherie 就很特别吗（后来我才知道，那是《百分百感觉》中女主角的名字）？我倒不觉得，我比较喜欢芷欣，那听起来比较清新雅致，所以，我在下文坚持叫她芷欣，虽然我平时也会叫她 Cherie。

三

芷欣是个非常缺乏矜持的女孩。在澳门的时候，她会天天打电话和我谈无关紧要的事，例如：黄蓉这么聪明为什么要爱郭靖？对于这段爱情，我大概可以谈上三天三夜，但为了省事，我会说那不过是作者的桥段：好像上帝要把太阳造成红色，把海水造成蓝色；又如她自己也可以把海水画成红色，太阳画成蓝色……然后，她会不同意，且要花三天三夜告诉我：为何太阳是红色，海水是蓝色。三星期后，她要求见面，并送我一幅“杰作”。没错，是“杰作”，因为这画的名字是——《上帝的杰作》。在画中，不仅有蓝色的太阳和红色的海水，还有鹅黄色的草原和绿色的小屋……

“这样子画出来好像有点不协调！”

“上帝的创作没有所谓不协调，正如聪慧的黄蓉要爱上傻气的郭靖一样。”她坚持。而其实，这不也就是我当初的理论吗？

三星期后，她邀请我看她新的杰作。

“这次要上我家，因为作品太大了！”她兴奋无比。

“你家？不太好吧！我见到你家人会害羞的！”我坦白说。

“放心吧！我家没有家人，他们都移民了……在家里，我是我自己的上帝！”她自豪地说。

老实说，芷欣虽然不是我梦想的女孩，但她特有的气质，如一部奇情小说，的确有令人看下去的冲动。而且她在家可以做个什么杰作呢？我好奇，于是便一口答应，不惜乘两程船前往她家探秘。

芷欣的家坐落在香港长洲，独立屋不算豪华，却非常别致。芷欣告诉我，她家是长洲原居民，移民澳洲了，而她坚持留下来，因为觉得在别人的土地上是无法把握自己的命运的。

“别傻了！在香港就可以吗？”我嘲笑她。

“可以！在香港我是自己的上帝……”她坚持。

芷欣是个很固执的女孩，她坚持了自己的倔强，包括那些无法解释的矛盾和信仰。

“我想知道，上帝您的作品到底在哪儿？”我没好气地追问。

“没看到吗？这屋子就是我的杰作！”

“没有！但我嗅到了！”不是说笑，屋子里全就是芷欣的香味。我告诉她，“我觉得自己变成了一粒热情果的果核——整个人都被厚厚的果肉包住，香得透不过气来。”

她听后吃吃地笑了，然后拉着我细看那小小的平房——墙上铺着一层淡绿色，阳光下，如抹上绿色的轻纱。

“看！飘浮的绿色小屋！”她陶醉地道。

风一吹，风移影动，好不漂亮！小房子也是以绿色为基调的，墙上依然是那种淡淡的绿，小室的中央有一盏由水晶碎片串成的灯，水晶随风叮当作响，又把太阳折射进来，映得屋子闪闪发亮。

“好漂亮啊！”我惊叹。

她一个转身把小屋的布帘拉上，然后亮着灯。我再次震惊，那灯泡是淡红色的。她让我躺在床上：“看！感觉到吗？那是红色的海！”她傻笑，脸上的红晕仿佛注满全身。

“是的！像你的画：绿色小屋、红色的海，这床单就是鹅黄色的草地吧！”我感叹道。

“变聪明了啊！”她夸奖我。

“但太阳呢？蓝色的太阳在哪儿？”我问。

她轻快地跑过来，向躺在床上的我暧昧地笑。我这才发现，她今天穿了件蓝色的松身薄纱连衣裙。

“这不算！能发热的才是太阳！”我刚想笑话她。她便发热了——她一脸腼腆，然后在领口轻轻一拉，衣裙就松脱了，露出涂上淡蓝色的裸体，丰满的乳房上画着蓝色的彩绘，还有用一片蓝色丝巾遮住下腹那神秘地带。我的热一直由头顶传至脚底。我犹豫着开口说句对不起或是夸赞她的作品了不起，然后借故上趟洗手间冷静一下。但她却比我先行一着，她用嘴唇锁着我欲言还休的嘴唇，然后用身体压着我。理智叫我停止，但欲火却烧坏了脑子。必须承认，我被打败了——彻底地消融于蓝色的太阳。我如一匹慌乱的小马，不知所措地乱窜，最后在她纯熟的带领下进入了蓝色丝巾下的异域。我随她香软温热的躯体摇动，眼前是一望无际的红色海洋，热得发烫的蓝色太阳。

在那包裹着灵魂的热情果香中，我失去了处子之身。不！是得到了一个女性最宝贵的东西，我应该感到荣幸的。我爱芷欣吗？其实我也不知道。以臭老九书生的偏执，爱情至少该有一点酝酿期，即使无法像杨过和小龙女那样，经历身份认同和生死之约。我觉得和芷欣的进展太快了，快得只能满足她成为“上帝”的欲望，而我不过是她亲手制造的装置艺术的一部分。虽然多少有点不甘，但我却开始迷上了热情果的气味，以至无法抗拒她神出鬼没的缠绵游戏。在一次又一次的交合中形成了我的新的气息：在床上，我身手越发灵活；在床外，芷欣亲手塑造的形象令我看起来比以前帅气。

“可不可以不喷香水？”我抗议。

“不行！”

“为什么？”

“因为上帝喜欢！”

“但我不喜欢！”

“那你不要闻就是了……你是我的。”

说罢芷欣就爬在我身上，然后用她特有的方式使我就范。英雄难过美人关，何况我根本不是英雄，只能按上帝的意旨进入芷欣的神秘领域。

“上帝，我可以带自己的书过来你家吗？”那年暑假，我被禁锢在她香港的家，只能借故告诉家人学校安排我在香港实习。

“不可以！”

“为什么？”

“没有为什么，不可以就是不可以，一切都只是看我！”

芷欣的所谓“看我”，不单单是依她的意愿不能带书过来，还有具体的行动，如：强迫我看她的作品，还有她喜欢的漫画。在她的陪读下，我看完了全套《百分百感觉》，故事情节尚可，但读着的时候却“百分百感觉吃力”。我得先看文字，再看图画，然后反复交替三次才明白，所以芷欣嘲笑我是“百分百漫画白痴”。不仅是看漫画，我们还看了三次电影，然后逐格回放，并研究漫画和电影的不同，例如：方力申演许乐没有忠厚的感觉。芷欣认为，我比较像许乐，而她则像Cherie，所以，我必须要有许乐的长情，但长情的许乐最终没有得到Cherie，我苦笑。芷欣则说，我们是不一样的，因为她并没有Jerry。即使是如此用心去了解原作和电影，我也始终不明白芷欣钟爱潮流文化的原因，她可是学油画的。

她也曾大发慈悲地陪我看《也斯的香港》。

“你为什么喜欢这本书？”芷欣好奇。

“因为作者能够在每一个细节上咀嚼生活，如：建筑、食物、人物、橱窗……”

“照片拍得还好！”

芷欣没有听明白我说的话，只赞赏了书中的影像，而我却爱上文字散发出来的芳香——也斯没有金庸笔下任何一个男主角的英伟，却怀有自己独特的深情，虽然那些事物本来不是由他创造的，而他却为它们加上了灵魂。作为香港人，芷欣应该喜欢《也斯的香港》的，因为那是她成长的地方。也斯特别喜欢写生活感受——中西文化交融下的码头、海岸和混在海风中专属于香港的气息，那都是芷欣回家路上必然能感受到的。

“不喜欢！我喜欢刘云杰的香港、四大天王的香港、信和中心的香港……”芷欣竟这样说。

简而言之，她更喜欢香港的潮流文化，因为那不是属于中国的，也不是属于英国的，那是属于香港的。我并不认同她这观点，文化本来就是无分国度的，中国与英国的文化糅合在一起，自然就成了香港独特的文化，一如在身份认同上的争论，她既可以持有特区护照，又可以持有英国国民（海外）护照和澳洲护照，在中国的时候叫中国人，去英国的时候叫英国人，留澳洲的时候叫澳洲人，那有什么不妥呢？但芷欣坚持，那样很不妥，因为这样分身会令人失去灵魂，如同在身上喷上不同香味的人，会失去自己原来的气味。所以她和很多香港人一样，坚持“香港人”才是自己唯一的身份。

“其实动漫文化很多都是源自日本，所以你所说的东西，也不是专属于香港。”我反驳她。

“那不一样。潮流文化是我们自己选择的，即使它有些源自别人……那是主动选择和被迫接受的问题。你们澳门人是不会明白的，因为你们从来没有形成属于自己的东西！”

其实香港和澳门很近，近得只是一小时的航行距离，由港岛去长洲用时也差不多，但每次在争论你们、我们等问题的时候，我觉得和芷欣住在不同的星球上，而“你们澳门人从来没有形成属于自己的东西”这话会令我异常难堪。其实澳门也有属于自己的东西，例如：博彩业、世遗景点——然而，我并没有炫耀这些，或者从心底里我并不觉得这些值得炫耀，又或是我不忍心以这些东西去刺伤芷欣如刺猬一样的内心。芷欣不喜欢被改变气味，然而，她却不停地在改变我的气味，如：强迫我用她喜欢的热情果香水。她说这就是宣示主权，上帝只会对自己所爱的人宣示主权。而为什么中国对香港宣示主权不是一种爱呢？大概因为，爱是双向的吧。如此看来，我和芷欣是有爱的，至少我最终没有反抗她对我宣示主权的行为，还是我根本不懂得反抗，一如芷欣所说：“你们澳门人从来没有形成属于自己的东西！”

四

暑假过后，我们甜蜜的同居生活就完结了。每天黄昏，我们都相约在MSN做“视像会议”——我在我的山上，她在她的山上。在澳门大学王宽诚楼的课室往外看，是一片金黄色的海，然而比起香港中文大学的蓝天，却显得渺小。芷欣很为自己的学校而骄傲，每次去中大，她总会带我到“百万大道”散步，并告诉我，一代代的才俊都在这广场上为正义发声，那是中大人的核心价值。芷欣来澳，我也带她住“澳大酒店”（山下的新世纪酒店）。我们从山下一直爬到九龙壁，我最爱吹牛：“这条‘长命斜坡’就是澳大人的核心价值，比喻攀上学府的艰辛；最旧的一栋是教育学院的核心价值，因为学院与校友最穷……”

然而时势造英雄，劣势并不是永恒的，一如澳门可以在几年间经济起飞，中央又给澳门大学赐予了一片可以媲美中大的土地，就连我们教育学院也起飞了，由刚开始时曾经免费的冷门专业，摇身一变，成为只收报读第一志愿学生的热门科系。政府还会免费送我们中文系的学生去北京学普通话。那一年寒假，为了报读在北京举办的普通话短期课程，我们吵得几乎要分手了。

“又不是必修学分，为什么要利用寒假去学普通话？”芷欣最初只想我留下来陪伴她。

“因为有用啊！学中文的人本身就是应该学普通话的，如同你们学画画的人一定要精通素描。”

“那不一样嘛！素描是基础！”

“普通话也是基础！”

“胡说！广东话才是基础，因为广东话才是最接近古语的！”

我们为此争论了三天三夜，不眠不休地列举出自己的理据，仿佛金庸笔下的门派在争夺武林盟主那样。决战到了最后，芷欣使出绝招——你敢起行去北京，我们就老死不相往来……但我还是执意起行，我在MSN挂了线，然后离家出发到机场。岂料准备离境的时候，才发觉回乡证不见了，最后只能折返。更意想不到的是，芷欣竟在我家门前出现，哭红了的双眼和那被泪水染得红通通的小脸有一种教人怜惜的迷人。我们相拥、激吻……彼此的分歧一下子就融化了，觉得世上没有任何文化尊严可以比爱更动人。

我就是这样容易退让的人，从来都不曾是个英雄人物。在芷欣的压迫下如此，面对内地人来抢奶粉和随地小便的事情也如此。血浓于水，无论如何我都会选择理解和包容的。芷欣痛斥我这样是“平庸之恶”，而其实，我觉得那叫“中庸之道”。虽然芷欣不喜欢我待人处事缺乏原则的个性，但我对她的无限包容却满足了她喜欢当上帝的欲望。那天，她因我的退让动容了，而其实她并不知道，那退让中包含了一点点的意外——我的回乡证遗失了。为了奖励她驯服的子民，芷欣女王大发慈悲地答应陪我完成一项梦想工程——像也斯那样，为澳门写下自己的故事，而芷欣则成为此书的美术总监，因此我们得以在澳门再续前年暑假期间的甜蜜生活。我们租了路环一栋两层高的小村屋，早上外出拍照写生，晚上各自写作画画，过着神仙美眷般的生活。

澳门有什么气味呢？我一直苦思，而芷欣说那一定是赌徒的味道。我笑了，然后想起了《也斯的香港》……

“你想知道这儿有什么吗？有！市场？医院？坟场？全都在前头。人生需要的东西，差不多都在了。”（也斯，2004）我以也斯的视角看我身处的这个城市，感受到相同的风景——哪怕是一滴污水都是美好的，因为诗人心中有情。其实也斯自己是知道的——“电车逐渐慢下来，我们看见迎面而来的人潮……原来今天是赛马的日子。对大部分人来说，这才是人生最需要的东西哩。”面对现实的无奈，也斯选择了等待：

> 那便等吧。我们这些其他的人，老在等。等人潮

过去，等楼价下降，等灾难过去。从跑马地到天乐里口，一直在等。电车走走停停，从诞生的医院到安息的地方，都一路摇过去了。

在等待中，所有的不完美都变得欣然，一如芷欣上帝式的呼风唤雨作风于我也可以成为独特的风景，虽然我并不特别认同她的世界观。直到那一天，她从怀中掏出画着两条红杠的验孕棒——回忆停留于遗失回乡证的晚上，我们在途中相遇然后失控地缠绵——上帝很少允许我不设防的，只是想不到一个意外竟形成了接二连三的意外，这大概是天意吧。虽然不是最好的时机，但车到山前必有路，那一刻，我以为自己终于找到了此生的归宿。

五

“哇！上帝终于孕育了自己的圣婴！”以芷欣的脾性，她应该会喜出望外吧，我以为。但她没有表现雀跃。

“我快毕业了！我会找工作的！我会和你结婚的！我会养你和孩子的……”我想她需要听的不过是这些。

“不是钱的问题，是原则的问题。这小东西的出现会打乱我整个人生规划，你明白吗？”芷欣竟然为此事懊悔。

“你爱我，我爱你，那还有什么问题？人生规划这种东西不可以将就吗？”

“不可以。我们虽然在一起，但大家很多追求也不一样。如：你认为可以留在这种平庸的地方终老，而这里却没有我所追求的核心价值。”

“为什么你总是觉得别的地方不好？大陆文化不好，澳门没有核心价值……香港就有区别吗？”

“当然有！香港是一个有自由意志的地方。你知道自由意志吗？那就是我们坚持自己的信念，不甘心被控制……我的生命不可以被天意控制，我之后还要去巴黎深造，去环游世界，去绘画属于自己的大世界。”

“是的！你不可以被控制，但我呢？你肚里的孩子呢？你有权去控制我们的命运吗？如果你介意我们的世界不同，当初就不该选择来勾引我！”盛怒之下，我竟然说出“勾引”一词，但我说的是事实。当天如果不是她邀请我去看她的“上帝的杰作”，我们怎么会走在一起？而如果我们没有在一起，那意外根本就不会发生，一切都是因她而起的。

芷欣呆住了，她竟然没有发难，只在一角暗暗垂泪。我们的辩论也终止了，可我的心却怎么也静不下来。我先回家通报情况，被父母骂个狗血淋头；再是借阅与怀孕相关的书籍，开始做产前准备，又亲自打点营养餐单。

“牛奶好臭！鸡蛋好臭！你的书好臭！……”

之后的日子，芷欣再没有与我争辩了，只是对一切有营养的食物都表示厌恶，觉得所有育儿的对象都发臭，一天到晚就在自己的画室内画离奇古怪的蛋。

“你可否远离颜料的气味？那对胎儿是不好的！”

“不可以！”

“为什么？”

“没有为什么！”

芷欣好像着魔那样，比以前阴晴不定，而她最令我气愤的是一如既往地任性。

“你爬上去干吗？”

“我想画壁画。”

“下来！在楼梯边工作太危险了，摔下来会伤及胎儿的。”

我第一次如此凶狠地对她咆哮，并跑上去抱她下来。怎料她一挣扎，我的手就滑开了，芷欣整个人就从楼梯上滚了下来，下体涌出一片红色的液体——内疚、生气、无助的巨浪一下子向我击来。芷欣晕倒了，我的灵魂也是。我是怎样打电话叫救护车的？芷欣是怎样被送进医院的？我全然忘了，只记得医生告诉我：“孩子保不住了！”芷欣没有打电话告诉自己的父母，由怀孕开始到终止——我痛恨她对孩子的无情，我觉得她为了保住自由意志，处心积虑地埋葬了我和孩子的未来。我回家把自己困在房中，请妈妈帮忙照顾芷欣。不久，妈回来告诉我，芷欣走了。去哪儿了呢？我开始痛恨自己没有体恤她将为人母的彷徨，以及受伤后无助的苦况，可惜为时已晚。我去香港的旧宅找寻，人去楼空，而我也没有她家人的任何联络方式。芷欣走了，没有给我留下片言只语，只遗下那套曾经深爱的《百分百感觉》，以及还没有完全消散的热情果香。

原来，即使有足够的长情，现实中又没有 Jerry，许乐和 Cherie 的爱情也无法开花结果。上帝不辞而别，而我的生活却仍须继续。我毕业了，找了一份平凡的教职，认识了一个平庸的女孩——没有小龙女的脱俗，没有黄蓉的娇俏，没有周芷若的清新。我无法找到金庸小说中任何一个女主角去形容她，因为没有一个女主角是可以平庸的，而她却是我最终的女主角，和没有丁点英雄气概的我无疑是天作之合。一起两年了，我们同教一所学校，教相同的科目，我教高中，她教初中，彼此出双入对，少有争吵。生活像一杯白开水，没有特别的香气，却足以活命。

“喂！哦……有些照片和信夹在书上？好！我先去问问。”

我的女主角接过电话，然后问我:“哎！你那套漫画里面夹着些照片和信，要取回来吗？”

“什么漫画？”

“放在抽屉底的那一套啊！其实那东西是不是你的？好像从未见你看过。”

“哦！可能是在学校收回来的。你送人了？”我撒了个谎。

“不！我拿去换物了。看！给你换了本也斯的书，我觉得你比较喜欢他。”

我翻阅老婆给我的那本《也斯的香港》，惊讶地发现自己亲笔写下的诗。

“那照片和信要不要取回来？”

“不用了！交换的人是女的？”

“不是！是个经营旧书摊的老男人。”

《百分百感觉》内夹着的信会不会是上帝当年给子民留下的活命线索？如果，我当年认真翻阅一下，今天身边的女主角会是芷欣吗？我不由得陷入沉思……

“也斯活过了香港的盛世，为香港写下无数富启发性的故事，现在他可以拨开野草和蜘蛛网，步入空寂无人的别院，好好的休息了。而我们，留在这个危城乱世，继续为这城市记下更多的故事……我们失去的不只是作家，更是香港主体的声音。”电视中，一位小青年在抗争运动现场的一个读诗会中，朗读了黄淑娴教授给也斯的悼词。

“失去了主体的声音……”我反复默念着，想起了芷欣那不可将就的自由意志论。

如果也斯仍活着，他会选择中庸之道吗？站在命运自决交叉路的一刻，芷欣仍会像过去一样坚定吗？我无力地翻阅着

《也斯的香港》，拨起了回忆的气味，在泛黄的书页里竟与“消失的回乡证”重逢——它端正地贴在书页空白处，陪伴着远去的热情果的香气，还有我那青春的笔迹：

遥知不是雪，为有暗香来。

——《梅花》，王安石

本文2018年刊于《澳门笔汇》

天生桥

梦魇

我放下酒杯，在漫天星斗的的士高内浮游，身体随着人海的节奏移动。在震耳欲聋的人声和音乐声中，一个巨大的黑影忽然把我托住，我随即昏了过去。醒来的时候，发觉自己裸体地躺在一张陈旧的双人床上，发黄的白色床单卷伏住我无助的躯壳，而四周发黑的墙纸上的奇异的花朵却分明张着血盆大口在笑……我很想放声大哭，把那个黑影留在我身上的毒液全哭出来，可是我不能，因为害怕哭声会惊动窗外的风。我是应该立刻报警的，趁现场证据犹在，可是我没有，我无法接受这一切的发生，更无法接受有天传媒大肆报导“醉酒女教师遭色魔迷奸”的新闻。我穿回连衣裙，头也不回地离开这可怕的地狱。

虽是清早，但阴雨的天空黑压压的，大雨也许是要给我净身沐浴吧。我没有撑伞，刻意放慢脚步，让雨水无情地拍打我的身体和灵魂。不久，一股湿滑的暖流缓缓地顺着大腿向下流，我才发现粉红色的小内裤并没有穿上。它显然是遗留在时钟酒店的某个暗角吧——已经不重要了！有些东西遗失了，就是遗失了，如同我深爱的男人。那一天，他说要去寻梦，我不同意，我们吵架，我说要和他分手。然后，他走了，每天都在微信留言，每星期都给我写电邮。我以为自己不看不回，这男人终归会回来的。可是不到三个月，一切讯息都停止了。我以为他终于还是违背爱我的诺言，被一个北方美女钓走了。意想不到的是，最终换来的竟是他的死讯。永康消失了，在茫茫荒野里，在相传有野人出没的神农架的山林中，他最终也没有放弃“爱我至死”的诺言，却在我的生命中永远消失了。据永康妈妈的汇报：当地警方在山林内发现一具烧焦的尸体，骨肉已多被动物吃掉，但法医在衣物中明显验出有永康的DNA。衣服终归是衣物，或许根本不是他本人，家人半信半疑地找了两年，还是放弃了。

两年了，我没有去找他，也不敢看他寄过来的邮件，因为我怕，我怕我会收到他的绵绵情话，映出我的无情与自私，一如他妈妈的埋怨：“如果你真的爱他，应该求他留下来。你们都相恋十年了，并已到了适婚之年……”

我更怕收到他的求助，发现是自己错过了救他的机会，成了间接杀死他的凶手。

证实永康死讯之后，我辞掉了原来的教职，靠家教度日。由于作息随意，养成了去夜场买醉的习惯，且偶有一夜情。我是有对不起他的，但那重要吗？他走了，留下我一个年过三十的“剩女”，还可以怎样？起初，家人对我的“生活新常态”总是千般容忍，万般劝勉，希望我慢慢走出阴霾，然而，日子久了，也忍不住责怪。

“阿敏，你好好的一个女孩，读书优秀，人又长得漂亮，何必为了一个不负责任的男人耽误自己！”妈说。

永康在我家人心中，的确是不负责任的人。我们高三开始相恋，我妈本来打算送我去维也纳念音乐，但我却坚持和永康一起升学。永康家境不如我，他选择去台湾大学读生物，而我就顺理成章地入读台湾艺术大学音乐系。大学四年，我们在台湾已经同居了。自己的女儿无名无分就被别人占有了，爸妈那一代人还是介意的，只是“女大女世界”，对于女儿自愿私定终身，也无可奈何。大学毕业后，永康留下来读研究所，我也就随他留台工作，一直到他博士毕业。

“永康，我们只有敏一个女儿，你是知道的；原本以她的天分，可以在音乐方面更有作为，你也是知道的。她为了你，放弃成才的机会，你也得为她的幸福想想。”爸爸一再语重心长地对他说。

永康每次都会点头称是，平日待我也是千依百顺的，但谈起成家，他还是会犹豫。其一是因为经济条件不好，刚完成博士的他，莫说买房子，就连办婚礼的钱也花不起。更重要的是，他心中还是有未圆的梦：立志前往神农架完成博士论文的后续研究——原始生物的进化与存活可能性。

“你知道吗？这项研究可以获得澳门研究基金，论文之后还可以竞逐生物科学大奖。”他兴奋道。

“然后呢？”我凝神望着他。

“然后……可以找到更理想的工作，公主和王子过着幸福快乐的生活！”

“想得太美了吧！然后，我们还得买房子，才可以结婚生子！”

“阿敏，你为何一下子变得庸俗了！我们不是说好了吗？年轻的时候，不能在途中放下梦想的包袱，否则虽然走得快，老来会后悔莫及的！”

永康就是这样，一直都是个坚持梦想的人，这也许就是我当初迷恋他的原因。然而，随着人逐渐长大，总不能永远为梦想而活，特别不能只为了成就自己的梦想放下身边人的幸福。

“那一年，你说要去台大读生物，我不是把自己的梦想放弃了吗？”我不忿。

“没关系的！在哪读音乐一样是读音乐，一样可以有追求音乐的梦想！”永康说得理直气壮。

“对呀！没关系的，在哪研究生物课题都一样可以追求生物学上的梦想，不是吗？那你为什么就不可以在澳门先找到工作，然后再去那个叫什么神农的地方研究什么原始生物！”我气极了。

“我们今天先不谈这些，好不好？”

“为什么不谈？你永远就是得过且过的样子，之前说先不谈读硕士的事，结果却读了，后来又说先不谈读博士的事，结果又读了！现在，你科研基金都申请了，还可以不谈去外地研究的事？”

“你知道批了就好，那还吵什么？我可以多回来看你的，而你也可以过来陪我！”

“什么过来陪你？我快三十了，还要向父母要钱吗？我们买不起私人房子，至少也得申请政府经济房，要申请经济房，至少也得有份稳定工作……林永康，我严正向你声明：如果你坚持去外地做研究，我们就分手吧，以后各行各路，老死不相往来！”我气得失控地咆哮，并离开了他的家。

“阿敏！阿敏……”吵闹声惊动了他的家人，林妈妈追了出来，见我没有回她，便在电话短讯中给我留了那些话：“如果你真的爱他，应该求他留下来。你们都相恋十年了，并已到了适婚之年。如果怕没有房子，我们可以一起住，不喜欢一起住的话，我们两老就搬出去。”

永康丧礼的那天，林妈妈拉着我又重复过类似的话，虽然话中也感叹永康辜负了我。但我心里知道，她是有责怪我的，是我间接让她失去了唯一的儿子。而我也很自责，我觉得，今天那个黑影给我的伤害，也是我咎由自取的，那是报应，那是永康给我的报复……

梦想

不知怎的，我回到家。又不知怎的，我醒来的时候已身在医院。张开双眼的时候，听到了妈妈的哭泣声。妈见我睁开双眼，马上破涕为笑。原来，我回家后昏倒了，并在医院昏迷了一天，据说是得了肺炎，在医院住了一星期。因为受之前的梦魇所困，我本来还是整天郁郁寡欢，然而，相邻的小女孩解救了我。

“姐姐，你为什么整天都不会笑？”对面插着吊瓶的小女孩突然问我。

“生病有什么东西值得快乐的？我笑不出来。”我无奈地答。

“不会啦！生病不过是主给我们的考验。没有痛苦，就没有快乐，不吃苦的人，就不知道什么是甜！林牧师是这样说的。”

我本想告诉她，我没有宗教信仰，不会相信主的考验，但见她几天下来无间断地打点滴，大概病情不轻，也不好坏她雅兴，故也没反驳她。这下子可是不得了，她虽然打着点滴，无法四处走动，但思维却异常活跃，天上地下，无所不谈，直至我说累了，或是有亲朋来探她，她才让我休息。

“姐姐，你有梦想吗？”一天夜里，她突然问我。

梦想是什么呢？自从永康为了梦想出走，这词就一直刺痛着我。

“我不知道！也不想知道！”我避而不谈。

“但是，我想知道。因为我的梦想是聆听别人的梦想。虽然我有先天性心脏病，不能随意走动，但是，我知道梦想的意义，所以我也想做个有梦想的人！”

我别过脸去，下意识地躲避她，然而，她却并没有放过我。

“你的梦想是什么？快说！”她竟然拉着活动的吊瓶走到我面前。

“我……我曾经想去维也纳读音乐的……”看着灰白的小脸上闪着期待的双眼，我不好意思拒绝她。

“后来呢……”

“后来没有去！”

“为什么不去！”

“因为某些原因。”

“因为什么原因？”

“因为、因为……一个人，我想和他一起读书，而他没有去维也纳……”我无法说下去。

“不要紧的，以后还可以去，是不是？”她理所当然地说。

“不要紧的，以后还可以去，像我，等我病好了，也就可以有更大的梦想了！”她认真地重复了一次以上的话，并补充了自己的部分。

“你还有什么更大的梦想呢？”我好奇。

“我现在还没有想到呢。不过，等我病好了，一定可以有更大的梦想，你懂吗！”她坚定地说。

“哦！”我随意地和了一句。

“谢谢你！谢谢你懂我！”她突然捧着我的脸说。

“我也会懂你的，你知道吗？有人懂得自己的梦想是很幸福的，有时候，就是我爸妈也不懂我。他们总是觉得我傻，但林牧师懂得我，你也是，所以，你们对我都是很重要的呵！”她诚恳地道。

小女孩对梦想的执迷让我想起了永康，他也会有很多不同的梦想，且一个比一个大，而他也总是希望我能够懂他。其实，我不懂，而且不愿意去懂，就像小女孩的爸妈没有去理解她那样，也像永康没有理解我去维也纳读音乐的梦想那样，都是让人遗憾的。为了尝试去了解，那天晚上，我决定打开永康两年前给我寄来的电邮：

阿敏：

我走了！因为还不动手写报告就毁约了，毁约要给政府赔款的。你知道的，我已经很穷了，HAHA！我知道，你还在生我的气，我打电话过来，你是不会听的，所以我先避避风头，回来给你带份大大的惊喜！

你那天的话是对的，我这人太自私了，你为我放弃了那么多，而我却执意追寻自己的梦想。那天你走了以后，我一直在想，如果你当年坚持去维也纳读音乐的梦想，我会生气吗？我想，我是不会的。只是你当初也没有坚持就跟着我去台湾了，对不对？其实那个时候，我并没有了解你心中的梦想有多重，我以为，我才是你的一切，所以造成了你今天的遗憾。如果你当初坚持去维也纳，我也会等你的，我会每天和你通电话，然后每星期都给你报告近况，然后等大家学成归来……当大家各自都带着自己的梦想前行，不是比某天空有遗憾更好吗？情况就等同今天，如果我不坚持自己的梦想和你结婚，找份不喜欢的工作，只是为了可以申请政府的经济房，到了某一天，我可能会像今天的你，为了当初放弃梦想而后悔，那有意义吗？梦想和爱是可以并存的，我答应你，去那边考察一下，先做个研究计划，大概三个月就完成了，然后我会回来，去远房亲戚那边做帮工。他说可以少收点钱，但容许我一边赚钱一边做研究，还可以有工作证明，那就可以去抽经济房屋了。运气好的话，说不定抽中了，那我们就发达啦，HAHA！

永康还是不改那种轻佻取巧的语言风格，谁都知道申请经屋不是他的人生追求，也知道抽经屋比中彩票还要难，但他还是会哄着我、安抚我，然后给我时间慢慢拆解心结。读着他的文字，我嘴角会不自觉地上扬，仿佛他还在远地给我诉说着生活。我一口气读了十多封电邮，直到这一封：

阿敏：

完成了当地政府的申请手续，我今天正式飞到神农架了。现在，我无法一下子分享我内心的震荡，因为我还没想到用什么词语去告诉你，这边的天空有多蓝、水有多绿、风有多清、景色有多美……你知道啦，我不像你那样出口成章，但是，我告诉你呀！这世界是我们不可想象的纯净，只要你来了，呼吸一口这里的芳香的空气……你就知道申请经屋是多么俗气的一种追求……（对不起！我不是想惹你生气。）你先看看照片吧，要有假期就飞过来吧，我们以田野为家，席地而睡……

我无法想象，是什么美景可以让这个醉心于研究的男人突然如此心醉。打开照片一看，景色如月历中的图画，却并没有他文字中的震撼感。

“谢谢你！谢谢你懂我！”不知为何，脑海内涌起小女孩的童言。忽然有一种立刻前往此地的冲动。三天后，我出院了，不听老妈的劝告乘风而去。

神农架

对于向来不爱出门的我，通往神农架的路好长好长，又是高铁，又是飞机，又是汽车。我清晨出行，先乘高铁到广州，再由广州转车到武汉，抵达武汉后还要乘几小时的内陆机到神农架。一路上，我一边读着永康给我写的电邮，一边让眼泪肆无忌惮地在墨镜下流淌。也许这样惹过来不少异样的目光，但谁在乎呢？永康都走了，这陌生的世界并没有值得在乎的人了，我只是想去看看那片土地，去读懂永康的梦。飞机抵达神农架的时候，已经是半夜，没有永康笔下的蓝天白云，冷风如黑影的大手直插入我的肉体，让我不由自主地打了个抖。我紧抓风衣奋力抵抗，仿佛要把整个人都缩进帽子里去，身后却突然涌来一股暖意，我朝后方一看，只见一个男人张开大衣在为我挡风。

“你在做什么？”基于心理阴影，我用广东话失控地大叫。

“不好意思！我见你有点冷……”男人用广东话回答。

“哦！”在陌生的土地上，方言有一种他乡遇故知的温暖。我稍稍冷静下来。

“这山上好冷的！你应该多穿件衣服。来！深呼吸一下，这里的空气好清新呵！”

“哦！”我点头。他似乎很想展开话题，但热情给我的冷漠凝固了。我匆忙地拿起行李，转身便走。他在后面抛下一句:“我叫……”好像是名字，但我没有记住。

“这里的空气好清新……”我没有记住那男人的名字，只记住了这话，大概是因为永康也曾在电邮中提过关于空气的味道吧。我走出机场，四周黑漆漆的。我下意识地停下脚步，深深地吸了一口气——很冷，鼻子好像被什么塞着，闻不到香味。不是说神农架的天很蓝、水很绿吗？此刻，我的心情如黑夜，整夜辗转难眠，但仍旧有梦——梦中，我在天生桥和永康相遇。

“经过亿万年地表地下水的流动、溶蚀，才形成了天生桥，我们不过就分开半年而已，相较之下，比光速还快！”永康说。而梦中的我竟发傻地笑。

梦醒之时，我却泪湿了一枕。早点明白这道理，永康就不会在这陌生的大地上郁郁而终了。我带着这份内疚，第二天起程前往天生桥。

“天生桥位于神农架南部老君山北麓，发源于老君山的黄岩河流经此地，经过亿万年地表地下水的流动、溶蚀，形成岩溶性穿洞，呈葫芦状，高约 17 米。河水穿洞下泄，使黄岩河两岸一桥横贯东西，呈现天桥飞渡，故名天生桥。”当地的导游详细介绍道。

“来！来！来！别看了！过来拍这边的石桥，这是什么天生桥？人家南京的天生桥是个大运河，广西的天生桥水连天，它这个算是什么？不过就是个小山洞！”一个游人在一边发牢骚。

说得也对，这天生桥比我梦中的小多了，但一想到仅仅是那么一个小洞，竟然要花过亿万年的地下水流动和溶蚀，给了我水滴石穿的感动。之后除了山山水水，还是山山水水，对于向来不热衷于游山玩水的我，只是走马观花。晚饭的时候，我坐在乡间的小饭馆内发呆，眼前忽然冲来一只异常漂亮的动物——形态有点像鸡，但毛色亮丽得如孔雀。它连走带跳地向前的状态，有种难言的落魄。说时迟那时快，背后伸来一只大手把它抓住，并带着它挣扎中的灵魂远去。那一瞬间，我想起了自己在夜店的境况，不由得打了个抖。

“这叫山鸡，是神农架放养的活鸡，熬汤最甜。不便宜呀！”

我回头一看，正是飞机上那个男人。

“小姐，我就坐她这儿。”他老实不客气地说。

“别介意，一个人吃东西很苦闷。东西又吃不完，我请你！”

我还来不及推辞，一锅汤就上桌了。

“这就是刚才那只鸡呀！好可怜，对不？”

我无助地望着汤内的悬浮物，有一种作呕的冲动。

“你们环保人士是不吃的吧！可怜呵！死了也被浪费。”

不知怎的，“死了也被浪费”这话如刀一样刺进我的心里。我拿起筷子，夹起一大块鸡肉，大口大口地嚼着。然后叫店员送来当地最好的黄酒，大口大口地喝起来，身边的男人吓呆了。

天黑了，失控地大吃大喝的我酒意正浓，冷风一吹，就吐了一地。身边人马上走过来抱着我，我就昏倒了。醒来的时候，已躺在陌生的床上，幸好衣服完好。

“醒来了呀！吓死我了，幸好你没死去……我发誓以后再也不请陌生女人吃饭了！”男人打趣地说。

“谢谢你！”我打从心底里由衷地感谢他，也感恩自己的安然无恙。

“那你打算怎样报答我好呢？”他毫不客气道。

“你不是说以后不会请陌生女人吃饭吗？”

“是呀！但我不介意被请呵！”

酒意犹在的我一下答不上来。

“算了！开玩笑而已。人生地不熟，你一个女的上路也危险，不如我们做伴同行吧，有个照应也好，对不？最多，我请你多吃几顿饭！”

“那怎么好意思！”

“你请也行！哈哈！我叫陈健康，你可以叫我阿康，你呢？”

“阿康！”我听着呆了。

“什么？又想说我是香港伦常惨案的负心汉陈健康吧。这些年，大家一听到我的名字就笑。不用怕，此康不同彼康，我现年三十，单身！”他忙解释。

“没事，我只是想起故友。”我淡然道。

患难见真情，不知怎的，健康君子的陪伴打动了我。盛情难却，我们开始结伴同行。健康是美食专栏作家和商人，在香港和深圳开设了餐厅，而他旅行的目的是寻找天然食材和饮食灵感。我简单地交代过此行的目的是要纪念前男友，另一个叫阿康的男人。虽然健康很健谈，但他比永康沉着一些，略知一二就算，既没寻根，也不究底，甚至有时让我尽情地发呆，沉溺在自己的世界中。因此，健康的出现，并没有影响我怀念永康的情绪。每天晚上，我仍旧读着永康的电邮。那天游览神农架野人博物馆，我就记起了这一段：

阿敏：

由今天开始，我会去神农架野人博物馆做资料搜集。原来呀，和我一样追寻野人足迹的人不计其数，前有古人，后有来者。那一列寻找野人的名录中，最尾的一格仍空着，我和其他研究员谈好了，这格子将来就是我们的照片了！那时候，我就名留青史了，HAHA！

永康总是处于异想天开的状态。那天，站在名录的空格前，我想起那个未能圆梦就葬身火海的男人，当场掉了泪。泪水是由另一个叫阿康的男人为我抹掉的。

我一直以为永康是没有任何发现就意外身亡了，但最后的几个电邮却是在意料之外。

阿敏：

今天，我和阿发去神农谷的山林视察，在一个高山水流的源头，发现了一些很大很深的脚印。那不是化石状的硬块，是浮在淤泥上的一串脚印，淡淡的，且会随水化掉。阿发——那个来自天津的研究员说，那分明是活生生的巨物的脚印。我拍了一张照片——对呀！那和博物馆的野人脚印一个样的。阿敏，我们可能真的会找到野人呢，太棒了！如果这次可以成功发现野人，我和阿发肯定可以名留青史了。阿发还说，如果成功发现了野人，我们可以赚很多的钱，如：得到科研奖金，公开相关资料，与企业合作开发野人观赏园区等。到时，我们就不需要做穷书生了！阿敏，有了钱，我们就可以结婚生子，还可以买豪宅，不需要抽什么经济房了……

看到结婚生子和买房子的一段，我哭了。本来，结婚生子是人生的必经阶段，然而，安居乐业却并不必然。也许，小城青年都不乐于把青春埋葬在赌场沉闷无力的工作中，如：永康希望找寻更大的梦想，但事与愿违，安居和乐业往往不能两全。

阿敏：

由今天起，我和阿发开始在神农谷的山上扎营。

为了不容易被猛兽和野人发现，我们特制了一个山林保护色的帐篷，棒极了！说实在的，山林的夜有点可怕，温度会比早上低20摄氏度，只有流水乏味的撞击声，以及鬼哭狼嚎的风声，有一种凄冷的感觉。这个时候，我会特别怀念和你一起在被窝内拥抱的温暖……晨光初露，又是另一番气象，流水潺潺、鸟鸣处处、花香四溢，宛如人间仙境。有机会，我一定带你过来感受一下，说不定能让你找到音乐创作的灵感。

不过，我昨天和阿发吵了一架。他这个人……怎么说呢，他功利心很强。在山间见到名贵药材，虽不会采集，但他会记录下来，说要把情报卖给商人；他每次谈起野人，必定又说要开发野人旅游园区的事，说要建一个高科技的透视笼子把野人关起来，让游人参观、拍照、取乐等……阿敏，我好讨厌阿发这个人，因为他作为一个研究自然生态的学者，竟然可以说出这种话来。每个人都需要一个容身之所，野人也一样，我们凭什么毁掉别人的家园呢？我们凭什么利用自身的智慧去消费和享乐别人的生存呢？那简直是一种活生生的强暴！所以，我很讨厌阿发的功利。但在他身上，我又看到了人类本质上的粗暴……

有理想、有抱负、有正义感是永康当初令我着迷的地方，当年他为了保护女同学，奋起去指责体育老师非礼女同学的英勇行为令我爱上了他。然而，人长大了，我却开始嫌弃他不现实、不成长。其实，他的种种特质是至死不渝的，真正背叛初衷的，是我们这些自以为是的俗人。读着读着，电邮中不仅仅出现高谈阔论，还有令人惊异的野人细节。

因为生气，那天晚上，我一个人离开了营地，往上走。越来越冷，越来越阴森恐怖……其实当下的我开始想走回头路了。忽然眼前晃过一个巨大的身影，黑黑的一团，约二米长，从后面看去有点像巨人。我拿出照相机，马上按下快门，但这下子糟糕了，忘了关闪光灯。巨人转过头来，一双如黑珍珠的大眼睛愤怒地瞪着我。我以为这下子死定了，怎知在千钧一发之际，树丛中跳出一条长约2米、直径10厘米的大蛇，绕往了巨人的脖子，我打开照相机的前置大灯，发觉眼前正是一个如假包换的野人——深红色的毛，有结实的上下肢，还有丰厚的背肌和乳房，应该是雌性……我按下几发快门后，本想伺机逃走，但看着野人倒下，眼中仍闪着求救的泪光，我心软了，拿出求生的火把，并点起火向蛇头的方向伸过去。蛇一下子大惊，迅速逃走了。为免野人伤害我，我也迅速向反方向逃走，到了100米以下的草丛。回头察看，只见野人爬起来了，黑眼珠中带着柔和的光，像在向我道谢。因为想看清楚野人的脸，我向她靠近了。她走到山顶，回头看我，抛出一个深情的微笑，纵身向下一跳。我飞快地跑过去，原来那是一个瀑布，野人随水滑行，如驾起一座彩虹，身影消失在很远的黑洞中……我也拿着自己拍下的战利品走回头路，心里既惊又喜。我在犹豫，要不要和阿发分享呢？我想他一定会说把照片卖出去赚钱之类的。我想，如果愿意把资料卖给外国媒体做独家新闻，肯定发财了，但是，这样做很可能就毁了野人的家……一想到此，我就觉得自己如一只作恶的黑手，在强暴别人的生命一样。

我很了解永康的个性，他是不会因钱出卖良心的，我也看到他寄过来的两张照片，的确是现存唯一的、最珍贵的证据，我想如果我交出去，定可换取永康名留青史的荣誉，他的遗照将可以长存于博物馆那寻找野人的名录内。然而，这会是他的遗志吗？我犹豫了。这是永康给我的最后一封电邮，日子显示第二天他就离世了，据说是在森林给活活烧死的。每每想到此处，我就心如刀割。但为什么他会突然发生意外？那和他取得了重要资料相关吗？会不会有什么案情呢？面对以上种种，我很迷茫、很彷徨。在六神无主之时，我想起了健康，我如实相告。他陪我去当地的派出所了解案情。负责本案的警员告诉我们："当天大火不明，而一个叫黄又发的天津人也在现场，估计他抱着一部照相机离开火场，奔跑时不慎从高处滚下了山，头部重创，送院后成了植物人，一年后离世。照相机据说是林永康的，经法证人员研究，芯片损坏程度严重，无法修复，最后被林永康的家人当遗物领回去了。"

我们没有供出野人的证据，健康说："过去的东西，让它留在过去就好。人死了，照相机坏了，那显然是天意。"永康会更喜欢这个结局的。神农架有很多漂亮的景点，可惜永康无法实践诺言，而陪在我身边的，却是另一个叫阿康的男人。那天晚上，健康出奇地买来了武汉的名酒"白云边"和我对饮，一如既往，我又醉倒了。健康紧紧地抱着我入睡，但并没有做出其他越轨的举动——不容易呀！男女肌肤之亲所诱发的性欲望的确强烈，如同人类对自然占有的欲望一样。健康说，人与野兽之别，在于我们有理性、懂道德。君子不乘人之危，他不会像报上的名人陈健康，因为无法控制自己的性欲而毁了其他人的幸福。我抱着这样的君子入梦，倍觉安稳。梦中，我回到了天生桥，流水一滴一滴地穿越纵横交错的死结，直至打开一个如针尖一样的小孔，透出了明天的曙光。

本文2016年刊于《神农架》文学期刊

HERE, THERE AND EVERYWHERE

独白

一、健宁

嘶嘶嘶……仲夏的晌午有一种异样的烦躁，除了嘶嘶的虫声，还有太阳把空气蒸得火热的微小声音。我躲在红树林边缘的树荫下，有一种阴森而纳闷的气氛。猪笼草是我所见过的最神奇的一种植物，它拥有独特的吸取营养的器官——捕虫笼。捕虫笼呈圆筒形，下半部稍膨大，因为形状像猪笼，故称猪笼草。虽然叫“草”，却可以捕食昆虫。

“那些笨虫子嗅到香气，自然而然就跑进去了，笨得可怜呀！”外婆总是一脸同情地说。

虫子是自愿的，还是被逼的？进去后是快乐的，还是痛苦的？谁知道？我不服气，于是决定看个究竟：我发现每个下午总有几只小虫或蚊子自发地跑进去，一进就没回头了。有一次，我剪下一株来解剖，发现虫体竟是完好无缺地死在里面，没有挣扎和痛苦的痕迹。教堂的神父说，人死了会到天国去，想不定，虫儿是快乐地上天堂的……我一直这样以为。

猪笼草虽小，但进去的昆虫至少是自愿的。而我呢？因为有病，却无可奈何地活在小小的天地里，不是比虫儿更可怜吗！我叫林健宁，是爸妈唯一的女儿。我们几代都是路环的原居民，本来有房有地，生活还算富足。不过，天意弄人，上天赐给林家千金的同时，竟也给她烙上了一身火红的印记。我一出生就患有新生儿红斑狼疮病，红斑像被狼咬过的伤口。虽然妈妈总是哄我说：“那是观音送你的红蝴蝶。”但它们一点都不美好：红斑日照后会刺痛，关节随之肿胀。为此，我罕有见人，就连上学也必须戴上帽子和口罩。每年总有几个月，我得留家休养，直至初二下学期。有一次我不慎在校园昏倒，就再没上学了。妈给我拿回一些课本，说老师叫我留在家学习。奇怪的是，这一次我的病仿佛好多了，红斑散了，身体也比从前轻盈。为免受感染，我从此不再上学；因为身体状况良好，也少有再看医生。其实由我家坐车往返澳门也不会很久。以前，我每个星期都得去镜湖医院做治疗，自从病好了，我就很少再踏足澳门。对我来说，去澳门等于去医院，毫无留恋之处。同学们常常说，长大了要去澳门找工作，而我的志愿却只是能留在温暖的家。离岛就是我的猪笼草，我没有选择地留在里面，活得快乐与否，大概没人会懂，包括我自己。

“阿宁！阿宁！”妈的呼唤打破了我的沉思。每逢初一、十五，我们都要去谭公庙走一趟，妈总说：“多拜神明自有神庇佑！”可是我却向往教堂的宁静。神父会和我聊天，又会教我唱歌。不过，妈不喜欢我上教堂，因为只有一家人都拜同一个宗教，死了才可重逢。我家是拜神佛的，为了不与家族分离，我唯有也拜神佛。谭公庙位于路环市区的尽头，是这里香火最旺盛的庙宇，庙内除供奉谭仙圣，更加置有一头由鲸骨雕刻而成的镇庙之宝，称“鱼骨舟”。据说摸过鲸骨会行好运，但我摸了十多年，总是不见行运。每次摸过“鱼骨舟”，我都会去许愿盘许愿——以掌心用力地在盘边擦，直到产生共振，水盘泛起水珠，仿佛把所有的心思都传给菩萨——十年了，我只有一个愿望——希望找到好朋友。从小到大，我都在家人的保护网下成长，总是无法找到可以接近的同龄朋友。可愿望十多年都没成真。自从离开校园，我也就不去许愿了。但奇迹却竟然发生了。不久，爸为我带回一个“大世界”——足不出户能知天下事。那个装着全世界的小方盒叫“电脑”。在游戏中，我可以上天下地；上了互联网，我甚至真的可以环游世界。

二、志鹏

烈日下，大地像个蒸笼，天空被熏得冒烟。我定神细看对岸焚化炉烟囱的黑烟滚滚上升，如一堆飘飞的蚊子——像我一样，又脏又臭，被逼在空中无助地飘。我叫陈志鹏，是家中九代单传，名字是祖父亲自取的，意谓“大鹏之志”。可惜事与愿违，我自小就被认为是坏孩子。小学二年级的时候，有一次和同学打架，老师生气极了：“还说大鹏之志，你这人气量太小，简直是蚊子！”从此，同学就叫我“蚊子”。因为爸爸工作的关系，小四开始，我这只蚊子就随家人四处漂泊，先后去过英国、澳大利亚和美国。因为无心向学，几年内换校无数。家人认为我反叛是因为不适应国外生活，一怒之下把我送回澳门寄宿。

我的学校位于九澳附近，离男童院不远，而我的生活也和监狱一样苦闷。每天六时起床，接着晨操、上课、午饭、再上课、晚饭、自修……生活规律得叫人受不了。这里唯一的好是可以天天随老师上山，只要不想上课，就可以被老师安排去走山路。大概因为这样，我多余的精力才可以发泄掉。我也喜欢打游戏机，在超时空领域内，我是无敌的战神，但在真实世界中，我却只是个无力的少年。我不喜欢无力，不！是极其厌恶！可是在真实世界中，我们每个人都无力。爸爸无法让家人安居一处，妈妈无法留住爸爸不安定的心，于是他们天天争吵。而我更无力，我无法让这个家和我自己的心安静下来。然后，我离开了，但我的心还是在不安中飘飞，直到沉醉于音乐。我是喜欢音乐的，但不喜欢钢琴，因为那是我妈逼我学的。由四岁开始，我天天练习一小时，妈也会在旁打骂和哭闹一小时，打骂的人自然是我，而一哭二闹的人却是她。她会一边骂我，甚至打我，然后哭诉她是如何如何为我好，还有为我们一家好……这个时候，妈显得特别可怜。为了怜悯她的无力，我为她完成了五级钢琴。打从拿到证书那一天起，我发誓，这一生都不会再碰钢琴这个刑具。我痛恨钢琴，但我爱音乐，我用自己省下的零钱在美国买了一个叫乌克丽丽（尤克里里——编者注）ukulele的夏威夷吉他。我喜欢它小巧的外形，方便随身携带，还有那种很平实、很随意的音色……虽然我不会弹，但我买了一本书自学，利用我之前的音乐知识，很快就上手了。每逢周末是我们“出狱”的日子，因为家人不在澳门，我还是留在学校。神父人很好，只要我完成作业，就可以出去逛逛。我喜欢路环市区，因为那里比较有人的气息：小小的屋子，和睦的人家，还有一家小小的船厂，给我一种卑微的幸福感。我喜欢拿着乌克丽丽到船厂附近弹奏，总是觉得，音乐可以随着水流飘到我理想的国度，什么是理想的国度呢？其实我是不知道的，我只是向往一种快乐的能量，好像蚊子找生命中源源不绝的血液那样。

相遇

生命中的某种相遇是奇妙的，就像蚊子跑进猪笼草，而健宁和志鹏的相遇，正是在“天籁之音”中……

每到周末晚夜，志鹏便会去路环船厂附近的河岸弹奏乌克丽丽。由于尚在学习阶段，音律比较单调。BEATLES 的 HERE，THERE AND EVERYWHERE 是他当时唯一会弹的歌。什么是“HERE，THERE AND EVERYWHERE”呢？他不解。他人在 HERE（这里），心却在 THERE（那里）？世界太大了，所以 EVERYWHERE（无处不在）对他来说未免可怕。但音乐的旋律很轻快，在风声和浪声中游荡，仿佛成了大自然的一部分，这让他感觉到生命简单而美好。音乐随空气传到健宁的耳际，虽然谈不上动听，却有种说不出的灵性。她从窗台往外看，不远处有一个健硕的身影。从侧面看，似乎是个男孩。因为好奇，她跑到门外偷看他，跟随他的脚步一直从树下走到船厂的边缘。男孩拿着一个小小的乐器，有点像吉他，但却比吉他小很多，好像小时候爸买给她玩的小琴小鼓一样，活像个小玩具。玩具放在高大的男孩怀中，只占三分之一的范围，有一种说不出的滑稽。此后，有两三周时间，健宁在身后一直偷看志鹏，却一直未被发觉。直到十五那天，天特别黑，月特别亮，邻家的猫咪也来凑热闹——“咪咪咪”伴奏。志鹏朝声源看去，发觉健宁的眼睛在盯着自己，吓了一跳。

“呀！你……你……是谁？干吗偷看我！”志鹏捏一把汗。

“谁……谁看你啦！我没有看你，我找我的猫！”健宁不服气地回应。

“呸！你骗人！猫不是你的！”直觉告诉志鹏，女孩在说谎。

“我……我只是觉得奇怪，为什么有人每个星期都来扰人清梦！”健宁也不甘示弱。

“喂！你说好听点，什么叫扰人清梦？”志鹏听了很不高兴。

“因为难听呀！你来来去去只有几个调子，音又弹不准，不觉得很难听吗？”健宁回应道。

“现在不过晚上八点，没到夜深时段，我有发声自由的！这地是你的吗？那……那……下回不来就是！”志鹏气急败坏，不知所云。

这下子健宁可是屈服了，因为她怕志鹏下回真的不来了，故说了实话：“其实……其实，我刚才是骗你的，猫不是我的，地也不是我的，乐声也不难听。我过来是因为好奇，因为我从没见过这种乐器，觉得好听……”

她态度来了个急转弯，诚恳地求志鹏留下来。志鹏因受赏识，心情大悦，也收起了惯常的小混混态度。他们高兴地聊起来，先是介绍了这特意从美国带回来的乐器，后又谈起弹奏方法。健宁平日很怕生人，但不知为什么，她觉得面前的男孩与众不同。他有点粗野，但却单纯——脸儿胖胖的、鼻子挺挺的、眼睛亮亮的，说话的时候，眉宇间有份稚气，笑起来又有点笨。志鹏则觉得健宁很弱小，但惹人怜爱。他特别喜欢她头上梳起的小孖辫子。这年头，很少人束孖辫，看起来是有点土，但却很清纯，配上特别苍白的脸和特别清亮的眼睛，有种异样的迷人。

他们由弹琴到聊天，感觉异常投机，一直谈到夜深。

“夜深了，我得回家了！你下星期再来吗？我再来找你！BYE！”健宁先告别。

“嗯……”志鹏不知所措地回了一声。他望着远去的单薄娇小的身影，竟然有种不舍。

于是，他们每星期几乎都会在河堤见面，由陌生到熟悉，由羞涩到亲昵。志鹏的调子弹得越发成熟起来，声音也特别动听。因为有了等待，健宁的生活就有了盼望。她一星期下来就是等待周末相遇的那天，觉得日子过得分外轻快。后来，健宁向志鹏求教，为了可以学习尤克里里，他们的友情进入了另一种形式。

“喂！一星期一次可能会忘记的呀，你那么笨！”志鹏轻佻地作弄健宁。

“你才笨！那怎么办了？你又不能天天来！”健宁撒娇道。

“真笨！可以去 ICQ 嘛！”志鹏轻轻敲了敲她的脑袋。

“什么是 ICQ？”健宁不解。

“不懂 ICQ？你是上世纪的人吧！ ICQ（取自谐音 I Seek You，意谓‘我找你’），是种社交网站，我们上网就可以联络，可以交谈。你去 icq.com 下载软件，然后 add 我就可以！我的号码是 11317685。”志鹏努力地讲解，而健宁则努力地记住。

ICQ 密码

自从有了那朵红绿变色的小花，他们的友谊有了进一步的发展——由每周一次到朝夕相对。他们几乎事无大小都要交换意见，而联系心灵的声响则由尤克里里变成了“喔噢”。在网上，他们都有自己的昵称。健宁说，她的生活很孤单，什么声音都没有。志鹏特意把自己的名字“PANG”改成“EAR”，意即要成为她的耳朵，把世上最美丽的声音收在里面，而健宁则以“LISTEN”响应，表示自己会用心聆听。一种由彼此的昵称转化而成的意在言外的情感，成为了这一代特有的语言，而爱的火苗也不禁偷偷燃起。

“喔噢”……绿色的小花在闪动，见是健宁的呼唤，志鹏立刻暂停了游戏。

L：HIHI。

E：HIHIHI。

L：为什么你每次都要回“HIHIHI”？

E：因为你叫我HIHI，那我就回你呀。我已经比你多回了一个“HI”，证明我很重视你，哈！

……

L：我要睡了，晚安！

E：MU_L！

L：那是什么东西？

E：密码！

L：什么意思？

E：你自己猜猜看……

L：给点提示嘛！

E：一般是英语单字之首或发音简写，而我的密码由前往后，由后往前，都可解！

L：那我知道啦！M=Miss，U=yoU，L=Listen（我的名字），那我也可以用MU_E是不是？

E：有一点点对，但也不全对！密码就是秘密，是不可告人的！

……

除了正事的交流，文字传情给人们不一样的乐趣，而且在ICQ内，充满了奇异的暗号和梦幻的等待。志鹏在网上可谓相识满天下，什么年纪和地域的都有，但他心里最记挂的人，仍然是健宁。每天看不到她上线，心里便焦急，但为着面子，又不想打电话过去问，或是留言等待。他干脆也就开了好几个账号，化身成为不同的人进入健宁的朋友清单，用不同的身份陪她说话。健宁因为有病，人比较悲观，但在网上，她可以抛开现实的烦忧，成就全新的自己——洒脱生动，热情洋溢。她也认识到不同的朋友，但基于身体问题，从不要求见面，所以朋友名单中，能称上真实的朋友的只有志鹏一人，而志鹏也就真的名副其实地成为她的耳朵，为她收听自己世界以外的所有消息。

虽然他们在ICQ可以朝夕相对，每星期一天的真实见面仍不间断。对于青春期的少男少女，微妙的感情伴随青涩的味道：志鹏比较外向，但活了十五年，他始终未有结交异性的经验，与心上人的相处总是战战兢兢。相处的时候，他偶尔偷看身边人：雪白的脸蛋、水灵的杏眼、精致的鼻子、淡红色的嘴唇……偶尔教她弹琴之时，身体上轻微触碰，构成彼此的体温的交合——健宁身上除了有种特别的香草味，还异常的冰凉，志鹏总是幻想有天可以用自己的身体把她的冰冷融掉。女孩子的感情比较含蓄，健宁喜欢画画，她会不停绘画志鹏的面容，然后对着画中人偷笑，但见面的时候，她很少正视他，因为只要碰到他的眼神，健宁就会心跳加速，碰到他温热的手，就觉得全身快融化掉。所以平日见面之时，她会小心地和他保持距离，但内心深处，又渴望被另一个身体包容的温暖。

他们特别喜欢沿着路氹公路走到星星公园的旅程。星星公园没有星星，却有一大片红树林，健宁会带志鹏去看猪笼草，然后打赌那天下午进入的昆虫是单数或是双数。志鹏起初也觉得健宁那“猪笼草幸福”的论调不可思议，但日子久了，又开始相信昆虫是心甘情愿跑进去的。

“如果猪笼草会成为我的葬身之地，那它必须要是个美丽的地方，要好像对面那些大宅一样美……”志鹏指着遥遥相对的龙环葡韵的别墅笑道。

“对于我来说，我现在普普通通的家就是我的猪笼草，我不会离开的，也没有能力离开！”健宁淡淡道。

“林小姐，你总有一天会嫁人的吧！到时候，你不希望找个更好的人家吗？”志鹏笑话她。

“陈先生，我是不可以嫁人的！我有红斑狼疮病，医生说，这病影响生育的！”健宁凄然地道。

“不会吧！你问清楚了吗？”志鹏有点惊讶。

健宁躺在大石上，没有回应。志鹏从后跑过来看她，他的脸刚好倒挂在她的瞳孔内——胖胖的脸、圆圆的鼻子，还有一双会笑的眼睛。健宁在志鹏的瞳孔内，也看到了自己的倒影。

“如果没有人要你，就嫁给我！”凝视良久后，志鹏忽然诚恳地说。

“你是认真的吗？”健宁以为，他可能会吻她的，或者内心深处，她期望他会吻她。

“假的啦！哈哈！”志鹏忽又恢复了平日的轻佻。

其实，志鹏也有认真的一刻，他对健宁的爱是认真的，但想到做终身伴侣，他会畏缩，因为不知道相爱的人如何可以快乐终老，像自己的父母：他们相识的时候一样相互吸引吗？他们结婚的时候很爱对方吗？他们认为生孩子是必需的吗？当一切都如愿发生了，为什么到了后来，大家又会相互埋怨？而能够生孩子，又真的生了孩子，生活却一点都不美满……在千变万化的爱情关系中，假的和真的，到底有什么分别？志鹏那一刻根本想不出来，所以他答了“假的啦！”他看到健宁脸上明显浮现失落的表情，也有点心痛，故他以轻佻的嬉笑去掩饰自己内心的矛盾。爱与不爱，其实都不重要，反正在他们所到之处，世界仿佛永远只有他们两人。偶有行人经过，总会以异样的目光看他们。但谁管呢？一起快乐便好，两人总是旁若无人地嬉笑。

MSN 诱惑

任何一种感情都会自然而然地进入另一个阶段——因为需要改变而改变，像网上的社交网站一样需要更新。不久，志鹏就把自己打听回来的新玩意介绍给健宁。

“哎！看看这个，我们从今要换个基地了！”志鹏在 ICQ 内传送了一个网页链接给健宁。

“这是什么东西？”健宁问。

“它叫 MSN，你自己进去看看就知道！”志鹏答。

健宁打开网站的界面，写着：使用 MSN Messenger 可以与他人进行文字聊天、语音对话、视频会议等实时交流，还可以通过此软件来查看联系人是否联机……

“为什么基地好好的，我们必定要换一个？”健宁觉得奇怪。

“因为……因为……因为有新鲜感嘛！你不觉得吗？一个地方去久了就会闷，好像星星公园，我们去了 N 次，都觉得闷，于是，我们会想换个地方，例如：去石排湾公园、去香港海洋公园、去美国黄石公园……”志鹏努力解释。

“我不会去的，我喜欢星星公园，一直都不觉得闷！”健宁坚持。

“我也喜欢星星公园，但是、但是……我们也可以去看看其他公园的，是不是？”志鹏努力游说健宁去 MSN 走走。

最初的时候，健宁仍然坚持在 ICQ 等志鹏。奇怪的是，志鹏不在的时候，平日经常与他聊天的其他网友都不再出现了。因为来 ICQ 的人越来越少了，觉得苦闷的时候，健宁就去 MSN，看看健鹏每天更新的心情，而自己也忍不住在心情栏目写下留言。不知不觉，她生活中的天使回声由ICQ的“喔噢”变成了MSN的“登登登”。在时代的步调下，她就这样变节了。

“登登登……”

EAR~3~：星期天去玩吗？

LISTEN^^：不行！

EAR~3~：为什么？

LISTEN^^：秘密！

EAR~3~：有什么秘密！那天是你的生日，你约家人外出了，对不对？

LISTEN^^：你怎知道那天是我生日？

EAR~3~：因为我是个先知！

LISTEN^^：你别胡扯了，因为你查看过我在MSN的个人资料吧！

EAR~3~：哈哈！变聪明了呀！

LISTEN^^：我当然知道！你再过七天也过生日了，刚好也是星期天，不如那天我们再相约出去！我生日那天，妈妈会和我在家“打坐祈福”！

EAR~3~：哦……（有点失望地），那我生日也要约女性“打坐祈福”去！

LISTEN^^：谁会陪你去？哈哈！你妈又不在澳门！

志鹏没有响应，静默良久……健宁猜想大概是自己触到了志鹏的痛处，因为志鹏平日不爱谈及父母。

LISTEN^^：不过，我可以陪你玩嘛！原来我们同一个星座的，真巧！我龙年出生的，你呢？

EAR~3~：我也是龙年出生的，那我们是同年同星座，真巧！

LISTEN^^：那就是说，你比我小七天！

EAR~3~：是！那我要不要叫你一声姐姐？

LISTEN^^：好呀！好弟弟！（但打从心底里，健宁一直期望志鹏比她年长一些，虽然，其实年龄不代表什么！）

生辰之约

健宁生日那天，志鹏白天没法陪她，但晚上还是准备偷偷来到河堤边，送上自己准备多时的生日礼物：以尤克里里弹奏一曲。

晚上约九时，志鹏开始在河边弹奏，想着健宁听到后一定会跑出来，好像相识时的情景。万万想不到，引来的竟是一个中年男子——大概是健宁的爸爸，因为他有着和健宁相似的眼睛和嘴巴。志鹏惊惶失措地停下乐声，犹豫着该如何打个招呼。还来不及开口，男人转身走了，身影有一种说不出来的沉重。不久，健宁来了，志鹏以为她一定会责怪他，或告诉他，自己被家人责难了，但她没有提起爸爸的事，只是一脸惊喜的样子。

“你过来为什么不早告诉我？”健宁快乐地道。

“哦！想给你惊喜嘛！我准备了生日礼物给你……”志鹏说罢，便弹奏起新的乐曲。

这次不再是HERE，THERE AND EVERYWHERE，是首健宁很熟悉的老调子。

“怎样？你觉得怎样？”弹毕，志鹏兴奋地问。

“这歌……有点老……土！”健宁故意作弄他。

“唉！歌没分新旧的，你这人真没品位！”志鹏想起自己练了一个多月的新曲不被欣赏，显然有点失落。为什么他选这歌呢？因为那是他外婆家经常播放的歌。外婆离世后，他没有再听过了。后来，他们一家移民了，世界大了，再也无法找回可以在乎的人。他人在 HERE（这里），心却在 THERE（那里）？世界太大了，所以 EVERYWHERE（无处不在）对他来说显得空洞。内心深处，他希望找到的，是一个能够相互在乎的人，一种平凡而温暖的感觉。在他陷入沉思之际，健宁竟然唱起了熟悉的歌词：

如果没有遇见你，
我将会是在哪里？
日子过得怎么样，
人生是否要珍惜？
也许认识某一人，
过着平凡的日子。
不知道会不会，
也有爱情甜如蜜。

任时光匆匆流去，
我只在乎你。
心甘情愿感染你的气息。
人生几何能够得到知己？
失去生命的力量也不可惜。
所以我求求你，
别让我离开你。
除了你，我不能感到，
一丝丝情意。
……

健宁的歌声如清溪，又如翠鸟，有一种难以言喻的动人。

唱的时候，脸上还浮现一片醉人红晕，平日鲜有散落的秀发随风飘动，很美！那一刻，志鹏恨不得把她拥在怀里——就是这一种感觉！一种微妙而温暖的幸福感。

“你怎会懂得这歌？”待健宁唱毕，志鹏惊叹道。

“我妈经常听的，我从小就会唱！”健宁快乐地答。

“今天怎么散着头发？”志鹏说。

志鹏走近健宁，拨开她被风吹在唇间的秀发。健宁不好意思地低下头，她以为，他要拥抱她了，然后，像爱情小说的主角一样亲吻，又然后，她会把自己的所有奉上。健宁已经有了心理准备，只是等待志鹏行动的一刻——是的！这才是她最想得到的生日礼物。可惜，志鹏并没有让她如愿。志鹏想好了，健宁是他此刻最想得到的礼物，还有七天，就不过是七天，他要健宁成为自己最难忘的生日礼物。他们约好七天后，即志鹏生日那天去郊野公园的小石屋录音——志鹏弹奏，健宁唱歌，他们要组成全城最好的音乐组合“L&E”（Listen & Ear）。

梦想之约很快来临，志鹏那天做了最充足的准备，穿上一件平日健宁说过好看的外套，在发上擦了点发胶，让自己看起来自然而不失隆重。健宁呢，也特意散了头发，穿着白色的连衣裙，中间系着浅蓝色的蝴蝶结，感觉低调而飘逸。她还偷偷去妈妈的梳妆台，本想擦点香水，一不小心碰着妈妈压在柜内的一串檀香木造的佛珠，突然一阵晕眩。健宁无法站起来，只能爬到电脑旁留言：

“E，身体突然不适，对不起！改天再约，祝生日快乐！”

志鹏看到此话，异常惊讶，因为健宁这些年来从未失约。她病发了吗？一时情急，志鹏跑到健宁的家。应门的是个手持花瓶的中年女性，样子有点苍老，五官和健宁并不相像，但眉宇间却透着相同淡泊的气质。

“请问你找谁？”妇人和善地问。

“我……我找健宁！”志鹏道明来意。

砰！妇人一惊，手上的花瓶摔在地上，玻璃散了一地……

“对不起！对不起！我的冒昧吓着您了！我是健宁的朋友，我们约好今天外出的，但她突然在MSN说身体不适，我很担心，所以想见她……”志鹏一股劲地说着。

妇人听着呆了，面无表情地凝视着远方，魂不附体的样子。

“您好！没事吧？”志鹏说罢蹲下身子去拾捡玻璃。

“没事！陪我外出走走，好吗？”良久，妇人柔声问。

没待志鹏回话，她就走了出来，还轻轻地锁上了门，志鹏也就只好跟着出去。他们来到当天与健宁相遇的河堤坐下，原来妇人是健宁的妈妈。她问志鹏认识健宁的经过，而志鹏也坦白相告，当然，除了关于爱上她的部分。

“你走吧！健宁不适合交朋友的……因为……她有种怪病！”妇人吞吞吐吐地说。

“我知道！她有红斑狼疮病，但那病是不具传染性的！她……她需要朋友，她说她很孤独！”志鹏心头一紧。

“我知道！我知道！她一直都很孤独！我没有能力给她正常的人生，我知道！这全是我的错！”她边说边流泪。

志鹏见她哭了，有点震惊，也就不敢再争论下去。

“没有人比我更清楚，你是不能照顾她的。像我们家，花尽千金都无法换回她的人生！”她继续自言自语。

志鹏无法理解她为何如此固执，甚至怀疑她精神有问题，但她的话，无疑让志鹏想起当天健宁提到的事，“我是不能生育的！我不可以离开我家的！”他要跟健宁相爱，也必须想到未来。这年头，选择不生育的大有人在，但没有人可以一生待在家里。

“现在医学高明，我可以带她去医病，我家在美国……很有钱！”志鹏原本只想说：他和健宁只是普通朋友，他们交往对病情没有影响。但基于真实的爱，他鼓起全部勇气说出以上的话，企图说服健宁的妈妈把女儿交给自己。

“没有用的！你们这些大少爷，什么都靠父母，你连自己都没管好，怎么照顾别人？何况……何况健宁……她……”妇人呜咽着，说不下去。

志鹏听到关于自己不争气的事，如触到伤处。本来他还想去见见健宁，慰问一下病况，但当时的他，心情实在无法平静，只好选择离开。他沿着公路一直走、一直走……路比平日长多了，好像一辈子都走不完。

“我今天十六岁了，爸妈一直都供养着我，而我却只是游戏人间。我连自己都没管好，还能照顾谁呢？”志鹏不停反问自己，突然觉得自己长大了。他回家没有马上打开MSN，而是到网上搜寻了美国的医学院的名单，而且第一次给他爸写了封电邮，说明了自己的志向。他爸收信后高兴极了，马上帮他找到合适的中学。他立誓要用最短的时间上医学院，然后研究“红斑狼疮病”。他必须用行为去证明：他能够管好自己，并点亮所爱的人。

遥远的相聚

“要远走高飞去找理想。”这是志鹏十六岁当天在MSN的心情留言。后来，志鹏也向健宁简述了和她妈妈见面的经过和自己打算回美国的决定，只是，省去了他要照顾她一生的部分。健宁知道志鹏要回到父母身边生活，也替他高兴，虽然心里不舍。离别前一天，他们相约在星星公园告别。健宁送志鹏录好的《我只在乎你》。他们没有实践之前想象的情节，只是听听歌、弹弹琴、聊聊天，虽然心里不舍，但在互联网时代，要做到“HERE, THERE AND EVERYWHERE”——“我只在乎你”，并不是梦想。

别离以后，他们的确还可以天天在MSN聊天，甚至每星期视频会面。因为要找回以前丢失的时间，志鹏异常努力，就连暑假、寒假的补课都不错过，四年后以优异成绩考上了University of California（加利福尼亚大学）的医学院。这期间回澳两次，每次相聚，健宁都觉得志鹏有新的改变，他由稚气的孩子，变成青年的模样——人长高了，身上胖胖的孩子气消失了，取而代之的是俊朗的男子气。而健宁呢，却一成不变，仍旧是个清秀淡雅的小女孩。皇天不负有心人，志鹏以六年的高效完成了八年的医科课程，且以“红斑狼疮病”作为其研究专项，毕业时取得了优秀论文的荣誉。

“登登登……”

EAR~2012~：我6月27日行毕业礼了，想请你来观礼，好吗？

LISTEN^^：不是太好吧，美国那么远！

EAR~2012~：飞机最多一天就到了，哪会远呢？之前叫你来看我，你又不来，现在我毕业了，你怎能不来呢？

LISTEN^^：我们不是经常在MSN视频中见面吗？我觉得那是一样的！

EAR~2012~：当然不一样！（至少无法有身体接触嘛，志鹏心想，却说不出来！）

LISTEN^^：爸爸妈妈不会让我出行的！

EAR~2012~：你都二十多岁了，他们还担心什么？

大家静默良久，志鹏知道自己是无法说服她的，只好放弃。

EAR~2012~：好了！我不勉强你，我们回来补拍毕业照好不好？

LISTEN^^：好！太好了！

EAR~2012~：我们去星星公园的红树林拍照！

LISTEN^^：没有红树林了，上次回来不是告诉过你吗？红树林没有了，对岸变成了金光大道！

EAR~2012~：呀！记起了！

LISTEN^^：现在已经布满酒店啦！都快十年了，十年人事几番新，路氹这些年不一样了！

EAR~2012~：是！十年了，MSN 好像也要停办了。等我回来，我帮你换个 FACEBOOK！

LISTEN^^：什么是 FACEBOOK？

EAR~2012~：流行了好一阵子的社交网站，和 MSN 有点不同……

人长大了，事务多了，志鹏对 FACEBOOK 的认识显然不及以前对 ICQ 和 MSN 的深入。面对世界科技的高速发展，有时也赶不上——同学换了新的社交网站，你得跟着换；人们换了智能手机，你也得跟着换。面对“我们的共同朋友是我们都不认识的人”的虚拟交际圈，志鹏感到迷失，他终于明白了健宁那时对 ICQ 的留恋之情。

梦想成真

回来了！志鹏怀着兴奋的感觉荣归故里——澳门。这一次同行的，还有志鹏的父母，他们在氹仔市区租了个单位。志鹏父母虽然不认识健宁，但知道儿子每星期总在房间内说话，虽然没听过女孩的声音，但从儿子的答话中，知道对方大概是个女孩——是这女孩让儿子发奋图强的吧，故也没有干涉他们交往的意思。志鹏回澳门后第一时间约健宁去星星公园。

“你长胡子了！”健宁看着眼前的成熟男子，惊异地说。

“都二十六啦，当然长胡子！谁会像你，吃了防腐剂似的，千年不变！”

“可以摸一下吗？”

“要收费的呀！哈！”志鹏打趣道，然后他拿起健宁的手去抚摸自己的胡子，并顺势抱住她。

虽然幻想过无数次，健宁一直都在等待志鹏的行动，但没想到事情可以如此突然。她没有挣脱，就让他温热的身体抱住了自己。

“我毕业了！这次回来就是要把你抱走！”志鹏把健宁一把拥入怀中。不过，作为医生，他觉得她身上的冰冷有点异常。

“你怎么了？很冷！”志鹏紧张地问。

“喂！帅哥，你怎么了？你的笑话也很冷嘛！”旁边一位游客朋友热情地过来搭讪，并请他代拍照。

“帅哥，你是搞什么艺术的？”游客问。

“我学医的！”志鹏没好气。

“E术是什么流派？”游客还在追问。

“老公，快走！猪排包都要卖光啦！”妇人在喊，那人只好告别。

“这游客好奇怪呀！”志鹏笑了。

“是呀！这里越来越多游客了，什么地方和国籍的都有。这人还不算最奇怪的，有些游客才更怪，他们带着小孩随处小便。我叫他们注意，他们竟当我透明的样子！”健宁没好气地说。

夕阳西下，他们本想沿着公路步行至竹湾，但路氹桥似乎改道了，路程远了，沿途的车又多了，最后他们只好乘公交车前往。在竹湾的意大利餐厅，志鹏请健宁吃了第一次正式的晚餐，他们选了露天的座位。奇怪的是，侍应每次经过，总是对他们投以奇异的目光。

“为什么大家都在看我？”健宁好奇地问。

“漂亮的女孩才有人看！哈！”志鹏笑她。

“但平日没人看我的！一定是你的问题！”健宁不服气。

“可能是因为你样子太年轻了，一点都不像个二十多岁的人，我们一起挺像父女的，哈哈！”志鹏打趣说。

吃过晚饭，他们在海边拥吻起来。志鹏兑现了自己的设想——让初吻在最完美的场景中发生。

吻由温柔到炽烈，但健宁的身体还是透心的冰冷，这让志鹏很是担心。

“你身体很冷，是不是有什么问题了？有做定期检查吗？”志鹏关切地问。

“没有！除了你生日那次，一直都没有不舒服，我想那次只是对檀香木敏感吧，最后我爸给我煮了个中药就好了。”健宁在志鹏怀中娓娓道来。

“怎可能没吃药呢？”当医生的志鹏有点质疑，但良辰美景下，热恋的情人头脑并不清晰。

梦醒时分

“看！澳门都成国际旅游城市了，GDP 还世界第二呢，为什么不留下来！”健宁拿着报纸借题发挥。

“再高的 GDP 也不过是弹丸之地！这年头走出大街，每个角落都挤满人和车，怎么生活？好像虫儿飞进猪笼草一样，小得无法存活！”志鹏坚持不留澳门的观点。

“虫子是自愿的，还是被逼的？进去后是快乐的，还是痛苦的？谁知道？说不定，虫儿是快乐地上天堂的……”健宁也坚持。

“到了美国，你治病的条件比较好！”志鹏坚持。

“你留在澳门，可以帮助更多澳门的红斑狼疮病人，不是更好吗？”健宁一点都不示弱。

志鹏见无法说服健宁，打算独断独行地实施大计：先征得其父母同意再行请伊人就范。他一心认为，只要健宁父母同意，他们就可以远走了。于是愚人节那天，他特意叫健宁上山采金银花给他妈妈泡茶，然后买了一个水果篮，单枪匹马到她家说亲。

开门的是健宁的妈妈，多年未见，她好像一下子苍老了——面容枯黄了，眼角的皱纹更深了，还架上了老花镜，和自己妈妈相比，好像老了一截。

“伯母，您还记得我吗？”志鹏显得有点紧张。

“哦……你是？”她凝视志鹏良久。

“您忘了吗？我是健宁的朋友，我们见过面的！”志鹏努力地想让她记起自己。

“哦！”凝神细看，健宁妈妈终于把他认出来了，顿时有点不知所措。

“和您见面后，我痛定思痛，回美国读书了，我还上了医学院，主修免疫系统专科，研究红斑狼疮病。”志鹏说着，一脸傲气。

“哦！有为青年呀！恭喜你！”健宁妈妈温和地说，但还是有点不自在。

“那都是您的功劳呀！现在我可以亲自医治健宁了！”想

到自己由过去的一事无成，变成今天的有为青年，志鹏是真心的感恩。

“你回来……想找健宁吗？别傻，你不会见到她的！”健宁妈妈吐出一句让志鹏摸不着头脑的话。

“怎么会？我们今早还见过面呢！”志鹏觉得好笑。

健宁妈妈很是诧异地望着志鹏。

“伯母，您没事吧！”

“你……又见到……她了！”健宁妈妈认真地重复了两遍，而志鹏也诚恳地回答了两遍。

“你跟我来，好吗？”良久，健宁妈妈回过神来对志鹏说。

志鹏点头说好，然后跟着健宁妈妈前行。越过天井的小花园，有座狭小的楼梯，第一层，是个睡房，观其摆设，显然是健宁父母的房间。再往上走，有一个少女味很浓、很整洁、飘着香草味的房间，那应该是健宁的房间了。

“这是健宁的房间吗？”志鹏以前透过网上视像会议，好像见过类似的场景，但没见过全貌。他快乐地走了一圈，摸着桌上的电脑。

“对！这是健宁的房间。”健宁妈妈平淡地道。并在抽屉内翻出一本相簿，继续说，“看！这是健宁小时候的样子……”

“哈！好可爱呀！但伯母，照片好陈旧的样子，我小时候的照片不是这样子的，我那是彩色的呀！”志鹏随口说，但说罢又觉得有点不好，忙解说，“我只是想，我们拍照的喜好不一样！”

健宁妈妈没有反应，她好像陶醉于自己，然后一页页认真地解说着。照片所见，健宁很少露出身体，也许是因为红斑狼疮病的缘故吧。几页后开始有了彩色照片，她脸上的红斑就更明显了。想着健宁过去一直受苦，志鹏有点心酸。翻着翻着，翻到了最后一页——他们相识时的造型，束着孖辫，穿着朴素的上衣，还有及膝的裙裤。

“没有了？之后的呢……？”志鹏有点奇怪。

“没有了！没有之后了！”健宁妈妈凄然地道。

“健宁妈妈一定是精神有问题的！”志鹏好想这样告诉自己，但心里有种不寻常的预感，不禁身心发抖。

“孩子！你还不明白？”健宁妈妈认真地望着志鹏，握着他的手，“她自己也不知道的……活了十五年，她一直很孤独，她不愿意独个上路，灵魂就留下来了，一直只有我和他爸能见到她，想不到，还有你！”健宁妈妈的话，对志鹏来说，简直是电影情节。

“不会的，你说谎，你一定是不想她嫁到美国，才说这种话，你，你们自私……”

“不可能的！不可能的！”志鹏听着失控了。

由哭诉到静默，两个人在房中不知不觉待了半天。

“她葬在哪里？既然她死了，总有葬身之地，我要去看看她！”志鹏坚持要证明这全是谎话。

“你跟我来吧！”健宁妈妈擦干眼泪，带志鹏到园子的一角，介绍道，“这是健宁生前最爱的小苗圃，当时她不便外出，又没有什么朋友，有空就一直待在这里栽种，过世后，可以外出走走和玩电脑，就少来苗圃了！”

苗圃内栽满茉莉花。健宁妈妈从暗角拿出一个云石刻，上面写着“爱女林健宁之灵位”。

“二十年了，我们一直把灵位藏在暗角，就是怕她自己发现……”宁妈妈自言自语。

“不可能！你说谎，健宁和我是同年同月出生的，我们都生于龙年，怎么可能死了二十年？”志鹏尝试从破绽中找到光明。

“同年同月出生的？不可能吧！孩子，你看来才二十多岁！健宁是龙年出生的，即一九七六年。如果健在，她三十多了！”健宁妈妈淡然地道。

“不可能！健宁看起来还这么小！不可能！”志鹏不相信，但想起健宁永远长不大的少女外貌，想起每次和她外出时别人的奇异目光，仿佛陷入无法自拔的深渊。

“孩子！谢谢你对健宁的爱，但她是不能给你幸福的，你走吧！”健宁妈妈诚挚地祝福志鹏。

“虫子是自愿的，还是被逼的？进去后是快乐的，还是痛苦的？谁知道？说不定，虫儿是快乐地上天堂的……”

志鹏此刻想起健宁的话，很坚定地说：“外面的世界很大，但虫儿是自己飞进猪笼草的，它们是幸福的！”志鹏喃喃自语。

载梦归来的志鹏如梦初醒地离开林家，一直走、一直走，仿佛要走到世界的尽头。

猪笼草和蚊子的抉择

一、健宁

2013 年 4 月 1 日，志鹏叫我上山找金银花晾干给她妈妈泡茶，我一直走、一直走……才记起石排湾公园对面的山地已经建成了经济房。我不想空手而归，继续步行去路环寻找，找着找着，竟然错过了与志鹏约好在河堤见面的时间。当时，我觉得错过一点点时间是不要紧的，因为，我们还有一辈子的时间，但原来有些时刻，错过了就永远无法回头了。那天，志鹏没有在河堤边等我，我打算上网找他，却在房间碰到了神伤的妈妈。在愚人节的那天，妈妈告诉我世界上最大的玩笑——我死了。自从二十年前我在学校晕倒的那天起，我的身体已经死了，但灵魂还活着。最讽刺的是，我竟然到死了以后，才可以过正常人的生活。头七的那天，爸妈发现我回来了，且一直都没有离开。我如常地吃喝玩乐，甚至上网，还遇到了爱情。这么好的日子，我怎么会甘心走呢？但妈说，爱不是占有，能为对方幸福着想的才叫真爱。

虽然我一直相信，死在猪笼草的虫儿是快乐的，但谁能保证呢？爸妈请来的师父说："小姐，做好心放过他吧！人鬼殊途，那是孽债！你会连累他，你的父母来生也会因此折福的。罪过！"大家都这么说，我还可以不放弃吗？

2013 年 4 月 4 日，我一口气看完我们这十年的对话——每一字一句都是我们相爱的证据。我感谢志鹏给我的一切，但我可以用什么回报他呢？我唯一能做的就是放手。于是，我打开 MSN，删掉他这几天给我写的"我不会放弃的"留言，忍着眼泪，铁了心肠，给他写了最后的回复：

LISTEN^^：E，谢谢你一直当我的耳朵，让我能听到这世上最美的声音。以前，你说什么，我都很听话，希望你也听我一次：放弃吧，不要再等我了！我们都不能成为彼此的猪笼草。我要走了，要去一个更广阔的世界。来世，我一定要当个健康的女孩。希望你也一样，回美国去找你的理想——找理想的工作，找理想的女孩，建理想的家园。我走了，为了我，你要更好地活着！

二、志鹏

"虫子是自愿的，还是被逼的？进去后是快乐的，还是痛苦的？谁知道？说不定，虫儿是快乐地上天堂的……"

如果健宁是猪笼草，我这蚊子一定会义无反顾地飞进去——由一个颓废少年，到今天的有为青年；由一个破碎家庭，到今天完整的家……这一切的一切，都是健宁给我的。我宁愿一生一世留在健宁的猪笼草里，创造属于我们自己的幸福。于是，我跟父母说，我要留下来，要在路环开个小诊所，帮助澳门患有红斑狼疮的病人。

愚人节那天回家后，我才想起自己失约了，很是内疚。我打电话到她家，她妈接了，说她睡了。隔天，我再去找她，她妈说，她要走开几天。怎知道一走，就找不回来了！我没有放弃，不停地在MSN留言：

EAR~我不会放弃~：我不会放弃的，我要一直在MSN等你！你不是一天不跟我说话就睡不着吗？我知道，你会回来的，像每次我们吵嘴时一样！

EAR~我不会放弃~：如果你是猪笼草，我就是住在你心中的蚊子。我是幸福的，你是不应该离弃我的！

EAR~我不会放弃~：你说过，你只在乎我，你一定会回来的，我是不会放弃的！

……

4月5日凌晨，健宁给我发了最后的留言，她说要走了，叫我忘记她……我不甘心让她走，我回了：

EAR~我不会放弃~：别以为你不出现了，我就可以忘记你，不会的！无论在HERE（这里），或是THERE（那里），EVERYWHERE（无处不在），我都不会忘记你，我是不会放弃的！

EAR~我不会放弃~：今天，我在路环租了一间小村屋，我要开个诊所，帮助澳门的红斑狼疮病人。我是不会放弃的，请你尽快回来！

2013年4月8日，MSN停用了，但健宁没有回来，我依然发了最后一个留言：

EAR~我不会放弃~：明天，MSN停用了——我们约定在河堤再见、在iPhone版的ICQ再见、在SKYPE再见、在FACEBOOK再见……我是不会放弃的！

日子一天天过去了，健宁没有回来，我每星期都到河堤边弹尤克里里，就像和健宁相识时一样。每次弹起"HERE，THERE AND EVERYWHERE"，我就觉得健宁还在身旁。路环变了，天没有以前的蓝，水没有以前的清——天水围城，空气中漾着经济房阶层的无奈与悲哀。唯一变好的，是我诊所的生意，某年某月的某一天，来了一个患红斑狼疮病的女孩……

40岁那年，我要结婚了。婚前的一夜，我回到那年和健宁告别的星星公园，一样暖和的天气，一样清明的月光。红树林不见了，遗下对岸那如猪笼草般引人入胜的人造星空……我打开智能手机的APPS，在文化遗产的"ICQ"内写着：

E：我会为你更好地活着，无论——HERE，THERE AND EVERYWHERE……

本文2014年刊于《故事》

命运交响曲

再见萤火虫

有些东西已经消失了，却仿佛仍在，就好像星星公园和我儿时的好朋友星星……

一、看见萤火虫

星星是我的邻居，一个身材高瘦、皮肤黝黑、剪个平头的小男孩。我们住在氹仔的村屋，一起在圣善小学读书。清早一起上学，下课一起玩乐，晚上最喜欢结伴到星星公园玩。

“松松、松松……快过来！快过来！你看！”星星悄声地说。

“什么？哇！好厉害呀！”树丛一角闪着点点星火，如漫天星星在飞……

“星星，看！有很多很多的星星在飞呢！”我惊异地道。

“松松，那不是星星，那是虫。妈妈说，它叫萤火虫！妈还说，小孩找到最亮的萤火虫许愿，愿望就会实现了！”星星笑着说。

“真的！我觉得这个最亮！”我指着草丛里最接近地面的那颗星星。

“不是！当然是飞得最高的那颗最亮！”星星不同意。

“不是！这个亮！”我坚持。

“那个亮！那个亮！”星星也不示弱。

争论中，大家你推我搡地，萤火虫一下子就被吓跑了，眼前留下一片漆黑。

“跑了！都跑了！……都是你不好！把萤火虫吓跑了！”我失望得哭了。

星星也沉默了，在我转身准备离开之际，星星从后拉住了我。

“看！还在呢。”他说。

只见草丛暗角浮起一点亮，我们一声不响地走近，看见萤火虫起飞了，飞呀！飞呀！消失在河堤的边缘。去哪儿了呢？我们走近，只见河堤边的植物上挂着一个“小笼子”，“小笼子”的入口半闭着，依稀见到萤火虫的光——由半明，到半暗，直到完全消失。星星说：“萤火虫要回家睡觉啦！”这是我第一次与萤火虫相遇——我和星星，在离家不远的星星公园。

二、外婆的萤火虫

“点虫虫，虫虫飞，飞到荔枝基[①]。荔枝熟，摘一‘朴’[②]；荔枝生，摘满篮；荔枝拖[③]到地，摘满松松大衫披……”从小到大，外婆最喜欢唱这首童谣。她会一手拿着蒲扇搧风，一手模仿小虫飞和摘荔枝的动作。自从前年春天，外婆突然倒在家里，她就没法再起来唱歌了。听妈说，外婆中风了。为了逗她高兴，我偶尔也会到床前唱给她听。我会一边唱，一边跳舞。外婆高兴得咯咯地笑。但有一天，外婆不再笑了，她只是无力地躺着，脸色有点苍白。

---

① 荔枝基：渔塘边矩形的荔枝地。广东人对种荔枝的地方的统称。

② 摘一“朴”：“朴”，量词，意谓“一堆”，广东一带方言用语。

③ 荔枝“拖”到地：“拖”，动词，意谓“很重，拉到接近地面的状态”。

“外婆，您今天不舒服吗？”我不安地问。

“没有！外婆只是有点累，想睡觉！”外婆平淡地道。

“外婆，您会不会死？去年，星星的外婆睡了就没再起来，星星说那是因为死了……”我流着眼泪。

“孩子，别哭！人总是要死的，我已经快80了！”外婆安慰我。

“但我不想您死！人为什么一定要死呢？”我不明白。

“人完成了自己的工作，就要休息，好像萤火虫，它来这世界不过十多天，完成繁殖、产卵等工作，就要休息……然后到天上去生活，最后变成星星……”

虽然外婆说，生物死了只是去天上休息，但我还是沮丧，因为我舍不得外婆离开我。

“小孩子找到最亮的萤火虫许愿，愿望就会实现了！”在最无助的时候，我想起了星星的话，决定找最亮的萤火虫许愿去。那天晚上，星星陪我去星星公园找萤火虫，但他告诉我，萤火虫冬天要去“小笼子”冬眠。为了等待萤火虫早日醒来，星星用刀子把“小笼子”割下来，让我带回家。等呀、等呀、等呀……一直等到“小笼子”由胀鼓鼓的变成干瘪瘪的，一直等到外婆住院病危，萤火虫还是没有跑出来。有一天，爸爸发现了我的“小笼子”。

“阿松，你在哪儿弄回一个猪笼草？”爸好奇地问。

“这个……草？……这个是笼子！在星星公园的河堤边摘回来的。”我没精打采地答。

“傻妹，这叫猪笼草，是一种会吃虫子的植物。它会分泌一种香气，吸引小虫跑进去，然后吃掉它们！笼里面的液体具腐蚀性的，可以弄伤皮肤的，要小心呀！”爸爸耐心地解释。

我听罢失望极了。我无法想象，当天给我和星星美好憧憬的萤火虫竟然跑去自杀了。不久，外婆就去世了。看着外婆入棺的一刻，我突然想起了猪笼草……棺木有香气吗？外婆是自愿住在里面吗？那一刻，我多么希望，星空才是外婆和萤火虫最终的归宿。

三、星星的萤火虫

外婆走了，但星星公园的萤火虫还在。我和星星每年都会一起去找最亮的萤火虫许愿。虽然，我们慢慢理解，梦想不一定会成真，但我们喜欢寻找萤火虫的过程，喜欢许愿的感觉。星星一直觉得，飞得最高的萤火虫最耀眼。也许因为这样，小学毕业那年，星星一家人就移民美国了。临行前的一天，我们在星星公园作别：

“星星，为什么你要去美国？”我有点不解。

“因为美国有自由神像，因为可以学好英语，因为可以吃很多汉堡包……”星星一个劲说了很多奇怪的东西。

“澳门也有妈祖像，澳门也可以学英语，还可以学葡语，澳门可以吃汉堡包，也可以吃猪排包……”为了不让气氛伤感，我胡吹一通。

“对！澳门还有猪排包，味道真好！”星星一样开心地乱叫乱跳。他跑到河堤前，拿起最近的一株猪笼草，然后把笼子往下倒，流出好些白色的液体，里面还浮着些小虫的尸体。

“看！小虫困在里边多可怜！妈妈说，人一定得往外飞才知道世界有多大！”星星认真地说。

我仔细地看着浸在白色液体内那堆完好无缺的躯壳，仿佛生命还活着。星星走了，再也没有回来，而我也没有年年到星星公园找萤火虫了。纳闷的时候，我会跑到对面的龙环葡韵，看着遥遥相对的星星公园，看着天上的星星，想起记忆中的好朋友星星，然后怀念萤火虫漫天的童年。

四、再见萤火虫

中学毕业以后，我选择去台湾升学，跟很多澳门学生一样，只是想离开澳门这丁方小地，去看看外边广阔的世界。台湾是个美丽的小岛，大学毕业的那年，我骑单车环岛游，在花莲的草丛看到了台湾的萤火虫，那里的萤火虫比澳门的更多更亮。我很想留下来，像星星把自己的人生投到更大更广阔的天空。可是妈妈温暖的声音却在电话的另一端呼唤我："阿妹，旅行开心吗？一个人在外边要小心呵！"我听着流了眼泪——是的！外边的世界很大很漂亮，旅行的感觉又很自由，但家总是得回的，因为有至亲在那里守候着我们。最后，我回来了，回到母校当老师，见证着路氹一带大兴土木——星星公园在新城的洪流中掩没了，同时被掩没的，还有天上的星星和地上的萤火虫。

"点虫虫，虫虫飞，飞到荔枝基……"

"小松老师，我们唱得好听吗？"小朗高兴地问。

"大家唱得真好！老师等一下给大家一颗荔枝果冻作为奖励！"我说。

"小松老师，什么叫荔枝基？这里以前真有荔枝吗？"明扬好奇地问。

"没有啦！那只不过是歌谣！是外婆以前教我唱的童谣。那时候，外婆家乡在中山，那里有很多鱼塘，塘边有矩形的荔枝地，那就是荔枝基。"我解释着。

"小松老师，那龙环葡韵为什么没有荔枝基？"保利问。

“龙环葡韵的河堤不适合种荔枝，那是一片红树林，种着很多水生的木本植物。老师最喜欢的植物叫猪笼草，那是一种很奇妙的植物，它会吃虫子的……”我把爸爸当年所说的重复了一遍。

“小松老师，那边以前叫星星公园，那里有很多星星吗？”瑞希指着远方问。

“对呀！在星星公园，抬头会看见天上的星星。每年夏天，萤火虫在黑夜中飞舞，好像星星在地上跳舞……”学生听得入迷，好像在听《西游记》的孙悟空在天上腾云驾雾的情节一样。

“那为什么今天没有星星？”家熹问。

“因为中秋的月亮比较亮！妈妈说，月明的晚上是没有星星的！”明扬争着答。

“不对！不对！是因为对面金光大道的灯太亮了！老师说那叫光污染！”俊杰反对道。

我犹豫着如何平息争论，家熹忽然拉着我悄声道：“老师，我告诉你一个秘密：星星跑到金光大道的酒店去了！那天我去银河度假村，酒店的天上挂满了星星！”

“哦！银河度假村的星星快乐吗？”我觉得好奇。

“快乐！因为很多很多人在看，我觉得大家看得很开心的样子！”

“是吗？”我一下子不知如何回应，因为我不肯定银河度假村的星星是不是快乐的，正如我当年不知道跑进猪笼草的小昆虫是否快乐一样。看着小朋友们提着灯笼在空地上飞舞的一刻，我的灵魂仿佛再次与梦中的萤火虫相遇——那时候，天还在，地还在，星星还在，星星公园和我儿时的玩伴星星都还在。

摘星记

一

起飞了！在急速的气流中，我的身子仿佛落在温暖的怀中，那是我妈妈的怀抱——那么广阔而温暖。妈呀！多少次我在梦中寻找温暖的归宿，您就是这样抱住我的。

着地了！我亲爱的Stargirl，虽然我没法亲手把星星系在你起伏不定的胸口，但我知道，你会为我感动的，因为我终于做到了——只要有信念，就可以改变世界。我向着银河度假村那一堆星星飞纵，终于成为当中最闪亮的一颗……

嘭！

二

嘭！

门外响起巨大的关门声。爸一定是喝醉了，我连忙关上书桌的灯，假装熟睡的样子，但他还是进来了。

“儿子！功课做好了没！”他大喊。

我眼睛闭得紧紧的，不敢哼声。他却不肯罢休，一头截在我的脸上，猛力地亲了又亲，一股酒味、呕吐味，还有混浊的香水味，让人恶心。

“爸，我睡了！功课做好啦！已经睡啦！”我吃力地用被子盖住头，然后把身子往另一头挪动，努力离开他的拥抱。

“臭小子！嫌弃爸来了！都嫌弃我！老爷不吻你，谁送你钱，我吻我老婆去，我老婆多美呀！阿梅，来！来！来！我们干一回！”爸就这样拿着妈妈的照片，一边吻，一边在地上打滚和呻吟，然后把地板弄得一塌糊涂。

隔天醒来，他会一边擦地板一边偷拭眼泪，然后推说喝酒伤身，导致眼睛疼痛等。我曾经问他为何喝酒，他总推说什么工作辛苦、要应酬。日子久了，我也没再问。我们父子俩，话不算多，因为爸来来去去只那几句：

“我们大男人，少说话、多做事……”

“要用功读书，别像你老爸，一双手只会派牌……”

“你妈死得早，要不然……”

“我们有房，多好！这房子是妈留给你的，这辈子就不愁住啦！”

妈是在我三岁那年过世的，听说是因病自杀的。外婆常说：“生不如死呀！你妈选择早走一步，就是不想成为你们的负担。”那时候，妈妈坚持不卖的房子，现在成了我们唯一的资产，爸人生中唯一的骄傲。房子不算很大，两房一厅，以前是中价楼宇，后来因为面向金光大道，如同“麻雀飞上枝头变凤凰”，升价百倍。纳闷的时候，我会一个人在阳台看风景。天上的星星几乎全灭了，唯独地下星光大道的星星仍闪闪发亮。天上无星，地下有星，总算还是有星星吧，但我对这房子的热爱，却远不如外婆和爸爸——如果房子和妈妈二选一，我宁愿要我妈。但外婆常却说：“她的病治不好的，生不如死呀！”也是的，妈妈这一死，就成了爸至高无上的爱人，无论多忙，爸都天天对着妈的遗照自言自语，仿佛有说不完的话。而我呢？我也爱我妈，虽然，没有照片的时候，我没法想起她长什么模样。午夜梦回，我常常梦到妈妈的怀抱——我会想起别的女人的胸脯——有两团高低起伏的肉——很柔软、很温暖。实际上，女人胸脯的质感对我来说却是异常空洞的。有一回，我开口问外婆："我可不可以抱抱你？"外婆就抱住我了——外婆的身子很单薄，胸脯扁扁的，但很温暖。

爸爸也会抱我。小时候每次生病，都是爸抱我去看医生的，那时候爸爸的胸脯很坚实、很温暖。自从我升上小学，爸爸就辞去小公司文职的工作，上夜班去了。不！也不全是夜班，有日有夜，反正，你已经无法预计哪个钟点可以在家见到他了。为了更好地照顾外婆和我，家里雇了个用人，她叫HELEN，来自印度尼西亚。

三

HELEN是个虔诚的回教徒，常常披着七色彩衣去念经。

我问："阿姐，为什么要拜拜？"

阿姐说："人要经常祈福。"

"祈什么呢？"

"求今世顺利，来世福气。"

"什么是来世呢？"

"投胎再世呀！再世为人，要进户好人家，像你，做少爷！"

像我有什么好呢？如果可以投胎再世，我不想做少爷、雇用人。如果我妈还在，我家就不用雇用人啦。如果可以投胎再世，我得做个有妈的孩子。

自从爸爸换了工作，我家生活好了，屋子重新装修过一次，爸又买了一辆私家车，带我去过几次郊游。可是，因为工作时间不定，爸没有再抱我去看医生了，而且脾气一天比一天差。有时候，他很晚才回家，喝得烂醉；外婆总会骂他。自从外婆前年突然心脏病发作走后，就没人再管他了。

“阿姐，外婆走之前为什么不告诉我？”我伤心地问HELEN。HELEN说，也许外婆舍不得我。不久，HELEN也走了，她说要回印度尼西亚结婚了。但后来，爸又说，在某个酒店见到她当服务员。我不想相信爸的话，因为HELEN曾经是我最好的朋友，我觉得她是不会欺骗我的。HELEN走了以后，家里又换了好几个用人，有菲律宾的，有越南的，也有印度尼西亚的，但没有一个能做满一年，不是被爸骂走，就是自己辞职不干。我没有跟新来的阿姐交朋友了，因为不想“舍不得”，也不想被欺骗。

四

一转眼，我上五年级了，因为性格沉默寡言，在班上一直不大起眼，但功课还行。不过这年头，功课行是不吃香的，还要多才多艺、十项全能。我自小不是上学就是待在家，没有课外活动，没有旅游经历，就只能迷上电子游戏。我喜欢打电动，因为在虚拟世界中，我就是全世界，我可以上天入地，玩得不畅快时，我还可以随时终止游戏，就算是Game Over了，也可以重新开始。这种满足感，在现实生活中是永远找不到的。

“各位同学，今年的圣诞节会有班际才艺表演，我们每个同学至少要参与一项活动！”班主任陈老师兴奋地向大家宣布。

班上四十多位同学都报名参加不同的才艺表演，唯独我没有报。

“云杰，你为什么不报名？”陈老师课后问我。

“我没有才艺嘛！”

“小时候，妈妈没有带你学什么才艺班吗？”

“我没有妈妈！”

“啊！对不起！”老师对自己没有好好了解我的身世感到惭愧。自此，她对我分外关怀。慢慢地，我也开始喜欢陈老师，她成了我心中的女神：卷曲的长发像天上轻柔的云朵，还有雪白的皮肤，精致的五官，玲珑的身材……每次交谈，我都不敢正视她的眼睛。从我的高度直望，视线刚好落在她浑圆的胸脯上。看着那随呼吸起伏有致的曲线，我会呼吸困难，有种难言的紧张。

“云杰，你有什么爱好吗？”一天放学，她又把我留下来问话。

“没有！您上次已经问过啦！”我显得不知所措。

“那是不一样的，我上次问才艺，这次问爱好。”

“……打电动吧！”我思索良久才答出来。

“很好呀！打电动很难的，你真了不起！”老师竟然夸赞我。

“没有难度的，GAME OVER 可以再玩。”我答。

“当然不是！打电动很有意思，只是你不了解而已。好！我送你一本书。”

我回家马上阅读，那书的名字叫《星星女孩 Stargirl》：

你看见“Stargirl”了吗？

她穿复古的米色长裙，斜背着一把尤克里里琴；她在课桌上摆上插着雏菊的花瓶；她时常在毫无征兆的情况下发笑，在没有音乐的时候舞蹈；她为每一个过生日的人送上祝福，为赛场上的所有人欢呼。她的到来，为寂静的米嘉中学带来了声音和色彩……

人们说，她美好得不像真实的存在。不，她和希望一样真实，和人类的本源一般纯粹。她是一面镜子，让我们看到失落许久的自己。

书中的Stargirl让我想起了陈老师——为人带来希望的女神，陈老师却说，其实我们每个人都可以是自己的Stargirl，她鼓励我拿出勇气克服心魔:“只要有信念，就可以改变世界。好像打电动一样，努力地活命，即使这次输了，还可以再玩。”在陈老师的鼓励下，我参与了戏剧组的演出，演出的剧目叫《摘星记》，内容是讲述一个王子去天山给深爱的公主摘下星星，女主角是我们全班长得最美的王文音，而男主角呢，自然不是我，是班上最高大的张海同。我这种外形再普通不过的男生，只能当个随从，而教语文的张老师则是我们的导演，他是一个最喜欢挑人小毛病的古怪男子。我承认选角那天，我是有失落的，因为编剧时，我给过最多的意见，我一生都没有这样努力过。我想，尽管我不演王子，至少可以扮演王子的弟弟或是大臣，但最后竟然只能做个一句对白都没有的士兵甲。张老师发现我有点不高兴，下课后把我叫到教员室。

“你不高兴吗？”张老师问。

“没有！”我冷冷地答。

“还说谎！我是给陈老师面子才选上你的，还不高兴！……你看你，样子怎么看都不像王子吧，真是！在团队，要有集体精神，要好好配合他人，知道吗？”

我低下头，不作声。

“老师问你知道没有？装什么傻！”

我一直没作声，他也就一直没放过我。直到我的女神出现。

“张老师，云杰是有不对，要不先让他回去冷静一下再说吧。”

陈老师带我离开了教员室走到操场树下。

“云杰，为什么不开心呢？”

“我没有！”

“你只是有点失望，对不对？”

我连连点头，因为她说到点上了——我不是生气，我只是有点失望。

“云杰，演什么角色是没关系的，每个人都是自己的主角，知道吗？”

我不知道如何去当自己的主角，但我还是点头。因为站得很近，我感觉点头的一刻可以更靠近陈老师的胸脯，那两团肉仿佛要包着我整张脸。

“跟我回去告诉张老师，你会好好演下去的，好不好？”

我点头，然后随陈老师进教员室。

“告诉张老师，你会好好演下去的，对不对？”陈老师先开口。

“要老师帮你出头才知错呀！免啦！我这是给陈老师的面子原谅你，你明天乖乖的来练习！”我还没答话，张老师就头也不回地离开了办公室。

五

“士兵甲，快把星星挂上！”张海同一脸傲气地命令我。

“我没名字的吗？”我有点不屑，但不敢反驳，只有低下头装作没听懂。

“喂！我叫你，听到吗？”张海同没有放过我。

“蔡云杰，张海同叫你呢！”王文音好心地提醒我。

我看在王文音的份上准备动手帮忙时，张老师恶狠狠地跑过来。

“蔡云杰，又是你干的好事！你总不能认真地做好自己！”

“他比我高大，为什么要我去挂星星？还有，我根本不知道他在和我说话！”这下子我实在有点委屈。

“我要念剧本呀，他这种士兵甲本来就是做粗活的。”张海同一脸正经地告诉张老师。

“好了！好了！大家在团队做事，一定要有集体精神，要好好配合他人！……”没等张老师把话说完，我就生气地转身把星星挂上，然后跑出课室。

“你……你……这什么意思，还学人发脾气呢！”张老师在背后生气地大喊。

大人就是这种样子，你不肯做，他们会骂你，你做了他们又不爽。我爸也是这种样子的，平常学校请他去领成绩单，他就这样那样，千百个不愿意。这次话剧表演的请柬我特意收起来了，不让他出席，殊不知陈老师却亲自打电话来邀请他，他知道后气极了，说我不邀请他去，没给他作为老爸的面子，然后某天又借酒消愁，在妈灵前哭哭啼啼。

“为什么不请爸爸来看表演呢？”陈老师隔天把我叫去。

“我爸要上班，没空的！”我随便找个借口。

“你没请怎知道他没空呢？”

“你不是我爸怎知他有空就想来？他不会想来的！”

“他说他想来的，他只有你一个儿子，他怎么会不想来？”

“也许，他是想来的，如果我是演王子，或者是个重要一点的角色，但我却只是一个连名字都没有的士兵甲，有什么好看？”我无奈道。

“当然好看！每个人都是自己的主角，只要努力演好……

而且，每个士兵都有自己的名字，你是协助王子摘星的士兵，叫星之勇者吧。”

虽然，士兵甲并没有什么英勇的行为，但每次想起“星之勇者”这名号，我会微笑，因为这名字是Stargirl为我改的。之后的排练无论多纳闷，我都乖乖就范，就是为了舞台下这双期盼的目光。公演的日子终于到了，平安夜的嘉年华会内全是家长，我爸也在其中。虽然知道我只是士兵甲，他还是特意为我穿了件体面的西装，并叮嘱我加油。还有我的Stargirl，她一早回校就来为我打气。她送我一块姜饼人，还有一张小小的咭片——亲爱的星之勇者：只要有信念，就可以改变世界。

演出的时间到了，台下充满掌声和笑语。迷人的公主、英伟的王子自然是观众的焦点，还有幽默的臣子，而我呢，只是个没对白的士兵甲。但一想起至少有两双眼睛为我而来，已经心满意足。终于到了最后一幕——漆黑的舞台上，王子爬上楼梯摘取天上的明星……在楼梯下把风的我，终于可以趁机找寻Stargirl的芳踪——陈老师坐在台下第三行的正中央，场刊紧紧地抱在胸前，双眼牢牢地锁在星星的方位，好像公主热切地期盼王子的解救那样——那一刻，我多么希望自己是摘星的王子，可以把星星扣在她温热的胸口，然后接受她深深的拥抱——把脸埋在她温热的双峰中，吸吮一股香甜的盛宴。随着摘星之梦的幻想去到极致，我忽然发觉地上有颗淡淡的星，一时失了常态，忘我地上前拾起地上的光源——忽地嘀嗒一声，舞台的灯随之亮起，正在黑暗中摘星的王子一时不知所措，从楼梯上失足滚了下来……场内顿时哗然，老师们蜂拥上台。混乱间，我似听到张老师诅咒的声音。那一刻，我多么希望在台上昏过去的人是我，至少，我不需要接连面对这烂摊子所留下的种种质询。可是，当时我脑筋清醒得很，我知道，陈老师的目光一定在追捕我，还有我那衣着体面的爸爸，将不知如何面对一个连名字都没有的士兵甲为他带来的羞辱。面对突如其来的错失，我只想畏罪潜逃——我拔腿就跑，一直跑、一直跑、一直跑……直至回到我自己的星空。

六

我没有回家，第一次跑到山的另一头看星。星空还是我平常见惯的领域，只是山脚的星光大道比我家看到的更亮，而我家呢，却如舞台远地那颗淡淡的星——我好想重拾它，却又害怕面对无可挽回的结果。如今所有事都可以像打电动，可以自行了结，并从新开局该有多好。我突然明白了妈妈和外婆口中“生如不死”的哲理。妈妈去世至少为我家留下了这栋房子，而我又能为这家做点什么呢？今天演个没对白的士兵甲也足以让爸爸蒙羞，倒不如轰轰烈烈地死掉，说不定爸爸可以原谅我的，像原谅妈妈和外婆不辞而别那样。HELEN 说得对，人活着就要祈福“求今世顺利，来世福气”，如果今生不顺，那至少可以期待来生。于是我从书包里翻出一张白纸，写上：

爸爸：请原谅我，如果人有来生，我不一定要做少爷，只想做个能让你光荣的儿子；

陈老师：谢谢您给我的名字，其实，我真的不一定要做王子，但至少也要做个有名有姓、不闯祸的士兵；

张老师：我没有演好自己，是我对不起你，来生我会努力的；

张海同：我只想拾起地上那颗星星，不是有意让你摔倒……对不起！

放下纸和笔，我如同放下了一切，纵身一跃，感觉身轻如燕，在急速的气流中，我投向了妈妈的怀抱，我满足地微笑——只要有信念，就可以改变世界。明天终于可以轰轰烈烈地让全世界记住我的名字：十一岁少年蔡云杰……

阿奶[①]

弥留

“我们现在开始拔喉了，正常的情况下，病人会自然死亡。但如果她生命力强，能够自己呼吸也不一定。不过这样的奇迹并不常见！”医生平静地交代阿奶的情况。

深切治疗室中充满了人，所有儿女和子孙几乎都赶来了。然而，此刻却没有人想响应医生的推断，大家都盯着努力求生的阿奶。她张着嘴，灰白色的脸上没有一丝生的气色，然而那张得大大的、努力吮吸着氧气的嘴巴，却显得异常有劲。随着呼吸机的供氧读数慢慢降低，阿奶吸气的力量却越见增加，仿佛要告诉所有人：她是能够创造奇迹的。一如既往，她总是那样顽固地以自己的方式活着。

阿奶生于1925年，今年12月，她就90岁了。然而，她总是坚持“我才85岁”。当我们说：“90大寿的时候，帮你大摆宴席！”她才会短暂改口：“哟！怕是我自己记错了吧，阿奶年纪大了！”然而，过后她又会继续坚持自己才85岁。事实上，阿奶哪一年不是大摆宴席呢？她是个最坚持排场的人。每年生日，她都必定会提早九个月打探寿宴场地，又会提早半年打电话邀请亲友。结束后，再用三个月的时间重复谈论当天

① 读音“奶”第一声，“奶奶”的“奶”。

的情景。一年下来，阿奶就是这样忙过去的。本来，阿奶是个高朋满座的人，然而，几年下来，她却也少外出了。除了打点寿宴，她每天都只是忙着生病、吃药、治病和养生。

“哎呀！你知道吗？我今天一早起来，发觉脑浆要涌出来了！”

“某某医生说，多吃柠檬是会降血压的，我昨天吃了两片，马上就好了！”

“七点十五分了，到点吃饭了！怎么人还没齐？我人不想吃，身体也得吃，再不吃饭，要晕倒了！”

阿奶就是这样子，每天都对身体状况有不同的幻想，且说得七情上脸。因为文化程度不高，说话缺少科学依据，感觉有点像在做“大戏”似的，所以，几乎没有人会相信她的话。有时，老爸劝她几句，她又不听，母子俩就开始吵架。虽然，阿奶很是固执，但她的儿子比她更固执，最后，总是她先收口离场的。我们这些做孙儿的就不一样，总会让她三分。毕竟，她都一把年纪了，就让着她吧。然而，她却并没有因为别人的礼让而收敛，她会一直说、一直说，直到你借故逃走。基本上没有人乐意和她说话的，除了她那会发难的儿子。因此，即使挨骂，她还是天天待在家里，等儿子回来骂她几句才安乐。老爸不回来的那天，她就拿着木棒，小心翼翼地在屋子上下两层巡视，据说是怕有贼人进来了。

“如果贼人来了，你一个老人也招架不住吧！你还是躲在房内好一些。”我好意相劝。她口中说是，但意见接受，行动照旧。

“老太太，要舒舒服服上路啊！”医生好意地说。然而，阿奶并没有停止呼吸。这时候，我忽然想起昨天她一边非常努力地吃饭，一边和我说：“阿敏，我告诉你啊！快过年了，一个人留在医院太寂寞！”我连连点头，我想她大概想多吃点东西，康复出院吧！所以，当其他人都觉得阿奶要走的时候，我相信她能坚持，奶会好起来的，她是那样坚持活着的人！

阿奶的阿奶

“那一年，我才十五岁，穿着吊带背心和短裙子……要知道啊，我们生活在法国的女孩就是不一样，但是，那个老女人啊，却看不过眼，儿子他爹却顺着她，不许我穿，呸！”

阿奶口中的老女人，就是我父亲的奶奶，也就是她的家姑。为什么叫“阿奶”？记忆中我问过老爸，他竟然说不知道。“阿奶就是阿奶，没有为什么！当年上海富家太太，都叫阿奶，也许她就喜欢人家这样叫她吧！你爸的阿奶，人最讲气派！”阿奶是这样解释的。印象中，阿奶并不喜欢“我爸的阿奶”，因为那些年，爷爷从媒人婆手中千挑万选把她挑回来的时候，“我爸的阿奶”并没有善待她。

“那个老女人说，他们王家有王家的规矩，嫁进来的媳妇，打扮要端庄，别穿得像个洋妓女；嫁进家门，就得开枝散叶，为王家添丁发财，别像前头那两个蠢货，只会生女的！”

其实，阿奶是王家的三太太，嫁进王家前，在越南当杂货店女工。然而，阿奶却从不说自己来自越南，她一直坚持自己来自法国，我猜大概是因为越南当时是法国的殖民地吧。阿奶嫁入豪门的时候，已经知道前面有两位太太了，然而，才十五岁的她并不知道自己需要做个“生仔机器”。两任太太总共生了十八个女儿，最年长的女儿，甚至比她还要年长十岁。

“阿奶，你自己想嫁吗？”妹妹年少不懂事的时候，曾经问过她。

“有什么想不想嫁？人总得嫁一次，在我们那个年代都是这样子！”

说的也是，在讲求“父母之命、媒妁之言”的年代的女性，并没有权利去选择自己的人生大事。而且，当时她还不过十五岁，从比较落后的越南小镇嫁给两广大家族，一定以为是飞上枝头变凤凰。怎会知道，那其实是一进豪门深似海。

“大房、二房待你好吗？”

“呸！”

阿奶很少提起他们两房人，大概是有过不少辛酸吧。然而，她运气还好，一进门就为王家添丁了。来年，二房才跟着生第二个儿子，然后，她还一连生了五个儿子。上天待她真不薄，最后还给她生了个女儿做伴。

“阿妹，最喜欢吃栗子的，留着！”“你们再这样待我，我要回广西去找阿妹！”“阿妹，去哪了？叫她去买个菜就买一整天！”无论是中年还是晚年，阿奶最挂念的就是自己的小女儿。我想，阿奶在豪门的十多年，身边就没有过知心友，小女儿是她唯一的女儿，又是她最好的同性朋友。

所谓“母凭子贵”，小姑姑的确最贴心，但给阿奶脸上贴金的，却是儿子们。自从生下麟儿，阿奶在家族的地位就提升了。

“那个老女人说吃鸡对身体最好，所以，我每天就吃它两只。”“我说想吃沙田柚，他老爹就叫人去了买一车回来，够我吃一年啦！”……

“我的阿奶”每次说起“我爸的阿奶”总是有种不屑，大概世上最难解的仇恨是“婆媳关系”吧。然而，她说“我爸的阿奶”的轶事，却比说自己老公的还要多。这也难怪，爷爷比她大四十岁，家族风光之时，人多在外，就是回家了，还得照顾另外两房的妻妾。家族没落之后，他就随之离世了。他们两夫妇，相处的时间大概不多的吧。尽管“我的阿奶”不屑于“我爸的阿奶”，但她却坚持要人叫她“阿奶”，仿佛名字中有着至高无上的权力象征。也许，她曾经幻想自己终有一天坐上“阿奶”的宝座，因为她为这家族生下了长子嫡孙，理应有一天能成为呼风唤雨的豪门老太。可是时势不饶人，阿奶风光的日子并没有很长。1951 年，“三反五反”运动的时候，王家就遭抄家了。

“那天呀！雷电交加。那些人来我们家，把金条一车又一车地运走了，运了三天三夜。我把很多金条捆在身上，躲到柜子里去……然后，雷公就响了，我很怕。不过，我告诉自己：怕什么？那毕竟是我们家的东西，我们不偷不抢。但是，尽管不偷不抢，金子还是给抢光了……”每次提到这段历史，阿奶就语无伦次，有时说自己把金子捆在身上，有时又说丢到屋后的水井里；有时说金子全被没收了，有时又说要回老屋把金子找回来。每逢雷电交加的时候，阿奶还是喜欢躲进衣柜去。“三反五反”运动后不久，据说她和爷爷离婚了。不久，爷爷在狱中去世。那年，她还不到三十岁。

阿奶的新生

虽然阿奶是我父亲的妈妈，然而，记忆中，我十岁前只见过她一次，那就是回乡探亲那一天。小时候，我是在外婆家寄养的。这些年，大家才开始了解“留守儿童”是种社会问题。然而我们小时候，这情况却是常态。因为妈上山下乡当人民教师，爸到澳门打工，外婆是我童年记忆的全部，也是我心灵上唯一的依靠。八岁的时候，妈带我们搬到澳门，一家人才得以团聚。

阿良，你们去澳门了，我留在乡间也孤单，你们家中也需要有个老人家照顾孩子吧，不如想方法把我带过去。

母字

我们到澳后不久，阿奶便使人给爸带了个字条。妈见字后也很高兴，希望阿奶来了，可以帮忙照顾孩子，自己就可以外出工作。于是，爸爸便让阿奶偷渡来澳门。然而，阿奶第一次和我们见面，却是这样的开场白：

“大难不死，必有后福。我老命都不要地偷渡来澳门与你们团聚，已经很不容易，别奢望我能够帮忙，我从来都不会带孩子。阿良他们六兄弟姊妹，都是用人带大的！”

的确，阿奶是不会带孩子的，而且使唤用人的功夫特别到家。妈并没有出外找工作，在家却成了阿奶的用人。阿奶自己不会收拾东西，却很懂得吩咐别人做事，例如：玻璃如何可以一尘不染、地板怎样可以光洁如新、衣服何以烫得服服帖帖……阿奶对烹调也分外考究，她要求妈每天都得买新鲜的食材，并亲自下厨。然而，这时候妈还不能退下，因为她需要一个助手为她清洗餐具、食材，并适时地递上调味料。作为工人阶级的孩子，我妈从小就没有考究生活的意识，因为长期在外读书，外婆又很少叫她帮忙做家事，所以，妈对阿奶的要求感到极度厌烦。作为高级知识分子，妈也容不得别人的指指点点，于是一场富家老太与现代女性的“婆媳大战”正式上演。

我爸不在家的时候，阿奶就开始发号施令，而妈就开始努力抗争。等爸回家时，阿奶会巧妙地宣示不满，而妈则会据理力争，直至当一家之主的爸无奈叫停。周而复始的“婆媳大战”几乎每星期都会发生，两军交战，各有损伤，而最可怜的，应该是被殃及的池鱼，也就是我们当孩子的。因为心情不佳，妈妈会愁眉不展，有时不免也会把气宣泄在我们身上。阿奶则更甚，媳妇不听使唤的时候，她便来使唤我，因为我是长女，可以帮忙做事，又不敢违抗意旨。我家小妹当时还是小孩子，阿奶被妈气上心头的时候，就会找她出气，说小妹诸多不是，如弄脏家具、偷吃东西等，然后指桑骂槐一番。小妹却也不示弱，她会占据阿奶最高的权力重地——电视机。每每阿奶在开心看戏，她就闹着要看动画片，而如果阿奶不许，她必会哭闹，最后谁也无法专心收看电视。

“阿云，看哪天一起去营地街逛逛！”

逛街是两个女人和谈的唯一时机，因为阿奶没有身份证，她自己是不敢上街的，而妈一个人无法看好三个孩子，除了上市场买菜，平日很少有机会闲逛，只好接受和谈条件，共同逛街去。再不考究的女性，也喜欢打扮自己的，何况是阿奶这种富家少奶。她对穿衣很有见解，由质料、款式到工艺，无不了如指掌。妈则比较节俭，很少花钱买新衣。如何可以既省钱又买到高级的衣裳呢？故衣店是当中的最佳选择。当年，营地街的故衣店很多，据说货品主要是来自日本的，很多衣服都是名牌。因为衣服堆积如山，要弯下身去一件一件地挑选，我们把这过程称为“执死鸡”（捡便宜）。

“这个薄纱才像样，我当年也有一件，在上海买的……”每每找到上品，阿奶都不忘炫耀自己曾经的辉煌。而我妈则比较顾家，她总是想着外家的亲戚，这件给外婆最好，那件可以买给姐妹……为避免阿奶说闲话，她会偷偷地藏着，等春节拿回乡下。改革开放前，内地物资没有今天丰富，别国富人的垃圾，也就成了我们最珍贵的宝物。多少年后，我还记得自己拥有的第一件薄纱的“公主裙”是在营地街的故衣店买的。然而，阿奶却不一样，她每每看到“好货”，就会想起自己曾经也有一件。还记着那一天半夜，她穿起一件绣着玫瑰花的织锦旗袍在厅堂翩翩起舞……真美！这与我平日认识的阿奶有着很不一样的风韵。

某程度上，澳门让阿奶有好一点的物质条件。然而，精神上，她却是非常空虚。因为偷渡来澳门的她无法在外交朋友，又无法和自己的媳妇成为朋友，妈虽然有身份证，但境况相类，既没有好友，也鲜有亲人。我无法想象，两个同病相怜的女人，为何只可将对方视为对手？没有为什么，“婆媳关系”是永远无法解开的谜。来澳门后的一年，阿奶就开始抱怨自己没有身份证，无法回乡看望亲友等。爸听得厌烦的时候，总会叫她去自首，等遣返，但她却坚决不依。那段日子，她就这样无可奈何地活着，一如她嫁进豪门的无奈岁月。直到1990年初，“龙的行动”解救了她。同样是一个雷电交加的早上，她奇迹般地没有如常躲进衣柜里，而是一早起来，穿起她最爱的绣着玫瑰花的织锦旗袍，脸上少有地擦了脂粉，涂了口红，手上挽着一个花式刺绣的手提包，脚上穿了一双漂亮的高跟鞋……

“老妈子，你穿这么好看干吗？以为自己去相亲吗？”爸讽刺她。然而，阿奶却坚持自己的扮相，大概怕别人看不起她吧。但其实，谁会看不起她呢？阿奶不像其他偷渡者，她在街上从来没有被警察查证件的，这大概是因为，她身上散发出一份特有的贵气。那一天，我在窗台望着她袅娜的身影在风雨中消失，很有一种上海悲剧大电影的况味。他们母子一走就是一整天，妈见音讯全无就着急了，她先背着弟弟，一手拉着妹妹，另一手拉着我，向南湾政府总部出发。入夜了，但街上川流不息，还未行近政府总部，已闻人声鼎沸：

“一视同仁，我们也是人！我们要身份证！”

“我们要身份证！”“我们要身份证！”……

朝声源望去，风雨中的人流看不到尽头。“这位女士，前面人多，天气又差，你有大有小的，就别进去了！放下孩子再来吧，一样的！”警察好言相劝。妈妈眼见无法前行，只好拉着我们回去。一路上，往政府总部方向人流如注，一如小河汇成大川去寻找海洋。海洋的出口就是新生——我记得外婆小时候曾经告诉我。

夜深了，弟妹都睡了，我脑中仍然无法挥去海洋出口的思考。我爬起来上厕所，只见爸全身湿透地跑回来，手上挽着一个白色的塑料袋，里面放着阿奶早上穿的旗袍、小高跟和手提包。

“你妈呢？”妈有点着急。

“她进医院了！政府总部那边人又多，天气又差，她穿着这双鞋子，怎么走？我早叫她回来了，她又不听，最后就晕倒了！”

“伤势严重吗？”

“没有摔伤，医生说她血压太高，可能是中风。”

“她还没有证件的，会不会被遣返呢？”

“这些都是后话了，醒来再说！”

阿奶这么一去，就在医院住了三个多月。起初，我们以为在床上睡得死气沉沉的阿奶就这样归天了，然而，阿奶却没有放弃，她大口大口吸着氧气，顺利完成了冠状动脉搭桥手术。

醒来的时候，新闻已公布大赦天下，凡符合资格的非法入境者将获发临时逗留证，阿奶也是受惠者之一。出院当天，阿奶特意叫爸拿了晕倒当天所穿的旗袍、高跟鞋、手提包去医院，虽然没有化妆，她依然意气风发，还特意给左邻右舍送了水果道别，一副新娘子出嫁的喜气的模样。

“阿敏，扶着我！”阿奶唤我的口气，就像叫着她陪嫁的侍女。多少年后，阿奶告诉我，她的确曾有一个叫阿虹的陪嫁侍女，是个年纪相约的好姊妹。可是进门不久，“老爸的阿奶”觉得她们两人一伙很吵闹，就把阿虹给嫁了，留下个老妪侍奉她。阿奶的前半生一直都是身不由己的，正如她偷渡来澳后的日子——有比乡下好的物质生活，却失去了自由。大病初愈，阿奶离开山顶医院时的场景分外美好——明媚的阳光，和煦的春风，晴朗的蓝天，她轻快的笑语在和风中飞翔，宛如被困的笼中鸟回到了大自然。

阿奶的爱与情

“龙的行动”让阿奶在澳门重生了。而让阿奶有机会离开豪门深宅重生的，竟然是一纸婚书的解除。关于阿奶的婚姻，其实她本人谈得很少，我所知道的，大概只是亲朋好友们茶余饭后谈及的“闲话”。

话说阿奶十五岁嫁到王家的时候，爷爷已经五十多了，而大太太的女儿，甚至比阿奶还要年长十岁。他们之间还有爱情吗？年少的时候，我们几姐妹常讨论此话题。

“当然有，我爸不喜欢她，会娶回家吗？”小姑说。

说得也对，从阿奶口中得知，爷爷很骄纵她，自从诞下麟儿，物质生活可以说是穷奢极侈。然而，精神上呢，却还是有很多约束，例如：阿奶不可以自由踏出家门，不可以交陌生朋友，不可以和家姑争吵，不可以和一房、二房人交涉，不可以穿尺度大胆的衣服，不可以留下自己的陪嫁侍女……

“那一年，我们被抄家了，阿虹就回来帮我带孩子！”阿奶每每说起这事，总有一种复杂的神色。后来从小姑口中知道，阿虹的回归，象征着她豪门生活的结束，以及新生的开始——抄家后，爷爷便入狱了。在一个阳光明媚的春日，爷爷派人请阿奶到监狱，语重心长地说：“阿梅，现在家里的情况，你是知道的……不如，不如……你干脆出去找份工作吧。还有……我们那夫妻之名是种负累……我老了，你还那么年轻，出去走走吧。说不定，以后还可以遇个好男人。”

就这样，阿奶就签字离婚了。她心里愿意吗？没有人知道，她也从不谈起。只是每每谈起爱情，阿奶脸上难免唏嘘，许是觉得自己的婚姻和爱情并不完整吧。

“他们还是有爱的。”虹姨说，那天回去，阿奶就去找她哭诉。本年，阿奶是不想签字的，然而，批斗的日子实在太可怕了——头发被剃刀全削掉，衣服被撕得细碎，还贴上资本家反革命三姨太的标签，仿佛被全世界强暴那样。阿奶怕极了，才签字离婚的。

当时，离婚对她来说的确是种解脱。三十出头的她，因为政治正确——主动离开资本家臭老九，接受工农兵改造，不久就找了份售货员的工作，生活少了奢华，却比从前充实。只是，阿奶心里还是痛苦的，因为觉得“生是王家的人，死是王家的鬼”，这一离婚，她就变成无主孤魂了。更重要的是，提出的竟然是自己的丈夫——他真的愿意她改嫁吗？他觉得她是个不念旧情的人吗？对于一个女人，被自家男人主动提出离婚，也实在太没面子了。

本来，以阿奶的条件，绝对可以报复那“负心”情郎——如他所说，再找个好男人的，然而，阿奶并没有这样做。为什么呢？没有人追求吗？大概也不是，据小姑说，阿奶是不乏追求者的，只是她要求高，又爱摆架子。但是，根据我实质的观察，也不完全如此。在她八十左右的年月，我见证过她一段暮年情缘。

那几年，弟妹出外读书，而父母则前往照顾，家里经常只剩我和她两个人。少女情怀总是诗，热恋时期的蝴蝶总爱停留于外面的花丛，而阿奶又不敢一个人独留在家，于是这成了我单身生活的困局：朋友约我通宵玩乐时，她会整天打电话叫我回去；会情郎的时候，也总是难以安宁。不过，我和妈不一样，她硬性子说一不二，而我却自小懂得阳奉阴违及钻空子。每次想夜归，我总是先规规矩矩地在房间“扮看电视”，等阿奶睡了，设下空城计，再偷偷逃离。这情况持续了好一阵子，直到阿奶有天认真地说：

“阿敏，你晚上似乎很忙吧！”

“也不是！我只是爱看电视。”

“哦！是这样的吗？”

“哦，有时看累了，我出去吃个夜宵！”我一下子想起阿奶最爱四周巡视的，便避重就轻地招供。

“阿敏呀！阿奶这个人是有点笨，但总算通情达理。有什么朋友嘛，叫回家就好……都什么年代了，我们都得开放点嘛！我像你这个年纪，孩子都生几个了！”

阿奶见我“软着来”，她也就“软着去”——你一言，我一语的，我们也就耍起太极来，大家都不愿意把事情说到骨子里去。

“我有男朋友，第一时间当然就要带给您老人家过目的，还害羞不带回家吗？可恨的就是没找到，所以便得出去走走。你像我的年纪，孩子都生几个了，我这二十岁出头的老姑娘，还未找到对象，你当阿奶的难道就不着急吗？”我睁着眼说谎，但阿奶却信心十足了，原来的气焰也灭了。

“阿奶啊！你就知道叫我带朋友回家，你自己为何不带？都什么年代了，我们都得开放点嘛！”我以其人之道还治其人之身。

阿奶是富家门第成长之人，最懂审时度势：爸不在澳的时候，我就是她在澳门唯一的亲人了，我要是不理她，谁还会理她？于是，她也得顺着我。不久，她也真带点朋友回家来陪伴。起初是三五知己，有男有女，主要是打打麻雀、唱唱戏。日子久了，老人们都各有家室，不能经常留宿。直到后来，我就发觉只有老先生一个常留下来。老先生看起来也 80 多了，身材健壮，长得也一表人才，和贵气的阿奶十分匹配。大伙儿一起玩乐的时候，大家都喊他阿爷。夜深人静之时，各人散去，唯独阿爷一个人留下来。他们会大大方方地坐在厅堂看电视，并谈笑风生，见我归来才辞行。

“阿奶呀！我这个人是有点笨，但总算通情达理。好朋友嘛，就留下来好了……都什么年代了，我们都得开放点嘛！”我特意学她的口吻。

“呸！都一把年纪了，还有什么好朋友……你这小鬼头，疯言疯语什么？”一向能言善辩的阿奶没好气地走开了，脸上却乐开了花。

“阿奶恋爱了！”我们一直这样以为，然而阿奶却很介意这种眼光。有一回，回澳门度假的妹妹和我“唱双簧”：

“哎呀！我不在的日子，你们一定很孤单了吧！”妹妹说。

“我是挺孤单的，但阿奶不是！阿奶有伴呵！”

“阿奶，你找到老伴了？叫什么名字？为什么不带回来见大家？”妹妹挨近阿奶问。

“呸！我朋友多当然不寂寞，有什么老伴？别乱说。”阿奶忙解释。

“阿敏！你乱说，造谣者死罪！拖出去斩！”

“冤枉呀！老佛爷！此真有其人呀！”

“谁？报上名来。”

“此男子姓名不详，人称阿爷！”

“一个是奶奶，一个是爷爷，简直就是绝配啊！好吧！成亲吧！”

“乱说！简直是岂有此理，王家祖先在上，岂容你们乱说！你们这样作孽，对得住老祖宗吗？”阿奶气急败坏，还眼泛泪光。这是我们第一次见阿奶真的动真情了，平日她生气都是装模作样的多。这也是我们第一次了解，在阿奶心中，爱情给她的意义。

自此，阿爷好像再没来过了。阿奶的暮年情缘，就这样给我们拆散了，我们好不后悔。后来的某一天，我才知道，阿爷是真的走了。那一夜，阿奶穿上一件镶着黑色珠子的旗袍，手挽一束白菊花，放在阿爷常坐的那个位置。不久，阿奶从外带回来一件黑色的男装外套，还有一个整天唱佛经的收音机。是阿爷留给她的礼物吗？没人敢问。如果时光可以重来，我多么希望，我们不曾以那事儿开玩笑，让阿奶与阿爷暮年的友情可以多几天的相依。然而，世事往往不尽如人意——都什么年代了，我们都得开放点嘛！阿奶口中如此，但对旧有的礼教仍是很坚持。

阿爷走了，阿奶的生活就变得孤单了，上门耍乐的朋友越来越少，连外出的饮茶饭局也少了，然后她就一天到晚说着生病、养生之事。爸和妈常说，她生病根本就是心理问题，也曾带她去看心理医生。药到没有病除，心理医生说，这种情绪病是治不好的，因为阿奶的心结在于对死亡的恐惧——当身边人一个个相继离世，她感到寂寞也是正常的，而少接触死亡边缘的人群也是好的，让我们多陪陪她。基于内疚，我会提醒自己抽时间陪陪她，可她并不是个好接近的人。你和她上公园，她说蚊子多；你陪她去看戏，她说人太挤；你带她去饮茶，她说不健康……总之，她就有说不完的问题。一如既往，阿奶最喜欢购物，她平日最常到之处，就是那些衣服首饰的商铺，大手买回很多珍品，但看着看着，她又觉得不太喜欢了，或是回来人家说句不对，她就不想穿了。钱是其次，最要命的是她又怕在自己手上浪费掉是种作孽，只能转赠他人，而所谓“他人”，自然包括我。她老人家喜欢的东西，我们年轻人怎么会合用？盛情难却，我偶然就收下一些，我妈则一律拒绝。妈常说：“她这个人心机重，你要她一件东西，总得还她十件。”阿奶的确是贪小便宜的人，平日她喜欢在家巡视，认真察看每个人的东西，然后见到合意的，就会找机会拿走，有时甚至没先向人说一声。记得那一年情人节，她就看中了我深爱的蝴蝶胸针，那是某朋友在意大利旅行买回来送我的生日礼物，款式独特，做工精细。

“阿奶，您拿了我的蝴蝶胸针吗？”我一边打量那碧绿色的水晶蝴蝶在她胸前飞舞，一边问她。

“哦！这个呀！我在洗衣机里捡的。”她不以为然。

“那是我的！”我和善地道，虽然我肯定自己并没有把它连同衣服一起丢进洗衣机。

“我少见你带的，放着也浪费，这明显不是少女的饰物，我帮你用掉吧！”她竟脸不改色。

“但那是伟去年送我的情人节礼物。”我必须承认，那胸针和我的气质、衣着并不相配，所以我很少佩戴，但也不代表我不珍视的，于是，我说了个谎。我以为告诉她，那是我珍贵的情人节礼物，她就会还我。

“阿敏呀！让我告诉你，阿奶这一辈子什么也不缺，就是缺了情人节礼物。我们那个年代不流行情人节，而你爸他爹又死得早……唉！阿伟他人又好，又大方，不会计较的，就送阿奶吧。要不我亲自打电话交代一声，叫他今年买个更漂亮的给你……如果，如果……你不舍得，那就算了，当阿奶命中注定没有情人节礼物……”本来阿奶耍性子是常态，但这次说着说着，不知是否触到痛处，竟然眼圈发红，而我就不战而败了。

我们对一个人的印象，除了基于其为人，更多的是基于一种固有的价值信仰，如：我外婆不是这样子的，我妈不是这样子的……我们不喜欢阿奶其中一个很大的原因是：我们没有相同的家族文化。妈和外婆都是牺牲型的人，她们总是不计付出，然后把最好的给亲人，最坏的留给自己。阿奶不是这样的人，她永远把最好的留给自己，即便吃水果这点小事，她也会很考究：首先，她每天都会打探买了什么好的水果，然后把认为最好的藏起来；隔天，如果家里买了新的水果，她又会把自己昨天吃剩的拿出来，换最好的……为着这小家子行为，不仅我妈觉得生气，连小姑也不喜欢她做这种事。爸曾经和她吵过好几次，她是有所收敛，然而，自私的思维方式却没有改变过。

“阿敏，来！阿奶请你吃水果，我这是最好的！”其实阿奶一个人并没有能力把最好的吃掉，后来，我发现她其实是有和人分享的，只是她喜欢保留着这种施予者的优越感，她觉得，只有这样才能突显出身边人在自己心中的地位，然后得到别人的感恩或是爱。

“阿敏，你看！这是阿奶打给你的金首饰，我特意买最大的，免得男家瞧不起我们！初归新抱，落地孩儿。到了阿伟家，也就得守别人的规矩了。人总是有私心的，无论家姑多善良，都得提防着，你可是抢了人家的儿子！还有那些姑奶，也得当心点。要记住把最好的留给自己。你都不爱自己，没有人会爱你的，知道吗！”出嫁前几天，阿奶语重心长地道。

“听说，你阿妹又换男朋友了！”

“你堂妹子怎样一直没对象？你也不教她一下，有空介绍个对象才好！”

其实，自私的人也不等于没有爱，阿奶心里还是记挂着各人的。除了关心我们的人生大事，每次有人出门，她必定提早一晚为各人念经祈福，桌上也压着我们大学毕业的照片，每年现金分享之后，她又会买下名贵的鲑鱼请客……阿奶是爱我们的，只是她更爱自己，诚如她说：“你都不爱自己，没有人会爱你的！”阿奶并不是不爱别人，她只是怕没有人会爱她。有爱的孩子才会懂得爱，自从为人母亲，我开始阅读各类型亲子教育的书，每读到这个主题，我就会想起阿奶，我会后悔当初没有用包容孩子的爱去包容成长环境留给她人格上的缺陷，在她生前没有填补她内心的缺失，给她更多的爱和关心。

重生

“喂！我今天晚下班，你说还可以去医院探阿奶吗？如果今天不来，明天恐怕也不能来，明天是情人节……”弟弟打电话来。

“之后再来吧，不急的！她只是腿摔伤了，人精神爽朗，医生说，明天给她动手术，你后天来刚好！”我答。

阿奶入院的次数太多了，每次她都报称自己快不行了，大家听多了，便如狼来了的谎言，儿孙们都不再着紧了。那天我正好闲着，才去山顶医院和她闲聊。

“阿敏，我告诉你，这几天我想透了，人活着嘛，不过就是高高兴兴的。阿虹比我小三岁，她也走了……营地街的三姑没有子女……我也不欠什么，知足了……快过年了，一个人留在医院太寂寞！”她一边唠叨着，一边大口大口地吃饭，而我则惯常地有一句没一句地应和，有点心不在焉，最后就只记得这一点点。

我想，阿奶平日也总是“说自己快死”或“交代身后事”似的，今天如此平静，大可以叫各人改天再来。没想到和我说过话的那个晚上，她开始心肺衰竭，第二天就昏迷了，原来她已经没有后天。

医生决定慢慢拔喉管后，阿奶仍旧张着嘴，有劲地呼吸着空气，随着呼吸机的供氧读数慢慢降低，阿奶吸气的嘴张得越大，直至心脏搏动显示完全静止，她的嘴仍然张着，我们仍然能感受到她灵魂的生命力。

2015 年 2 月 14 日，阿奶走了，一如那些年她离开山顶医院的情景——明媚的阳光，和煦的春风，晴朗的蓝天，她的灵魂轻快地在和风中飞翔，宛如笼中鸟回到大自然。我们都穿着情人节的盛装来欢送她。

笑似那样远

阿笑走了，没有带着招牌式的笑脸，黝黑的脸上，顶着灰蒙蒙的眼睛。进入离境大楼的一刻，她站在远处回头看我，给我心上投下一片乌云，眼睛一下子下了雨……

阿笑是我家的用人，一个来自菲律宾的女人。她高个头，长相平庸，神情木讷，是任何雇主都不会主动聘请的类型。第一天来到雇佣公司，我本来选中一个外形讨好、谈吐大方得体的菲律宾女子，我们谈好了工作类型和条件，准备第二天正式完成聘用手续。可是第二天，那个我选好的佣工已经被别人聘用了，只有阿笑待在那儿对我傻傻地笑。基于没有更好的选择，我便和阿笑洽谈。阿笑没有主动问什么，只是一个劲地答：是！是！是！好的！似乎对工作环境和薪酬毫无要求的样子。

试用期的第一周，她每天七时起床，一直干到晚上九时。她对繁重的工作毫无怨言，而且还不时用有限的英语和我聊天。她说很感谢我们愿意聘用她；她说她之前在天主教堂当了十年修女；她说她的家在怎样怎样的城市，她的家人怎样怎样……基于她英语不好，我也是半斤八两，她说的，我大多数没有听明白，但她还是一次又一次地说，而且脸上永远挂着招牌式的傻笑——嘴张得很大很大，眼睛眯成一线。阿笑本名叫Sylvia，为让老人家容易呼唤，我说：“不如叫你阿笑吧！你那么喜欢smile！”她不断点头表示同意，并露出了招牌式的傻笑——嘴张得很大很大，眼睛眯成一线。我觉得她招牌式的笑容更像 laugh，但阿笑没有提出反对，她大概是分不清的，因为无论是微笑或是大笑，她都是同一个样子。

“我家的佣工很勤劳，她还曾经当了十年修女呢。”我人前人后不忘炫耀。那个时候，阿笑是我们一家的天使，自从她来了，我们的家开始一尘不染。可是，蜜月期很快过去，她强逼症般的整洁追求让我们一家人十分困扰，如：经她收拾过的东西，永远无法按常理找出来；我们一早收拾好的行装，马上就恢复原位……有一次，我脱下了丈夫送的名贵钻戒，一转眼就不见了。我回家问她，她茫然地辩称不知道钻戒是什么东西。丈夫火了，并认定钻戒是她偷的，她唯有不眠不休地寻找，找了三天三夜，终于找出一颗大大的水晶链坠。

“那不是钻戒，你懂吗？”我无奈道。

“是你说的……很大很大的一颗，像玻璃一样镶在上方……”她解释道。

从她迷茫无助的眼神中，我确信她真的不知道什么是钻戒。最后，钻戒在饰物柜的水晶石堆中寻回，所有人都觉得她是找方法开脱罪名，知道事败后刻意把钻戒混进水晶中，可是我相信她，由她知道消息后的第一反应——嘴张得很大很大，眼睛眯成一线的率真惊讶表情中可见。

阿笑是喜欢笑的，你叫她做事时如此，你说她做错时如此，你称赞她时如此，你责骂她的时候也如此。她每天总是不停地做家务，由天亮到天黑，只是也经常出错，如收错衣服、放错物件、煮错食材、淋错植物等等。有一次，奶奶买了一盆长寿花，千叮万嘱不要常淋水，我又以英语多次提醒她，结果花还是给淋死了。

“你这人真是恶毒，特意淋死我的长寿花！”奶奶生气地责备她，但阿笑仍然一脸茫然地傻笑，奶奶气得拿起花盆想砸她的时候，她仍没有半点躲避的意思，只是口中一边说着“YES”，一边仍保持着那招牌的傻笑。

“应该是无心的吧！”我和奶奶说。那天晚上，我和阿笑详谈了一夜，发现她其实没听懂多少。面对陌生的环境、陌生的世界、陌生的语言，“YES”可能只是她的自然反应，而笑也似乎只是她无助的证明。

“笑什么？不知所谓！”家人越来越不满她那招牌的傻笑，然而她仍然是笑着接受，直到那一年夏天，她从菲律宾探亲回澳。没有人知道她到底在探亲期间发生了什么事，只见她招牌的傻笑消失了，换来了一脸呆滞。她仍然每天早起，却没精打采地做家务、接送孩子。

“阿笑不笑了，好可怕！”儿子说。

“你们家的阿笑怎了？以前像个只会笑的傻瓜，现在却像个苦瓜干。”管理处的大叔说。

春节的时候，就连从不理事的姥爷也告诉我：“我给她红包，她也毫无反应。”说的也是，我春节给她红包时也遭到相同的待遇：那一天，她正在洗盘子，我兴高采烈地走过去说：“阿笑，祝你新年快乐！”她没有抬头望我，仍旧努力地洗盘子，我只好没趣地放下红包离开。后来我找她详谈了好几次，但她都只是没精打采地回应“OK！”

大家忽然很怀念会傻笑的阿笑，当她不再会笑的时候。

“阿笑，今年六月，即三个月后，我们就约满了……孩子都不小了，我们决定不再雇佣工。希望你做好准备，在这三个月中找到更好的工作。”我不好意思道出辞退她的借口。说真的，阿笑是刻苦耐劳的，只是她的工作能力和精神状态已到了家人无法容忍的地步了。

阿笑没有回应，眼中掠过复杂的泪光。打那以后，阿笑更沉默了，甚至连家中发出巨响也没有反应。但每当夜深，我一个人在厅堂写作，总是听到从她房中发出怪异的声响，声量由细微到巨大。

某天，我终于按捺不住去敲她的门：“阿笑，你怎么了？”

她嘭的一声打开房门，怒气冲冲地跑到厨房拿起菜刀大呼：“我叫你们别吵了！还吵什么？”

我吓坏了，立刻叫醒丈夫，一家人逃到娘家。第二天清早，阿笑站在我娘家门前，向我道歉，并告诉我，房中有会闪光的人天天吵架、打架，半年来吵得她无法安睡，她拿菜刀只是想叫闪光人停止吵闹，没有伤害我的意思。什么是闪光人呢？我打了个冷战，不由自主地想起鬼怪之说。奶奶说，不如找个法师回去捉鬼。还是老妈精明，她建议我们带她到现场仔细察看，再作打算。于是我们一家人陪她回家，发现她所指的闪光人不过是冷气机的电源指示灯，至于声音则没人听见。去看医生吧，大家一致认定那非神怪之事。回想她近半年的异常情绪，我们觉得她应该去看精神科。医生与她经过深入的面谈和诊症，证实了她是有精神分裂和抑郁症的症状。

“让她离开吧，留下来太危险！”家人认为。

“但医生说，多数精神病人是没有暴力倾向的，而且，她可以服药，一般医治两年会好转。”我尝试说服自己及家人。心里纠结啊，这种情况的病人，回到老家可能没有条件医治，下半生就只能疯疯癫癫地过活，留下来却要超过两年以上的治疗啊，沉重的医药费，我能负担得起吗？因为外地佣工在澳门是没有医疗福利的。无论我多么不忍，家人还是期望阿笑早日离开。

“给她三个月工钱吧，反正一早说好了不续约的，那三个月薪金就当她病休，回家也好，旅游也好，休息也好……只要离开我们家就好。”男士们毫不留情道。大家都以为给她三个月有薪假，如此优越的条件必定能送走她。

可是，阿笑没有选择有薪假，她坚持做到6月，且声称不收工钱，她说因为比预期早了回家，家人还未为她准备好床位。大家听着心酸，只好让她多留三个月。为能找到护送她安全回家的途径，我跑遍了雇佣公司、劳工局、社工局、菲律宾领事馆等。

“你真好，她有你这个雇主真是前世修来的福气！但我们没有这项服务，抱歉了！”这是所有部门公式化的回复。咨询的时候，我也挂着公式化的微笑，一如早年的阿笑，再努力挤出笑容也掩不住内心的无助。

阿笑走的那天，天朗气清，我早早出去给她买食物，回来的时候，见她竟然拿着手机在屋内拍照——拍大厅、拍房间、拍窗户……拍下家里的每一个角度，包括那些吵得她无法入睡的闪光人——冷气机电源指示灯。她也和我们一家人逐一拍照，我发现她比六年前刚来的时候苍老多了，头上长了一圈白发，眼角几道深深的皱纹，脸颊上也长满了老人斑。其实阿笑是和我同年生的，我比她还大一个月，但她看起来却比我老十岁。虽然脸上毫无光彩，但她还是努力地似笑非笑。那一刻，我记起她初到家时的一幕：

“Ma，我喜欢你的家庭。”她抱着我们的全家福说。

“你将来也会有的。”我笑了。

阿笑也笑了。

月明·明月

那天，我在灯前翻着几米的《月亮忘记了》，想起了她的背影，那样清瘦和纯净；想起了她爱情的幻景——是明月下的月明，还是月明心中的明月！我是忘记了！

明天是端午假期，月明一个人在家里喝着闷酒，觉得胸口发闷，突然很想到外面走走。去哪儿好呢？夜店吗？怕是格格不入，不想人家在背地里笑话她“那个老处女！”想起今早那个她一直很爱惜的孩子在背地里笑她老处女，觉得呼吸困难，痛不欲生。

回想当年，月明也曾经漂亮过。那些校园内的小男孩，谁不想和她说话？谁不想看她回眸？却谁都没有本钱过来高攀！那一年，月明孤身到杭州求学，遇上了大学里卓越的研究生龙，那是第一个能够攀得起她的人。于是某个月夜，龙在草丛中拿下了她的处子之身。他把她轻轻地压在地上，轻轻地褪下衣服，轻轻地在洞穴内探索，然后猛力一推，一阵撕裂的刺痛伴随着天边高悬的明镜，透着一种幸福的光芒。“龙在明月下得月明，太美了！”龙说。之后的几年，龙尝遍了月明的每寸肌肤，仿佛要吸掉她的灵魂一样。

月明大三那年，龙回归宝岛。离别前一天，是个明月高挂的晚上，龙在月下重温了当年的美事，并说好了五年后去濠江迎娶月明。也许，外地的月亮不及故乡明，半年后，龙像人间蒸发了，音讯全无。不久，便从朋友口中传来婚讯，说是播下龙种了！播下龙种？他们云雨数载，怎么没有龙种？好友问："你给他了吗？"月明只能昧着良心摇头。在大学校园，同居是再平常不过的事，但月明坚持没到男生宿舍过夜。她那样冰清玉洁，怎么可以受污染？只要她摇头，谁会不相信？想当年，埋没良心地保住"处子"之名，今天却成笑柄，报应也！

自从失去龙，月明便失了灵魂。她一天到晚在想，一个在明月下山盟海誓过的男人怎么可以一声不响地抛弃她呢？月明身体一天比一天干瘪，眼睛失了亮光，她的躯壳完成了中国文学学位，回澳门随意找了份教职。

"明月几时有，把酒问青天。"月明年年都教这首词，年年把酒问天，却总是看不到青天。在老师的行列中，月明并不闪亮，她不会说笑，不穿华衣美服，只是安安分分地进教室自言自语。她知道学生并不喜欢上语文课，特别是她的语文课！她尝试努力谈笑，学生嘲弄她"讲烂 gag"；她学着扮出威严，学生便背地里拔掉扩音器和投影器的线路作弄她。有一天，同事好心地说："学生投诉你只穿黑和灰色的衣服，闷死了！你应该学学人家 Miss Chan 嘛，一个日本美少女的样子，学生怎不天天盯着她？""我是来教书的，又不是要当女优，你管我穿什么！"月明心中呐喊，却没有意辩护。自始，月明更沉默了，每天走进教室，她会望着最远的一扇窗，看着蓝天和小鸟说话。慢慢地，她自言自语的能力简直炉火纯青。最有趣的是，内地的观课团总是对月明的表现赞叹不绝，"怎能找到举止如此优雅的老师？如果我是学生，真迷死了！"他们其实是不知道，月明的确迷人，但只能迷倒像他们那种年纪的人！家人和朋友都着急她的终身大事，经常给她介绍男人。但当老师很忙呢，不是备课就是改作业，人家约了几次都约不上，就没下文了。有一次，妈妈很生气地骂她："年轻的时候也不去见人，你是不是准备成为博物馆的雕像？"月明不介意被嘲笑，反正那只在嘲笑她的躯壳！

纵然欠了灵魂，日子还是一天天过。有一天，学生甲忽然热情地说："老师，你年轻时很美吧！其实你现在也很美，只是没有人告诉你吧！"月明一下子凝住了，脸上热辣辣的，想起自己为学生一言难为情，觉得有点恶心，但心里却是暖暖的。自此，上课的时候，她会偷偷看同学甲的反应。他是那种放浪型的孩子，上课并不用心，成绩却很好。月明每次看他，他也会微笑着回应，看得月明有点难为情。如是者，沉闷的课堂在月明的心中有了生气。大考前一天，同学甲亲昵地走来问："老师，那课的问题好难，不考吧？"月明笑笑："我不知道，你成绩不错，不用担心吧！"他没趣地走开。月明凝神地看着他失望的背影，很是不忍！放学的时候，月明在厕格内准备离开，忽闻清脆笑语："甲同学出卖美色失败了，他说想不到美男计也不成，真是个老处女！哈哈！"月明的血凝住了，眼中也流不出泪，只觉得全身乏力……直到笑声消失在空气里，她整个人都失重了，仿佛飘回家的……

月明整个人都结冰了，只有酒精能给她温暖。今夜，无论如何，她都得到外面躲避自己。她披上外套，一个人上路，走呀、走呀……一直走到河边的草地躺下。她闭上眼，空气中飘来夏夜的芳草味，身边的芳草轻轻地按着她的身躯，感觉像有一种轻柔的力量在她身上游走，由脸到胸，一直渗进下体的深洞……忽然，一阵呼吸声从耳边扬起。月明打了个抖，向声源望去，一双眼睛同样望向她。"呀！"月明按着嘴，那边的人只是浅笑，良久才开口说话：“你很害怕吗？”月明爬起来，按着心房摇摇头。但她怎么可能不怕？说谎罢了！男人仍旧浅笑：“不怕！不怕！我来睡觉而已，不会吃人！”月明这才看清楚他的轮廓，国字面，厚厚的双嘴，笔直的鼻子，配上小小的眼睛，傻气中带点秀美。“你怎么会来这里睡觉？”“哈哈，你不是也一样来这里睡觉吗？还用问！”他们谈着谈着，还算投机。月明不好意思说自己来此地的目的，只是编个故事混过去，告诉男孩她做银行文员，刚与男友分手了，心情不好来走走！男孩也随意地说了个故事，大家都没有追究下去，反正萍水相逢，也不需要刨根问底。说着说着，月明睡过去了，直到天明，已不见男孩踪影，有一点后悔没有请教他的名字，没有交换联络的方法。

如是几天，月明每天都重回此地。终于一星期后，重遇了他。为了不让他跑掉，月明这次不敢先入睡，谈着谈着，男孩睡着了。她看着他胸脯的起伏，听着均匀的呼吸声，嗅着发间青草的香味，很有亲吻他的冲动。当然，月明不会做这种事！她只是靠近看他，仿佛在看博物馆内的珍品一样！好多好多个周末，他都来了，他们就这样度过了美丽的夜。忽然有一天，男孩说要走了，要去很远很远的地方，月明忍住眼中的泪，可是明亮的月光出卖了她。男孩靠近她，轻轻地拨开她的秀发，厚厚的嘴唇吸吮着她眼中的泪。明月轻轻地把身体靠近他，轻轻地褪去身上的衣服，紧紧地压住男孩的身躯。男孩一下子失控了，彼此在草地上疯狂拥吻，搂作一团。在炽热的激情中，月明乍见天上的月，她想起“明月夜得月明”，她在微笑中沉沉睡去……

天亮了，明月消失了！月明张开眼睛，映入眼帘的是一个木讷男人的脸：“小姐！小姐！你没事吧！怎么会昏倒在这里？幸好有晨运群众报警，否则死定了！大难不死，必有后福呵！”月明认真细看，身上的衣服丝毫无损，手中却拿着一张写着陌生字迹的纸条，上面写着“2010615 告别”。月明惊惶地问:“今天是什么日子？”警察笑笑:“今天 6 月 15 日，端午呀！”

作品 2011 年刊登于《澳门笔汇》

南飞

“清明时节雨纷纷，路上行人欲断魂……”南飞望着列队而来的行人，想起了这诗句。这是她会读的唯一的诗，五岁那年，爸教她念的。“什么叫‘欲断魂’呢？”南飞不明白，爸读书不多，大概只有小学文化吧，“就是，就是……因为很伤心，比死还要难受！”南飞似懂非懂地点头，一直都不明白“欲断魂”是什么感觉，直到她爸妈死去后。全诗共有四句，她把后两句忘了，甚是遗憾。好几次，午夜梦游故地，她就拉着爸问。爸笑了，张口读“清明时节雨纷纷，路上行人欲断魂”，每每读到要处，世界就安静下来，像在深海底。南飞看到爸在说话，却只听到“咚咚隆隆”的声音，“爸，你大声点、大声点……”南飞不停喊、不停喊，直到梦醒，枕头湿了一片。到底是汗或是泪？南飞搞不清楚，就好像她永远搞不清爸为何一去不回一样。

南飞生于湖南，她爸也是，还有她爷爷、太公……爸说，大伯叫南安，他叫南方，爷爷说那是因为湖南是个地灵人杰的地方，是伟大领袖毛主席的故乡。南飞家族都是当矿工的，几代男丁不少因病早逝，或是死于矿难。南飞出生那年，爸唯一的兄弟南安在矿井被活埋了，于是他帮自己的女儿改名为南飞。爸说，湖南地运不好，我们一家要“向南飞”，飞到更南的广东去找希望，像村里的很多男丁一样，去广东找工作、赚钱、买手机、买家电、买汽车、建房子……南飞出生的第二年，她爸就辞掉矿场的工作，到广东打工去了。

前两年，工作还算顺利，南飞家真的建新房了。她妈特别高兴，还嚷着过几年带南飞去广东团聚，再偷偷为南家添个儿子。为了省钱，爸从不赶春运，每年都选清明时回家，顺道去后山拜拜祖先。每每想起父母和兄长的离世，南家又没生男丁继承香火，眼泪就跑出来了。而他总是求祖先让他出人头地，将来一家在广东再生个儿子。可是，自南飞五岁那年清明，她爸就一直没再回来了。那年夏天，一个叫南大山的同村兄弟到南飞家来报哀——南飞她爸没了，在马路上被一辆大货车卷走了，只带回一盒骨灰和公安局的死亡报告。南飞她妈听着发呆了，她一直不肯相信丈夫死去的事实。“都没去认尸呢，公安局不可能没认尸的，一定还活着，一定还活着……”于是，她妈卖掉屋子，准备带南飞千里寻夫，可还没来得及计划行程，就病倒了，且一病不起。没一年，她妈也走了，临终前把南大山叫来，用最后一口气说：“大山，你和南方也算是同村兄弟，尿布之交。我不争气，没法照顾女儿，你就拿这点钱，带我女儿到广东去吧，做什么都好，将来在广东找户好人家。南飞生下来就得往南飞……”

南飞就这样南飞了，飞到了广州，没有找到死去的父亲，却落户在一个葬满死人的地方。那是南大山工作的地方，一个有钱人才住得起的墓园。南飞没读书，因为没户口，一天到晚在大山满山跑，种树、剪草、施肥、拾骨……南飞帮着小忙，有时衣衫褴褛地待在路旁，好心人会给她一个包子或是几张零钱。南大山说，跟着他没福享，但总比被人控制的小乞丐强。墓园山青水秀的，并不可怕，每有新户入住，此处才会罕有的愁云惨雾。有一次，南飞看到一个六岁的小孩在坟头发呆，许是死了家人。一位老者走到他身旁说：“哭呀！还不哭？”然后在他屁股上狠狠地敲打几下，孩子随即哇啦哇啦地哭起来。南飞想起自己父母无声无息地葬在后山，无人为他们送殡，自己也哭了起来。

每年春秋二祭，墓园非常热闹，完全没有“欲断魂”的感觉，大大小小有说有笑、高高兴兴地走到山上，祭品应有尽有：鲜花、烧猪、肥鸡、水果……还有数之不尽的金银、纸币以及爸一直想拥有的手机、家电、汽车、房子等。想起自己父母年年清明一无所有，南飞觉得难受，怪不得爸叫她南飞，这里做人富贵，连做鬼也比较有福。每天黄昏，南大山会带南飞去打扫墓园，南飞便在火堆里翻，每每寻得几张完好的残币或是烧不掉的手机、家电、汽车、房子等，便拿回家收藏，准备有天回乡给父母。南大山见了就笑话她：“傻姑娘，留着也带不回去呢！”于是她在一个向家乡的方位把东西烧了。南飞一边烧着别人的余资，一边对父母说：“爸妈，南方真好，飞为你们带家电、汽车、房子啦！”有一件事南飞一直觉得困扰，湖南叫“南”，广东却是“东”，为什么广东才是南方呢？为什么广东人比较富裕？地运比较好吗？就这样胡思乱想的，南飞在墓园待了十年。

十八岁那年，她自个出去找工，在“发廊”找了份洗头的散工，没过多久就给个广东中年男人包养了。姐妹都羡慕地说：“都是飞运气好！当小三是有不好，总比待在发廊给贱男干强！”男人都老了，气力不好，喜欢叫南飞骑在身上干。那个时候，南飞上上下下地摆动，就好像骑着骏马，衣锦还乡……后来，男人真的带着南飞衣锦还乡了。南家没有近亲，南飞只能为先人带回应有尽有的祭品：鲜花、烧猪、肥鸡、水果……还有数之不尽的金银、纸币以及爸一直想拥有的手机、家电、汽车、房子……

南飞与男人坐在后山的坟前扫墓，感觉还真幸福！南飞愿意为身边的老男人当小三，除了因为他能令自己衣锦还乡，最最重要的是，他是身边唯一能告诉她“清明”诗后两句的人。那天晚上，男人抚着她的头发轻声诵读：“清明时节雨纷纷，路上行人欲断魂；借问酒家何处有？牧童遥指杏花村。”男人还说，“人总是要死的，送走了死人，我们还得活着，而人活在世，不过是为了找顿吃的！”

小说于 2012 年发表于《澳门日报》“文化／小说”版

彩虹的情诗

他来寻我时寻我不到
因而汹涌着哀伤
他走了以后我才醒来
把含着泪的三百篇诗写在
那逐渐云淡风轻的天上

——席慕蓉

那一年，她离开了，什么都没带，身边只有那低下头的同路人。

临行的时候，她塞给我一份沉甸甸的礼物。

“我走了，来不及参加你的婚礼，留着做个纪念吧。一定要幸福呵！”她淡然地道。

我疑惑地点头，很想开口发问，但想起她在电话里的忠告，我住口了，看着她在人群中消失。

“那会是谁呢？”离开的时候，未婚夫问。我这才猛然觉醒——她就这样走了，什么也没说，就连自己的伴侣也不好意思介绍。那个“她”就是她的恋人吧，已经五年了，还记得读大学的时候，她说恋爱了，之后却从未在人前提起过自己的恋人，总推说不方便，也许就是“她”吧，我很为自己的粗心大意而懊恼。不久，我结婚了，她也结婚了——她说出走是为了逃避家人的责怪，更是为了寻找那片容得下她们的天地。

那一天，我出席了她简朴的婚礼。仪式是在家中进行的，没有太多宾客，只有见证人和我们几个好友。本来气氛还算祥和，突然传来某人的来电，只见她的伴侣在一角默默垂泪，最后说了一句：“妈妈，我对不起你！”那一刻，场中每个人的心都在下雨。哭得最伤心的自然是她，因为，她妈妈说：“走了，就永远不要回来，生了这样的女儿是前世作的孽！”那种凄然和我那被祝福的阳光灿烂的婚礼形成了强烈的对比。

“无论是阴雨或是天晴，生活还是要过的，幸好还有她。”身在异地无人、无物、无工作的她乐观地和我道别。我点点头，不敢直视她，只在转角的玻璃门倒影内偷看她们的身影——细细的、柔柔的。灯光下，如彩虹的水影在荡漾，一如今夜脸书（Facebook）的虹潮。我按下键盘，给远方的她们/他们送上一份小小心意——一定要幸福呵！

摇篮曲

灵昭海国，慈荫江乡

——澳门三婆再世传说

太热了，想不到才三月廿三天后诞，天气就闷热如夏。卓大妈拉着两个小孙女，赶到海边的天后庙祈福。庙里一早聚了很多信众，一老二少好不容易挤进去，先上香后卜卦。大妈一边摇动手上的签筒，口中念念有词："天后娘娘庇佑，赐我们卓家一个男丁，好让他日扬帆出海，继承香火！"竹签如挤在一块的小人儿，你堵着我，我拦着你，总是不肯跑出来。大妹和二妹在一旁私语："你说是三弟还是三妹呢？""当然是妹子好，生了弟弟妈妈就不疼我们了！"话音未止，传来硬物掷地之声，竹签刚好落在瓦片渗出的光影上，配上烟雾弥漫的气氛，很有一种异样的迷离。"看！天后显灵了！"二妹高兴地说，卓大妈马上拾起签枝，跑到庙祝跟前对文——"天后托福三婆在，风平浪静定四海"，上上签。大妈喜上眉梢，把签文藏好，马上拉着两孙儿赶回卓家村。

刚走到村口，邻家大妈便报喜了，"爱姐，你家媳妇临盆了！两枝梅花夹翠竹，想必是个男的。""对！对！我刚去天后庙卜卦了，上上签呢！一定是个男的！一定是个男的！"卓大妈一直默念，内心却是"十五个吊筒，七上八下"。不久，屋内传来洪亮的哭声，执妈推门而出，半低着头，一脸为难的样子，"爱姐，得一孩儿乃三世修来的福，男的女的都一样……"

卓大妈脸上的喜色刹那间凝住了，如封在冰雪中的牡丹——无法再开，又不好意思枯萎。她僵硬地重复念着“得一孩儿乃三世修来的福”“得一孩儿乃三世修来的福……”推门进屋，只见媳妇玉兰手抱小小人儿，脸上挂着晶莹的泪珠。大妹、二妹心知不妙，从门缝间偷偷摸摸混进来。大妹从妈妈手中接过小人儿——只见女娃脸儿亮白，双额凝姿，眼神如水，嘴角上扬，一点都不像个初生婴孩。大妹见妈妈不悦，忙把卜卦之事相告，“妈，别伤心！这妹子许是天后托世，不久就能为我家带个弟弟！”因此，三妹名为“带娣”，喻义“带来弟弟”。可惜事与愿违，卓家之后还是一连三朵梅，生了六姐妹。卓大妈后来从邻村得知“观音送子”，一直为自己“拜错神，祈错福”而内疚。

卓家六个女儿，个个品性善良、相貌姣好，唯独三妹带娣眉宇间透着英气。由于父亲卓圣一家没有男丁，只能和同村兄弟相互照应，随着年纪渐大，气力不继，收成也不多。三妹知悉后，决意代父出海，但家人怎么会允许？家父说：“人家千金小姐都有三寸金莲，三步不出闺门，我们劳动人家的女儿，长大脚，要工作已经不矜贵，还要学着男子出海，成何体统？将来嫁不出去，叫爹怎对得起你？”带娣口里虽听话，但背地里还是自习水性，以及相关航海的知识，希望他日有机会学以致用。

十八世纪中期，清朝时局混乱。“外敌进逼”“反清复明”“扶清灭洋”等消息不断，远在南方的小城澳门未有直接兵变，却也备受牵连。这边厢，有人高举反清复明旗帜，四出杀害官兵；那边厢，又有人主张扶清灭洋，四处残杀外国传教士及中国基督徒；而洋人有见及此，也有主张以暴制暴的……总而言之，正邪难辨也。为了不生事端，良民终日留守家中，不敢外出，一连几月，渔船也得暂停出海。卓圣一家男丁单薄，除了打鱼和做海味加工，也没其他生计，发愁得很。三妹带娣乃女中之丈夫，经常偷偷四出奔走，希望为家中老小找吃的。某天，她单枪匹马到海边，准备打点小鱼。走过渔码头，忽见一群洋人与几个小混混围在一起密议。三妹一时好奇，躲在一角细听，虽不懂外文，但凭翻译人员与小混混的对话，得知三日后朝廷将指派一队清兵南下平乱，在广州海岸登陆，洋人和反清的小混混合谋，再一起围剿官兵于澳门。事成后，粮食军备归小混混乱党，洋人则欲称霸广东，并顺势屠城夺财。三妹听后着急，但又无法联络官兵。正在发愁之际，想起广州有个任职小官的远房表叔，于是决定尽力救援：一方面给表叔飞鸽传书，另一方面则扬帆出海，希望可以遇上官兵，把围剿路线相告。翌日，她束起秀发，穿起男装，掌握罗盘，以一派雄姿英发的模样启航。可惜人算不如天算，隔天狂风四起，乱了前路，使三妹无法如期遇上清军战队。最后，战事无法避免，清兵在洋人坚船利炮的威逼下节节败退。三妹见状设法救援，希望上船告之埋下渔炮的方位，可惜小船不敌大炮，三妹之船被炮弹击破，人船尽灭——瞬间，海上升起一片云霞，托起一女——脸儿亮白，双额凝姿，眼神如水，嘴角上扬，和三妹没有两样。仙女一现，海浪排山，几下就打翻了洋人的船，而官兵的船则丝毫无损。不久，风平浪静，官兵成功登陆澳门，南方的一场祸患总算暂时排除。官兵上岸后均说在海上得澳门女神相助。不久，表叔亲自领兵前来救援，方知出手相助之人乃三妹带娣。其后，家人一直未见三妹归，有感凶多吉少，甚是哀伤。得救官兵知悉，纷纷前来慰问及协助，可惜最终尸首难觅。大家都说，三妹化作女神升天了。为纪念三妹之仗义，众人决定给她办风光的海上葬礼。出殡当天，玉兰翻出家姑卓大妈给各孙女留下之嫁妆，发现给三妹的一份中，除了一些金器，还有一张签文——“天后托福三婆在，风平浪静定四海”，正是三妹出生当天（即天后诞）求得之上上签。村口大娘知悉后忙解话:“天后有五个姐姐，其中三姐号称三婆，海中之女神也。”刚巧三妹带娣也是排行第三，大家均说，天后早悉此劫，特意派三妹来相助，使家国避过一难。因此，三妹带娣便成了传说中的三婆再世。为答谢神恩，朝廷与村人在氹仔飞能便度街合力建成三婆庙，并在庙堂中撰文记下此事。

原庙正殿内有一口古钟，铸着清朝道光廿四年（1844）的字样，可惜此后因庙宇的废置，这口古钟以至祭台、三婆的神像和用来焚烧纸钱冥器的聚宝炉都已散失。1995年澳门文化司为三婆庙重新修葺和装饰，镶在墙壁的一块石碑，上面列有记录1864年该庙进行重修的碑文和捐献重修工程费的渔民、商号的名字。碑文仍有提及三婆曾经显灵拯救清朝剿匪的事迹，可惜字迹已经模糊不清。但庙门两边的石刻对联“灵昭海国，慈荫江乡”仍然清晰可辨，显示三婆是继天后之后，自古被尊为保护渔民和乡民的女神。

故事资料来源：澳门城市指南 http：//www.cityguide.gov.mo/visit/detail.aspx?id=02031 100000000000000

访问过的人:（以下学者只协助提供资料指引，并未对故事内容给予意见）

1. 澳门人文科学学会:邓思平博士（了解天后的家族及传说）

2. 文物大使协会学者:谭志广（了解关于澳门庙宇的历史）

棉花糖

一

1938年，广州沦陷了。我当时10岁，爸和我逃难到了这个到处充满咸鱼气味的小岛，大家叫它“马交”。为什么要叫马交？我一直不清楚，后来隔壁一个模样奇怪的男孩却告诉我，说马交是一种咸鱼的名字，澳门最多的一种咸鱼。我不知道他的答案是否正确，反正我就相信了。男孩名叫JOSE，是个澳门出生的葡国人。我们在不同学校念书，我读中文，他读葡文，但他讲粤语讲得比我们这种生于北方的小孩地道。我生性孤僻，学校少有朋友，JOSE个性活泼，脸皮特厚，像个小混混，我们离奇地谈得来。放假的时候，他就带我四处逛，去教堂、码头、海滩……去所有有趣的地方。1945年，爸要带我回广州去。离开的前一天晚上，我们躲在村子一个充满咸鱼气味的小屋里哭着道别。我把妈妈唯一的遗物——一块陀表留给他，而他也在我身体内留下了他的血脉。回广州不久，我就发现自己怀孕了。爸知道后很生气，一直派人去找那小子，可他一家好像搬走了，找着找着，我的肚子一天比一天大。在一个风雨交加的晚上，我临盆了。“糟糕！小孩头位不对啦！”那是执妈的声音。迷迷糊糊间，我仿佛回到了那个充满咸鱼气味的小村屋，我和我的小孩，那个还没有机会跟生父见一面的苦命孩子的灵魂，就留在那里了。小孩是张白纸，尘缘债不多，不久就接到通知投胎转世去了，只有我一个孤零零的灵魂四处漂泊。

已经66年了，我一直没有接到重新投胎的通告。土地公见我可怜，就给我一个提示："姑娘，你凡心太重，是不可以转世的！还是去了心愿，再世为人吧！""我有什么心愿呢？"我问自己——大概就是去寻回那个充满咸鱼味的小村屋，告诉我唯一的男人，我怀过他的孩子，而且一直没有忘记他。已经66年了，也许他已经死去，而如果他死了，我的灵魂就可以安息了吧。还有我妈那块陀表到哪儿去呢？我一定得把它找回来。土地公还告诉我，每个心愿未了的魂魄都有附体的能力。在阴气最重的时辰、阳气最重的地点，鬼魂可找一个生物附身，便可以用实体去做想做的事，见想见的人。但附体不能超过五年，否则灵魂就会长留在生物里，与附体终老。在每天阴气最重的时间，灵体附身后还可以运用其他法力，如给人幻觉、变戏法等。

我跟着土地公送的灵界指引回到那个叫"马交"的小岛，立即吓了一跳，岛上的咸鱼味没了，四处都是高楼和霓虹灯，车水马龙、人声鼎沸，跟以前认识的马交简直是两个模样。我到澳门土地庙报到，在鬼魂户口中没查到JOSE的资料，却见到一个相同的姓氏BOSCO。BOSCO的后人很多，其中有一个是当高级警官的，我觉得这人应该有能力帮我了心愿，便决定要附在他身上。我查好了他的资料，计算过他平常的时间表，并算出一个近五年唯一可以附身的时间和地点——"阳历2014年4月19日，晚上7:30，罗里基博士大马路，军营前地……"当天，目标人物应该会驾车经过那路段，我找来灵界的好伙伴，一只初生小黑猫帮忙。

当天，我按计划行事。7：20，安排小黑猫躺在路中心，正好让目标人物的车子处在我设定的方位，然后我便可趁机行动。怎料万事俱备，却中途杀出程咬金，一个驾电单车的傻气男由于与前车距离太近，车头碰着了首先看到小黑猫刹车的BENZ，一个端庄大方的OL美女下车和他拉扯。原以为他们会把车移到一边等交通警来处理，怎料女的竟叫他把猫移走，并声称不需要他赔偿。电单车男显然魂不附体地看着OL，他们眉来眼去的便耽误了我5分钟。后来，电单车男动手把猫搬走，却因为动作迟缓没成功，猫跑到另一边去了，这样又把原定时间耽误了5分钟。目标人物的车子没按时到达预定范围，我在一旁干着急。路面因为猫所造成的交通堵塞已超过十分钟，那男的还待在那里看猫。这时一辆赌场发财车在我身旁冲过，气流猛推，让我失重地往前冲，一头栽进猫里。糟糕！元神一下子就附在猫上。还来不及细想，我已在行人道上了。之后，车鱼贯而行，我眼巴巴地看着目标人物离开了。怎么办好呢？我应该先离开猫，等待五年后的良机，还是……我还没想清楚，一个男孩已朝我走来。是他，就是刚才坏我大事的傻气电单车男，我不想跟这种人为伍，于是躲到行人路边的大厦铁门里。但他没有放弃寻找的意思……“喵喵……喵喵……你在哪儿呀？”我听见那电单车男的叫声，本想跑掉，却发现元神走不动，才猛然记起书中说：“离开了附体地，就要在拥有一定阴气的时间和地点方能离开。”唉……没办法了，事情既然已发展到这个地步，反正现在也走不了，我唯有暂时利用这男孩吧。虽然很不情愿，但我也被他带上了电单车，他把我夹在双脚间……然后驾着电单车带我回家。现在，我只能暂时作为一只小黑猫，还是一只被傻气男收养的小黑猫。想起这坏我大事的主人，我深感气结……

二

自从妈妈离世，我就跟着爸爸四处漂泊，后来成为孤魂野鬼。记忆中，我仿佛从来没有一个安定的家，今天寄身黑猫，跟着一个坏我大事的笨男孩，竟然有了家的感觉。别看男孩粗枝大叶的样子，人还挺细心的，他用竹篮为我建了个小窝，是小小的温暖的床。男孩一天到晚都在对着一些冷冰冰的机器，却好像很开心的样子。我茫然地看着眼前孤单的身影，以及机器上不停闪动的画面和人物，忽然觉得这世界很陌生——那些小人会走出来吗？飞来飞去的影子和我一样是孤魂野鬼吗？男孩突然停下来，凝神望着我，这时我才留意到他的样子：国字脸上，挂着一双冷漠的单眼皮，笔直的鼻子，配着厚厚的嘴唇，嘴角上扬的时候，有一种奇怪的线条……喵喵喵！他抛出一个傻气的笑脸朝我走来：“猫猫，我现在就去超市买你的食物和我的食物，今晚我们撑枱脚吧！”他定神看我好一会儿，看得我有点不好意思。“喵……喵……”我叫声一扬，把元神也抛了出来，从门外的走廊到小猫窝的位置，竟然出现了我自己的影子。那男孩也好像看到了，他揉了揉眼睛。我因为害怕，马上让小黑猫躲到暗处，影子才消失掉。“好险呀！”我不禁抹把冷汗。男孩出去了，为我准备了一顿丰富的晚宴，他边吃边说：“喵喵，多吃点吧！当自己的家一样就好。你叫什么名字好呢？唔……你的毛柔软得就像棉花糖一样，就叫你棉花糖吧！记住呀，以后你就是我的人了。不！是我的猫！你是什么性别的？”说时迟那时快，他竟然托起小黑猫的腹部找生殖器，真是无聊透顶！“棉花糖、棉花糖……”我默念着自己的新名字，几十年没人叫过我的名字了，有种奇怪的愉悦感，虽然我根本不知道棉花糖是什么。吃过饭后，他拿着一包七彩东西到我面前道："看！这就是你的名字——棉花糖，又松又软，很甜很甜……"他给自己口里塞一颗，又给了我一颗。我舔了一下，一种清甜在舌尖散开，然后轻轻一咬，松软如云，甜滋滋的感觉沁入心脾。随即，男孩又在机器前折腾了数小时，睡前抱着我说了些无聊话，生活好像很无聊的样子。灯关了，他把我抱在怀里，不知怎的，我的心竟乱跳起来。几十年了，我就和一个男人睡过吧，现在来找那个男人，竟然睡在另一个男人的身边。想到这儿，我有点透不过气……我深呼吸，告诉自己要冷静下来，并计划下一步的行动。我拿出土地公给我的通灵书，算好了明天至阴之时——亥时，晚上九时至十一时。我望着男孩熟睡的脸，五官安详地搁在枕上，嘴角仍挂着一丝微笑，如一个无知小孩。如何利用这无知小孩去达成心愿呢？我很是沮丧。想着想着，我在男孩摇篮曲一样轻微的鼾声中入睡了，度过了我几十年里最安稳的一个晚上，睡梦中，有着棉花糖的香甜。

三

男孩一早起来，似以九秒九的高速完成洗脸、刷牙、穿衣等程序离家。离开前，却不忘掉抱我一下："棉花糖！我现在要去上学了，你要乖乖留在家里等我！"说时迟那时快，他竟在我脸上吻了一下……好像当年 JOSE 和我在河边说笑的时候那突如其来的吻那样，令我心如鹿撞，"乖乖留在家里等我……"我反复默念这句子，有一种由心而发的甜蜜。困在猫的身体里有点苦闷，我干脆找点活儿，我为男孩收拾一下衣物和书桌，不小心碰到那冷冰冰的机器，屏幕竟然亮了，吓我一跳。那花碌碌的机器可真有趣，只要轻轻一碰，就会闪出不同的画面。我用小手在周围乱点，发现很多新奇的东西，包括照片、文章、影画…还有一页写着一些有关这个男孩的资料——澳门大学、工商管理、三年级、22岁、男、陈芷萱……看到他的名字，又再看看他的性别，我笑了！——芷萱、芷萱，读音像“子孙”，倒过来读又像我们写书法用的“宣纸”。还有还有，那分明就是女孩的名字吧，好好一个男子汉，怎么会有个小女子的名字？怪不他总是婆婆妈妈，坏我大事。本来还想继续嘲笑他，不过，想起这男孩一天来的厚待，又觉得这名字傻气得带点温柔。机器内还有很多女孩子的照片：长发的、大眼睛的、小嘴巴的、穿短裙的……还有穿很少衣服甚至没穿衣服的……这……这……叫芷萱的男孩长相那样纯洁，对小动物那样友爱，怎么喜好如此变态。真是令人困惑。

就这样，我在机器前翻了一个下午，想起他说的“你要乖乖留在家里等我！”今天已作好无功而返的打算。家门突然开了，男孩……芷萱他回来了，我决定以后就叫他芷萱，因为这名字让人感觉清纯一些，不像那些可怕的女人裸照，让我想起一个色情狂。为了实行我的计谋，我跑到他脚边撒娇，他抱起我，让我伏在他大腿上，继续搞他的机器。“搞什么的？整天对着机器，不闷的吗？”我凝神盯着他：“帮帮我……我给你力量……替我找一件东西……”他好像感受到我的力量，忽然间，我走进了他的身体。那一刻，有一种形神交合的震撼：他的血液流进我体内，他的心跳声贴着我的耳朵……是一种说不出的、似曾相识的感觉，我一阵目眩……终于人神合一地走进了幻境，我按照书的指示，通过时光隧道来到了一个叫烂鬼楼的地方。我要先去土地公那边打听消息，于是我放下芷萱的肉体，和一个当地的土地公聊天。他告诉我，时光隧道有指示方向的功能，它会带我去目标地，即留下线索的地方。如果我要找一个人，它会带我去接近这个人出没之地。如果要找一物，它就会带我去此物之收藏地。但我来之前没设定目标呢，是找人还是找物呢？我一时间混乱起来，还来不及细想，便听见芷萱的呼声。转头一看，他竟然被一群饿鬼狂追。“饿鬼来了，你的朋友有难了！快拿火把，他们怕火的！”烂鬼放下火把和提示便消失了。“不用怕……芷萱……他们怕火，你现在想着火，向他们烧过去就行了……”我给芷萱递上火把，努力逃离饿鬼群。看着他受惊的样子，我脱口而出：“芷萱，你没事吧，我来迟了！”他失神地看着我。我们都来不及思考，饿鬼就追上来了。我逼不得已冲向火把，变成一只火猫，以加大攻击的速度，直至饿鬼的惨叫声在火中消失掉……好险呀！终于脱离险境，正想回到芷萱身体，举头便见“飞天古玩”的店铺牌匾，古玩店应该是藏旧物的吧，莫非陀表就在里面？反正来了，没可能空手而回，我将错就错对他说：“芷萱，我们现在身处的地方就是现世与灵界之间的夹缝，只有在这里我才可以找到我要的东西。我想你帮我取的东西，就在这间店子之内……”这回他没有再失神了，乖乖地按照我的指示而行——进去吧，芷萱！我再次跳上他的肩膀，让他直接穿门过去。在火光前，他有点犹豫，但在我催促下，他无奈附和，“棉花糖，准备了，我现在数三声！一，二，三！”我们一起向着那间古玩店的铁闸冲过去，已进入了表层，但一道强光竟把我们弹回去——呯！响声一发，我们双双着地。芷萱一下子昏过去了。正在我不知所措之时，土地公出现了。“姑娘，子时已至，你的法力不足以穿墙了，还有……这间店是抗魔结界……想不到传闻是真的……你不如归去吧！”我还没时间答话，身体就被吸进时光隧道，和芷萱一起双双消失在烂鬼楼的街道，回到家中。

夜色下，我看着这个男孩熟睡的脸，还有他一身烧焦的味道，有点恻隐之心:“芷萱，虽然你坏我大事，虽然你的名字很好笑，虽然你不勇猛，虽然你会看变态的照片……遇上我，要和我赴汤蹈火，真是难为了你！不是我要找你的啊！是你执意把我带回来的啊！没有人逼你的啊！”我一边自言自语，一边用水为这男孩清洗污痕，竟然觉得很温馨。

我把灯关掉，在夜色里看着这个男孩的黑影。月光洒在身上，有一层银灰色的光影，很美！我多么想像昨天那样伏在他怀里入睡，寻回那种被爱的感觉，但我没有进去，因为，这男孩不是我的，尽管他愿意为我赴汤蹈火。想着想着，我入睡了，在梦中，竟然闻到幸福的气味，一如吃着七彩的棉花糖。

四

因为那天到烂鬼楼伤及元气，我必须留在黑猫体内固本培元，静待时机再出发。这几天，我乖乖地没上那小子身，但他却开始对我起了疑心，每天回家一有空便盯着我，弄得我浑身不自在。有一回，他还把我抱到机器前，不消一秒，便把黑猫的样子放在机器里，很是可怕！然后我看到他打字，包括黑猫、魔法少女等，不久机器上便出现了很多资料。那东西简直就是天书，竟然比我手上的灵界指南还厉害。利用这台机器，想必可以找到 JOSE 的资料吧，我雀跃。于是趁芷萱不在家时，我便去碰那机器，但因为不知如何在上面写字，我能看到的东西便很有限。

“不行！我一定要学懂它！”某天晚上，趁芷萱不在家，我便溜到土地公那里请教他。“呀？你连电脑都不知道呀！家人没给你烧那东西吗？”土地公一个劲嘲笑我。是的！已经几十年没人祭祀我了。我走后，爸没再娶，他家本来人丁就薄，除了爸，没有人来看过我。后来爸也走了，就无人理我了。爸去哪儿了呢？他死了为什么没跟我重逢呢？后来才知道，原来尘缘已尽的鬼魂可以早日投胎，喝过孟婆茶便会忘掉过去，所以爸没来找我。土地公见我可怜，送我一台阴间的电脑，只要储足元气，我便可透过电脑浏览阴间资料，甚至可以网上对谈，在社交网站认识阴间朋友呢。不过，阳间的事，阴间所知有限，必须要用阳间的电脑才能查到，原来鬼神并没有常人理解的那样神通广大。我在社交网站认识了在阴界人称博士的齐人。齐人是个年轻的风流才子，由于生性风流好色，名副其实尽享齐人之福。他见我是个妙龄女鬼，又自动找上门，便爽快帮助。花了几天时间，终于查到“飞天古玩”店的底细，那是一所很有名气的古玩店，据说此店有过百年历史，由于很多古物皆从墓穴掘出，因为阴气未了，邪灵附物、鬼魂寻访等事常有，不懂术数之人拾得古物，随时惹祸上身，故东主的家族致力钻研术数，并自成一派。久而久之，除了经营古玩生意，此族还是捉鬼专家，灵界幽魂对此无不闻风丧胆。我把自己的情况和盘托出，期望得到同情，促使齐人拔刀相助，可是齐人显出一派爱莫能助之态：“姑娘，你身世可怜可悯，但好鬼不与道斗，不宜以卵击石。投胎为人不过生死循环，白活一场，倒不如做只风流野鬼逍遥！姑娘不如来我家……”话说到此，我心如履薄冰，凉了一截——好不容易找到 JOSE 的家族成员，却遇上意外；好不容易知道线索，又碰着捉鬼家族。莫非命中注定我尘缘难了，终身做孤魂野鬼？其实，齐人也对，投胎转世不过是生死循环，白活一场，但留下来无依无靠，日子甚是难过，像齐人那样做风流鬼，找些鬼伴侣胡混，又觉无情无爱，味同嚼蜡，难呀！想不到做人难，做鬼更难！

心如止水之际，芷萱却忽然为我带来转机。某天，他如常回家，一边拿着手上的机器，一边对着我喃喃自语:“猫、少女、陀表……是不是有什么关系呢？喵喵喵……，棉花糖，你能不能告诉我？”我不知道他找到什么线索，但显然我的事开始困扰他了，我有点不忍，主动靠近他，用猫的舌头舔他的手，怎料他突然一把把我抱起，好像看到什么似的，呆了！我顺着他的瞳孔看去，吓了一跳——是我——他瞳孔内的影像不是猫，是我原来的脸！我努力想跳出他的视线，但他没有放开我，他一直死命地盯住我，又看看手上的机器，开始有点失控。“你、你、你……是谁？你到底是谁？”话音未定，他把机械送到我眼前——一张照片，里面装着……是陀表，是我妈的陀表，还有那个恍如隔世，已经有点陌生的西洋面孔……还有，还有我，那个结着辫子，带着稚嫩笑容的我……，我一下子呆住了。“你是谁？你到底是谁？你是不是鬼……”他不停的追问把我拉回现实。一时间，我不知怎面对他，不知怎面对他瞳孔内的自己，更不知怎面对那朝思暮想的遗物，还有里面的那些面孔……

五

照片、陀表、瞳孔、我自己……那天以后，片段不停在我眼前闪过，令我几天都寝食难安，而那小子也天天用异样的眼光盯着我，好像看出了什么似的。为此，我们远离了好几天，好像吵架的恋人那样，互不理睬，却又胡思乱想。为了离开他的气味，我一有机会便往街上跑，越过公园、跨过大街、走到某大宅的屋顶。也许是近海的关系，屋顶有一种熟悉的气味，我伏在瓦片上昏昏欲睡，眼前闪过漾着咸鱼味的小木屋，还有孩子的哭声……孩子的哭声？声音像闪电那样突然触动了我的神经，我打了个冷战，并冷汗直流。哭声不是我的幻想，是真实的，一直在大宅上响起，很是凄厉。我忍不住跑到窗前细看，只见一个上身赤裸、头上长着尖尖的耳朵的黑影伏在那里。他眼睛闪着蓝光，嘴角上扬，手中拿着一个铃铛，轻轻一敲，发出一种红火，好像直刺小孩心肝，非常可怕，而孩子便在这威吓中不停啼哭。是夜啼鬼吧，我在阴间一直听闻有一种冤魂叫夜啼鬼，这种鬼怪其中有一种是专门对仇人之后复仇的，要仇家的初生婴儿哭七七四十九天，气绝而亡。看着那啼哭的小孩，想到我未见天日的孩儿，心酸落泪。身后却竟然来了一个人，他是一个白发老人，脸容愁苦，同样眼泛泪光。“姑娘，好心救我曾孙一命吧！”他哀求道。我呆了一下，他又继续说：“我叫老寿，是个老澳门，在生前因为帮葡人做事，无意间害死过一户苦命人。我敢发誓，我是无心的，我只是去收债，说几句威胁的话，没想到他们一家服毒自杀，然后老父成为厉鬼，一直缠着我族不放，让我的一些命数较弱的子孙都死于非命。自他们一家死后，我已倾家荡产去做善事，死前也嘱咐子孙要立好心，当好人。幸好我的子孙也遵从我的遗训，今日仍能保存富裕的财产。而我的冤债虽然早已偿还，但他却不肯放过我，宁愿一世为厉鬼，永不超生，也要加害于我一些命数比较弱的后人……”我见他怪可怜的，未敢直接拒绝：“老伯，你的情况我深表同情，但我一只尘缘未了的鬼魂，自身难保，又如何能助你？”之后，我就和他道出身世。他听了一脸震惊：“你说的那男的叫 JOSE，就是 BOSCO 家的人？就是他！就是他家请我去收债的，后来因为此事害死人，他们一家就逃回葡萄牙了……想不到他家子孙也早生夭折，天作的孽！天作的孽！”想到自己和亲生儿也许是被此厉鬼加害至死，我眼前一黑。此时，夜啼鬼好像发现了我们，他收起阴险的微笑，恶狠狠地盯着我，然后口中喃喃自语:“哭吧……再哭多些吧……直至哭到死……”然后女佣不知怎的尖叫起来:“鬼呀！鬼呀……”

“如果你不出手相助，你爱人的后代可能会同遭此难，你于心何忍？你就帮我这个忙吧，也当帮你自己的忙！”回家路上，老寿的话一直在我耳边回荡。想起我和我的小孩因此失了性命，想起JOSE的后人如那婴孩般受折磨，我当然奋不顾身，反正我孤魂野鬼在这世上混着没有任何牵挂，但一定得找个活人出手，就不是我一个人的问题了。无可否认，我已扰乱了芷萱的生活，虽然他曾坏我大事，总不致要舍命相陪吧。上次去烂鬼楼遇上一般小鬼，已经差点害他葬身鬼腹，今回是个冤魂厉鬼，岂不更难应付？到时累死一个无辜少年，岂不罪过？想着想着，忆起他温柔的眼神和微笑，更是不忍。我回到家已经深夜，芷萱家门半开，灯还亮，似乎在等我回来。我刚踏进门，他就跑过来抱我，似乎很着急的样子。“你跑到哪里去了！不知人家担心的吗？都是我不好，上次眼花吓着你……都是我不好，几天都没理你……”他一直唠唠叨叨地责怪自己，一边给我擦身喂食，婆婆妈妈的，真是很可爱。可爱？我脑中竟然闪过这个词，有点不可思议。近日，我觉得自己好像满脑子他的事，闭上眼，我看到的人竟是他，而不是JOSE。那天，我看到JOSE的照片，竟然觉得有点陌生，太可怕了！我对自己的这种反应有点震惊，但又有点排斥。不过无论心里如何设防，当他开口说:好久没和我睡了，“今天给我暖暖被窝”，我就融化了，乖乖地随他而去。不知怎的，半夜我在一种奇怪的力量推使下醒来。我睁开眼睛，竟然听到有人在说:“姑娘……好心救救我曾孙一命吧……”还未知发生什么事，我的元神竟然已离开芷萱的家。一转眼，就身处一座豪宅门外，并见到老寿站在门前微笑，好像看到救星的样子……我叹了一口气，都知道这趟浑水避不了，但没有办法，如果今次不帮老寿，芷萱将来可能也有危险。我施展法力，准备将芷萱召唤过来……

“帮帮我……我会给你力量……帮我办一件事……”

在我施展法力的同时，我见到芷萱的手腕上泛起红光，似乎和我的法力产生共鸣！刹那间，就被那道红光带到了这个大宅。

六

我领着芷萱到达豪宅，避过了夜啼鬼的监视，成功救出老寿交托的婴儿。完成任务后，芷萱和我回到家里，我用同样的方式向他施法，以为可以让他入睡，这晚的一切便如南柯一梦。可是不知为何，晕倒的他竟然因跌在地上而醒来，我的施法似乎失效了。芷萱揉揉双眼，然后一直盯着我，却没有开口说话，但在他瞳孔里，我明显地见到自己的真身。我知道无法隐瞒了，只好先开口说话：“你看见我了吗？不要害怕，我不会害你的！”他仍是木讷地看着我。我接着道明来意，他一直在听，脸上没有一点表情，仿佛神游于另一个世界。我说完了，他只说了一句：“知道了！”就睡去了。他的冷静让我有点不解，但无论如何，对于能够坦白交代自己的事，我倍感轻松。想到人鬼有异，长期留在此处不是办法，我有了离开的念头。事情还没办完，现在离开马交岂不是功亏一篑？如不想离开，又可去哪里呢？这时，我脑里只有他——齐人。现在，他是唯一可以收留我的人了！我来芷萱家没带什么细软，只有一本天书，我把它藏好，在电脑上留下道别：

“抱歉打扰你的生活，感谢照顾，珍重！”

终于到了齐人的家，我敲门，他见是我，竟然喜出望外：“怎样？给那小子赶出来了？”“是我自己离开的！”我淡淡地说。齐人告诉我芷萱和古玩店的事，又说了他如何得到“捉鬼大师”的赏赐，戴了宝物在手，故不怕妖物伤害等。他没完没了地谈自己的见闻，越说越兴奋，并借机抱住我的腰，有所行动的样子。我用力甩开他的手说：“请尊重点！”“在人家的地方住了那么久，没有亲热过吗？”他轻佻地笑，然后退下。还好，齐人还算是个君子，没有乘人之危，又把床让给我，自己睡在地板上。我待在床上，望着月光，想起芷萱银灰色的身影，想起与他共处一床的温暖，心中有说不出的失落。不久，天亮了，齐人竟然没有起来。是的！齐人是鬼，怎么爱白天行动，我寄在猫身，走动比较方便，因为辗转难眠，干脆动身去找老寿，不知怎的，竟然转折回到芷萱的家。昨天的事吓着他了吗？他能起来上学吗？我爬到睡房的那扇窗户，只见闹钟叫不停，他伸手按下，然后说着梦话：“棉花糖，我今晚去新苗给你买冰的鳕鱼……去水塘散步……棉花糖。”听着他低呼“棉花糖”的名字，我心酸了。

再不舍也得前行，我绕了几圈，终于回到老寿的别墅。老寿好像有超能力一样，一早知我会来，正在花园等着我，他一见到我便千万个道谢。并履行一早说好的诺言——以他老澳门的知识，帮我找回那间咸鱼小屋。“百年人事几番新，你要找的小屋早就拆建成大厦了，可别失望呀！”我没再寒暄，执意上路。走着走着，觉得路很熟悉，不久，老寿停下脚步，指着前方说：“到了！就是那里！”怎么可能？明明那是座海边的小木屋，怎可能立在这里？前面一点海景都没有！老寿得意地道：“都说百年人事几番新啦！海一早填了，只有多情种子的心还没满，一如缺了水的种子，永远发不了芽……”“海一早填了，世界一早变了，而我也一早来了……”我在心里呐喊，老寿好像一早顿悟了什么，扬长而去。我跑到对面，爬到我熟悉的窗前，望着那熟悉的床，以及床上熟悉的人……我回来了，一早回来了，怪不得这床总有种魔力，我闭上眼睛，想象百年未忘的爱人，他的脸很模糊、很模糊……一道银色的光散落眼前，我拨开轻如纱的银光，令人震惊的是——那竟是芷萱的脸。“不会的！不会的！不会是他的！”我无法接受眼前的一切，飞奔回齐人的家，赖在床上，几天都没法离开。“生病了？”齐人关切地问。我没有回他，他继续说：“那小子好像几天没回古玩店了，好像去找你了！见他失魂落魄的，怪可怜。千里姻缘，挡也挡不住，何必相互折磨？”“何谓姻缘？”百年想念的人，难道不如几月初见？我心里不解之际，有朋自远方来，一只艳鬼把齐人带走了。他们躲在客厅缠绵，呻吟之声四溢，听着教人乱性。我闭上双眼，竟然没了咸鱼的气味，一室满是棉花糖的香甜，抚得浑身松软……

七

几天下来，我躲在齐人的床上没有出门，齐人则天天风流快活，艳色无边。“不要吃点东西吗？”那一夜，美人走了，齐人带着猫粮关切地走进房内问我。“不饿！是的，怎么一点不饿？”我奇怪。“当然不饿啦！你是鬼嘛！但你不去吃东西，恐怕猫会饿死！”“对！怎么没想到！”我感恩地吃着齐人带来的食物，想起芷萱每天给我喂食的情景，想起香甜如棉花糖的幸福，眼中不禁泛起泪光。齐人坐在床边，温柔地给我抹着眼泪，我下意识地依着他，仿佛有了依靠。齐人借机抱住我，这次我没有反抗，“几十年了，我在等待谁呢？我在寻找什么呢？”我闭上双眼，准备享用一刻的温存，但齐人竟然没有任何动作，他只是温柔地抱住我和把弄我的头发。第一次这样走近他，细看他的轮廓，发觉齐人原是个美男子，他的五官配合近乎完美，还有很好的身型曲线，JOSE和芷萱显然不能和他相比，怪不得他可以如此招蜂引蝶。“齐人，你为什么不去投胎？”我好奇地问。“问世间情为何物？”齐人道出了自己的过去。他生于清朝末年，本为富家子弟，在世时文才武略，无不精通，仰慕他的女子不计其数，而他却偏偏恋上一青楼才女，因坚持真爱与家人闹翻，又为美人放弃大好前途，甘为爱情隐居山林。殊不知贫贱夫妻百事哀，青楼女子挨不住艰苦日子，投靠了大财主。齐人不甘，苦苦相缠，终为财主所杀，还被挂尸数日，以示尊威。齐人羞辱难平，冤魂不散，听闻此城离岛有一仙溪，可治容颜破损，但喝了却不得超生。齐人为此千辛万苦而来，且决志永不投胎。因为其貌无瑕，英伟无比，迷得万千女鬼，不亦乐乎。“和不同女人亲热的感觉不一样吗？”我认真地问。他听后哈哈大笑：“问世间情为何物？萍水相逢，相互取乐而已，何况我们做鬼的，哪有真实需求？好像你吃了猫粮也不会长胖一样，大家不过找点心理快慰！生活本质不过是种情感依存，想找个怀抱，哪个女人都一样；想找点变化，每个女人都不一样……”齐人一夜滔滔不绝，我在他怀内安睡一夜。不知没有缠绵的一夜对他来说是否快慰？而我选择对爱情忠贞，对他来说又有否别具趣味？

我一直以为，只要找到小木屋，就有了千里寻根的方向，殊不知现实际遇更让我方寸大乱。我依旧天天回去偷看芷萱，或帮他收拾细软，或在他的床上睡一睡。教人难过的是，他的日子显然过得不好。他经常夜里不眠，在机器前醉酒到天明，有时又在梦里惊醒，胡言乱语，因而早课每每迟到……为了我吗？我不知道，但很内疚，决定以后不再见他，不再扰乱他的生活，让他慢慢忘记我。但事与愿违，他还是没有放弃在周围找我。有天深夜，他竟然来找齐人。我一早告诉齐人，我不会再见他了，并请齐人转告他，要好好生活，不要再找我！“我们人鬼有异，你为什么找上门来？”齐人问他。芷萱说，那是古玩店的樱大姐告诉他的，然后他追问我的下落，齐人守信，没出卖我，又劝他人鬼殊途，放弃为佳等。芷萱似乎早有准备，没有纠缠，只留下一个小盒子和一封信，交给齐人，请他转交我，之后便离开了。齐人把盒子和信交到我手，我打开小盒，意想不到的是，里面躺着我的陀表。六十多年了，表还完好无缺。我的照片褪色了，但形貌清晰可见，身边那人样貌也和想象中没两样，只是有点陌生。我上了发条，表就动了起来——嘀嘀嗒嗒的。我听了半天，想象秒针带我回到六十六年前。听着听着，我就入睡了，我回到河边，看到熟悉的场面——年幼的我和 JOSE 在河边嬉水，然后在大街上嬉笑，然后在小屋内拥吻，然后然后……我不见了，只剩 JOSE 一人在河边哭，在街上荡……还有芷萱竟然出现在我们那个年代，JOSE 竟然跟着他，然后他们交谈……在说什么？我听不见，我狂追、大叫……在惊恐中醒来，泪湿了一枕。齐人跑过来抱着我，帮我擦眼泪：“投胎吧，忘记过去，重新开始……”他温柔地哄我。“你都不投胎，为什么我要投？”我茫然地问，齐人说：“那是因为我找到自己生活的价值，而你却没有。”齐人还问我，“如果你死了，想 JOSE 也死吗？想他继续想念你吗？想他无法找到新爱吗？”“不想！不想！不想！”我一直哭，没有答他，但我知道，其实心里已经有了答案。我拿出芷萱给我的信，想打开，又没勇气，脑中又浮起齐人的话：“想他也死吗？想他继续想念你吗？想他无法找到新爱吗？”不想！不想！不想！我找到了答案。人鬼殊途，我不想留下耽误他，他应该有正常的生活，而我也一样……想法刚浮出来，我的身体便离地了。齐人给我情深一吻：“走吧！我们无缘相爱，可惜呀！”然后老寿、土地公等一一向我挥手道别，还有一双闪闪发亮的黑眼睛——那是棉花糖，我弥留人间最后一程的幸福见证。最后，芷萱也来了，他想拉住我，好像要说些什么，但我听不见了……起飞了，心如云样轻盈，灵魂浮在空中，迎接我的，是个光明的出口。我在洞口回首，尘世是一团黑色的、边际模糊的球，一如那叫棉花糖的黑猫在空中飘浮。我深呼吸，吸入转世前的最后的一口气，有一种香甜的滋味。

后记：

今日驾车路经军营路段，有一只好像未会行走的小黑猫呆在路中心。我停在前方，准备下车救亡，一个交警赶至，把猫抱到人行道。这时一个驾电单车的男人下车跑来，我问：“你丢了小猫吗？”他说不是，我告诉他交警已把它抱上行人道，示意他不用担心，但他还无意离去，直到我几分钟后再次路过对面路段，男的还在四处寻找……当中似有不可告人之事，令人神往，等我为他写个故事吧！

2012年4月16日的一个“吹水”的留言，促成了这个故事的渊源。其实我当时是纯胡混性质，并未想到紫菱文友真的坐言起行。他先执笔写了一回，于是我随尾附和……在文风上，我的深沉阴郁与紫菱的鲜活跳脱，本是格格不入，但透过人物的角色分工，我们尝试从不同的视角看世情，也带出了不同的世界观。因为想出个小说集，而此书的宗旨是“一人一文一体裁”，于是我把原作改写了一下，摘取了自己写的那一个侧面。感谢紫菱文友的带领，让我有机会享受一次魔幻旅程。创作多数时候是孤独的，特别是在文学并没有形成市场的年代，幸而文学爱好者的相互鼓励给了我继续笔耕的乐趣。未来，希望还有机会和不同的作者学习。最后，引用我在故事结尾前的话作为是次创作的总结——深呼吸……有一种香甜的滋味。

哪吒火烧大三巴

话说“托塔天王”李靖的妻子怀孕三年六个月，生下一个奇怪的婴儿，名叫哪吒。哪吒天生聪颖，连太乙真人也愿意收他为徒，将盖世武功传授给他，也正因如此，哪吒变得非常好胜。

有一次，哪吒在东海玩水，因为一时意气，打死了龙王三太子。为此，龙王亲自率兵去李家问罪。为了不连累父母，哪吒把自己的肉割下来还给母亲，把自己的骨头挑出来还给父亲，当场自杀偿命。后来，太乙真人因为爱才，偷偷用莲花与莲藕给哪吒造了新的肉体。重生后的哪吒，凭着武功和法宝（风火轮、乾坤圈、混天绫）多次立下大功，观世音娘娘见他表现理想，于是还他自由。

正所谓“江山易改，本性难移”，时间一久，哪吒又忘了以前的教训，开始和周围人比武，且百战百胜，在中原一带已全无对手。听说南方有个名叫濠镜澳的海滨小城，来了些西方神仙，其中一个，貌若观世音，不动一刀一枪，不使一拳一脚，凭借神奇魔法便令来者自愿认罪。为了与高手决战，哪吒长途跋涉到小城，并找到仙女相传的住宅——圣保禄山的天主之母教堂，又称“大三巴”（最大的教堂）。

没有天宫龙殿的金碧辉煌，但教堂灰白色的石墙在夕阳下仍熠熠生辉。屋内空无一人，哪吒走进大殿，只见正中央站着一尊白色的石像——不似本地人，长发垂肩，脸上的神韵，果真有点像观世音。于是哪吒立刻上前，说：“本人哪吒，想找娘娘比试武功！”等候良久，未见仙女现身，于是，哪吒又问周围那些不知名的神像，可是没人回应他。

哪吒开始有点不耐烦了，拿着丝带状的混天绫四处摇，并大喊：“喂！有人吗？快现身！”他又拿出乾坤圈，四处抛，“来人呀！你们不出来是怕输吗？”仍然没人理睬他。这时，天黑了，室内有点暗，于是哪吒点起风火轮，在教堂四处滑行，寻找人迹。“再不出来，我就发火了！”说时迟，那时快，一不小心，他便撞倒了蜡烛台，风火轮的火一下子点着了桌上的蜡烛，火舌沿着风向，再烧着了地毯和蜡烛台下的一瓶油状的东西……

“着火啦！救火呀！”哪吒高呼，并努力找寻水源。不一会儿，居民拿着水盆从四面八方涌来。但风太大了，情况如同“火上加油”，火一直烧、一直烧，烧得教堂的围墙都纷纷倒下。这时，天边突然洒下一阵冰凉的雨，火一下子就灭了。为何突然天降甘露？各人都觉得奇怪。仰头只见天边一位仙女下凡，正是观音娘娘。观音拿着手上的柳枝向哪吒一点，混天绫便把他捆绑起来。

“哪吒，这次你又闯下弥天大祸，你把濠镜澳的教堂烧了，怎对得起小城的居民？”观音怒道。

“对呀！这是西方传教士给我们建的大教堂，是诵经、祷告的地方，现在给你毁了，实在太过分！一定要处死他！”

“对！要处死他！”“处死他！”“处死他！”“处死他……”

四周群情汹涌，大家都觉得哪吒应被处死。这时，唯一未被烧毁的教堂前壁亮起了一道蓝光，中央走出一位长发垂肩、温柔脱俗的西方女子。

“神爱世人！我们应给犯人一个机会。”叫圣母玛利亚的女子说。

“我不是有意的……”哪吒一五一十地说明了整件事。

“虽然不是有意的，但毁了人家的教堂，还是犯下了大错呀！”观音无奈道。

“圣灵在心，不在外物。在天主教的国度，借着圣洗、告解、圣事可以减轻罪孽，回归圣洁。”圣母说。

“我愿意受罚！”说着，哪吒的身体消失了，化成莲花与莲藕，落在教堂旁边的土地上，消失了。

“让他留下来吧！以后小城有莲身守护，将成为一片世代和平安乐的莲花宝地。”说罢，观音和圣母相视一笑，也消失了。

虽然，教堂给烧毁了，奇怪的是，圣母现身的前壁一直完好无缺，由于形似中国的传统牌坊，故本地人便称之为“大三巴牌坊”。为赞扬哪吒勇于承担的精神，本地的道教善信在牌坊旁筑起“哪吒庙”，年年以香火供奉，期望哪吒早日修成善果，继续为仙。而中西文化交融的奇景也在此落地生根，普照濠江。

（以上故事内容纯属虚构）

本文2014年刊于《澳门日报》“生活伴我成长”版

一口亲情的井

“爸爸，靠岸了吗？我想吐……”

“快了，过了这个风就回家了！”

风一直吹、一直吹，仿佛要把海上的水全泼到天上。卡路士伏在爸爸道明高的肩上看着海浪……

“爸爸，如果船被打翻了，我们该怎办好呢？”

“抱着爸爸吧！”

“如果抱不住呢？……”

话儿还未吐出，船舱就开始猛烈摇晃。不一会儿，甲板开始裂开，水从缝中涌上来，很快地，船身已灌满了水。道明高下意识地抱着一块救生木，但浪太大了，一下子把他们拉扯开来。

“抱住它！卡路士！”道明高把木头抛给儿子。

“爸爸、爸爸……我害怕！”卡路士狂叫着。但爸爸却在浪花中消失了，卡路士眼前一黑，昏过去了。

“别怕孩子！”卡路士努力睁开眼，只见一抹金光划过天际，一位穿金色衣裳的女士站在云上。

“你是谁？”卡路士问。

“我是妈祖！”女士操着和蔼的口音说。

“不是！你不是我妈！我妈她已经死了！”

“不是妈妈！是妈祖！我是海上的神仙！”

“神仙？你帮助我吗？妈妈已经死了，我不可以再失去爸爸……”卡路士哀求她。

听到卡路士的哀求，妈祖眼角闪着泪光，那“水珠”由小小的一点慢慢放大，变成一轮明月，从天边降落到卡路士脚下，轻轻地托起他。

“去找你爸爸吧！”妈祖向他挥挥手。

银盘般的月亮温暖极了，卡路士伏在上面，好像母亲的胸怀一样温暖，不久就入眠了。醒来的时候，鼻子飘来一阵奇怪的气味。只见一个老婆婆拿着一碗黑色的水向他送来，口中说着奇怪的语言。

“不要！不要！”卡路士推开老婆婆，拒绝喝下那碗热腾腾的黑色的水。

老婆婆没有生气，口中不停说着一些卡路士听不懂的话。

“水！水！我要水”卡路士一边说，一边做着饮水的动作。

这下老婆婆终于明白了，她拉着他的小手，口中说着“lilau、lilau”（广东话：来啦！来啦！），然后，他们来到了一个圆形小洞。朝里一看，卡路士竟然看到了自己。老婆婆朝里放下木筒，然后轻轻一拉，就拉回一汪清澈的水。卡路士大口大口地喝，觉得水冰凉而甘甜。

“lilau、lilau”，卡路士指着那水问老婆婆，大意想求证那是不是叫“泉水”，因为“lilau、lilau”在葡语里的意思正是“泉水”。老婆婆没有点头，她又继续说“lilau、lilau”，然后引着卡路士去吃白米饭和一些奇怪的食物。

卡路士就这样住了下来，并开始学会老婆婆的语言，知道街坊都叫她“阿婆”。虽然，阿婆待他极好，但他还是很想家，特别是爸爸。每逢月圆的晚上，卡路士会一个人在井前哭，眼泪总会滴在自己的水影中。这时候，他又会想起妈祖娘娘的话。有一天，他终于忍不住把事情告诉阿婆。

“妈祖娘娘显灵了！你一定能找到爸爸的。”阿婆肯定地说，然后天天带着卡路士去妈祖庙上香。卡路士快乐极了，因为，除了可以再见恩人，在妈祖庙一带还经常遇见来自故乡的人。他把事情告诉每一个人，并留下了自己的地址：lilau、lilau。

“lilau、lilau……”有一天，门外传来熟悉的声音。

“爸爸、爸爸……”卡路士兴奋地赶出来，果然见到了久别的父亲。

道明高挽着儿子的手，亲自向阿婆道谢，并给阿婆很多钱作为报酬。阿婆只是点点头，没有说话，也没有收下钱，一个人跑到屋外打水去了。

“孩子，是时候和阿婆道别了！”道明高和卡路士说。

“lilau、lilau……”卡路士挽着父亲的手走到井边。

“爸爸，这叫井，井水就像我们国家的泉水，这里就是我们的家！”卡路士拉着爸爸和阿婆的手，三人低头——井中的家人都微笑了。

丢失了松果

松山中的一棵松树上，住着一户松鼠。松鼠妈妈在重阳节当天生下了她的独生子。为纪念这有趣的时间和地点，妈妈给他取了个名字叫重松。虽然重松生于重阳节，但他非常怕高。住在松树上的他，总是不敢往下看，进出鼠洞也必须黏着爸妈。但松鼠爸爸认为，在树上活动是松鼠的本能，所以决定要教重松一些本领。

首先，重松要学爬树。

“如果，你在晚上学爬树，看不到树下有多高，便不会害怕了！”松鼠爸爸说。

于是，重松便在晚上开始学爬树。虽然，晚上四周都黑漆漆的，很是怕人，但越往上爬，重松便越安心。因为天空上有道光柱，比星星和月亮都要明亮。重松努力地爬至光源的位置，终于学会了爬树。

小朋友，你知道重松看到什么吗？对！他看到了松山灯塔晚上发出的亮光呢！

接着，重松开始学习跳到另一棵松树上。他依然选择在晚上出行，因为他要跳出去寻找光柱的源头。

“你别往下看，就不害怕了！记住，努力往前方的树枝跳过去！”松鼠爸爸鼓励道。

重松努力地盯着前方的树枝，但风一吹，树枝老在抖动，重松看着害怕极了。

“一、二、三，跳！”爸爸发号施令。“不行！不行！我很害怕！”重松站在树枝上哭了。

“傻孩子！别怕！树枝在风中虽然会动，但方位没变，好像灯塔上的光照着前方，让海上的船只知道大概的方向，便可以继续前进。”妈妈知道了重松害怕的原因，安慰他道。

“风吹了，树枝一直在抖，如果我跳错位置，会摔死的！”重松还是不放心。

“船在海上航行，也会受风向干扰。就是有了灯塔的指引，也有可能迷路，但只要不怕失败，便可以吸取经验，最后总会成功！不怕！不怕！如果你真的摔下来，我会在下面接着你！”妈妈说。

听罢妈妈的话，重松抬头看着松山灯塔的光，仿佛看到了光明，他勇敢地开始尝试。

第一次掉下去了，幸好妈妈接住；第二次差点抓住树枝，但手抓不紧，滑了下去；第三次他随风向摇了几下，向前一跳，终于抓住树枝了！

重松爸妈高兴极了，送给他一个礼物：那东西圆鼓鼓的、咖啡色，有一片片像花瓣的东西，但有点硬……

“那叫什么花？”重松问。

“那不是花，那是一种果实！”妈妈说。

小朋友，你们猜，那是什么东西？原来它叫“松果”。

重松收到了爸妈送的松果，高兴极了。因为这东西纪念了他的成长。重松没有把它吃掉，用一条好漂亮的红丝带系在身上，好像胸前带着一个英勇的金牌一样自豪。

有一天，他和好朋友暑鼠一起去游玩，先是在山下的二龙喉公园玩捉迷藏，再是沿着石阶做爬行比赛，之后又去了漆黑的防空洞探险，最后还爬上了松山灯塔。

“好美呀！那边的房屋好像积木！”暑鼠兴奋道。

“我看到海了。哇！海上还有船！”重松大开眼界。

为了看灯塔的光，他们一直待到晚上才回家。回家后，重松兴奋地和父母谈论着一天的见闻。他准备上床睡觉的时候，忽然发觉了一件事：糟糕了！松果不见了！

“糟糕了！我的松果不见了！”重松伤心地告诉好朋友暑鼠。

“我们回去找吧！”第二天，暑鼠陪他沿途寻找，但没有找到，重松失望极了。作为好朋友，暑鼠没有放弃，他把消息发放了出去……

“重松丢失松果了，快帮忙去找……”

松山上的麻雀、松山下的鸽子，二龙喉公园的金鱼、猴子、黑熊等，都帮忙去寻找重松丢失了的松果。他们找呀、找呀……找来了一大堆松果送给重松。

圆鼓鼓的、咖啡色，有一片片像花瓣的东西，但有点硬……

大家送上的松果都有类似的特点，只是看上去不是大了，就是小了；不是小了，就是形状不同了。重松在众多松果中找来找去，始终无法把爸妈送的那颗辨认出来，心里非常着急，不禁哭了起来。

“重松，为什么哭了？”妈妈知道后安慰道。

“我……我遗失了你们送给我的那颗松果，朋友们帮助我四处寻找，找来了很多很多，但我竟然分辨不出来了！”

“傻孩子，别伤心！虽然你遗失了爸妈送你的松果，但你却得到朋友送你的松果，证明有很多很多朋友愿意关心和帮助你，不是很幸福吗？”

听罢妈妈的安慰，重松内心一阵温暖，抬头看见松山灯塔划过黑夜的光，就像失落中的自己得到朋友的关爱一样温暖。

水坑丢了“尾”

在很久很久以前，澳门东望洋山与大炮台山之间的小谷地末端，有一个地势较低的地方。每逢下雨天，雨水就从两边山坡流下，小洼地便变成了一个游泳池，小动物们最喜欢来这里嬉水。

有一天，小狗聪聪和明明撑着小伞去凑热闹。小水坑里的动物很多，你挤着我，我挤着你，一不小心，在水里团团转的小青蛙竟碰上聪聪的头。

“哎！你干吗不看人呀你？”聪聪不满道。

“不好意思！不好意思！”失魂的小青蛙忙道歉，但一转身，竟然又碰到明明的脚。

“不好意思！不好意思！”小青蛙继续道歉。

“没事！你是身体不适吧？需要帮忙吗？”明明关切地问。

“没事！没事！”小青蛙一转身就消失了。聪聪和明明则继续在水中游玩：和壁虎兄弟玩水球，和乌龟叔叔玩捉迷藏，和金鱼小妹玩跳高……好不高兴。聪聪、明明一直到天黑才回家。

第二天，聪聪又去找明明，想约他去小水坑游泳。

“明明，我们去游泳啦！”聪聪在门口大喊。

“不啦，今天天气好热，不如我们一起留在家看书。你看！这本《科学大世界》可厉害啦！”

“不看！书有什么好看的？我们还是去游泳吧！”

“但是，今天太阳那么猛，水都被蒸干了吧！怎么游泳呢？”明明解释道。

“太阳猛不是正好游泳吗？你不想去就算了，别乱说一通！”聪聪生气地离开，决定自己一个人去游泳。怎知到了水坑，水竟然都蒸干了，留下一片湿湿的泥巴。

“水坑上哪儿了？为什么不见了呢？”聪聪失望地在泥巴上打滚，突然身体碰着一条软软的黑色物体，看样子，好像是一条尾巴呢。

“水坑走了，忘了带尾巴？”聪聪自言自语，碰巧被刚飞过的小麻雀听到。

“水坑怎会有尾巴？你没读书的吧。傻瓜！傻瓜！”小麻雀一股劲地嘲笑聪聪。

聪聪不明白小麻雀说什么，不过对方提到读书，就想起爱读书的明明。

于是，聪聪便跑去请教明明：“看！水坑不见了，留下了尾巴，我们怎样还给他好呢？”

“哎呀！水坑怎会有尾巴呢？一定是小动物们留下的！”

“小动物留下尾巴？”说着，聪聪转头看着自己的尾巴，幸好还在呢。

“这不是我们的尾巴，因为小狗的尾巴是有毛的，而这尾巴却没有毛，对不！”聪聪自满地说。

“对！但那是谁的尾巴呢？让我看看！”明明拿起尾巴细心地观察，然后在书架上拿出一本百科全书翻阅，仔细地分析着，“金鱼不会断尾巴，壁虎的尾巴有条纹，乌龟的尾巴比较短……都不对！”

“啊！那天青蛙神色挺古怪，团团转好像在找什么似的，会否是他丢了尾巴？”聪聪突然想起。

“不会吧，青蛙没有尾巴的！”明明觉得疑惑。

“不如先看书吧！”这回轮到聪聪想看书了。

“蝌蚪，古时写作科斗，是两栖动物——蛙的幼体，当蝌蚪成熟了，它们开始蜕变，渐渐长出四肢……”

终于真相大白了！原来蝌蚪蜕变成青蛙的过程中，的确会掉尾巴。想起小青蛙当日慌慌张张的样子，一定是在找自己的尾巴了。于是，聪聪、明明一起翻阅动物地址名册，找到了小青蛙。

“谢谢你们两位把我的尾巴送回来！那天我的尾巴突然断了，并被水冲走，我非常慌张。不过，后来同伴告诉我，脱尾巴是变成青蛙的必经之路，就不再害怕了！你们两个连青蛙的成长规律都知道，真了不起呀！”

“都是明明厉害，告诉我水坑没有尾！”聪聪称赞道。

“是聪聪厉害！他会观察身边的事物，并坚持去找答案。”明明谦虚地说。

经过“水坑丢失尾巴”的事，聪聪、明明终于明白坚持阅读、观察和思考要结合的重要性。

而故事中的小水坑，那个在澳门东望洋山与大炮台山之间的小谷地末端，经过城市的发展和变迁，变成我们常到的市区——水坑尾。小朋友们，要记住“水坑尾”的故事呀！

作品刊于《澳门日报》“生活伴我成长”版

小王子宝石城之旅

“一个星球、两个星球、三个星球……”小王子离开B614星球开始了新的宇宙旅程。跟上次不一样的是，这趟同行的，还有他深爱的玫瑰。此次别后重逢，他们决定永远不分离了。小王子把玫瑰放进一个圆形的玻璃容器里，小心翼翼地守护着她，和她一起看日落日出、谈天说地，感觉甜蜜无比。

“宝贝，还未到目的地吗？”玫瑰问。

“飞翔就是我们的目的，四处看看星球的风景，不是很好吗？”小王子不解。

“星球有大有小，有明有暗，有不同形状和颜色，的确是很有趣。但我累了，需要休息，而且，我好久没有喝水了。”玫瑰失落地低下头。

小王子这才发现，玫瑰的样子有点憔悴，想必是缺水的关系吧。于是，小王子决定寻找一个有水的星球。

“看！那蓝色的星球多美，我想里边一定会有水源吧。”小王子兴奋道，并开始调校自己的飞行气球降落。

“哇！这蓝星球好美啊！看！那边还有闪闪发亮的宝石呢。”玫瑰指着蓝星球那些亮光发呆。小王子决定找个最光最亮的地方降落。黑暗中，一条横卧在土地上的金光大道吸引了他们。

“一颗宝石、两颗宝石、三颗宝石……太美了！”小王子和玫瑰兴奋得一蹦三尺高。

“那不是宝石，那叫灯饰！是人类用以粉饰城市的照明工具。”一把温柔的女声在空中飘起。

“是谁呢？”小王子奇怪了，但跑了好几圈也看不到人。

“我在这里！你抬头就看见了！”

小王子抬起头来，才发觉一个巨大的石像横在半空。

“你好！我是来自B614星球的小王子，她是我的玫瑰，你是谁？这是什么地方？”

“你好！这里是地球，而我脚下的小城叫澳门。我是妈祖娘娘——这座小城的守护神！”

“你的城市好美丽啊！有那么多的宝石。我的小星球没有宝石的！”小王子羡慕地说。

“谢谢你的赞美！可是，为什么要那么多宝石呢？”妈祖不解。

“可以欣赏嘛，好像我的玫瑰一样，我天天看着她，欣赏她的美，就觉得生活充实无比。”

“也对！但是，这里的宝石太多了，也太亮太光了，让星星和月亮都消失了。你们不觉得吗？”妈祖一脸无奈道。

说的也是。小王子和玫瑰这才发觉，夜空中的星星和月亮都不见影了，而迎面而来的，竟然是一只因乱转而坠落的昆虫——它的名字叫飞蛾。

“小兄弟，你怎么了？不舒服吗？”小王子问。

“我、我、我……找不到方向了！”话毕，飞蛾就昏过去了。

“它们都是被光污染害死的！”妈祖娘娘说。原来，过多的照明系统不仅让生物无法看到自然景观，还会影响生态平衡，如：强光影响了夜行昆虫辨别方向的能力，使依靠它们来传播花粉的植物难以繁衍；夜蛙、蝾螈等夜行动物，也不能如常活动，令其活动及交配的时间变短；光害又会让有害的藻类繁殖，制造红潮，杀死湖里的浮游生物，以致污染水质。

“一颗宝石、两颗宝石、三颗宝石……”妈祖说得没错，看着看着，小王子和玫瑰也眼花缭乱，而且山的四周几乎找不到天然水源，只有厕所内的水龙头。小王子给玫瑰喝水后，双双倒在妈祖脚下昏睡了一夜。早上起来，向妈祖辞行时，两人发现她一副没精打采的样子。

“妈祖小姐，你为什么这么憔悴？”

“唉！灯太亮了，而我又不能躲起来，晚上总是难以入眠。”妈祖无奈道。

“这些宝石太坏了，你离开这里吧，跟我们一起回 B614 星球，好吗？那里虽然没有宝石，但能够看到星星和月亮，还可以睡个好觉。”小王子请妈祖一起同行。

“不行啊！我是地方的守护神，我要站在这里，守护小城最高的一座山。”妈祖坚定地说。

“一座山、两座山……还有呢？没有了？这城市有数之不尽的宝石，却几乎找不到几座山，真是太可悲了！”小王子和玫瑰在空中和妈祖挥手道别之时，不禁惋惜起来。

K 星人的快乐之谜

“B、B、B……报告主人：找到一个和 K 星构造相似的星球，并发现上面有生命！”宇宙飞船内负责探测的机器人发出指示。

科学家“小 A”马上按动电子装置，荧幕上显示搜索结果：

> 地球（英语：Earth），是太阳系八大行星之一，离太阳较近的第三颗行星，也是太阳系中直径、质量和密度最大的类地行星。其构造和 K 星相似，存有和 K 星人相似的生命体系！

“太好了！终于找到一个有生命的星球了！我们可以从那里带回延续生命的快乐元素了！”大长老高兴地说。身边的科学家“中 B”也禁不住欢呼喝彩。

太久了，K 星人太久不曾有过这种快乐感觉了。自从 K 星开始研发出叫“生命激素”的成长物质，K 星人就不需要依靠任何外物生存了，他们不需吃，不需喝，不会生病，也无需生育，只要在“生命装置”中导入“生命激素”，就自然形成生命。然而，如此完美的生命，却并不快乐，经过几万年的研究，科学家始终无法找到 K 星人“不快乐”的成因。

“大概是研发‘生命激素’的时候，没有放下‘快乐元素’吧。”其中一个叫“大 C”的科学家作出了这个结论，且得到多数 K 星人的认同。因此，他成了 K 星的大长老，决意带领 K

星人，从原生生物中寻回“快乐元素”，并将之加进“生长激素”内。于是，长老“大C”亲自带领K星上最出色的科学家“小A”和“中B”开始寻找原生生物之旅。终于，在一百光年外找到和K星构造相似，且有生物存在的星球。要提取原生生物的“快乐元素”，他们必须要了解的核心问题是：快乐是什么？然而，应该问谁好呢？

“就问与我们距离最近的那个地方的生物吧！”小A说。

他们首先停在南极，那里生物不多，只有一望无际的雪山，偶然见到一些黑白相间、白白胖胖，资料显示叫企鹅的生物。但企鹅很难沟通，无论你怎么问，它们都只会吱吱吱地叫，什么也答不出来。

“这种生物太笨了，我们找别的吧！”中B说。

走了几天，他们终于探测到思想比较复杂的生物了，资料显示，他们叫人类。大C用转换器把自己和小A、中B变成人的模样，并选择了相应的语言。

“你觉得快乐吗？”大C问冰天雪地里的那个人。

那人摇摇头。

“为什么不快乐？”

“因为这里人太少了，我寂寞！”那人答。

“原来，快乐是要在人多的地方才有的！”三人恍然大悟，决定去地球人口密度最大的城市寻找快乐。他们找到了M城——一座太平洋、南中国海沿岸的港口城市，据说是世界上最大的赌城。为了探求快乐，他们进赌场去问人，只见其中一张赌桌上有个大胖子，抓着刚赢回来的钞票哈哈大笑。

“先生，你快乐吗？”小A上前问。

“赢钱谁不快乐？笨蛋！”胖子不屑道。

“难道这种赌钱游戏就是快乐之源？”大C环视四周说。

“当然不是啦！这里只有赢钱的人才快乐，输钱的那些则很痛苦。”一位穿着西装的工作人员补充说。

三人在赌场内观察良久，发觉“西装男”说得很对。然而，赢输却没有规律，有些人赢了，但不一会儿又输回去，好像刚来那个赢钱的胖子，最后把赢来的全输光了，哭丧着脸离开。

“到底怎样才可以快乐呢？”三人带着疑惑的心情离开赌场，在海边遇上一群跑步的人。他们每个人都汗流浃背，露出痛苦的表情。

“原来这个星球的人也不快乐！”中 B 无奈地说。

然而，三人走着走着，一直走到终点，却见到刚才那些面露痛苦的人与家人相拥而笑，那个渗着汗水的笑脸，有着说不出的幸福感觉。

“先生，你为什么快乐呢？”大 C 问。

“终于完成 21097.5 公尺的半马拉松长跑，我练习半年了，这半年好辛苦，但克服困难战胜自己的感觉超爽！”跑手兴奋地答。

“是回程的时候了！”大 C 若有所思地说。小 A 和中 B 不明所以，但仍是跟随长老回到宇宙飞船。

“要走了，有答案了吗？”中 B 问道。

大 C 没有正面回答，只是按下电脑，播放他们旅程的片段，只见他们三人在寻找过程中不时露出笑脸，而观看影片的一刻，大家都不约而同地笑了。这种感觉，好快乐呵！K 星人终于找到快乐元素了，你呢？

开开心心最重要

2009年8月4日，一个平凡的夜晚，成都大熊猫基地太阳产房传来令人振奋的消息：有“舞林高手”之称的蜀庆诞下一对双胞胎。对于刚刚经历了汶川大地震的四川来说，这实在是个天大的喜讯。在取名字的时候，工作人员不约而同地想到了即将在成都举行的奥运火炬传递活动，同时大家都希望大熊猫家族能像“祥云火炬”一样熊熊燃烧、永不熄灭，故把两只熊猫取名为蜀祥和蜀云，蜀是四川的简称，他们的名字喻意为四川的“祥云”。蜀祥是大哥，生长情况比较好，长得健康活泼，充满朝气。正巧大熊猫繁育基地这时接到一项重要任务——要挑出一双最出色的大熊猫送给澳门特别行政区作为回归祖国十周年的礼物，蜀祥便顺理成章地成为候选熊猫之一，除他以外候选的还有富贵、勇气、奇妙、美丽和聪明。

有一天，保育员陈阿姨把六只熊猫请来，非常隆重地对他们说：“各位小朋友，我准备在你们当中选出一男一女送给澳门特别行政区作为回归十周年的礼物，这是个很有意义的任务，就好像我给你们送竹笋当新年礼物那样，只有送出最好的，才能给收礼物的人带来欢乐！……”

想到要给澳门同胞送礼物和带来欢乐，小熊猫们都觉得无限光荣。可是，什么才叫最好呢？每个人都在心里盘算着……

富贵觉得：“最好就是有闪闪发亮的毛，像名贵的珠宝那样！”

勇气觉得："从小山坡滚下来而不哭就是最有勇气，有勇气的熊猫便是最好的！"

美丽觉得："长得漂亮就是最好！"

聪明觉得："非常聪明，会动脑筋的孩子最好！"

唯有蜀祥和奇妙不知道什么叫"最好"，因为蜀祥不明白什么是"吉祥"，奇妙也不懂得什么叫"奇妙"。

于是蜀祥就问奇妙："你觉得自己是最好的吗？"

"哦……其实呢，我是不知道什么叫最好！但是，我觉得我们六只小熊猫都挺好的！"奇妙傻气地说。

"对呀，那怎样选好呢？"蜀祥带着疑惑回家和弟弟蜀云讨论：

他问："蜀云，你觉得什么食物味道最好？"

"春天的竹叶味道最好！"蜀云答。

"不会吧！竹笋味道应该比竹叶好！"蜀祥说出自己的想法。

"竹叶好！""竹笋好！""竹叶好！""竹笋好！"他们争论起来。刚巧喂养熊猫的王叔叔经过，他知道事情争论的始末后说："其实世上并没有最好的食物，因为大家的口味都不一样，所以，世上也没有最好的礼物，只要关心收礼物的人，把最真诚的祝福送出去就是最好的！"蜀祥听后同意地点头。

选拔澳门回归十周年礼物的日子终于到了。保育员阿姨又把六只熊猫请来，"已经想了一星期，你们觉得谁是当中最出色的大熊猫呢？"富贵、英雄、美丽和聪明争相举手。

"我有闪闪发光的毛，像名贵的珠宝那样！所以我是最出色的！"富贵拍着自己的皮毛骄傲地说。

"有勇气的熊猫才是最出色的！"勇气还没说完，就敏捷地从山坡上滚下来。

“像我！长得漂亮就是最出色！”美丽说着抛出一个迷人的眼神和甜美的笑容。

“什么都学习，会动脑筋的孩子最聪明，而我聪明就是最出色的！”聪明坚定地说。

正当大家争相展露自己的优点，认定自己是最出色的时候，只有奇妙和蜀祥没说话。保育员陈阿姨于是问他们：“那你们又觉得怎样？”

“我觉得大家各有优点，我们都是最出色的！”奇妙红着脸回答。

“对呀！王叔叔告诉我，世上没有最好的礼物，只要关心别人的喜好，真心地给人家祝福，就是最好的！”蜀祥补充道。

保育员陈阿姨听了很感动，她说：“奇妙和蜀祥说得很对，其实你们都是中心最出色的，无论健康或相貌都是最好的，所以我们都挑不出来，但除了外在的东西，奇妙和蜀祥的内心是最美的，因为他们还能欣赏和关心别人！澳门是个很远很远的地方，作为回归祖国十周年的礼物，责任非常重大，我觉得奇妙和蜀祥能够关心别人的特性，最能代表祖国的心意！”

所有熊猫听了以后都高兴地鼓掌表示认同。于是蜀祥和奇妙就成了祖国送给澳门同胞作为回归祖国十周年的礼物。全澳市民还一起为他们想了新的名字，叫开开和心心。虽然富贵、勇气、美丽、聪明……都很重要，但澳门市民觉得回归祖国以后，国泰民安——人民生活开开心心最重要！

延伸阅读：http：//tieba.baidu.com/f?kz=954551519

离别是为了……

开开成为“澳门回归的礼物”，大家都很为他高兴。爸爸给他画了一本“功夫熊猫”，教他记住一些保护自己的功夫；妈妈为他写了一本“完全照顾手册”，提醒他竹叶不能吃太多，要尽量早睡早起，有空要多做运动等；弟弟蜀云也特意把最爱的零食“窝窝头”（用五谷做成的，好像面包的粮食）留给开开。而开开呢，不知道可以给家人留点什么，开开想起早上没有爸爸叫他起床，下午没有弟弟一起玩耍，晚上没有妈妈给他讲故事，心里觉得很难过。有一天训练的时候，开开跟心心说：“还有一个月，我们就要离开四川了，就不能每天见到爸爸妈妈了，你觉得难过吗？”心心一出生就离开爸妈了，根本就没想到“难过”这问题。“保育员阿姨说，澳门什么都有，有吃有喝，还有新的叔叔阿姨照顾我们，为什么要难过呢？”心心觉得很奇怪。“爸爸妈妈不在身边，你不想念他们的吗？”开开不满地质问心心。

“想念、想念、想念……”自从那天和开开争论后，心心就一直思考这两个字。“什么是想念呢？”于是她去问好朋友美丽和英雄：

美丽说：“想念就是很爱一个人！”

英雄说：“不对！不对！想念就记起一个离自己很远的人！”

“想念是很爱一个人”“想念是记起一个很远的人……”美丽和英雄争论不休，小朋友们，你觉得他们谁说得对呢？

心心不知道他们谁说得对，于是就去请教四川大熊猫保育中心里最聪明的熊猫猫博士。

博士说："英雄说得对，想念就是记起一个很远的人；但美丽也说得对，对什么人才会想念呢？就是我们很爱的人呀，如果不爱，就不会想念了，对不对？心心，你离开四川以后，我也会很想念你的，因为熊猫猫博士很爱你！"心心听了，觉得内心很温暖，脸儿也红起来了，"熊猫猫博士，您经常为我解答问题，又和我聊天，我也很爱您，很想念您……"

心心终于明白了想念的滋味，于是她为自己列出一份"爱的名单"：美丽、英雄、豆豆、熊猫猫博士、保育员芳姨、医生陈叔……然后，心心为他们每人都写了一张竹叶书签，上面写着"我爱你，我会想念你！"。写着写着，心心发现自己越写越多——原来一直关心和爱护自己的人可真多！因为有了想念，让心心觉得别离变得很幸福。

开开就不一样了，他一直想着以后无法和家人一起生活，非常沮丧。他想为爸爸织一双草鞋，因为爸爸很喜欢走路，于是他到河边摘了很多芦苇，晒干后便开始编织，几天过后，终于完工了，却发现草鞋左右大小不一；他想为妈妈编个花环作饰物，因为妈妈最爱打扮，好不容易完工了，花没多久就谢了；他想为弟弟做架飞机，因为弟弟最喜欢和他一起玩飞机游戏，如果有了飞机，弟弟就可以飞到澳门找他玩，可是无论怎样努力，开开坐上去，飞机都飞不起……有一天，开开见到自己失败的作品，失望得哭起来。小朋友，开开真可怜，你愿意帮助他吗？你会用什么方法帮助他呢？

这时，心心碰巧来找开开，于是她问明情况。

心心说："不要哭啦，虽然你们分离了，但还可以想念嘛！"

开开答："你没有爸爸、妈妈和弟弟，你离开的感觉当然比我好！”

心心说：“那你就错了，熊猫猫博士说，因为有爱的人，才会有想念的感觉。你爱的人比我多，证明对你好、令你感到有爱的人比我多，你才是真正的幸福！”

这时刚巧路过的熊猫医生陈叔也听到了他们的对话，并附和道：“说得对，别离是为了想念，有人想念是一件幸福的事！”

“陈叔，您也有想念的人吗？”开开、心心异口同声地问。

“当然有啦！长大了，很多人都会离开家人，去其他地方工作和生活。好像我家在河南，中学毕业后独个去北京读大学，后来又被调到四川工作。现在，我爸妈在老家河南，我妹妹去了广州，而我就在四川。虽然我与家人相隔异地，但我们都会想念着对方。因为有了爱，生活就不会寂寞！”陈叔回答道。

“但爸妈不在身边，就没有人会照顾你啦。像我，早上没有爸爸叫起床，下午没有弟弟一起玩耍，晚上没有妈妈讲故事……”开开难过地说。

“没关系，我已经长大了，为了让爸妈放心，我会学习照顾自己。我有了学问，有了工作，将来还可以回去照顾他们呢！”陈叔不厌其烦地解释着。

“陈叔，谢谢您！听您说了以后，我就没那么难过了。爸爸、妈妈、弟弟都给我留下了礼物，但我却没有把送他们的礼物做好，怎么办呢？我真没用！”开开说完拿出那些失败的作品给陈叔看。

陈叔看了安慰开开道：“傻孩子，不要紧的，他们知道你用心做就好！就好像心心送我的书签，虽然没有很多漂亮的图画，但我还是很喜欢，因为那里有爱！”

陈叔拿出心心的书签，上面写着:“陈叔，我爱您，我会想念您！”

离别，让开开、心心学会了想念——因为爱，所以想念。离别是为了想念，想念让我们知道要好好照顾自己，想念让我们和所爱的人更好地活着。小朋友，你有没有试过别离？你有没有想念的人呢？如果有，你可是个很幸福的人呵！

开开心心看云去

2010年12月18日，开开、心心终于踏上来澳之路，乘专机由四川成都出发。随着飞机离开地面，他们依依不舍地告别自己的绿洲，飞越神秘的蓝天。各位小朋友，你们第一次乘飞机有什么感觉呢？开开、心心非常兴奋，对于天空，他们都有不同的幻想：心心觉得云上住着仙女，而开开则坚持天上会有航天员。为了验证结果，开开和心心全程都盯着窗外的天空，你猜他们看到什么了？

“哇！天空好像一个蓝色的树林，里面有很多白色的植物。看！那株多像竹笋！不知道航天员是否也喜欢吃竹笋呢？”开开兴奋地说。

“不是啦！天空像海洋。妈妈说，海洋是蓝色的，鱼在地上的海洋游泳，鸟儿和飞机则在天空的海洋上游泳。白色一团团的，是岩石和珊瑚，里面住着美人鱼，不！不对！那是仙女！”心心也不相让。

小朋友，你认为谁讲得对呢？

负责照顾开开、心心的饲养员王叔叔听着笑了：“你们的答案都好有趣！但不完全正确。天空不是海洋，天空主要由气体组成，我们叫它作‘大气层’。大气本身是无色的，天空和海洋的蓝色是由太阳光造成的。太阳光由红、橙、黄、绿、蓝、靛、紫等有色光线组成，当太阳光通过空气时，会因为不同的强度，展现不同的颜色。在晴朗的白天，海洋和天空主要呈蓝色，在黄昏时会有红色和黄色，阴天则是灰色，夜晚没太阳，就变成黑色。天空上那些白色的悬浮物叫云，太阳的热力把河流和海洋的水变成很轻的水蒸气飞到天上来，结成云，然后云可以变成不同的形状在天上飘。如果小水滴积聚多了，云的身体太重了，就会变成雨，回到河流和海洋……

“那澳门的云可以飘去四川吗？”开开问。

“当然可以啦！”王叔叔答。

“对呀！我们现在就随云朵一起飘到澳门去！”

开开、心心越看越高兴，虽然他们没有遇上仙女和航天员，但发觉云有不同的形状：有的像马尾巴，王叔叔说，那叫“卷云”，它像白色的羽毛一样轻飘飘的，一般出现在最高空；有的像椰菜花，那叫“积云”，出现在天空中较低的地方；还有像灰色毯子的“层云”，王叔叔说，它又叫“高雾”，总是带来毛毛或细雪……

“原来云也有那么多名字的，有没有一朵叫心心云呢？”心心好奇道。

“对呀！我也希望有一朵叫开开的云，可以常常带着我飘回家看妈妈！”开开想家了。

看着看着，聊着聊着，天色由蓝变金，由金变黄，由黄变淡黄、鱼肚白……天一下子就暗下去了。黑夜的上空，看不见月亮，只有飞机的灯像星星一样闪烁，照得半空的一大片云海变成一团团明暗不定的棉花糖……开开、心心不知不觉睡着了，睡梦中，围在身旁的云如爸妈的怀抱一样温暖。睡醒后不久，开开、心心就在云海的陪伴下来到澳门的上空，鸟瞰黑夜中的小岛，布满不同颜色的灯，如一颗颗闪闪发亮的宝石，真漂亮！晨光初临之际，开开、心心终于下飞机了，很多澳门人在迎接他们呢。亲爱的小朋友，你欢迎开开、心心吗？给他们说句欢迎的话或唱首歌吧！

开开心心学语言

“Hello！开开睡醒啦！”开开从梦中醒来，身边扬起一把古怪的声音。开开睁开眼睛，只见面前站着一个陌生的年轻男子。不久，身后又迎来一个女孩，她用相同的奇怪语调嘀咕着:“哇！开开呀！他好得意呀！”开开看着面前的陌生人，有点不知所措，蜷缩着身体，企图钻进心心的怀里。就这样，心心也在梦中醒来了。

“心心也醒了啦！”女孩兴奋怪叫。因为有点怕生，心心下意识地别过头去。

“都醒了吗？”空气中扬起一把熟悉的声音和能听懂的话语——那是陪同开开、心心由四川前来的王叔叔。“开开、心心，你们已经来到澳门了！这是你们新的家！还有照顾你们的饲养员朋友！”王叔叔的介绍让开开、心心安下心来。

而面前的两个陌生人，也用开开、心心能听懂的语言说:

“开开、心心:你们好！我是 John！”男的说。

“我是 Sara！”女的也说了。

“庄？色拉？——那是什么？”开开不解。

“呀！这样的，庄＝J-O-H-N，色拉 =S-A-R-A，那是英文名字！”男子答。

“你们是英国人？”心心奇怪地问。

“不是，我们是中国人。不过，因为澳门是个华洋集处之地，我们会学习不同的语言，我们会面对不同国籍的人。为了易于记住，所以，我们一些人喜欢用英文名字！”Sara 用心地解说。

“那我们也要改个英文名字呀！”开开说。

“你们已经有啦！你叫 KaiKai，她叫 XinXin！有了英文名字，不同国籍的人都可以轻易地记住你们啦！”John 说。

“但我还是喜欢用中文名字！”心心有点不满。

“其实呀，语言只是个工具，你可以选择用不同的语言和别人交流。平日，你可以选择说自己喜欢的语言，如：我和 John 喜欢说广东话，但面对来自不同地方的朋友，我们就会说大家都能听懂的语言，例如：我们也会说普通话和英语，澳门曾经受葡萄牙人管辖，所以也有些人说葡语……”Sara 认真地道。

“王叔叔，你会说什么语言啦？”开开兴奋地问。

“Good morning！早啊！恰切！”王叔叔回应道。

“你在说什么啦？”心心不解。

“我说早晨呀！good morning 是英语，早啊是四川话，恰切是河南话。我在学校学普通话和英语，在家乡说河南话，到四川工作时学会了四川话！不同地方的人，会说不同的语言，而其中有些语言，比较多人认识，如：普通话、英语、法语等，我会一般称它们为——通用语。”

明白了语言的功能，开开、心心也努力学习起来。他们首先学习的词汇是“Goodbye”（英语）、“adeus”（葡语）、“再见”（普通话、广东话、河南话写法相同）、“再见啰”（四川话）……因为，王叔叔要回四川了，开开、心心想用不同语言和他说再见。

心心很喜欢学语言，因为觉得不同声音的感觉很有趣。但开开呢，则觉得语言的声调很多，不容易掌握，特别是广东话有“九声六调”，很难读准。不过，Sara说，广东话比普通话遗留更多古代的音韵，由于音域宽广，朗诵古诗特别押韵。她还亲自教开开、心心用普通话和广东话念了一次杜甫的《春望》。小朋友，我们都来念一次吧！

国破山河在，城春草木深。
感时花溅泪，恨别鸟惊心。
烽火连三月，家书抵万金。
白头搔更短，浑欲不胜簪。

透过语言的学习，开开、心心感受到语言除了是种工具，还是一种可供享受的声音艺术。告别的时候到了，开开、心心和王叔叔亲口说了：“Goodbye”（英语）、“adeus”（葡语）、“再见”（普通话、广东话、河南话写法相同）、“再见啰”（四川话）。小朋友们：你猜，王叔叔最喜欢哪一种语言呢？

王叔叔说“都喜欢！”——因为不同声音下包含的意义是相同的。“再见”的意思是“有天再见”——他一定会再回来探望开开、心心的。他也回了开开、心心一语：“Take care”（英语）、“tome cuidado”（葡语）、“保重”（普通话、广东话、四川话都一样呢）。

真“心”常在

大家好！我是澳门的大熊猫开开。不知不觉，我和心心来澳门已经五年了。刚开始的时候，我们对澳门的生活很不习惯，因为这里没有爸爸、妈妈，没有熟悉的好朋友，连平常见到的风景，诸如石头、竹子、小溪都换了样。为此，我和心心喜欢玩“猜真假游戏”。

我觉得，澳门家里的石头是假的，因为这里的石头好奇怪，它们很大很大的一块，整整齐齐地放在地下，一点都不像我们四川老家那些奇形怪状、随地能捡到的小石头。但心心却不同意，一块一块，很坚硬、很坚硬的，分明就是石头！

小朋友们，你猜那是石头吗？

于是我们跑去问管理员陈叔叔，他说“那是花岗岩，是一种天然岩石和建筑材料，因为有不同颜色的小麻点，所以又叫‘麻石’。小小一块的，叫小石头，但大大一块的，则叫大石头或者石块。”谜底终于解开了，我们都觉得自己有一点点对，算是不分上下吧！

心心觉得，花园的溪流是假的，因为它们没有山里的溪流那样长，还缺少了青草和泥土的味道。但我记得妈妈说过：“从高处往下流，比河流小的都叫溪流。妈妈是不会骗我的，那一定是溪流。”

小朋友们，你觉得我们谁说对了？保姆陈姑娘说，我们都对，“这是一条人工的溪流，因为不长，我们也可以叫它小溪。

虽然没有家乡青草和泥土的味道，但那是我们园区精心为你们设计的小溪。希望你们住在这里，和家乡一样称心如意。”

8 月 4 日是我和心心的生日，澳门民政总署每年都会为我们举行生日会，还会准备大大的生日蛋糕。前来同庆的小朋友说，那生日蛋糕是假的，因为他们的生日蛋糕是由面粉和奶油做成的，而我们的生日蛋糕却只有面粉、水果和竹子。我和心心知道生日蛋糕是假的，真是失望极了。幸好送蛋糕过来的大姐姐告诉我们：“这生日蛋糕是真的，那是民政总署代表澳门小朋友送给你们的。因为熊猫吃奶油蛋糕会拉肚子，所以我们特意为你们订制了属于熊猫的生日蛋糕。”

虽然我们不能吃小朋友的奶油蛋糕，但大家都为我们的生日费尽心思，特制了属于我们的生日蛋糕，感觉真是很幸福呵！就这样，我和心心都不再思乡了，高高兴兴地在澳门住了下来。去年，陈叔叔告诉我们：“为了养好身体和心理素质去交配，将来生个健康的小熊猫，你们要分开喂养一段时间。”从此，我和心心的家分为了两半，虽然不可以朝夕相对，但有空的时候，我们都会在墙壁的另一头，聊聊天、说说笑。但是，自从今年初夏，心心就生病，一病就再没有回来。有一天，园子里的叔叔阿姨都哭了，因为心心死了——永远离开了我们。

小朋友，你们能告诉我，什么叫“死亡”吗？陈叔叔说，死亡就是生命结束了，我们所有生物都会死亡的。虽然，心心不再回来了，但寂寞的时候，我还是会一直喊她的名字，因为我不肯定她是不是真的不回来了。

“开开、开开……”不！心心回来了，我一转眼就看见了她。

“心心，这么久啦，你到哪儿去啦！我很想念你呢。”我兴奋地道。

“我去旅行呀！到天上、到海里，还回到四川的家，看望爸爸、妈妈，还有曾经照顾我们的好朋友……”心心高兴地回答。

“哇！你去这么多地方了，太了不起啦。你觉得哪最好玩、最开心？”

“都好玩！不过，我觉得还是我们澳门的家最好，跟你一起的时候最开心！”

“哦！真的吗……”

“当当当……”喂食的铃声响了，原来我只是在做梦。梦醒了，心心的话却一直在我脑袋里转，“我觉得还是我们澳门的家最好，跟你一起的时候最开心！”我不禁想起这五年和心心一起生活的快乐的回忆：一起玩乐、一起吃喝、一起吵架、一起庆生……我没有去问别人，因为我终于知道：我们的家是真的美好，我们一起的日子是真的开心。我用普通话、广东话、葡语、英语为心心唱了一次“生日快乐”，并请风姐姐帮忙传给远方的心心。我要告诉她：亲爱的心心，谢谢你为我们带来过很多欢乐的时光，你会永远活在我们的心中——是真的！

“孖 O 兄弟”札记

名字起革命

每个人都有自己的名字，兄弟俩也是，哥哥叫 Orion，弟弟叫 Orrin。上托儿所的时候，兄弟俩还不太会写字，但总是逞强，在纸上恭恭敬敬地写上 O 字。实际上，那不过就是画圆圈罢了。虽然兄弟俩相差两岁，但凡教过他们的老师却都记得“画 O 的趣事”，于是叫他们“孖 O 兄弟”，又因为 Orion 和 Orrin 发音相近，大家干脆就称呼他们为大 O 和小 o——哥哥 Orion 喜欢画大圆圈，大家叫他“大楷 O”；弟弟 Orrin 喜欢画小圆圈，大家叫他“小楷 o”。

本来大 O 和小 o 都很喜欢自己的名字，因为又简单又短，写起来比较容易。然而，上了幼儿园后，情况就不好了。同学开始重视名字的谐音，Orion 的读音有点像粤语的“坏人”，而 Orrin 就好像“打呵欠”的声音，同学们总是以此作乐:“Orion——坏人呀！ Orion 是个大坏人”“好眼瞓呀，Orrin！ Orrin 好眼瞓呀！”虽然，老师偶尔也会批评同学这样不礼貌，但是，他们说的时候总是笑眯眯的，仿佛也觉得很有趣的样子。而且，Orion 和 Orrin 都不是特别为人熟知的名字，很多人看着也不懂发音。他们会说“原来是……坏人”“呵人，好像打呵欠呀！”真气死人！

“为什么爸爸、妈妈要起这种少有的名字，你看 Peter 和

John 多好，人人都懂的！”大 O 说。

“对呀！人家 Wilson 和 Samson，读起来多动听！”小 o 应。

于是大 O 小 o 决定发起“名字的革命”——找个更动听、更多人认识的名字。

叫什么好呢？他们先找自己最熟悉的，再找最动听的。找呀、找呀……最后，小 o 因为喜欢“小火车汤玛士”，所以他叫“Thomas”；大 O 喜欢“米奇老鼠”，于是他叫“Micky”。有了自己喜欢的名字，实在是太棒了！大 O 小 o 高兴极了，打算在暑期夏令营的时候开始用新名字。

“Micky、Micky……”指导员叫了一声，队中有四五个孩子都举起手来，大家都说自己是 Micky，且各不相让，差点吵起架来。大 O 这才知道，原来多人认识的名字也挺麻烦的。

“Sam、Loen、Jacky……谁还没有被点名？”指导员问。

“我！我没有被点名！”小 o 不好意思地举手。

“你叫什么名字？”

“我叫 Orrin，不！不是！我叫 Thomas，我忘了！”“自己的名字也可以忘记的吗？”指导员笑了，整个小队的同学都笑了。

“他原来叫 Orrin，在学校的时候，他叫 Orrin！”某同学说。

“Orrin 这名字好特别呀，为什么忽然变成 Thomas？”小 o 不知如何告诉导师嫌弃名字的事，只好推说写错了。

一个星期的夏令营终于结束了，小队解散回家的路上，大 O 小 o 遇上了托儿所的陈老师。

“陈老师好！”大 O 小 o 齐声叫道。

“你们是……”陈老师端详了好一会儿问。

“我是大 O，他是小 o。”大 O 比画着。

“噢！都长大了，陈老师都认不得了，但陈老师还记得你们的名字，哥哥叫Orion，弟弟叫Orrin，你们都爱画圆圈。”大O小o恍然大悟：曾几何时，自己的名字有着如此美好的回忆。有一天睡前，他们向妈妈查询有关名字的由来：“Orion是猎户星座，代表了光明；Orrin是山脉，代表坚强，这名字是爸爸特地查字典起的。妈妈叫Mary，觉得自己的名字太普通了，所以给你们起个特别一点的！”“你觉得太普通，可以改掉嘛！”小o说。

“不改了，名字是爸爸妈妈送孩子的见面礼，是我们终身的记号！”妈妈说。

“对呀！爸妈给我们的记号都是美好的……”大O、小o终于弄明白了名字的意义，怀着幸福的心情进入梦乡。

兄弟情最香

大O和小o虽然怀着相同的基因，却有不同的特点，例如：大O眼睛大、鼻子大，像爸爸；小o眼睛小、鼻子小，像妈妈；大O白白胖胖，气质像妈妈；小o又高又瘦，神情像爸爸。闲着无事的时候，他们喜欢比赛，例如：比谁眼睛大、谁认字多、谁做事快等。由于哥哥年长，无论做什么事，他总是优胜的，久而久之，便骄傲起来。大O总是觉得小o好笨！他特别忍受不了小o不整洁的坏习惯。

书桌上的图书，明明放得好好的，小o一下子就搞乱了。

“小o，你已经长大了，要学会整齐，不能总是要别人帮忙收拾，知道吗？”大O严肃地说。

“桌子我等一下会收拾的，不可以等一会儿吗？”小o不满地答。

“不可以！”

“为什么不可以呢？”

“桌子是我们共享的，你不能总影响我！”最后，大O很不满意地帮小o收拾好，而小o也很不满意地“被收拾好”。

还有，冰箱内的啫喱，大O每次都把不同口味分开，并排得整整齐齐，小o吃完却总是把所有口味混在一起。

“我已经整理好了，你为什么又要把它们混在一起？”大O异常不满。

“为什么要分开呢？我觉得混着不同颜色的，也很漂亮！”小o反对道。

然后兄弟俩又为此争得面红耳赤。

这种争执，几乎是隔天就会上演，若有其他的导火索，更会令行动升级。某天，哥哥如常地在书桌前看书，而弟弟则拿着汽水过来聊天。谈起“僵尸家族”的故事情节，大家不禁手舞足蹈。一不小心，弟弟把汽水倒在哥哥的桌上，浸湿了他的功课本。

“小o，你这人太过分了！”

“对不起！我不是有意的！”

“我已经告诉过你，杯子得放好，做事要小心，你就是不听！”

“我有听的，我只是不小心！我已经道歉了，你还想怎样？你这个小气鬼！”

“还说我小气鬼……你、你、你这个脏东西，我不和你玩了！”

“好吧！那我们绝交吧！”兄弟俩说完后便开始“绝交”了。

平日，兄弟俩明明是一起打游戏的，变成了各自活动，大O百般无聊地堆积木，小o没精打采地看电视。突然，洗手间内传来大O的惨叫声。

“什么事？”小o赶紧跑过去。

“刚才我上厕所，把‘小蓝’（他深爱的积木车）放在水箱上，如厕后，想拿回它，但手一滑，却把它掉进厕所了。”大O难过地说。那是他最爱的积木车，平日总是不离手的。望着那一汪混着大便的“屎水”，以及那掉在水中的“小蓝”，豆大的泪珠像断线的珠子滚落下来。

“还不拾回来！”小o毫不犹豫地道。

“但是、但是……”大O望着那汪脏水，显得很为难。

然而，小o却毫不犹豫地把小手伸进去，不一会儿，就捞起了“小蓝”，并敏捷地拿到洗手盆，用肥皂把它清洗干净。

“哎呀！不好意思，车子分成两半了！”洗着洗着，“小蓝”散开了。

“不怕！可以重新接上。”大O仔细地端详那些积木，然后把凹凸的位置接上。那一刻，他忽然想起自己和小o——他们有很多的不一样，例如：他爱整洁，小o喜欢随意，但同时小o也不怕脏；小o为人爽快，有点胆小，但有时又比较细心。他们两个人就如凹凸的积木，不相同却能扬长避短。

虽然，“小蓝”曾经浸泡在屎水中，但大O没有丢掉它，且一直把它放在床头的饰物柜内。“小蓝”比以前更可爱了，因为当中饱含了他们手足之情所留下的芳香。

下水礼

“小o，下水啦！”大O在背后一推，弟弟就滑入水中，并在水中猛力挣扎。舅父立刻跳下水去营救他，但小o并没有下沉，略懂水性的他用力抓住了岸边……

大O看得呆了，到弟弟获救的时候，他才猛然记起，这边是深水区，而小o还未学懂游泳的。

“大O，你这样做太危险了！”妈妈一边安抚小o，一边责备大O的鲁莽。

大O无言以对，因为他其实也受惊了。看着哭闹不止的弟弟，他内疚极了。潜意识里，他很想吐出一句熟悉的话：“别哭！男孩子就要坚强！”但他没有说，思绪一下子回到了四年前……

那一年，大O三岁，妈妈说：“大O，妈妈要带你去学游泳。你知道什么是游泳吗？那就是在水中开心地玩。看！像金鱼缸里的鱼在水中畅游，多惬意！”大O听罢，立刻跑去看金鱼缸，只见鱼儿左右扭动身子，便能轻快地在水中滑翔，好不自在。

“好呀！我也要变成金鱼！”大O拍手叫好。只有一岁多、刚会说话的小o也附和着：“金鱼！金鱼！”

为了让兄弟俩学游泳，妈妈特地给他们买了漂亮的游泳衣——浅蓝色的连身衣，胸前印着超人的标志，腹部下方有招牌式的外露三角裤，背上还披着一件红色的小斗篷。兄弟俩穿上以后，都变身成小超人，帅气又神气。他们马上在家中的浴缸中试用，感觉自己真的变成了金鱼。

不久，爸爸、妈妈真的带他们去泳池游泳。望着比家里大千百倍的浴缸，大O兴奋极了。当妈妈还忙着和小o穿泳衣的时候，他便开始自己的探险：走近泳池边，左手拍拍，右脚踏踏，幻想自己在一个偌大的金鱼缸里畅游……他随即一跃而下。这下糟糕了，原来泳池不像浴缸，而大O也不是金鱼。他猛力挣扎，觉得自己快淹死了，幸好爸爸及时跳进水中救了他。

“呜……妈妈骗人，我们一点都不像金鱼，游泳一点都不好玩！”大O放声大哭，仿佛要把所有的惊恐哭出来。

“别哭了！男孩子就是要坚强！你看，所有人都在看你了，多丑！”爸爸厉声道。

大O这下才发现所有人都在看着自己，他努力降低音量，但眼泪还是不由自主地流出来。

“不哭了！都是妈妈不好。等学会了游泳，才能像金鱼一样！”

大O点头，但心里仍是害怕。后来，妈妈带他去跟老师学游泳，那种害怕的感觉还没有远离。每次下水，他就记起自己在水中无助地挣扎的情景。

“别哭了！男孩子就是要坚强！你看，所有人都在看你了，多丑！”

大O又想起爸爸的话。其实他一直不明白：为什么女孩子就不用坚强，她们就可以哭？为什么鱼儿一出生就会游泳，而自己就不会？大O觉得这世界真不公平！

“你在想什么呀？”教练问他。本来，大O不敢把事情告诉别人，但教练很和善，一连问了几次，大O就把事情如实相告。

“有教练在，你不用害怕。只要放心把身体交给水，和水做朋友，你很快就能像金鱼一样畅游。还有，我告诉你一个秘密，教练是男孩子，但教练也爱哭，不想被人发现的时候，我就去游泳，因为眼泪也是水呵，在水中流眼泪没有人会发现。”

教练说得对，眼泪也是水——咸咸的、苦苦的，那是海水的味道。

“小o，我太大意了，真对不起！”大O鼓起勇气道歉，并把教练的话告诉小o。

其实，无论男孩或是女孩，哭都不会丑，因为眼泪就是水，水是人类的好朋友。大O和小o都不怕水了，且学会了游泳，和家中的小金鱼一样。

谁偷走了我的糖果

好不容易，大O和小o梦寐以求的暑假终于到了。为了体验生活，爸妈每年都带兄弟俩去不同的地方旅行，而这一年来到了台湾中部一个叫二水乡的地方。他们住在乡里一家近树林的民宿，那里山清水秀，风景怡人。每天早上，兄弟俩可以上山打野战，每到傍晚，又会到河边游泳，生活悠闲宁静。可是到了第三天，竟然发生了一件奇异的事。小o放在窗台的一包糖果，忽然不见了。

"大O，你是不是吃了我的糖果？"小o想起昨天拒绝让哥哥吃糖果的情景，疑惑地问。

"对呀！谁叫你小气鬼不请我吃！"大O轻快地答。

"真是你！你这个小偷，快把东西还我！"小o有点生气道。

"嘻嘻！等明天拉臭臭的时候再还你吧！"大O一副说笑的模样。

"妈妈，他欺负我，吃了我的糖果，还在笑！"小o一边哭一边投诉。

大O见小o动气了，就连连赔罪："不要生气！我说笑而已。你这人比较大意，是不是忘记放哪儿了？"于是便动身帮忙找去。

"他说谎！他刚才明明说吃了！"小o不忿地道。

"大O，别玩了，快把糖果还给弟弟！"妈妈柔声道。

"没有呀！我刚才只是说笑，我哪有偷走他的糖果呢？我真的没有！"

“是不是爸爸吃了？”妈妈又去问爸爸。

可爸也说没有。于是，一家人便翻箱倒柜地找，找了半天，仍是没发现。

“大O，不要开玩笑了，做错事就要承认。”小o不满地道。

这下轮到大O想哭了，因为他的确没有把糖果吃掉。然而，小房子里就只住着他们四人，不是家人吃掉，那还会有谁呢？

“会不会是房东偷了？”

“对！一定是房东，我要写信去台湾旅游局投诉他！”孖O兄弟异口同声说。

“别傻了！谁会偷小孩子一包糖果呢？看，这是什么东西？”爸爸指着窗外的草地。只见草丛中藏着一颗糖果，正是小o那款，应该是偷糖果的时候留下来的。是谁偷走了糖果？野兽？幽灵？神仙？鬼怪？大小O乱猜一通。还是爸爸精明，设计了一个“捉贼大计”。第二天，他把不同的水果和糖果放在窗台上，然后在相应的位置藏着一部微型摄录机。他们一早出门，到了晚上才回来，窗台上的东西果然不见了，他们打开摄录机一看，真相终于出现了：是一群猴子。只见它们联群结队地抓上窗台，一边吃水果，一边运走了其他的糖果。

“可恶！原来是这群猴子贼，害得我被冤枉的！”大O咬牙切齿道。

“要打电话叫警察捉贼吗？还是要写信去旅游局投诉它们！”爸爸打趣说。“叫房东把猴子捉住，否则就向旅游局投诉他！”小o认真地说。

隔天，爸爸真的把事情告诉房东了，然后房东叔叔在窗台上放了一个捕兽夹，并告诉他们，晚上定能把小偷拿下。于是，他们一家又外游了，这天的目的地是“二水台湾猕猴生态教育馆”。馆中有很多猴子的介绍，还有一个影片。影片的大意是：二水乡本来是猴子的家，然而，因为城市发展，人类就在这里建房子，还不停猎杀猴子的同类……看着猴子被杀的可怕画面，孖O兄弟想起房东的捕兽夹，决定马上回去拯救猴子，幸好今天还没有猴子落网。回澳后，大O没有写信去旅游局投诉民宿，而是在暑期作业本上写下了一首短诗《我是……》，内容如下：

我是一只猴子
跑到放满捕兽夹的窗台上偷
糖果
好不容易
于是我变成一个人
走进猴子依依不舍的森林中建房子
好容易

（注：故事改编自真人真事，篇末的诗改编自儿子徐鸣羲八岁时写下的诗。）

天空上的一片云

要上场了！大O下意识地看着臂上的伤疤——淡淡的粉红色，如一朵发笑的云。一年之前，它还是一朵乌云，看起来有点脏脏的。

“很脏、很脏，快快擦掉……”上托儿所的时候，看着小节瓜一样的左臂，大O会朝黑块不停擦拭，他又爱穿长袖的衣服，再热也不愿脱掉，逼不得已穿短袖的时候，他甚至会刻意遮蔽那一道阴影，仿佛抹不掉的污点那样……其实，那不过是个小黑痣，出生时就有的。

“那不是脏东西，那是一块巧克力。”三岁的时候，妈妈告诉他。

“但其他小朋友都没有。”大O抱怨。

“那当然啦，因为他们都不是你！这是妈妈特别送你的见面礼。虽然那块巧克力不可以吃掉，但是，如果有天你丢失了，长大了，样子不一样了，妈妈还可以凭着手上的这块巧克力把你认出来，那不是很好吗？”妈妈补充道。

大O觉得有理，不住地点头。从此，那“很脏，很想擦掉”的人生污点，忽然成了他生命中珍贵的东西，因为那是妈妈送给他的爱的印记。令人更兴奋的是，大O发现小o并没有黑痣，只有一块灰灰的胎记印在肚皮上，一点也不突出。可是好景不长，不知怎的，这独一无二的巧克力开始发痒、发痛，并浮起了肿块。妈妈见状立刻带大O去看医生。

“这东西越来越大，长着不规则的突起，又时有发炎……动手术割掉吧！”医生不痛不痒地道。妈妈没有回话，转头察看大O的反应。

“我不要！那巧克力是妈妈给我的礼物！”大O本想开口说。

“搞不好呀，将来会变成恶性肿瘤的！”没等妈妈和大O答话，医生又补充道。

听医生这一说，妈妈就马上签字动手术了，而大O也无奈地接受现实。隔天，大O被推进手术室进行“皮肤肿块切除手术”。尽管手术很成功，但是大O心里一点都不快乐，除了因为失去了妈妈送给他的独一无二的礼物，更因为自己不久便要参加全澳少年花剑比赛，而手术期和休养期让他失去了训练的机会。那一天上场，他几乎被所有人击倒了，一分也没有拿到。他对此又气又恼，赛后大哭了一场。

“比赛输掉是再正常不过的事，何况你是因为没有练习才发挥不好，对不对？”妈妈安慰他。

“不对！得零分的纪录太丢人了，教练会骂我的！同学会笑我的！”大O边哭边说。

“不会的，零分的纪录代表你很勇敢，你没有因为动手术而放弃比赛，大家会以你为荣的。就像当初妈妈送你那脏脏的黑痣，不也可以变成甜美的巧克力吗？”妈妈鼓励他。

的确，教练并没有责备他，同学也没有嘲笑他，而小o更因为有个勇敢的哥哥而感到光荣。原来，人生的每一次经历都是天空上的一片云，无论是白云还是乌云，都能让天空更多变。大O的黑痣消失了，但妈妈送他的巧克力还在，只是由黑色的巧克力变成白色的——爱的印记并没有失去。

“要加油呵！”小o和妈妈在旁边打气。大O自信地点点头，戴上头盔、拿起配剑踏上少年花剑的比赛场地。会如去年一样，一分都拿不到吗？没有人知道。但那已经不重要了，因为无论如何，大O的天空都会飘过一片云——无论是白云还是乌云，都能给他更广阔的天。

迷路记

“拐弯、加油！全速前进！”小o驾着手推行李车，在新加坡的机场大道上飞驰。风迎面滑过他的衣襟，道旁的风景却不住往后退，仿佛在高空上飞翔。小o陶醉其中，不禁旁若无人，在大直路上越走越快，直到前面有一堆人逆向而来。

“大O，前面出现不明飞行物体！要闪避！”小o一边说，视线越过行人找寻大O的身影，这才发觉“大O不见了”！不止是大O，连同行的爸爸、妈妈，以及其他亲人全都不见了影。

“家人去哪儿了？”小o努力地回想，记起哥哥刚才说要去餐厅吃东西，于是他推着车子往回走。走了很久很久，终于见到了餐厅——大O最爱日本餐的！小o狂喜，并马上朝日本餐厅的方向跑去，可惜走了一圈又一圈，都不见家人的踪影。这时，小o又记起妈妈说要去免税店买化妆品，可是无论小o多努力，始终无法找到卖化妆品的店铺。这一圈又一圈的寻人路，小o如掉进黑洞，把他折腾得又饿、又累、又彷徨。

“坏人最喜欢哭闹的小孩，他会把你拐走，卖到好远好远的地方去做乞丐！”小o急得想哭的时候，忽然记起电视上某人的话。

“小朋友，需要帮忙吗？”一个中年胖子关切地问。

“他是人贩子吗？会把我卖到远方做乞丐吗？”小o凝住了，想起爸爸说过：“小朋友在路上遇到坏人最好找警察！”于是，小o别过头去，拔腿便跑。可是，新加坡的警察穿什么衣服呢？他们在哪儿呢？小o走了一圈，始终无法找到像警察的人。

“如果走失了，就回到原来的地方等吧。”小o忽然记起外婆的话，决定回到“入闸口”等待。可是，“入闸口”在哪儿？他累得无力走动了，只得待在一角休息。想起以后可能见不到爸爸、妈妈、哥哥和其他亲人，想起可能永远无法回澳门了……不禁悲从中来，开始悔恨自己的鲁莽，不留意家人的行踪。

“迷路了！迷路了！怎么办？”背包中突然扬起一些争吵声。是谁呢？小o翻开背包，只见几个小玩偶爬了出来。

“你好！我是没有大脑的稻草人。”

“我是被诅咒后失去心脏的锡樵夫。”

“我是胆小如鼠的狮子。”

“我是迷路了的桃乐丝。”

“我也迷路了！”小 o 应和着。

“那我们一起上路吧！一起去翡翠城找传说中无所不能的奥兹。”桃乐丝说。

“不过，我们走错路了！也许永远都无法找到翡翠城了！”狮子哀叹。

“我不会有一个脑袋了！”稻草人懊恼地说。

“我也不会得到一颗真心了！”锡樵夫悲伤地说。

“不会！只要不放弃，就可以找到路！看！那边是走过的路口，只要认真记住，不走回头路，终有一天可以回到原点，重新起行的！”桃乐丝说。

“说得对！”话刚说完，小 o 眼前忽然亮起一道强光，他揉揉眼睛，迫不及待地推着小车往前行。这次因为记住了走过的路口，小 o 不再乱转了。不久，“入闸口”的路标便在前面向他招手，而等待他的，还有一张张熟悉的脸。

“小 o，都是我不好！我以为你跟妈妈去买东西，没叫住你。”大 O 说。

“都是妈妈不好，不知道你跑远了！……哎，谁送你回来的？”妈妈好奇地问。

“就是他们！”小 o 回头想介绍小玩伴们，可是他们全都不见了，打开背包努力寻找，只见暗角藏着一书——《绿野仙踪》，在飞机上刚看完的。“做梦了？”如梦初醒的小 o 笑了。

我要做怪兽

“砰砰砰……小 o，你是时候要死了，快死！”玩着枪战游戏的大 O 说。

“不行！我不要死。我也有发炮的，为什么不是你先死？”小 o 不满道。

“因为我是超人呀！超人是无所不能的，而你是怪兽……”“怪兽为什么不是无所不能？不行……我要做无所不能的怪兽！”“唉！你这怪兽真麻烦……那你认输吧！只要你认输，我就不杀你了！”“我为什么要认输？我没有输，我不认！”“你没看卡通片吗？超人是好人，怪兽是坏人，怪兽就是要输的！”“不是！你骗人，全部故事都在骗人。我不要输！我就是要赢！”说罢，小 o 狠狠地打了大 O 一记耳光。

接着，大 O 哭了，小 o 也哭了……

“玩就是为了开心，为什么玩着玩着又哭了？”妈妈在远地跑过来慰问。

“因为小 o 打我！”大 O 哭着展示自己的伤势。

“因为大 O 欺负我。他……他总是要我输！”小 o 也不示弱。

“卡通片中，超人就是会赢的。不是吗？”大 O 辩解。

“那你为什么不让弟弟做超人？”妈妈不解。

“因为他自己要做怪兽，他每次都选择做怪兽，但又不愿意输！”大 O 气结。

“小 o，你自己想做怪兽，对吗？”

“对！”小 o 含着泪点头。“我觉得做怪兽挺好，样子又可爱，又会变魔法，每天神出鬼没的……超人就不同了，他必须是做乖孩子——听别人的话，做别人喜欢的事，别人一有需要，他就要出动了……我不喜欢做超人，但我也不要输。为什么怪兽就必定要输？我不懂！这样子很不公平！”小 o 不明白，为什么怪兽天生就必定要输，而超人就会赢，所以，他坚持做怪兽，而且想做一只会赢的怪兽。为此，妈妈特地和他们重看了一次超人卡通片。小 o 说得对，做怪兽有时候的确有趣，因为他可以很任性，然而，更多的时候，他很寂寞，因为个性奇异，得不到社会多数人的认同，他们便开始作恶，希望以另一种方式去受重视。这个时候，代表正义的超人就会出现，结果每次也是邪不能胜正的。而如果，怪兽不曾被视作怪物，他们就不需要用邪恶的方式去表达自己了。而更重要的是，如果世界不需要定输赢，如果怪兽可以放下“要赢”的执念，就不需要作恶去显示自己的强大。

“怪兽之所以常被超人打，是因为他喜欢作恶，不是吗？伤害别人是不对的。”妈妈对小 o 说。

“是的！作恶是不对的！但为什么，怪兽就只能够作恶呢？怪兽不可以是善良的吗？”小 o 仍然不解。

“对呀！怪兽可以是善良的。如果怪兽愿意选择善良，怪兽和超人都可以代表正义的。所以，如果你愿意做一只善良的怪兽，便不需要出手打哥哥了，对不对？”妈妈继续道。

“同样地，如果怪兽和超人都可以代表正义，那么便没有人需要输，对不对？”妈妈也对大 O 说。

兄弟俩表示认同，并握手言和。从此以后，哥哥和弟弟会继续玩枪战游戏，哥哥继续扮演超人，而弟弟继续做自己喜欢的怪兽，他们开始公平竞技，没有人永远需要输，因为没有人永远代表正义。放下输赢的执着，大 O 和小 o 终于可以和平共处。

花猫大叔

“妈妈，这人好可怕！”升降机内，小 o 别过脸去，躲避着身旁那面容扭曲的人，然后把妈妈扯下来，在她的耳边轻声细语。

不知怎的，说话虽然很轻、很轻，面容扭曲的人仿佛还是注意到了。他低头看了看小 o 和妈妈。所有人都以为他要发怒了，但他竟然没有，他拉扯着脸上白色和咖啡色不规则相间的肌肉，然后努力挤出一个奇怪的表情，像一朵狰狞的吃人花。小 o 害怕极了，一个劲往妈妈怀中钻。妈妈抱着他，努力掩盖自己尴尬的神情，点头微笑。

“你好！我是新搬来的，住 12 楼 D，我叫阿茂，大家都叫我花猫大叔。小朋友，不用怕，花猫大叔会变魔术的！”尽管花猫大叔热情地示好，但小 o 仍是伏在妈妈的怀中，没有回应。

“你好呀！我们住 13D 的，日后多关照，再见！”妈妈友善地和花猫大叔说再见。

“小 o，你这样子实在太没礼貌！”回家后，妈妈斥责他。

“每个人见到怪物都会害怕的！”小 o 等待着大 O 和爸爸的应和。

“对呀！我见到怪物会害怕！”大 O 说。

“我不怕，但我见到怪物会逃跑……”爸爸说笑道。

“说什么怪物？人家只是受伤了。”“呵！你说新来的邻居吧，我今早见到他，他就住我们的楼下呢。”“有个怪物住在我们楼下，那怎么办？”大 O 听了大呼小叫的。

“别这样好不好？人家只是烧伤了。烧伤本身就够惨了，你们还叫他怪物，实在太过分了吧！”妈妈生气极了。

“对呀！如果今天烧伤的人是你，你心里也会很难受的。”爸爸附和着，兄弟俩只好点头称是。但小 o 心里仍然害怕，平日最喜欢去阳台玩水枪的他，也没再去玩了。此后也不会选择坐有机会遇见花猫大叔的那部停在双数楼层的升降机了。可惜天意弄人，有一天，大 O、小 o 在家里玩皮球，一不小心，皮球竟然“跳楼”了——在阳台飞跃而下，正好落在花猫大叔的家。

“妈妈，皮球掉到楼下了！”小o说。

“下去捡回来吧！”

“妈妈，还是你去吧，小o害怕那个花猫……”大O说。

“你做哥哥的，陪弟弟去嘛。”妈妈提议道。

大家推却了几回，结果还是妈妈陪兄弟俩一起去，来应门的正是花猫大叔。

“叔叔，不好意思！我们不小心把皮球打到你的阳台了，想要捡回来。”大O战战兢兢道。

“没关系！进来走走吧，花猫大叔阳台的金鱼好漂亮！”

“好的！谢谢你！”兄弟俩正想推却时，站在后头的妈妈竟然一口便答应了。

花猫大叔的家和大O、小o的家间隔相同，但比他们的更整洁，而且花猫大叔的金鱼池也特别大，里边养着很多橙色和白色相间的小金鱼。

“那叫玉如意！是我的小宝贝，和我的脸一样长着相间的颜色啊！”花猫大叔笑了，水影中，那笑脸在波中荡漾，大O、小o的笑脸也一样，随波纹扭曲和变色。

“原来，我们是一样的，在水影中，脸儿像朵会笑的花！”小o一边入神地看着波中的人影，一边用花猫大叔的鱼粮喂鱼。可是一不留神，竟然滑倒了，一手插着鱼池里，并压倒了水中的石山，手指头不住地淌血。花猫大叔不仅没有生气，还亲自驾车送小o去医院。小o伤势没大碍，只是小指头骨折了，医生包扎好就可以回家了。

“很痛吧！”花猫大叔关切地问。

“痛！”小o点点头。

“对呀！花猫大叔小时候在家玩火，不小心烧伤了，也是很痛很痛的！不过，因为受过伤，我学会了坚强，我有了花猫的脸，而你……就有了一只小青蛙！”花猫大叔指着小o指头的支架笑了。小o也笑了，脸上开出一朵快乐的花。

开学日

“大O、小o，快开学了！要收拾书包啦！”妈妈说。

“知道啦！”兄弟俩口中说好，但心里却很诚实，“快开学了，要作最后冲刺，准备更多游戏，欢送暑假！”两人心有灵犀，很有默契地相视而笑。

“大O、小o，快开学了！要试穿一下校服啦！”妈妈又说。

“好的！上月才穿过，还合身呢！”兄弟俩齐声回答，眼睛仍离不开电视荧幕。

“大O、小o，快开学了！要调整一下心情，开始早点睡觉！”还有一周就开学了，妈妈不厌其烦地督促着，小朋友心里却仍记挂着放假之事：大O觉得，想看的书未看完；小o觉得，要玩的游戏未玩够。于是，妈妈的唠叨只是耳边风，从未在他们心里留痕。

为了争取更多的玩乐时间，兄弟俩甚至趁爸妈睡觉后爬起来打电动，打至天昏地暗，早上睡至日上三竿才起。爸妈早上要上班，却也管不着他们。

快乐的时光过得特别快，终于要和暑假讲“拜拜”！开学前的晚上，虽然兄弟俩一早上床，却是辗转难眠。

“大O，你的文具准备好了？”小o忽然想起自己仍未收拾书包。

“噢！忘了！”大O如梦初醒。

于是兄弟俩摸黑到书房，发现空置的书包内没有笔袋。好不容易找到笔袋，又发觉文具散落四处，要努力寻回。“橡皮擦、间尺……铅笔？”糟糕！铅笔呢？小 o 这才发现，他的铅笔用完了，而大 O 也发现自己的橡皮擦丢失了。

“不怕！我把铅笔给你，我们小六生可以用原子笔。”大 O 安慰小 o。而小 o 则用小刀把自己的橡皮擦切成两份，分一半给哥哥。

可是危机仍未解决，他们接着去试穿校服。小 o 发觉衣服太短了，而穿起哥哥的校服又显得太大。大 O 更糟了，他那看似崭新的皮鞋竟然已经顶脚趾。

“怎么办？”兄弟俩苦思一夜，无计可施，这下子才明白妈妈叫他们准备开学的好处。想着想着，兄弟俩入睡了，可是刚闭眼不久，窗外电闪雷鸣，随即下起暴雨，仿佛不许他们睡觉的样子。

“大 O，现在在几点了？”

“还早吧！”

“叮叮叮叮……”话音未落，闹钟就响了，原来已到起床之时。

“大 O，不好了！我好像整夜未睡，很累！”小 o 沮丧道。

“不怕，今天应该会挂黑色暴雨，学校一定会停课的，我们可以睡大觉了。哈！连天都不想开学呢。”大 O 兴奋起来。

“大 O、小 o 起床啦！”妈妈在隔壁走来。

“黑色暴雨不用上学的，连天都不想开学呢！”大 O 重复道。

“哎！现在还没挂黑色暴雨呢，所以我们得先准备好出门。”妈妈不同意大 O 的说法。

“好吧！”兄弟俩无奈地爬起来，却发现意外惊喜：小 o 床尾挂着一套全新的校服；大O也拥有一双闪亮的新皮鞋。原来，妈妈一早就为他们准备好新衣新鞋了。

"妈妈，你好厉害呵，竟然知道我们的衣服和鞋子不合穿！"小o撒娇道。

"因为妈妈知道未雨绸缪嘛！"妈妈笑着说。

"什么是未雨绸缪？"小o问。

"未雨绸缪就是天还没有下雨，就应先把门窗修好。比喻事先做好准备工作，如：做好开学计划。"妈妈答。

妈妈果然有先见之明：穿上衣服，吃过早餐后，雨势就减弱了。兄弟俩撑起雨伞步行回校，由泥泞小路步向平坦大道，由大雨走到小雨。进校门的一刻，天就放晴了，云间还浮起了淡淡的虹。

"连天都想开学了！"兄弟俩怀着愉快的心情开学去。

大梦想家

"准备，看招！"在十多天的圣诞假期里，孖O兄弟一有空就坐在电脑前打游戏。不眠不休的努力，不只是为了玩，而是为了完成梦想：大O希望成为一个网络电玩主播，在网上教人打电动；而小o则要成为一个电玩设计师。

"你们不要乱想了，玩游戏怎么可以养活自己，还是好好读书吧！"爷爷告诉他俩。

"我做网络电玩主播，不仅仅是为了赚钱，而是希望和其他爱好者分享自己玩游戏的心得，让不同的小朋友都可以在游戏中取得成功。好像妈妈做作家那样，虽然没法赚到足够的钱养家，但她还是坚持给小朋友写故事，那就是梦想！"大O反驳道。

"说得也对！但妈妈不会天天在家读故事就可以成为作家呵！"妈妈补充道。

"那还要做什么？"大O问。

"需要学习和实践呀！我会看很多不同的故事，并尝试创作和分享。例如我会写故事和你们分享，而你们又给我改善意见，完成后可以拿去报社投稿发表……梦想不只是想，还要实践的！"妈妈说。

孖O兄弟觉得妈妈说得也对，为了实践梦想，他们启动了"大梦想家计划"。大O首先成立了自己的网台，以流利的英语谈着自己的经验，然而无论怎么努力，都没有很多粉丝。

"你喜欢哥哥分享吗？"妈妈问小o。

"还好吧！大O英语说得很好，但他有时候说了很久也没说到重点，气氛又没有平常那些主播热烈，而且游戏的画面不够有趣！"小o答。

"我只是小孩子，当然没有大人好！"大O生气了。但他心里明白，要成为一个真正的"网络电玩主播"，不仅要喜欢打游戏和说英语，还需要很多技能，例如演讲能力、沟通技巧、电脑混音剪接技巧等，而这所有的技能都需要通过不同领域的学习来增值自己的。

接着，就轮到小o实践他的游戏设计师梦想了。他在妈妈的安排下，报考了科学馆主办的游戏程式设计班，因为成绩优秀，小o轻易就考进去了。又因为记忆力好、数学天分高，他学得比同龄的小朋友都快，人家做半小时的功课，他十分钟就完成了，然后很轻松就完成了他的处女作"转转猫"——一只不停在旋转的猫咪。

"小o，你这个猫咪好有趣，可是游戏应该是有情节、奖赏和晋级的，你这样子还不叫游戏！"大O说。

"我知道！但有什么办法？我就只会这些。我以后会写更多程式代码，就会做更有趣的！"小o反驳。

"其实你想设计怎样的游戏呢？你必须要有个概念才可以设计，例如妈妈要写故事，不能够只会写字，我还会想：写什么人物？在什么环境？发生了什么事情？"妈妈说。

这样一问，小o也答不出来，因为程式设计的老师只教了他们怎样可以写出不同的动作的程式代码，却从没有教他们：猫应该长什么样子？游戏的背景是什么？为此，他们一起在网上搜寻了一些游戏设计的方法，发觉游戏设计师不仅仅是一个工程师，更是一个艺术家，好像"Pokemon游戏"的作者田尻智本身是个热爱昆虫的创作人，他把日常所见的昆虫和所闻的民间传说写进故事，并以此作为游戏发展的背景。

十多天的长假期一转眼就过去了，但"大梦想家计划"并没有完结，孖O兄弟仍然会打游戏。但他们也会努力学习，为自己梦想打拚，因为"梦想不只是想，还要实践"。

Pokemon Go Go Go

Go Go Go……自从Pokemon Go游戏登陆澳门，孖O兄弟周末和晚饭后都可以和爸爸妈妈一起去水塘捉Pokemon了！兄弟俩会一边走路，一边等待小精灵的到访，每每手上一震动，他就知道小精灵要出现了，一家人便停下来一起去捕捉它。

"噢！这个头上有绿色光环，应该比较容易捉到的！"小o说。

"这个有红色光环，特别难对付，要给它吃一串葡萄才行！"大O紧张道。

"糟糕！用了那么多的精灵球，又吃了那么多葡萄，小东西还是化作一溜黑烟逃跑了！好生气啊！”笨手笨脚的妈妈总是失望而回。

“不要紧啦，玩游戏就是这样子的。你耐心等待吧，一会儿就有新的精灵了！”大O和小o总会安慰她。

“打道馆吧！打道馆才有意思，又可以赚些金币！”爸爸是兵团老大，他最喜欢带领他们的蓝色战队出战。

然而，打道馆可不是件容易的事，因为不是每个地方都有道馆。水塘只有三个道馆，而且如果被人先占了，就得苦等人家打完仗，然后赶紧登入。一不留神，打道馆的位置就会给别人捷足先登了。有一回，大O和小o在猛烈的阳光下等待着，等上一个玩家打完了，手提电话的定位系统却断了线，接好后，又被别人占了，最后不得不放弃回家，真是好不失望啊！

“没关系啦！那不过是玩游戏！”大O小o总是抱着愉悦的心情等待下一次的玩乐时间。

还有一回，妈妈在路上遇到卡比兽。

“那肥东西好可恶啊！吃了我几颗葡萄，花了我几颗超级精灵球，还是捉不到，又没有CP值（即攻击值）……放弃吧！”

“不行啊！那是卡比兽，不显示CP值代表它潜在很高的攻击值。看！很多人都从远地跑来！”大O解释道。

说时迟，那时快，只见街上急步前来的玩家很多，有的甚至成群结队驾着电单车过来捕捉卡比兽呢！

“妈妈，我们不可以这样放弃的，要努力加油，不是吗？”大O和小o都轮流帮妈妈丢精灵球。几回以后，小o以轻盈的姿态朝空中抛出一个旋风球——成功了！全家人欢呼雀跃，四周没有捉到卡比兽的人群，也投来羡慕的目光。因为没有放弃，他们赢得战斗力强劲的卡比兽，打道馆便无往而不利。

“不要打道馆了，早点回来做功课吧。反正无论多努力打回来的道馆，总是会输掉的！”妈妈经常抱怨。

“但赢了会有金币，输了又可以回去补血，转身又是一条好汉了呀！”爸爸却总是鼓励大O和小o努力打道馆。

无论输赢，兄弟俩都会开心回家，因为“没关系啦，那不过是游戏！”然而，快乐的时光过得特别快，一小时的游戏时间很快就结束了，兄弟俩就得赶回家做功课。小o最不喜欢读古文，而大O则最怕默书，因为记忆力不好，他背着默着就会生气，而且经常不及格。

“妈妈，我们为什么要默书？”大O不解。

“嗯……大概因为我们要储不同CP值的小精灵去打道馆吧。”

“默这种书有什么用？”

“妈妈也不知道！好像妈妈之前也不知道卡比兽有什么用！有时候不知道CP值的精灵是好强劲的，不是吗？”

“也是！”大O嘟囔道。

“开心一点呀！开心一点就会记得快！你看！我觉得默书很有趣！”小o拿着自己玩填色游戏的默书和哥哥分享，又拿了巧克力过来，让哥哥边吃边温习，结果温习的效率果然提高了。

“一起加油吧！无论是否及格，都要开开心心地完成任务，爸爸妈妈和弟弟都会开心地等你回来，因为——没关系啦，那不过是游戏！”这次终于轮到不擅长打游戏的妈妈发表高见了。

小蓝子历奇

“每个小生命都像气球——一个盛着水的、有重量的气球。妈妈要小心翼翼地保护胎儿，我们才有可能顺利出生。”老师说。小o听着听着，想象自己在妈妈肚子里的情景，觉得兴奋极了，决定自己也要怀一个小宝宝。于是，小o求妈妈买了一个蓝色的气球，并在当中盛了些水，准备孕育属于自己的小生命。大O知道后并没有嘲笑他，还给他一个可爱的名字“小蓝子”，且决定带他一起去新春之旅。

大清早，一家人就准备出发了。为免遭到家人的反对，他们把小蓝子藏在背包内。可是刚出发不久，就被舅舅发现了。

“为什么要带气球去旅行？还要盛着水？”舅舅问。

“那不是盛着水的气球，那是小蓝子，是小o孕育的小生命，我们要带着他去看大世界！”大O答。

“气球放包包里会滚来滚去，容易因为碰撞而损坏，一旦破了还会沾湿东西的，还是拿出来保险！”舅舅不但没有反对，还给他们善意的指点。

为了不被发现，兄弟俩把小蓝子放在一个薯片的包装袋内。大O、小o一直把袋子捧在掌心，轮流照顾着小蓝子。终于神不知鬼不觉地把小蓝子带到了广州，又让小蓝子随着他们一起去亲戚家拜年，只是偶尔有人会问：

“为什么天天都在吃薯片？”

“薯片很好吃吗？”

“可否请我吃一片！”

每次，兄弟俩都会机智地瞒过去，直到他们离开广州乘高铁抵达广西探亲的第四天，惊险的事情终于发生了。那天大O和小o随家人到清秀山观光，被里边一个大型游乐场迷住，玩着玩着，竟把小蓝子给忘了。

“小蓝子呢？”回到清秀山脚时，小o才惊觉小蓝子不见了。

“什么是小蓝子？”妈妈不解。

“是一个气球，一个装了水的气球！”大O气急败坏道。

“放在一个薯片袋子内的！”知情的舅舅急忙相告。

“丢了！我见里面没有薯片，以为没用了！”爸爸答。

“回去找找看！”幸得舅舅出手相助，大伙儿跑了半个山头，终于回到了游乐场，并在垃圾箱内寻回完好无损的小蓝子。

“怀着小生命怎么可以不告诉其他人呢？妈妈怀着你们的时候，除了自己事事小心，也有得到家人的支持、照顾和提点。”妈妈知道缘由后说。

自从得到家人的支持，小蓝子终于可以见天日了，而兄弟俩的看护压力也比之前少多了。可是好景不长，当他们再次踏上高铁，乘务员给他们做安检的时候，发现了抱在小o手上的小蓝子。

“小朋友，要把气球内的水倒掉！”

“那不是气球，那是我的小蓝子，他是有生命的！”小o脱口而出。

也许，乘务员被小o坚定的神情感动了，她没有阻拦，只是好意地提醒父母看管好孩子，并要小o把小蓝子藏在大衣的口袋内。

“要好好保护自己的小生命啊！”善良的乘务员阿姨向小o挥手道别。

“终于脱险了！”大O、小o欢呼起来，开始了火车上的游戏大战。玩着玩着就得意忘形了，席间小o上厕所回来，一不留神，放在口袋的小蓝子就挤爆了，弄得裤子全是水，身上难受，心里更是难过。然而，小o并没有哭，因为他记住了老师当天的话：“要保护脆弱的胎儿很不容易，但无论如何，都必须要坚强，不然怎能当妈妈？”小o把小蓝子的残骸放好，回家珍藏在自己的床头柜内。破了的小蓝子仍是他最爱的小宝贝，因为他们一起度过了春节的十天旅程，且让他明白到生命的可贵。

作家梦醒

“改变世界、改变世界、改变世界……呀！救命呀！怎样才可以改变世界呢？”大O坐在书桌前怪叫起来。

“你哥哥做什么了？”爸爸问小o。

“老师邀请他参加‘小作家征文比赛’，大概是题目很难，不会写吧！”小o说。

“不会写作文，为什么不去请教我们家的大作家妈妈呢？”爸爸觉得奇怪。

“因为他们出现分歧了。作文题目是《我要改变世界》，妈妈说大O自己的世界也没能改好，没有能力改变世界，所以让大O写如何改善自己，好好学习……大O觉得妈妈说的不对，妈妈觉得大O讲得不好，于是两人就吵起来了。”小o无奈道。

爸爸听后走进房间，不到两分钟就出来了。

“你教他了？”小o问。

“没有！我告诉他，可以上网查找资料，完成后一起打游戏！”

爸爸的利诱果然见效，不消一小时，大O就完成作文了，还是一篇两千字的大作呢。

“好厉害呀！谁教你写的？”妈妈读完后惊讶地问。

“是爸爸教他的！”小o抢着说，然后父子三人就开始玩“打怪兽”游戏，直玩到黄昏时分。

“终于变成超人了！变成超人就可以改变世界！”大O说。

“怎样可以变成超人呢？”小o问。

“上网呀！上网就可以变成超人，网上有很多好文章，好像游戏中的能量球，让我们瞬间变成超人！有了互联网，我们就不需要请教老师和妈妈了，就好像超人不需要吃东西一样。”

“大O，你好厉害呀！终于可以脱离妈妈的帮助，改变世界了！”妈妈骄傲地说。

“大O，恭喜你！你终于可以吸取阅读的能量，成为救世超人！”爸爸满意地点头。

“大O同学，这文章是你写的吗？实在太厉害了！”老师看到大O的文章后惊叹不已，还向全班同学朗读了大O的作品。

“是呀！因为阅读，我终于可以改变世界！”大O自信地答。老师和同学都露出了佩服的神情。

“小o、妈妈、爸爸、老师、同学，一个个都被大O的文章感动了，并因他的改变而鼓舞，就好像超人过关斩将，一步步走向成功的历程。最后一关了，过了比赛的评审，就‘打爆机’了！”想着想着，大O就飞到了比赛颁奖的会场。

“各位同学，我们现在有请获得‘小作家征文比赛’冠军的大O同学与我们分享获奖感言。”

“《改变世界》这个题目，真的很难写，幸好互联网上，有很多文章可以参考，因为阅读别人的文章，我终于可以完成作品……相信，只要继续努力，我就可以达成梦想，成为大作家！……”

“等等！抄袭别人的文章等于侵害著作财产权，可被判有期徒刑、拘役，或罚金……”一名便衣警员上前用手铐拘捕大O。

“我……有些是我自己写的！”大O哭着申辩。

“你有百分之七十是抄的！就是这篇文章，已经证据确凿！”

“你是偷了别人的东西！”

“你是偷了别人的东西！”

“你是偷了别人的东西！”

……

四方八面的人群一下子涌向他。

“不要！……”大O拔腿狂奔，而后面的人群却穷追不舍，直至他被乱枪扫射，天空上出现“GAME OVER”的字样。

“大O！你快起来！”大O张开眼睛，只见妈妈拿着自己所抄的那篇文章，无奈地摇头。

经妈妈的教导，大O终于明白抄袭文章的害处：做学问不同于打游戏，知识和技能都需要通过一点一滴的积累。抄袭不仅违法，还会形成不良的习惯，阻碍我们的学习和成长。在妈妈的指导下，大O重整了自己的文章。虽然文章没有别人的优秀，也没有得到奖项，却给大O上了难得的一课。

打游戏魔咒

“打游戏的孩子会坏眼睛的，看！那个xyz都打瞎了！”“打游戏的孩子会脊椎变形，看！新闻中那个孩子要动手术了！”“打游戏的人是一事无成的，看某某一天到晚躲在家里打游戏，变成了自闭青年！”“打游戏的不是乖孩子！”“打游戏的不懂得沟通！”“打游戏的心理变态！”……“救命呀！”大O在梦中惊醒，被吓得满头大汗。抬头想起昨天因顾着打游戏，竟忘了今天的中文测验，连忙爬起床，刷牙洗脸穿衣，连早餐都赶不及吃就回校温习了。结果，当然是如梦中“打游戏魔咒”的预言那样“一败涂地”了。爸爸、妈妈不免又责备一番：“游戏机会害死你的！”“要戒打游戏了！”大O决定不再被“打游戏魔咒”毒害，请妈妈把游戏机监禁起来。起初的几天，的确很有效果，他不再想着打游戏的事，有更多的精力去做功课和温习。早上起来，因为没有游戏的诱惑，他也倍觉清爽。可是没过几天，问题就来了。他不打游戏之后，和身边的友伴已经没有话题了，小伙伴也不再来他家玩。

“不是说不打游戏可以有利沟通吗？”他觉得爸妈一直欺骗他。

而每每见到小o仍然可以打游戏，就觉得爸妈很偏心，只给他遗传了“打游戏魔咒”，而弟弟却没有。每天起来，弟弟仍然可以打开电脑，一边看游戏影片，一边吃早餐，而且比他更早出门；放假的时候，因为想早点打游戏，小o会赶快做好功课和温习，从来没有让爸妈费心；还有考试前夕，因为他一早已经做好温习计划，还可以在考试当天打一会儿游戏才去睡呢。不只是弟弟，还有班上考第一名的陈正文也一样，他不仅是打游戏高手，又是篮球队队长，还因为打游戏学到了很多知识，英文超厉害，连日文也懂一些。

“这世界太不公平了！为什么只有我被魔咒毒害，而弟弟和正文就不会？”大O生气极了。

当大O不再打游戏之后，他竟发现了一些奇异的事——原来外婆也有深度近视，而妈妈也经常腰酸背痛。

“外婆，你为什么有一千度近视，你小时候很喜欢打游戏和玩手机吗？”“哈哈！外婆那个年代怎会有游戏和手机？我近视眼是因为小时候喜欢看书，晚上家人不让点灯，我还要偷偷躲着看，结果便成了深度近视眼。”外婆叹息道。

“妈妈，你不是说打游戏坏脊椎吗？为什么你不打游戏也脊椎变形？”“妈妈就是从小坐立姿势不好呀！而你打游戏也容易形成不良的姿态，长大了就会像妈妈那样腰酸背痛。”原来，无论做什么事，只要不注意作息和姿势，就会对身体造成永久性的伤害，而只要有好的管理，就可以避免很多因沉迷玩乐所造成的危害。当中所有的问题，也都不是打游戏所独有的。大O开始明白，打游戏魔咒并不是爸妈毒害他的结果，而解除魔咒的人也只有他自己。于是他决定给妈妈写一封信：

亲爱的妈妈：这阵子我成绩不好，并不是游戏机的错，而是我的错——我没有做好温习计划，不注重时间分配和作息安排，才会被“打游戏魔咒”毒害。我知道，唯有由今天起懂得自觉自律，才可以战胜游戏的诱惑，成为游戏机的主人，做到“我玩游戏机”，而不是“游戏机玩我”。

大O字

妈妈收到信后，释放了可怜的代罪羔羊——游戏机。大O重生了！又可以跟弟弟和同学们一起打游戏了。虽然一个月没玩游戏，技术略有退步，但这一个月让他深深感受到放下游戏机的好处，因为安静下来，他才有机会观察他人，思考问题。他决定以后都不再成为游戏机的奴隶了，而“打游戏魔咒”也因此被破除。

神奇的种子

孖O兄弟祖先安葬的墓园内，有一片“神奇花园”。每年清明扫墓，他们都会在迷宫一样的草地上寻幽探秘，如：玩躲猫猫游戏时发现了真的流浪猫；玩抛石子斗远的游戏时掷到了乌龟等。

“为什么我们家门前没有神奇花园？”兄弟俩总是不解。

“因为澳门太小了，很难家家户户门前都有花园的。”妈妈说。

“这里也不是家家户户都有，但整个地区门前有一片也好。”大O认真道。

“我们家附近也有螺丝山公园和二龙喉公园呀！”爸爸补充道。

“那是不一样！澳门公园的花草很美，但一点也不好玩！”小o坚持道。

在孖O兄弟心中，“神奇花园”才是最好玩的，虽然那里没有排列整齐的花草树木，也没有堆满大小石子的池塘，更不可能在路上拾起泥巴或折断的树枝玩不可思议的游戏。“神奇花园”的每一个角落都是变幻莫测的，当中最令他们着迷的，是那些澳门公园不容易看到的野草：大O最爱蒲公英，他喜欢爬在草地上观察雪白交错的小毛球随风展翅——向梦想的天空出发；而小o则最喜欢含羞草，小小的叶子，轻轻一碰就马上牵动着每一片叶子——有序地把自己收藏起来。

妈妈无法在小小的家中建造一个“神奇花园”，只能在阳台一角筑起小小的花圃。于是这一年清明扫墓，孖O兄弟便决定起动“神奇花圃”的建造工程，带备了小小的花盆，准备把自己最爱的小草带回家。他们如常出发，随浩浩荡荡的亲友团祭拜祖先，然后便跑到深爱的“神奇花园”各自动工。先是小o要找寻一株最适合移植的含羞草。

“小o，你干吗挑那么久？”妈妈不解。

“我不知道挑大的好还是小的好。大的很强壮，但我怕它长大之后就不害羞了，像大人说孩子长大了就不可以害羞那样。我比较喜欢害羞一点的含羞草，但小的又怕带回家途中折断了。”

“傻孩子，草儿不像人，不会真的害羞，它只是叶子内的水分因为受到外部刺激而流向别处，形成一种动态反射，和大小没有关系。”在妈妈的指导下，小 o 终于寻到一株不大不小的含羞草，并把它小心翼翼地安在花盆里。然后，他们便出发去找大 O，只见大 O 捧着几株蒲公英在胸中飞舞，可是一不留神，大大的蒲公英就给吹散了。他只好再摘一株新的，但是不久，新的蒲公英又给吹散了，气得他呱呱大叫。

“别傻啦！蒲公英一吹就散，是永远无法带回家的。”小 o 说。

“我可以把有根的植株带回去，说不定它会长出新的白花来！”大 O 不服气，并把自己那株差不多没有白毛毛球的小家伙收藏好。

不久，孖 O 兄弟告别了“神奇花园”，经历开心的家族晚宴和几小时车程终于回到家。大概因为在外等待的时间太久了，含羞草和蒲公英都弯下了腰，显出枯萎的模样，兄弟俩伤心极了。但妈妈没有放弃，让他们浇水施肥，而眼力高超的爸爸，竟然发现小 o 衣服上黏着一颗据说是“黐头芒”的种子。“黐头芒”是怎样子的呢？大 O 和小 o 都没留意，然而，它竟然随他们回家了。最后，原来的那两个植株并没有活下来，但泥土里竟然钻出了两个小青苗，一个是“黐头芒”的，而另一个呢？有可能是蒲公英吧，因为妈妈告诉他们，白毛毛球并不是蒲公英的花，而是种子飞翔的载体，落在泥土中就会生根发芽，生成新的植株。没有人知道那两个新苗会长成什么模样，然而，当中载着的却是无法预知的盼望，一如“神奇花园”给他们的快乐记忆那样。

AI 妈妈

“大 O，你记得明天去剑击比赛！”妈妈在厅堂大声疾呼。

“明天是星期六，星期日才比赛。”睡在床上的大O没好气地说。

“妈妈就是这样子，又笨又唠叨！”小o附和着。

在大O小o心中，妈妈虽然很爱他们，却有数不尽的缺点，如：多疑、唠叨、记忆力差、厨艺不精……他们时常觉得，A同学的妈妈比较精明，B同学的妈妈比较开明，C同学的妈妈比较能干。可是没有办法，妈妈是不可以选择的，一出生就注定在一起。

“想要一个全能妈妈吗？AI技术可以帮到你。”一把奇异的声音由电脑发出，孖O兄弟随即由床上爬起，发觉电脑中有一个闪亮游标，大O按下，荧光幕上出现一段文字：

欢迎进入人工智能（英语：Artificial Intelligence，AI）的世界。

然后一个怪老头跑了出来——红眼睛、绿胡子，还有胖胖的上身和修长的双腿。他操着刚才那把声音说：“我是AI博士。科学家经过大半世纪的研究，人工智能（即AI）技术，已经由简单的‘人工’——以机械取代人，包括：计算器、工作系统、人工神经网等，发展出‘智慧’，如：懂得深度学习和思维，有知觉和自我意识，能解决问题和进行推理。技术由单纯的机械人操作进展到实体芯片，即只要把人工智能芯片植入人脑，便可以成为一个像我一样十项全能的人。”

“太好了！那我们不需要再上学，植入芯片就可以了。”大O开心道。

“不行！这做法妈妈必定会反对，因为她常常说过程最重要，而且不上学会很无聊！”小o说。

“说的也是。但我们可以先把所有知识学完，然后装作没有学过，天天去学校玩，不就完美了吗？”

为了达成理想，兄弟俩决定把伟大的改造计划由妈妈做起。他们先设计好理想妈妈的样式，然后再交给AI博士制作芯片，并放进妈妈的脑袋内，让妈妈成为一个全能的AI妈妈。

首先，他们设计好妈妈的能力，要求她有100%精准的记忆力，另外还要重复学习1000次他们最爱的菜式。接着，他们要设计妈妈的个性，要保留她现在的优点，如有爱心、有耐性、关心人等，但却不可以唠叨，还要“听话”，因为只有这样，妈妈才不会阻止他们天天玩乐，不做功课和家事。

AI博士三两下功夫就帮他们完成了改造妈妈的大工程，可是，孖O兄弟在等待植入芯片、让自己成为天才的几天中，复杂的状况却出现了：因为妈妈变得精明，她会一下子看穿大O和小o的谎话，如没做完功课、没复习等，一天到晚指出他们的不足，厌烦至极。于是兄弟俩就指令她：不准理事，包括玩乐和做功课。这下子糟糕了，他们根本不懂得如何规划生活——欠书、欠功课、忘记课外活动、考试、测验等，令事情乱作一团。还有，妈妈虽然能干，能帮他们解决一切问题，包括做劳作和功课，然而回到学校以后，妈妈不可能时时刻刻在身旁帮忙，他们自己就一窍不通了。而最最最可怕的是妈妈的个性，她变成一个只会谈笑、鼓励和迎合别人想法的老好人，对其他人也如此，因而为家人添上一箩筐的麻烦。虽然芯片设计可以不停修改，然而无论怎样设计，妈妈都会出现不同程度和情况的问题，原来所谓的全能妈妈并不完美。

“我比较想念原来的妈妈，可以把她变回原型吗？”大O无奈地问。

“铃铃铃……”AI博士一张口，竟然发出闹钟的声响。

原来是做梦，大O抹一把汗，庆幸妈妈没变样——吃着她那十年如一日的三文治，感觉比平日美味。

“天鸽”飞过……

“气象局将于9时悬挂8号台风，教青局宣布中小学全日停课！”大O、小o知悉后齐声欢呼，抛下书包打游戏机去。而爸爸妈妈也相继倒头大睡。当一家子以为可以安逸地享受“天鸽”赐予的假期，噩梦却开始了……

8时30分，窗台的花盆从高处堕下，摔得粉身碎骨，随之敲碎的，还有爸妈的梦。

“窗子明明是关好的，怎么会吹倒花盆？”妈妈觉得奇怪。走近一看，才发现窗户的把手被吹开了，爸爸正努力与狂风扯大缆之际，把手断了，还差点把用力拉扯的他推倒。

“不要理它了！站在窗边太危险。”妈妈道。

“不行！窗子如果被风吹走，掉下会伤人的。”爸爸坚持。

这时候在厅堂打游戏的兄弟跑了进来，一会儿拿胶布，一会儿取绳索，一会儿送铁线……可惜无论如何，窗子还是系不住。

“去楼上找舅舅吧。”爸爸急中生智。

当工程师的舅舅果然工具齐全，一会儿就把窗子锁住了，全家欢呼。

9时30分，大家忽觉眼前晃动，是因为修理窗门时情绪太高涨吗？有一刻，大家都以为是幻象。

“地震啦！”大O开始察觉这摇晃千真万确，因为厅堂中央的吊灯仿佛摇摇欲坠，和他在新闻中所见的地震情景一样。

“不是地震吧，可能只是风吹动了吊灯。”妈妈质疑道。

但是兄弟俩却找不到风源。原来，不是风吹动了吊灯，而是风吹动了大厦，因此家中物品随之颤动。

“我们一起逃到外婆家吧！一楼倒塌下来大概不那么容易摔死。”小o建议。

“楼宇一旦倒塌，在低层也会被活埋的。”妈妈反驳道，这时电话响起。

“大厦摇晃是正常的，因为只有顺着风向，才可以降低冲击力，减少楼宇倒塌和玻璃窗爆裂的危机。”电话中，当了几十年工程师的外公解释道。

11时30分，一家人听罢外公的解说后再次欢呼。爸爸继续看影碟，妈妈继续和社交群组的好友分享见闻，孖O兄弟继续打游戏。当大家以为一切安然无恙时，突然眼前一黑——停电了。没有电灯可以用自然光，没有电视、电脑可以玩别的游戏，可是家中没有空调，又不能开窗户的感觉实在难受。这一刻，兄弟俩开始感激爸爸平日不准他们在厅堂开空调的锻炼。脱衣服吧，去洗澡吧，兄弟俩想方设法消暑去。可是噩梦仍未完结……

12时30分停水了，家中只余下有先见之明的妈妈储下的两箱自来水；15时30分，手机相继没电了，开始与外界失联；18时30分，肚子饿了，家中的煮食电炉没法启动，只能靠干粮充饥……21时30分，风静了，阳台的门可以打开了，举目四望，其他的大厦都亮起了灯，唯独孖O兄弟的家没有电。

“为什么别人都有电了，而我们没有？”大O为此忿忿不平，表示与别人的幸运比较之下，自己的不幸显得特别难受。

“不该这样想的……”爸爸不同意，然后无所事事的父子三人为此争论不休。这个时候，舅舅找妈妈结伴跑楼梯，然后向邻近的亲友求救。

仿佛一个世纪之久，妈妈终于回来了，还带来了手机充电器、燃气炉、食水和食物——全都是幸运的亲友给我们的。大

O这才明白刚才爸爸所说的——我们应该为别人的幸运而高兴，因为只有这样，不幸的人才有机会得到救助，这正是守望相助的本质。

23时30分，灯亮了，全栋大厦的住户都欢呼起来。虽然恢复供电，但孖O兄弟一家决定当晚不开空调，因为全澳有限供电，应该把这份幸运分给更多有需要的人。“天鸽”终于飞走了，那一夜，孖O兄弟怀着感恩的微笑进入梦乡。

长颈鹿的启示

“明天又要作文了！”小o埋怨道。

从小到大，小o的记忆力超强，他总是能迅速把老师所教的东西倒背如流。但正因他天资高，使他养成了不肯花时间钻研学问的习惯。然后每次作文，他都得依靠哥哥。

“又要写什么了？”大O问。

“要写一个关于动物的故事，但我想不到写什么。”小o说。

“写自己喜欢的动物吧，例如：长颈鹿。”

“长颈鹿有什么可写？”

“你小时候常常问我，长颈鹿的颈为什么这样长？”

“但是，我都不知道长颈鹿的颈为何那么长。”

“我记得之前看过，等我帮你找找吧。”大O于是上网搜寻。

“我知道！”站在背后看他们对话的妈妈插话，并开始说起来：

从前，有一只长颈鹿叫小花，她一出生，妈妈就病死了。鹿妈妈千叮万嘱丈夫一定要悉心照顾孩子。为此，鹿爸爸努力给小花最好的生活：小花喜欢吃草，爸爸就给她找；小花喜欢吃水果，爸爸就给她摘。让小花变得娇生惯养：她不吃山上的草，因为“太干了！”；她不吃树下的草，因为“味太浓！”，她只吃河边的草——既柔软又鲜美。她也不吃橘子，因为酸得流眼泪；她也不吃红苹果，因为太粉太甜，她只吃爽脆可口的青苹果。

日子一天天过去了，小花不爱工作，只会睡觉。有一天，刮风了，家里只剩下小花最不喜欢吃的干草和蔬菜，小花哭着不肯吃，爸爸唯有冒着大风雨出去找食物，找了好久好久都没回来。第二天，小花焦急地去找爸爸，到山上找、到树下找、到河边找……饿的时候，小花吃山上的草、树下的草、河边的草……发觉要找味道最好的草，要走最远的路；她见到橘子树、红苹果树，但周围也没有青苹果树……小花终于知道，自己的娇生惯养令爸爸很辛劳。这时候，矮树那边突然传来微弱声音：“救命呀！救命呀！”小花过去一看，惊讶地发现，原来爸爸掉进了山坑。她想也没想就跳进去救爸爸，可惜，她太矮了，没有办法救出受伤的爸爸。爸爸临终前和她说：“你长大了，要勇敢！这坑的周围有些干草和树叶，只要伸长颈就可以吃到。”

没有人照顾的日子，小花没有再哭，她每天都伸长脖子去吃干草，一月、二月、三月……小花终于被发现了，小希、小洋、小红、小良等好友齐心协力把她救上来。这时候，神奇的事发生了——小花的颈竟然变长了！她成了一头长颈鹿！

“妈妈胡说八道的！生物进化论的奠基人达尔文认为，长颈鹿为了生存，在牧草稀少的干旱地区，必须取食于高大树木上的叶子充饥，经历千载万代，颈脖子就逐渐长了。”这时大O正好把真相找出来了。

“对呀！生物能够在恶劣环境中生存，正是因为他们能够克服困难。人也一样，如果我们不知道独立自强的重要性，就会像小花那样，变成一个无能的孩子。”妈妈原来别有用心。

“爸爸死了后，她不是也能够生存下来吗？”大O不同意。

“但如果小花是个有能力的孩子，她会思考其他解决问题的方法，或许爸爸就不会死。爸爸、妈妈和哥哥，有一天都要离开的，到时候要小o重新学习，会加倍艰辛。所以，大O，你可不能把弟弟宠成小花！”

“好吧！大O不必帮我找了，我觉得妈妈的故事挺好，而且老师说虚构的、有想象的才是故事呵！”

“唉……你这大懒猪！”妈妈没好气了。

其实，小o听明白了，他没有抄袭，他只是仿效妈妈的写法，独立写完了故事《长颈鹿偷走了小猫咪的空调》。故事情节奇趣，逗得一家人哈哈大笑。

那一株最茁壮的树苗

不知不觉，大O升中学了，他觉得自己不再是小孩子，不需要爸妈的照顾了：他决定自己拿着地图去参加课外活动，结果迷了路，乘车时丢了手提电脑，因为不想告诉爸妈，结果错过了寻回失物的时机；他要求拥有手机，结果因为没有好好控制玩乐时间，令成绩有所下降……那一天，因为忘记温习，导致数学不及格的事，令妈妈大发雷霆，让自己觉得已经长大了的大O感到分外难过。

“成长总是困难重重，没有什么需要伤心的。”外公安慰他，并送他一包神奇的种子，名叫“快高长大树”。“只要把这种子育成树木，小孩子就长大了！”外公一本正经道。

于是大O和小o都获得一粒披着白毛毛的黑色种子。三天后，小o的种子就发芽了，而大O的却没有动静……

“噢！你注定是长不大了！”小o嘲笑他，而大O则失望地叹息着。

“这世界上哪有长不大的种子？你不需要失望，因为失望本身一点用处也没有，你应该向小o请教，检讨自己的不足，然后重新开始。”外公提醒他。

大O请教过后，发现自己没像小o那样定时浇水，于是决心痛改前非。结果，这回大O的种子终于发芽了，但小o的幼苗却长得越发瘦弱。外公让他们上网寻找“树苗瘦弱的原因”，他们在阅读资料的过程中明白到幼苗需要施肥才可以茁壮成长，而且不同的植物，需要施不同的肥料。可是无论他们如何寻找，都找不到“快高长大树”。小o觉得迷茫极了，但大O却忽然聪明起来……“你给我们的是木棉树的种子，对吗？”“不对！那是英雄树的种子。”外公答。

“木棉树又叫英雄树！”大O自信地说。

“你怎么知道？”小o觉得惊奇。

“我根据种子的形态在网上查到的……你以为我是小孩子就不懂吗？这世上哪有‘快高长大树’！”大O沾沾自喜道。

自从他们知道那是英雄树，心就踏实多了，因为他们可以在网上找到培育英雄树苗的方法。

“成功在望啦！”外公满意地点头。他告诉孖O兄弟，长大不是什么都只靠自己，而是建立责任感，如同培育幼苗的过程：需要自己探索、思考、钻研、克服困难、吸取经验、再接再厉……为了奖励孩子们的努力，他给孖O兄弟每人多送了五粒种子，并承诺待树苗长大后，就移植到路环郊野公园。

兄弟俩于是分工合作，悉心地照顾这十二株幼苗。虽然一样的天地，一样的成长环境，不知怎的，其中一株却长得特别茁壮——它努力地伸着长长的脖子，向阳台最光亮的地方疯长。

“一定长得比这英雄树还要高大。”大O望着由卢廉若花园向荷兰园大马路伸展的最强大的一株木棉树说道。

当大家都以为这株生命力最顽强的木棉树苗会长成参天巨木时，它却在完全没有预警的风雨中率先倒了下来。

“因为它的枝条伸展得最快，所以在风雨骤来的时候，不幸被雷电击中了。”外公解释道。

“不是说所有种子都会长大吗？不是说自己探索、思考、钻研、克服困难、吸取经验、再接再厉……就会成功吗？为什么最后倒下的竟然是最努力、长得最好的那一株树苗？这样子太不公平！”大O难过道。

“你说得很对！可生命无常，不是所有东西都可以解释或者得以圆满的。”

“既然不是所有树苗都会长成，那我们当初为什么要努力栽培它？”大O反驳道。

“为了让它有机会展露自己的生命力呀！没有人知道树苗能否长成，但当我们愿意为着成长的无限可能而努力不懈，并知道生命无常、需要珍惜当下的时候，我们就长大了！”外公抚摸着大O的头说道。

打那以后，大O每次看到卢廉若花园的参天木棉，都仿佛看见那株长得最茁壮的幼苗在朗朗晴日下迎风飘摇。那一刻，他知道自己真的长大了！

后记：

G故事成文之时，报上专栏故事的插画师君朗已经离开了我们。君朗一直是我心中最茁壮的树苗，它在完全没有预警的风雨中倒下了，而我们所有人都无力去改变这个结果……为此，我写下本文作为故事的完结篇，为我们的故事画上句号。

本来，我、君朗和伟敬准备一起合作出版《K星人的快乐之旅》绘本，可惜计划尚未完成，唯有相约好友们在此送别：我们相信去了X星球的你依然是快乐的，因为“君朗如日，晨光常在”。感恩曾经相伴！

图书在版编目（CIP）数据

小城M大调／杨颖虹著. -- 北京：作家出版社，2019. 5（2023.2重印）
（澳门文学丛书）
ISBN 978-7-5212-0243-4

Ⅰ. ①小… Ⅱ. ①杨… Ⅲ. ①散文集－中国－当代 ②中篇小说－小说集－中国－当代 ③短篇小说－小说集－中国－当代 Ⅳ. ①I217.2

中国版本图书馆CIP数据核字（2018）第224165号

小城M大调

作　　者：杨颖虹
责任编辑：宋辰辰
装帧设计：棱角视觉
出版发行：作家出版社有限公司
社　　址：北京农展馆南里10号　　**邮　　编：**100125
电话传真：86-10-65067186（发行中心及邮购部）
86-10-65004079（总编室）
E-mail:zuojia@zuojia.net.cn
http://www.zuojiachubanshe.com
印　　刷：固安兰星球彩色印刷有限公司
成品尺寸：133×214
字　　数：207千
印　　张：9.25
版　　次：2019年6月第1版
印　　次：2023年2月第2次印刷
ISBN　978-7-5212-0243-4
定　　价：39. 00元

第一批出版书目

王祯宝《曾几何时》

水　月《挥手之后还会再见吗》

邓晓炯《浮城》

未　艾《轻抚那人间的沧桑》

吕志鹏《在迷失国度下被遗忘了的自白录》

李成俊《待旦集》

李宇樑《狼狈行动》

李观鼎《三余集》

李鹏翥《澳门古今与艺文人物》

吴志良《悦读澳门》

林中英《头上彩虹》

赵　阳《没有错过的阳光》

姚　风《枯枝上的敌人》

贺绫声《如果爱情像诗般阅读》

袁绍珊《流民之歌》

黄坤尧《一方净土》

黄德鸿《澳门掌故》

梁淑淇《爱你爱我》

寂　然《有发生过》

鲁　茂《拾穗集》

穆凡中《相看是故人》

穆欣欣《寸心千里》

以上按作者姓氏笔画排序

第一批出版书目

第二批出版书目

太　皮《神迹》

尹红梅《木棉絮絮飞》

卢杰桦《拳王阿里》

冯倾城《未名心情》

朱寿桐《从俗如流》

吕志鹏《挣扎》

邢　悦《被确定的事》

李烈声《回首风尘》

沈慕文《且听风吟》

初歌今《不渡》

罗卫强《恍若烟花灿烂》

周　桐《除却天边月没人知》

姚　风《龙须糖万岁》

殷立民《殷言快语》

凌　谷《无边集》

凌　稜《世间情》

黄文辉《历史对话》

龚　刚《乘兴集》

陶　里《岭上造船笔记》

程　文《我城我书》

程祥徽《多味的人生之旅》

以上按作者姓氏笔画排序

第二批出版书目

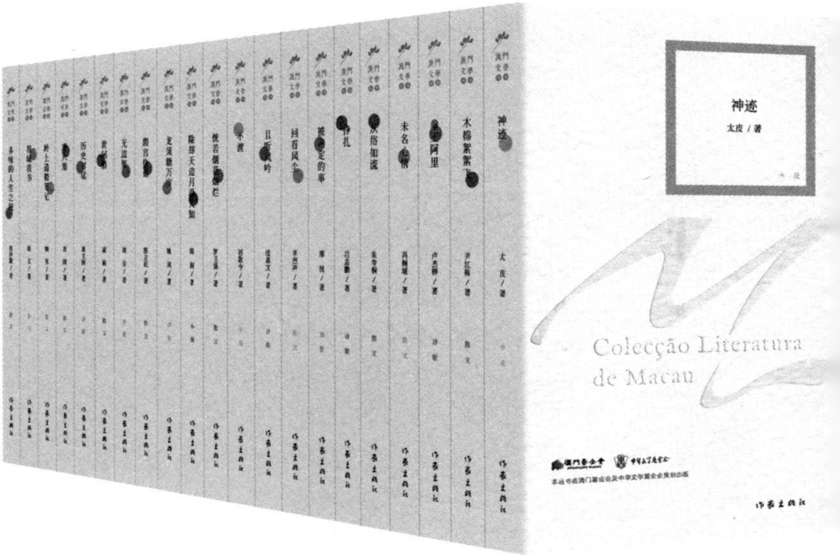

第三批出版书目

太　皮《一向年光有限身》

李文娟《吾心吾乡》

何　贞《你将来爱的人不是我》

陈志峰《寻找远方的乐章》

吴淑钿《还看红棉》

陆奥雷《新世代生活志：第一个五年》

杨开荆《图书馆人孤独时》

李嘉曾《且行且悟》

卓　玛《我在海的这边等你》

贺越明《海角片羽》

凌　雁《凌腔凌调》

谭健锹《炉石塘的日与夜》

穆欣欣《当豆捞遇上豆汁儿》

以上按作者姓氏笔画排序

第三批出版书目

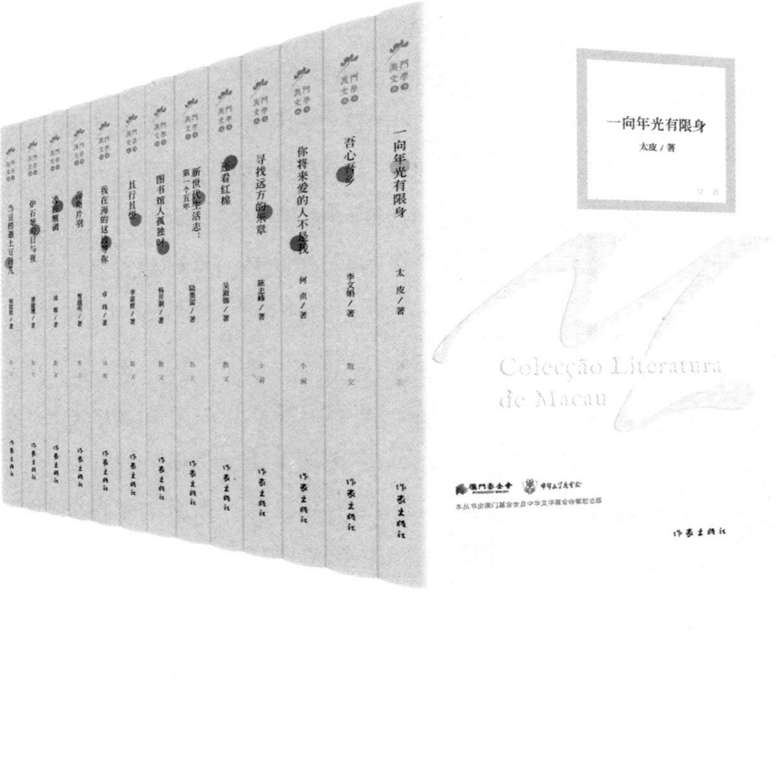

澳門文學丛书